PSICOPATOLOGIA LACANIANA

Volume 2: **Nosologia**

Antônio Teixeira • Márcia Rosa (Orgs.)

PSICOPATOLOGIA LACANIANA

Volume 2: **Nosologia**

1ª reimpressão

autêntica

EDITORAS RESPONSÁVEIS
Rejane Dias
Cecília Martins

REVISÃO
Aline Sobreira
Cecília Martins

CAPA
Alberto Bittencourt (sobre imagem de Dima Moroz/Shutterstock)

DIAGRAMAÇÃO
Larissa Carvalho Mazzoni

Escola Brasileira de Psicanálise

LABTRANS
UFMG

Dados Internacionais de Catalogação na Publicação (CIP)
(Câmara Brasileira do Livro, SP, Brasil)

Psicopatologia lacaniana : volume 2 : nosologia / Antônio Teixeira, Márcia Rosa (Orgs.) -- 1. ed.; 1. reimp. -- Belo Horizonte : Autêntica, 2020.

Parceria: Escola Brasileira de Psicanálise; LABTRANS/UFMG
Vários autores.
Bibliografia.
ISBN 978-85-513-0806-6

1. Lacan, Jacques, 1901-1981 2. Psicanálise 3. Psicopatologia 4. Nosologia I. Teixeira, Antônio. II. Rosa, Márcia.

20-32658 CDD-150.195

Índices para catálogo sistemático:
1. Lacan, Jacques : Teoria psicanalítica 150.195

Iolanda Rodrigues Biode - Bibliotecária - CRB-8/10014

GRUPO **AUTÊNTICA**

Belo Horizonte
Rua Carlos Turner, 420
Silveira . 31140-520
Belo Horizonte . MG
Tel.: (55 31) 3465 4500

São Paulo
Av. Paulista, 2.073, Conjunto Nacional, Horsa I
23º andar . Conj. 2310-2312
Cerqueira César . 01311-940
São Paulo . SP
Tel.: (55 11) 3034 4468

www.grupoautentica.com.br

Sumário

Nota inicial

Este livro, que se segue ao primeiro volume de *Psicopatologia lacaniana*, agora voltado à nosologia, prossegue com o projeto iniciado há mais de três anos, e que resultou da parceria entre a Autêntica Editora, os organizadores do volume e a Escola Brasileira de Psicanálise.

Aqui, numa direção talvez nem tão em voga atualmente, a nosologia será retomada enquanto esforço, como vemos na tradição psiquiátrica que chamamos de clássica, acrescida, por certo, do inconsciente, em localizar uma causalidade psíquica, seja no campo das neuroses, seja no das psicoses, que não se reduza ao orgânico.

Se desde o período que Lacan apresentou como "De nossos antecedentes" o orgânico, como o vemos em seu texto "Formulações sobre a causalidade psíquica", era contraposto à dimensão do sentido, enquanto próprio e específico ao humano, em seus desenvolvimentos posteriores, com o acréscimo da linguística saussureana e sua ultrapassagem na fase final de seu ensino, tal distinção só se acentuará.

Esse distanciamento delimita para nós a especificidade de nosso campo, sempre dirigido à singularidade mais radical, sempre atento ao detalhe e à minúcia, e que resulta na fecundidade de nossa prática clínica.

Tratar-se-á portanto de restituir a importância da palavra e da lógica que a rege naquele quadro e naquele caso.

Enfatizá-la num mundo onde a dimensão do propriamente humano muitas vezes quase se esvai uma vez que se o aborde apenas pelo quantitativo e pelo orgânico é a direção que a psicanálise, a melhor, como a veiculada neste livro, aponta-nos e nos convida a percorrer!

Belo Horizonte, janeiro de 2020
Sérgio de Castro
Diretor Geral da Escola Brasileira de Psicanálise

Prefácio
A consciência aberrante

Marcus André Vieira

Este livro trata do sofrimento humano. Busca apreendê-lo em suas sutilezas, complexidades e estranhezas, mesmo as mais terríveis. Nos textos que seguem, seus autores impõem-se o desafio de lidar com o adoecer sem deixar de lidar igualmente com a experiência subjetiva desse adoecimento. Recusam-se, portanto, a reduzir o viver humano da dor a modelos que excluam seu sujeito. Não deixam em nenhum momento de incluir na descrição dos fenômenos patológicos que apresentam, no modo de ordená-los e de compreendê-los, a maneira como a dor atinge quem sofre.

É premissa vital num tempo como o nosso, em que a tônica é abordar o homem a partir de analogias seja com animais de laboratório, seja, sobretudo, com modelos computacionais. A experiência humana comporta bem mais do que vive uma cobaia quando escolhe dobrar à esquerda ou à direita em um labirinto, quando um neurotransmissor desencadeia um reflexo de fuga ou luta ou quando uma imagem cerebral desenha uma área mais carregada de impulsos elétricos que outra.

Evidentemente, esses modelos são fundamentais e sua complexidade pode ir ao infinito, mas costumam topar com dois obstáculos intransponíveis. O primeiro é a extrema variabilidade dos fenômenos subjetivos, não apenas em escala transindividual, como também para um mesmo sujeito. Coordená-los, pensá-los em um conjunto mais ou menos integrado de signos patológicos ou não, propor para eles ações terapêuticas implica sempre uma perda, a mesma sentida por quem busca um tratamento para sua tristeza e encontra o cuidado para a tristeza de um enfermo padecendo de uma depressão abstrata e universal. O segundo é que a própria instância encarregada de realizar a integração dessas funções em um nível individual escapa à sua apreensão, a consciência. Onde situá-la? Como pensá-la? A integração de informações que faz o essencial da consciência é sempre hipotética, nem localizável nem funcional. Em outros termos:

como situar a consciência que administra as singularidades que compõem a vida subjetiva quando ela mesma constitui uma singularidade que escapa à sua própria observação. Apesar de estarmos às voltas com o paradoxo de Bertrand Russell sobre o catálogo de todos os catálogos que, no entanto, não tem como incluir em seu catálogo ele mesmo, não se trata de tema abstrato. Toda questão é como será reintroduzido o que se perdeu, ou seja, como fará aquele que se aproxima de alguém em sofrimento munido desses modelos para reintroduzir o sujeito.

Este livro tem a ambição de aceitar estes dois desafios: percorrer os modelos de doença referidos a uma normalidade suposta sem perder de vista a experiência singular do sofrimento e do tratamento. Tanto aceita tomar por base o modo como o sujeito racional, consciente, entende e aborda as doenças que lhe acometem quanto aquilo que esse sujeito não pode assumir do humano a não ser como patologia. Por um lado, acompanharemos a contribuição da psiquiatria clássica, fundada na razão, e, por outro, a da psicanálise, que observa a consciência a partir da experiência do inconsciente, sempre estranha e incongruente com relação a ela.

Nesse sentido, no contrapé das pesquisas de laboratório, parte-se, para começar, de um modo de olhar específico, o mesmo descrito por Michel Foucault em *O nascimento da clínica*. Somos levados a um ponto relativamente distante no tempo, quando a própria ideia de um sujeito da razão estava em estado nascente e que tem sido esquecido. De fato, *nosologia* é um termo relativamente em desuso, referido à ideia de entidades clínicas articulando uma síndrome a um agente etiológico específico, como a pneumonia, por exemplo. Sempre andou de par com *semiologia*, a leitura de sinais e sintomas que compõem as síndromes nosológicas de base e que também tende a ser substituída por imagens de laboratório e outros procedimentos técnicos de medida. É que a clínica que nasce do método cartesiano, apanágio da razão ordenadora do mundo, encontra seu apogeu um minuto antes da revolução que a descoberta de substâncias de ação efetiva nos sintomas psicóticos trouxe ao campo da clínica. Essa revolução aportou ganhos indiscutíveis e fundamentais, mas também o efeito colateral de uma tendência a reduzir a importância de detalhes e de sutilezas da vivência dos pacientes, pois o "aqui" e o "agora" da relação interpessoal deixaram de ser tudo o de que dispõe o profissional – exatamente o que ainda hoje interessa de maneira privilegiada ao clínico, ao psicólogo, ao psiquiatra ou psicanalista, todos os que se interessarem pela *relação* tanto quanto pela *resolução*. Aqueles que buscam uma resolução que não ignore a experiência subjetiva.

A maneira como nossa cultura lida com a estranheza dos desvios da norma sofreu grande transformação no período do Renascimento, dando luz à nossa concepção quotidiana de loucura. É a partir de uma importante mudança de paradigma que o pensamento louco é separado de forma estanque do pensamento racional. O ditado "de médico e louco todo mundo tem um pouco" mostra como tanto um quanto o outro ainda são considerados categorias opostas, o avesso uma da outra.

Imagine o leitor que somos os alienistas do século XVII, quando esse modo de olhar ganha força. Um alienista a essa época tinha moradia dentro das paredes do manicômio. Estamos, assim, mergulhados na experiência, feita de som e fúria, dos desatinos de uma humanidade muitas vezes errática e excessiva. Estranhos, errantes, aberrantes sujeitos que perturbavam demasiadamente a aurora das cidades iluministas. Alguns ali viviam com esses sujeitos sofridos e assumiram que tudo o que é real é racional, que a desrazão, portanto, só podia ser doença, desvio da norma. Esse alienista começa a descrever a experiência do sofrimento a partir desse modo de olhar. Nasce a ideia do doente, e não do possuído ou amaldiçoado, e logo adiante, com La Metrie, a identificação entre a experiência subjetiva e o funcionamento de uma máquina. Esse homem é o ideal dos alienistas, que constroem o edifício da psicopatologia à sua medida.

Descartes é o nome próprio de um momento na história da humanidade em que essa distinção se engendrou. Simboliza e cria, simultaneamente, o lugar de uma razão despojada dos atributos do mal e que virá sustentar a visão mecanicista da doença. Os loucos são excluídos da razão, assim como o Gênio maligno que perturbaria minha visão do mundo. A partir daí, nas *Meditações metafísicas*, razão e desrazão se separam, e se obtém a certeza de que o pensamento claro e distinto é um espelho do mundo.

Este livro é a retomada daquela nosologia que nasceu na riqueza iluminista dos detalhes do olhar alienista. Acrescenta-lhe, porém, uma torção decisiva, a hipótese do inconsciente, do estranho, do monstruoso inerente ao homem. Assume que a desrazão também segue uma lógica, sua lógica própria. Assim como as doenças têm suas leis, o que não significa que o estranho se tornará conhecido, apenas poderá entrar no rol do que se descreve e se trata. Ganha-se em humanidade, mas também em inteligibilidade, uma vez que toda uma série de fenômenos ficam, em sua singularidade, fora da capacidade heurística do universal descritivo que visa aprendê-los. Desse ponto de vista, pode-se, no avesso do olhar da clínica iluminista, aquilatar como a consciência é enganosa, e a normalidade, muitas vezes aberrante.

A clínica psiquiátrica foi reinventada por Lacan, seu herdeiro direto, dessa forma, a partir da inserção nela de Freud. Levada para a psicanálise, ela hoje talvez seja ainda seu bastião. O exemplo maior é o modo como apreende-se a loucura desse ponto de vista. A psiquiatria de hoje tende a associar as vivências delirantes ao diagnóstico de *esquizofrenia*. Lacan prefere abordar a experiência da desrazão a partir do termo *psicose*. Não qualquer loucura, mas aquela que se delimita como *psicose*. O termo, vigente na psiquiatria no tempo de Lacan, guarda a força de uma prática anterior à revolução dos medicamentos e da tendência atual a assumir como esquizofrenia a diversidade das múltiplas formas do enlouquecer. Até então, só se dispunha de detalhes e sutilezas para fazer diferença, tudo o que continua essencial para o psicanalista. Destaca-se, nessa clínica, a fala. Imagens cerebrais e vias de transmissão neuronal serão secundárias aos caminhos subjetivos do dizer. É dessa forma que Lacan aborda a psicose, a partir do modo como os meandros de nossas narrativas nos estruturam, para examinar os cursos pelos quais nossa urgência em viver vem a desaguar em um quotidiano mais ou menos regrado e coletivo.

Nas páginas que seguem, a psicanálise lacaniana se expõe didaticamente, no melhor sentido do termo – com simplicidade e precisão, de forma direta e ordenada e com os ganhos de saber provenientes da aplicação da psicanálise ao estudo da doença mental. Não se trata de compreensão, coisa que Lacan sempre repudiou. A compreensão, no sentido que lhe dá Lacan seguindo sua recusa por Jaspers, é prima-irmã da empatia, cada vez mais em cartaz hoje, quando os direitos humanos e o universal da fraternidade andam tão decaídos.

Antonio Teixeira, a quem devemos, juntamente com Heloisa Caldas, o primeiro volume de *Psicopatologia lacaniana*, dedicado à semiologia, associa-se agora a Márcia Rosa para compilar o modo como a psiquiatria descreve no detalhe diferentes categorias que cria para compilar as variantes do sofrimento humano e o modo como a psicanálise permite situar esse sofrimento dentro de uma leitura que inclua o sujeito. Organizam, assim, este volume tão rico quanto cuidadoso, graças ao concurso de toda uma comunidade de experiência, de uma mesma orientação lacaniana que bebe do trabalho de J. A. Miller, no sentido de circunscrever a arquitetura do ensino de Lacan.

Este livro se endereça, assim, juntamente com seu par inseparável, o de semiologia da *Psicopatologia lacaniana,* a estudantes que queiram saber mais que decorar. Não será nunca um manual, mas um guia nas paragens da desrazão, quando ela aparta um sujeito do coletivo a ponto de fazê-lo perder-se de si mesmo. Que possa ser lido pelos estudantes é meu voto, mas igualmente pelos psicanalistas a fim de renovar sua prática, pelos psiquiatras e neurologistas de nosso tempo, enfim, por todos os praticantes que queiram intervir em uma relação de fala mais do que em um corpo objetivado, que amem o saber mas que respeitem o impreciso e o insabido, que possam ao mesmo tempo tratar o indivíduo e dar lugar ao sujeito da desrazão que nos habita em plena razão.

O futuro de uma classificação

Antônio Teixeira e Gilson Iannini

Prelúdio distópico

Num futuro não muito distante...

A nona revisão do *Manual diagnóstico e estatístico de transtornos mentais* (DSM-Z), da American Psychiatric Association (APA), *é* uma classificação de transtornos mentais que define critérios categóricos, mensuráveis e objetivos para o estabelecimento de diagnósticos na área da saúde mental. A mais importante inovação institucional que deu origem a esse empreendimento foi a associação entre a APA, a Sociedade para a Neurociência (SfN), a Agência de Segurança Nacional (NSA), a Glasfenster Bioengenharia e Nanotecnologia (Glass) e a Federação internacional de Fabricantes de Remédios (IFPMA), assim como a comunidade de usuários e familiares de portadores de transtornos mentais espalhados pelo globo. Se até a quinta revisão do DSM pairavam dúvidas acerca de interesses obscuros, a força-tarefa que culminou com a publicação do DSM-Z pautou-se pela transparência em sua governança institucional, constituindo um *pool* de *experts* responsável pelo diagnóstico, prevenção, tratamento e inovação em saúde mental.

O DSM-Z substitui as revisões anteriores, ainda impregnadas de concepções subjetivas e dependentes de fatores de difícil mensuração, como a "experiência clínica", explicitamente reivindicada até o DSM-5. As versões conhecidas como DSM-5 e DSM-Q, publicadas respectivamente em 2013 e 2025, apresentavam avanços significativos em relação a versões anteriores, ainda marcadas por paradigmas obsoletos, tais como a psiquiatria dinâmica e a psicanálise. Contudo, a última década testemunhou progressos efetivos e acelerados em pesquisas em neurociência e em bioengenharia, subnanotecnologia e biogenética. Constituída por 94 comitês de verificação de consenso e grupos de controle, a força-tarefa internacional que supervisionou essa nova revisão reconheceu que categorias como *transtorno obsessivo-compulsivo* e *depressão* ainda eram demasiado incertas e carentes de validadores objetivos, justamente porque ainda guardavam resquícios da descrição psicanalítica e de outras abordagens ultrapassadas. Os limites entre as categorias no DSM-Q, apesar de tudo, ainda eram demasiado fluidos e insuficientes. A necessidade de descrição mais padronizada de comportamentos, funções, traços, inadaptações e inadequações já era ampla e consensual em 2029, quando foi eleita a força-tarefa responsável pela presente edição.

A descrição atualmente oferecida pelo DSM-Z supre a demanda de descrição completa e sistemática dos processos patológicos subjacentes à maioria dos transtornos mentais, tornando possível o diagnóstico de transtornos mentais não apenas por clínicos treinados, mas também por agentes públicos e privados munidos das ferramentas e/ou equipamentos desenvolvidos pela equipe de neurobioengenharia e genética computacional, além do autodiagnóstico, tornado disponível para usuários treinados com a nova tecnologia. A presente edição é, pois, mais do que um mero guia para a prática diagnóstica. Ela fornece a nomenclatura oficial para aplicação em escala global em hospitais, escolas, empresas e governos, substituindo a necessidade de cursos de psicopatologia, reuniões do corpo clínico e outras práticas obsoletas.

Entre as inovações nosológicas, destaca-se a eliminação do *transtorno depressivo maior*, considerado excessivamente vago. Desde o DSM-Q, esforços de maior precisão têm sido envidados, o que resultou na substituição da depressão e de estados relacionados pelos *transtornos de falência do humor* e *transtornos recessivos da adaptação*. O DSM-Z dá um passo ousado, abandonando definitivamente tais categorias em favor de transtornos específicos determinados pela classe de neurotransmissores cuja carência seja detectável pelo exame de *self*-imagem e/ou adesivo biossensível de monitoramento permanente do funcionamento corporal. O adesivo detecta alterações significativas dos níveis de neurotransmissores e monoaminas em geral, liberando automaticamente fármacos que regulam a concentração extracelular das substâncias, conforme necessário. O usuário, seu médico, empregador ou tutor legal podem regular o modo de funcionamento, desde *standard* até máximo desempenho, ajustando o nível de performance às necessidades cotidianas e/ou laborais. Em casos mais graves, cuja resposta ao tratamento padrão com adesivo biocompatível não seja responsivo, pode ser considerado o implante de nanobiossensores. Respostas a "perdas significativas", como "luto, ruína financeira, perdas por desastre natural, doença médica grave", ainda mencionadas até o DSM-5, foram dispensadas na atual edição. Não devem ser considerados critérios de duração a fim de diferenciar o assim chamado *luto normal* do antigo *estado depressivo maior*, já que a concentração de neurotransmissores varia independente da prevalência de fatores exógenos ou endógenos, sendo idênticas as condutas terapêuticas.

Na neuropsiquiatria infantil e do bebê, também foram feitas inovações significativas. Transtornos do sono, da alimentação e do humor do bebê foram ampliados e podem ser diagnosticados por pais ou cuidadores. O *transtorno do desamparo original materno induzido* é caracterizado por choro de intermitente a persistente, ansiedade de separação intensa ou recusa de substituição de objeto percebido, entre outros validadores e marcadores. Também foi introduzido o *transtorno de autopercepção da imagem*, também conhecido como *síndrome do espelho*, caracterizado por necessidade de reconhecimento afetivo, sensações de júbilo com a imagem do próprio corpo e emissão de sons inarticulados e balbucios assemânticos ou agramaticais. Já o *transtorno de anorexia restritiva infantil*, com prevalência na população de bebês com mais de 6 meses, caracteriza-se pela recusa sistemática de frutas e papinhas de legumes. Os sintomas podem persistir até a adolescência, caso não sejam erradicados com tratamento adequado em idade precoce. Ainda na infância, foi descrito o *transtorno egossintônico da personalidade narcísica*, que acomete crianças que se identificam com ser princesas ou super-heróis ou fantasiam sê-los. Estima-se que aproximadamente 79% das crianças de 3 a 7 anos de idade apresentem esse transtorno, mais comum no sexo masculino do que no feminino. As escolas foram encorajadas, e seus agentes, treinados para detectar e tratar precocemente desajustes de conduta que afetem significativamente o rendimento escolar, a interação social e/ou o desenvolvimento neurocognitivo da criança.

No capítulo sobre adolescência, o *transtorno compulsivo de registro íntimo*, popularmente conhecido como mania do diário de memórias, caracteriza-se por uso exacerbado de pensamento imaginativo, fixação em modelos ou celebridades, apego excessivo a sentimentos de intimidade ou de segredos, medo de ter suas fantasias tornadas públicas. Em algum momento durante o curso do transtorno, o indivíduo, prevalentemente do gênero feminino, executou comportamentos como verificar-se continuamente no espelho, sonhar em ser uma *star* ou manter segredos escondidos. Estima-se que o *transtorno recessivo da oposição à autoridade* afete

84% da população entre 13 e 19 anos, com leve prevalência em indivíduos não identificados ao gênero designado pelo nascimento. Caracteriza-se por afastamento gradativo da influência paterna ou materna, recusa de valores cultivados na família, comportamento de bando ou isolamento, inadaptação na escola ou na comunidade, uso exagerado de substâncias ilícitas ou comportamentos sexuais atípicos, além de indisposição sistemática para participação nas tarefas de casa. Às vezes, o tratamento requer internação ou implantação cirúrgica de *chip* de monitoramento comportamental.

Critérios diagnósticos para o *transtorno dismórfico corporal* incluem preocupação com um ou mais defeitos ou falhas percebidas na aparência física que não são observáveis ou que parecem leves para os outros; em algum momento durante o curso do transtorno, o indivíduo executou comportamentos repetitivos (p. ex., verificar-se no espelho, arrumar-se excessivamente, beliscar a pele, buscar tranquilização) ou atos mentais (p. ex., comparando sua aparência com a de outros) em resposta às preocupações com a aparência; a preocupação causa sofrimento clinicamente significativo ou prejuízo no funcionamento social, profissional ou em outras áreas importantes da vida do indivíduo; a preocupação com a aparência não é mais bem explicada por preocupações com a gordura ou o peso corporal em um indivíduo cujos sintomas satisfazem os critérios diagnósticos para um transtorno alimentar.

Também foi introduzido o *transtorno de personalidade latina*, síndrome que ocorre entre indivíduos de origem latina, caracterizada por sintomas de perturbação emocional intensa, incluindo ansiedade aguda, raiva ou sofrimento; gritos e berros descontrolados; ataques de choro; tremores; calor no tórax irradiando-se para a cabeça; agressividade física e verbal. Experiências dissociativas (p. ex., despersonalização, desrealização, amnésia), episódios de desmaio ou semelhantes a convulsões, além de gestos suicidas, são proeminentes em alguns ataques, porém ausentes em outros. Os ataques ocorrem frequentemente como resultado direto de um evento estressante relacionado à família, como a notícia da morte de um parente próximo, conflitos conjugais ou parentais, ou em função de presenciar um acidente que envolva um familiar. Para uma minoria dos indivíduos, nenhum evento social em particular desencadeia seus ataques; em vez disso, sua vulnerabilidade à perda de controle advém da experiência acumulada de sofrimento.

No capítulo sobre os transtornos relativos ao trabalho, foram introduzidos o *transtorno do déficit de produtividade* e *o transtorno da impontualidade aprendida*, que se caracterizam por chegar atrasado ao trabalho, pelo menos uma vez por semestre, por até 15 minutos ou por vontade de ir embora mais cedo.

Comportamentos artísticos extravagantes, associados ou não a pensamento crítico, receberam tratamento especial no capítulo sobre "Inadaptações, inadequações e outros transtornos de oposição". Critérios diferenciais permitem separar e tratar adequadamente desordens como o *transtorno disfórico de imaginação*, também conhecido como síndrome de Weiwei, e *o transtorno disfórico da escrita*, associado ou não com o *déficit simbólico compartilhado*, conhecido como síndrome de James Joyce.

Também foram estabelecidos critérios diferenciais para o *transtorno esquerdopata crônico ou adquirido* e o *transtorno de oposição desafiante à ordem*. A preocupação excessiva com consequências sociais de desigualdades ou a solidariedade com grupos minoritários dos quais o indivíduo não faça parte é, na maior parte dos casos, disfuncional e causa sofrimentos significativos ou prejuízo no funcionamento social, profissional ou em outras áreas importantes da vida do indivíduo. O *transtorno de identificação com o rosto do outro*, ou a síndrome de Levinas, foi deslocado do capítulo das dismorfias para o capítulo das patologias políticas somatoformes.

Desde a era das grandes pandemias no início da década de 2020 e da subsequente implementação de protocolos de monitoramento remoto governamental através de chips instalados no corpo dos indivíduos, estão sendo estudados novas patologias de caráter fóbico, relacionados à resistência de certos indivíduos ao monitoramento 24/24. Entre essas novas patologias, destaca-se a síndrome panóptico-fóbica adquirida, também conhecida como doença de Weiwei, quadro que traz enormes riscos à segurança social. Estão em elaboração protocolos de identificação de variantes como a doença de Snowden ou o mal de Foucault.

P.S.: Qualquer semelhança com fatos, pessoas ou situações da realidade pode não ser mera coincidência. Algumas instituições e empresas referidas neste prólogo são fictícias, assim como as datas e versões de suas publicações. Outras não.

A verdade tem estrutura de ficção

O caráter hiperbólico da ficção acima pretende apenas exibir aquilo que a versão atual do DSM-5 não consegue mais ocultar: o caráter normativo de suas classificações, fundadas num movimento vertiginoso de psiquiatrização da vida cotidiana e numa psicopatologização do mal-estar subjetivo. Pois, por mais que essa paródia nos mostre o aspecto risível desse esforço de catalogação, é preciso aceitar que, do ponto de vista puramente formal, não há nada de propriamente exorbitante numa prática classificatória, seja ela qual for. Podemos constituir classes ou grupos, bastando, para tanto, atribuir um predicado comum a determinado número de indivíduos. O problema é que as classes normalmente se compõem em torno de uma representação atributiva que um discurso destaca, como é o caso da presença de mamas na formação da classe dos mamíferos, ou de incisivos superiores pronunciados no caso dos roedores. Mas quando se trata de classificar sujeitos, mesmo que se busque imprimir uma marca de pertencimento sobre o corpo, como no caso da circuncisão para os judeus, as classes assim constituídas não se encontram fundadas sobre nenhuma propriedade representável. Uma classe de sujeitos depende, estritamente falando, do efeito de uma *nomeação*, de sorte que quando dizemos que alguém é judeu, brasileiro, proletário, burguês etc., a classificação assim produzida resulta somente do proferimento do nome. Diante, portanto, da ausência de uma propriedade representável consistentemente definida para classificar os seres falantes, os idealizadores do DSM se veem livres para criar novas classes diagnósticas, a seu bel-prazer, ou, o que é pior, em conformidade com os lançamentos da indústria farmacêutica ou com as exigências dos gestores de saúde. Propositadamente, nem tudo que foi incluído na paródia distópica esboçada acima é ficcional. Embora a grande maioria dos transtornos e sintomas aqui descritos seja fruto de um exercício de imaginação e hipérbole, alguns critérios foram simplesmente deslocados e adaptados. Mais precisamente, em dois momentos, os textos do DSM-5 foram mantidos literalmente, sem quaisquer alterações. O intuito dessa estratégia retórica de embaralhar categorias criadas pela fantasia e categorias efetivamente empregadas em um manual mundialmente utilizado foi questionar o nosso regime regrado de produção de categorias e exibir a arbitrariedade do sistema. Impossível não lembrar aqui a passagem célebre em que Michel Foucault se refere à enciclopédia chinesa de Jorge Luis Borges. Em suas remotas páginas, certa enciclopédia chinesa, intitulada *Empório celestial de conhecimento benevolente*, dividia os animais em: "a) pertencentes ao imperador; b) embalsamados; c) domesticados; d) leitões; e) sereias; f) fabulosos; g) cães em liberdade; h) incluídos na presente classificação; i) que se agitam como loucos; j) inumeráveis; k) desenhados com um pincel muito fino de pelo de camelo; l) *et cetera*; m) que acabam de quebrar a bilha; n) que de longe parecem moscas". Em nossa fantasia distópica, o sofrimento mental se dividiu em: a) transtornos de falência do humor; b) transtornos recessivos da adaptação; c) transtorno egossintônico da personalidade narcísica etc.; mas incluiu, por exemplo, a descrição h) do ataque de nervos, que realmente faz parte do DSM-5, mas poderia incluir disforia de gênero ou tantas outras categorias cuja consistência clínica ou necessidade epistêmica estão longe de estar estabelecidas. Nada nos impediria de propor uma taxonomia do sofrimento mental inspirados na enciclopédia borgiana: a) delírios de ser um imperador ou presidente ou juiz e outras figuras paternas; b) personalidade embalsamada ou narcísica; c) indivíduos domesticados ou normopatias; d) transtornos alimentares ligados à gula; e) disforia de gênero de tipo identificação a sereias e ninfas etc.

Afinal, tudo poderia ser classificado do ponto de vista de práticas discursivas, inclusive condutas, posições políticas ou religiosas, e mesmo preferências amorosas ou sexuais. Que seja. Nada impede, todavia, que tomemos, então, para nós, essa mesma liberdade classificatória e avancemos ficcionalmente até o nível virtual de um último DSM em que o catálogo se capilariza. Esse último DSM deveria, portanto, descrever um transtorno que acomete, preferencialmente, gestores obcecados com a rentabilidade dos planos de saúde, frequentemente vinculados a laboratórios farmacêuticos, assim como docentes universitários financiados por laboratórios, há até pouco tempo restritos às universidades norte-americanas, porém com tendência a se propagarem para outros territórios. Chamemo-lo de "transtorno de compulsão classificatória avaliativa maniforme" (TCCAM), ou doença de Simão Bacamarte, em homenagem ao alienista descrito por Machado de Assis, no final do século XIX, que em nosso tempo se manifesta como uma necessidade incontrolável de classificar e avaliar todo comportamento observável, assim como preencher compulsivamente espaços de "sim", "não" e "mais ou menos" em planilhas de avaliação. Alguns desvios caracteriais evidentes dessa síndrome incluem: a incapacidade sistemática de questionar a sua própria função e a necessidade obsessiva de eliminar todo aspecto subjetivo que não se encaixe em seu esquema avaliativo. Observa-se, ainda, como sinal patognomônico desse quadro, uma importante alteração do juízo de realidade, manifesta no sentimento delirante de estar no direito de classificar e avaliar os demais sem permitir que seja avaliado ou classificado o próprio exercício de avaliação. A classe dos classificadores, assim constituída, não tolera que ela própria seja classificada. Em seu delírio classificatório, os pacientes acometidos pela TCCAM, ou pela doença de Bacamarte, chegam a se arrogar o direito de definir o que é científico ou não, sem, contudo, expor critérios que possam definir a cientificidade de sua prática avaliativa. Precedentes não faltam nem nas ciências mais tradicionais: o rebaixamento de Plutão da categoria de planeta pela União Astronômica Internacional, em 2006, foi decretada numa reunião que teve a votação de 424 astrônomos, algo como 5% da população de astrônomos profissionais à época. O consenso substituiu outros parâmetros mais propriamente epistêmicos de validação, ou, pelo menos, assumiu sua centralidade na consolidação evidências no interior de paradigmas científicos.

Essa última versão paródica do DSM tem o interesse de nos apresentar, em seu limite, o caráter autofágico de uma prática desenfreada de avaliação classificatória. É bem verdade que, até o atual momento, os classificadores do DSM não fazem parte do conjunto dos objetos classificados, tal como os catálogos do paradoxo de Russell, que não contêm a si mesmo. Mas quando criamos, com a Casa Verde virtual de um DSM-100, a classe dos classificadores compulsivos que não classificam a eles próprios, o paradoxo é inevitável: essa classe contém ou não contém os classificadores? Ela os contém porque não os contém, não os contém porque os contém e daí por diante... Teríamos, então, chegado a esse feliz momento de ironia suprema, em que o classificador enlouquece e decide, tal como o alienista de Machado de Assis, internar-se e deixar-nos finalmente em paz?

Mas as coisas não são tão simples assim. Sabemos que o DSM-5 – a despeito de sua absoluta indigência epistemológica – não será tão cedo classificado como um caso patológico de compulsão classificatória, pois existe uma estrutura exterior sobre a qual ele se sustenta. O DSM permanece coeso, apesar de todas as modificações que possa sofrer, em razão da tríplice aliança de catálogo, pílulas e discursos que o mantém. Em primeiro lugar, o catálogo, enquanto operador da gestão, confere ao DSM sua forma de listagem provisória, que pode ser mudada conforme se modificam os arranjos institucionais do poder ao qual ele presta serviços. Em segundo lugar, cada classe catalogada será o máximo possível vinculada à pílula terapêutica, que é a promessa de bem-estar mental em sua forma-mercadoria, sustentada pelas estratégias de *marketing* dos laboratórios. Associações tais como TDH-Ritalina ou distimia crônica-Venlafaxina são emblemáticas nesse sentido. Em terceiro lugar, o discurso da tecnociência, submetido à lógica do capital, organiza a crença mercantil que associa demanda e produto – no caso, doença mental e arsenal terapêutico – numa relação de evidência supostamente controlável. Sua função é dar à associação do catálogo com a pílula a roupagem pseudocientífica.

Mas em que pese o caráter manifestamente ideológico que aqui se faz do discurso científico, é inútil protestar contra o DSM. Podemos, aliás, dizer que é do protesto que o DSM se nutre e extrai sua permanência. Sendo o protesto uma variável do discurso da demanda, na forma trivial da queixa, nada mais fácil ao DSM do que prover meios para responder às reclamações contra seus supostos excessos, mediante renovações periódicas de suas listagens. Se Lacan tem razão ao dizer que, ao protestarmos contra uma situação, entramos no discurso que a condiciona, é porque, assim fazendo, indicamos as correções que tornam essa situação mais suportável. A prova disso é a supressão, em 1980, do diagnóstico de histeria no DSM-3, em resposta à reivindicação daqueles que alegavam o caráter sexista dessa denominação, assim como a eliminação, a partir de 1987, da categorização patológica da homossexualidade egodistônica, em resposta a demandas de despatologização da sexualidade.

Pouco tempo depois do lançamento do DSM-5, assistiu-se a uma polêmica de grande esplendor midiático à época. Thomas Insel, então diretor do prestigioso Instituto Nacional de Saúde Mental dos EUA (NIHM), anunciava a decisão de não mais se guiar pelo DSM. O DSM não mais nos serve, dizia ele, em razão da falta de cientificidade de sua classificação. A solução ao impasse seria o lançamento do Research Domain Criteria (RDoC), que buscava produzir bases científicas mais sólidas para a pesquisa psiquiátrica. Contudo, a proposta de reduzir a realidade mental aos limites da biologia, *i.e.*, a iniciativa de tratar o psiquismo nos termos de uma neurobiologia, nada mais é do que o velho naturalismo do antes-de-ontem de volta à cena como novidade reluzente do depois-de-amanhã, num palco arrimado pela crença de que a racionalidade tecnocientífica detém a derradeira palavra sobre a natureza e sobre o homem. A razão é mais ideológica do que epistêmica: todos sabem que quem hoje se vale do discurso da ciência passa a gozar de uma autoridade inquestionável, capaz de captar recursos e justificar inserção no campo da saúde mental, posto que não existe nenhuma instância extracientífica que nos autorize a questionar o seu veredicto.

Desse ponto de vista, se o mental será o neurobiológico, ou o físico-químico, ou o genético, ou mesmo, quem sabe, o molecular, isso importa pouco. O que importa é que o nome, assim escolhido, pareça não ser apenas uma nomeação, pois esse é o atual erro do DSM: mostrar o mecanismo por detrás da mágica, revelar a impostura da qual ele é feito. O que interessa é organizar a convicção de que se pode estabelecer uma classificação da realidade mental que não seja uma pura nomeação, a partir de uma propriedade representável cientificamente, conforme a ideia que o senso comum faz da ciência neste ou naquele momento.

Não deixa, contudo, de ser interessante notar a ausência de um verdadeiro programa clínico no campo das neurociências. Isso não é casual, pois basta dar a palavra ao sujeito para se ver cair por terra esse ideal de representação científica da doença mental num código sem ambiguidades.

O exemplo maior disso continua sendo o de Freud, que cedo percebeu a categoria irredutível do sujeito em sua experiência clínica. Mesmo partindo das concepções naturalistas da ciência de seu tempo, Freud se viu levado, malgrado ele próprio, a reintroduzir a subjetividade no campo metapsicológico pelo simples e fundamental gesto de escutar o que tem a dizer seu paciente. Freud, ali, encontrou um sujeito irredutível às classes que o englobam, ali onde o neurocientista visa calar o sujeito numa classe universal que o apreende sem resto.

O que caracteriza uma clínica que possa realmente sustentar esse nome é o esforço de pensar o sujeito em sua singularidade irredutível. Uma classificação diagnóstica deve ser suficientemente precisa e bem fundamentada para permitir uma estratégia de condução do tratamento, mas suficientemente aberta para pensar a maneira que cada sujeito encontra de ser inagrupável, *i.e.*, de permanecer dessemelhante dos demais membros de sua própria classe. Toda verdadeira clínica nunca é mera técnica, mas é também uma aposta ética e política. É por esse conjunto de razões que, no atual momento, precisamos não de mais classes diagnósticas, mas de menos.

Da psicopatologia de Jaspers à biologia lacaniana

Adriano Aguiar

Dentre todas as profissões humanas, a psiquiatria, em seu trabalho cotidiano, é a mais concernida com a relação entre a mente e o cérebro. Numa interação clínica típica, os psiquiatras preocupam-se centralmente com os construtos subjetivos, mentais, em primeira pessoa e com os estados cerebrais objetivos de terceira pessoa. Apesar disso, raramente na formação do psiquiatra (ou psicólogo) atual são trabalhadas ferramentas conceituais que os ajudem a pensar como se dá a relação mente-cérebro. Desde a década de 1980, o *mainstream* da psiquiatria tem assumido, de maneira que poderíamos dizer um pouco irrefletida, que os transtornos mentais são decorrentes de distúrbios do cérebro. Tal perspectiva tem resultado num processo de medicalização da existência (Aguiar, 2004) e num empobrecimento da prática clínica do psiquiatra à mera prescrição de medicamentos (Mezzich, 2010) a partir de um *checklist* de sintomas (Tasman, 2002). Nos últimos anos, no entanto, tem havido uma importante reação de parte da comunidade psiquiátrica internacional a essa perspectiva reducionista, através de um retorno aos pressupostos humanistas de Karl Jaspers, considerado o pai da psicopatologia descritiva (Jaspers, 1973).

Neste capítulo discutiremos essa crise na psiquiatria e a reação dos psiquiatras jasperianos, tendo como pano de fundo as diferenças de perspectiva entre Jaspers e Lacan, que, apesar de ter sido fortemente influenciado por Jaspers em sua tese, tornou-se um grande crítico do primeiro nas etapas posteriores do seu ensino. Mostraremos que Jaspers, através da clássica separação conceitual entre *explicação e compreensão,* estabelece uma fronteira intransponível entre mente e corpo, ao passo que Lacan franqueia essa fronteira ao conceber a incidência da linguagem sobre o corpo. Tentaremos mostrar que a perspectiva lacaniana no debate com Jaspers tem consequências muito relevantes para os debates atuais no campo da psiquiatria, da fenomenologia e das neurociências, já que implica a necessidade de uma subversão do modo como compreendemos a relação mente-cérebro e a própria biologia.

A crise na psiquiatria e o retorno a Jaspers

Na edição de 2009 do *New Oxford Textbook of Psychiatry*, um livro de mais de duas mil páginas que procura abranger tudo que diz respeito ao campo da psiquiatria, Pierre Pichot (2009), ex-presidente da Associação Mundial de Psiquiatria, termina o capítulo "História da psiquiatria como especialidade médica" afirmando que existe uma crise atual na psiquiatria. Em revistas científicas psiquiátricas, interroga-se inclusive se a psiquiatria "sobreviverá à segunda metade do século XXI" (Malhi, 2008), e até mesmo se a psiquiatria deveria "existir" (Poole; Bugra, 2008). Essa crise envolve diversos fatores, tais como a diminuição do interesse dos estudantes de medicina pela especialidade, a influência econômica da indústria farmacêutica no campo, o questionamento da eficácia dos antidepressivos, a assunção da prescrição de medicamentos por médicos de outras especialidades, a medicalização da sociedade, entre outros.[1] Apesar da diversidade de questões, no centro dos debates em torno dessa crise, o que está em discussão são os próprios fundamentos da psiquiatria, ou seja, sua concepção a respeito da natureza dos chamados "transtornos mentais", seu sistema atual de classificação diagnóstica (DSM e CID) e as consequências deste para a prática clínica. O psiquiatra Juan Mezzich, que foi presidente da Associação Mundial de Psiquiatria de 2005 a 2008, não poderia ser mais claro a respeito do que está em jogo no cerne dessa crise: "assistimos atualmente a uma desumanização da prática psiquiátrica que reduz os pacientes a códigos diagnósticos e os psiquiatras a técnicos que apenas prescrevem drogas" (Mezzich, 2010, p. 3).

Se nas décadas de 1960 e 1970 o movimento da *antipsiquiatria* fazia uma crítica contundente às instituições psiquiátricas com um discurso de forte cunho político, sendo por isso rotulado de mera "ideologia" externa ao campo psiquiátrico, agora a crítica vem de dentro e é "baseada em evidências". Psiquiatras de renome internacional que pertencem a uma geração cuja prática clínica teve como base os fundamentos da

[1] A abordagem de todos os aspectos dessa crise está para além do escopo deste livro, assim, remeto o leitor interessado nessa discussão ao artigo "Are psychiatrists an endangered species? Observations on internal and external challenges to the profession" (KATSCHNIG, 2010), publicado na revista científica *World Psychiatry,* que faz uma análise abrangente dos diferentes aspectos da crise.

psicopatologia fenomenológica de Jaspers se mostram aturdidos com os efeitos reducionistas do DSM e as consequências clínicas inesperadas da "morte da fenomenologia":

> O DSM teve um impacto desumanizante na prática da psiquiatria. A coleta da história clínica – a ferramenta central de avaliação em psiquiatria – tem sido frequentemente reduzida ao preenchimento de listas de sintomas do DSM. O DSM desencoraja os médicos a conhecerem o paciente como uma pessoa individual por causa de sua abordagem secamente empírica (Andreasen, 2007, p. 111).

A solução para a psiquiatria passaria, então, na perspectiva desses autores, pela via de um certo retorno a Jaspers, já que este, em sua época, rejeitava o reducionismo neurobiológico então em voga, que tinha no psiquiatra alemão Wilhelm Griesinger um dos seus principais representantes. Na introdução do seu clássico livro *Psicopatologia geral* (1973), Jaspers se contrapõe claramente ao organicismo da época:

> nos libertamos em princípio da servidão em que os conceitos, a investigação e concepção psicopatológicos se encontravam frente à neurologia e à medicina – devido ao dogma: "enfermidades psíquicas são enfermidades cerebrais". Nossa tarefa científica não é construir uma sistemática nos moldes da neurologia acompanhada de uma constante preocupação com o cérebro – uma construção que sempre se tornou fantástica e superficial.

A psiquiatria contemporânea, marcada pelo DSM e pelo discurso das neurociências, também tem as marcas da ideologia organicista, por isso, importantes psiquiatras de uma geração já mais madura buscam recuperar o dualismo metodológico jasperiano entre *explicação* e *compreensão* para tentar salvaguardar a dimensão humanística da psiquiatria, em vias de extinção. Assen Jablensky, psiquiatra de grande renome internacional por sua posição de chefia na Organização Mundial da Saúde entre 1974 e 1987, acredita que a saída da crise atual da psiquiatria depende de uma retomada desse fundamento de base da *Psicopatologia geral,* de Jaspers:

> O caminho a seguir para nós como profissão aponta para a necessidade de recuperar assertivamente a sólida "base de conhecimento" da psicopatologia, que combina as duas perspectivas de "compreensão" e "explicação" (Jablensky, 2010, p. 29).

Não há como negar que o "retorno a Jaspers" tem dado frutos: uma rede internacional foi criada – The International Network for

Philosophy and Psychiatry –, congressos mundiais e regionais têm sido realizados e diversas publicações têm aparecido. Só a série de livros *International Perspectives in Philosophy and Psychiatry* já conta com 55 publicações até o presente. Em contraposição à mera lista descritiva e objetificante de sintomas que caracteriza o DSM, o movimento filosófico/fenomenológico contemporâneo tem enriquecido o campo da psiquiatria atual, trazendo uma perspectiva que leva em conta a dimensão da subjetividade, enquanto referida à alteridade (*intersubjetividade*) e ao mundo (*intencionalidade*), que é corporificada (*embodied*), e situa o fenômeno patológico em relação ao contexto cultural (*embedded*). Não podemos deixar de reconhecer que a iniciativa é um verdadeiro *tour de force*, um enfrentamento muito bem-vindo ao empobrecimento da clínica a que assistimos na psiquiatria contemporânea. Mais do que isso, pois, para além do reducionismo organicista na psiquiatria, os fenomenólogos contemporâneos têm conseguido realizar uma considerável produção de livros e artigos que confrontam as perspectivas mais reducionistas também na interface com a biologia, com as neurociências e com o cognitivismo (Thompson, 2007; Gallagher; Zahavi, 2008; Gallagher; Janz, 2015). Husserl, Jaspers, Heidegger e Merleau-Ponty estão, portanto, mais vivos do que nunca.

Desse modo, o debate de Lacan com Jaspers, que discutiremos neste capítulo, não é apenas a retomada de um momento histórico crucial para o pensamento filosófico, psiquiátrico e psicanalítico do século XX, que envolve dois de seus principais pensadores. Firmemente ancorada no que a clínica psicanalítica ensina, a precisão conceitual que faz Lacan refutar o dualismo metodológico jasperiano entre *explicação e compreensão* – reflexo do dualismo correlato entre *ciências da natureza* e *ciências humanas* – merece ser retomada hoje, porque talvez seja ainda mais pertinente do que outrora, como tentaremos demonstrar. Para isso, buscaremos acrescentar uma pitada da pimenta lacaniana no banquete dos fenomenologistas contemporâneos, que têm feito um bom debate com a psiquiatria, o cognitivismo e neurociências.

Explicação x *compreensão*: o dualismo metodológico de Jaspers

A célebre distinção entre *explicação* e *compreensão*, tão característica da perspectiva que Jaspers introduz na psiquiatria e que gerou tanta influência, não é propriamente uma criação conceitual do psiquiatra/filósofo. O que Jaspers fez, na verdade, foi introduzir na psiquiatria uma separação epistemológica que já estava presente no campo das ciências humanas. O próprio Jaspers, em uma nota de rodapé de uma das últimas edições da *Psicopatologia geral*, afirma a respeito da recepção de sua distinção entre *explicação e compreensão* pelos psiquiatras:

> É de se espantar a que ponto a psiquiatria ignorou ou esqueceu a tradição humanística; a ponto mesmo de meu trabalho de 1912 (Jaspers, [1912] 1968) e a presente obra se afigurarem então radicalmente novos, se bem que eu apenas relacionasse a tradição humanística com a realidade psiquiátrica (Jaspers 1973, p. 362).

A distinção metodológica *explicação* x *compreensão* surgiu no campo das ciências humanas como uma estratégia defensiva contra a extrapolação progressiva do modelo da física galilaico-newtoniana para as humanidades. O Iluminismo do século XVIII e seu projeto de uma reforma da sociedade pela Razão culmina em programa naturalista para as ciências sociais, cujo principal expoente, no século XIX, foi o positivismo de Auguste Comte, que buscava estabelecer uma cientificidade para as ciências humanas se baseando no modelo das ciências exatas. Um dos fundamentos do positivismo é a ideia de que tudo o que se refere ao humano pode ser sistematizado segundo os princípios adotados como critério de verdade para as ciências exatas e biológicas. Isso se aplicaria também aos fenômenos sociais, que deveriam ser reduzidos a leis gerais como as da física. O positivismo de Comte buscava então fazer das humanidades uma ciência legítima pela via da física e da matemática.

Nas últimas décadas do século XIX houve uma reação ao positivismo no campo das *humanidades*, buscando demarcar uma separação definitiva entre as ciências naturais e as humanas através da afirmação da especificidade de cada um desses campos pela via da metodologia. O filósofo alemão Wilhem Dilthey foi um dos principais representantes dessa reação, resistindo à absorção das humanidades pelo positivismo, através da célebre oposição *explicação* x *compreensão*, que buscava diferenciar as metodologias de investigação que caracterizam o campo das *ciências naturais* e as *humanidades*. No primeiro caso, vigora o que ele chamou de *explicação*, ou seja, identificação das leis de *causalidade* entre os elementos físicos, enquanto, no caso das *humanidades*, o método teria de ser outro, que Dilthey chamou de *compreensão*, para ressaltar que se trata de compreender os significados e as *razões* das ações humanas.

Jaspers se apropria dessa distinção para combater o reducionismo organicista da psiquiatria de sua época. Da mesma forma que hoje em dia o *mainstream* da psiquiatria tem adotado uma posição *eliminativista*[2] na qual a subjetividade é vista como mero epifenômeno da atividade cerebral; na época de Jaspers, era esse mesmo tipo de perspectiva reducionista que ele julgava ser necessário combater. Para Jaspers, era fundamental estabelecer limites para o que ele chamou de "mitologias cerebrais" (Jaspers, 1968, p. 1322), ou seja, "construções teóricas" que invocam processos fisiológicos ou patológicos cerebrais para interpretar o que se passa no nível subjetivo.

Jaspers sustentava que a psiquiatria deveria ter um pé na *ciência* e outro nas *humanidades*. Por fazer parte das ciências naturais, a psiquiatria estaria concernida com o tipo de investigação pertinente a esse campo científico. Por isso ele recupera de Dilthey a noção de *explicação*, ou seja, o tipo de investigação que busca apreender as leis de causalidade entre fatos naturais que apresentam certa regularidade, na medida em que essas relações decorrem de determinadas invariantes naturais:

> Mediante observações, experiências, reunião de muitos casos, buscamos encontrar *regras* do evento. Em grau mais alto, encontramos *leis* e atingimos, em várias áreas da física e da química, o ideal que consiste em poder exprimir matematicamente essas leis causais em equações causais (Jaspers, 1973, p. 362).

No entanto, segundo Jaspers, essa metodologia de investigação científica não daria conta de todo o campo da psiquiatria, já que esta estaria concernida também com o que se passa no campo das ações e motivações humanas. Desse modo, a psiquiatria requer também um tipo de abordagem diversa daquela usada nas ciências naturais, para tentar identificar de que maneira "o psíquico resulta do psíquico":

> Ao passo que, nas ciências naturais, só se podem encontrar conexões causais, o conhecimento vem satisfazer-se, em psicologia, ainda na apreensão de conexões inteiramente diversas. O psíquico "resulta" do psíquico de maneira que é para nós compreensível. Quem é atacado zanga-se e pratica atos defensivos; quem é enganado torna-se desconfiado, e essa produção do evento psíquico por outro evento psíquico *nós compreendemos geneticamente* (p. 363).

[2] O *eliminativismo* é a posição filosófica sobre o problema mente-cérebro que defende que a mente não existe, sendo apenas um efeito da atividade cerebral, de modo que o vocabulário mental que utilizamos na psicologia popular deveria ser eliminado.

Desse modo, Jaspers defende uma abordagem humanística da psiquiatria, em contraste com o reducionismo organicista de sua época, baseando-se na ideia de que a psiquiatria se caracteriza por abarcar as duas abordagens metodológicas: tanto a *explicação*, que identifica relações de *causalidade* e caracteriza o tipo de investigação realizado ciências naturais, quando a *compreensão*, que busca estabelecer o sentido de eventos psíquicos que decorrem de outros eventos psíquicos, enraizando a psiquiatria também no seio das *humanidades*.

Jaspers, Lacan e a psicanálise

O célebre livro *Psicopatologia geral,* de Jarpers, publicado originalmente em 1913, foi traduzido para o francês em 1928. Lacan publica sua tese de doutorado (*Da psicose paranoica em suas relações com a personalidade*) em 1932, apoiando-se fortemente no pensamento de Jaspers, como já podemos perceber desde a primeira página da introdução:

> A psicose, tomada no sentido mais geral, assume aí, por contraste, todo seu alcance, que é o de escapar a esse paralelismo [psico-orgânico] e revelar que, na *ausência de qualquer déficit* detectável pelas provas de capacidade (de memória, de motricidade, de percepção, de orientação e de discurso) e na ausência de qualquer lesão orgânica apenas provável, existem distúrbios mentais que, relacionados, segundo as doutrinas, à "afetividade", ao "juízo", à "conduta", são todos eles distúrbios específicos da síntese psíquica. [...]
> Essa síntese nós a denominamos *personalidade*, e tentamos definir objetivamente os fenômenos que lhe são próprios, fundamentando-nos em seu sentido humano.
> Isso não é desconhecer nenhuma legítima concepção dos *fatores orgânicos* que a compõem. [...] assim como não é negligenciar a base biológica dos *fenômenos ditos da personalidade*, mas levar em conta uma *coerência* que lhe é própria e que se define por essas *relações de compreensão*, em que se exprime a medida comum das condutas humanas (Lacan, 2011, p. 1).

François Leguil, que publicou um excelente artigo (Leguil, 1989) sobre o debate "que não teve lugar" entre Jaspers e Lacan, chega a afirmar que a leitura do primeiro forneceu ao segundo nada menos do que as bases de sua primeira clínica diferencial das psicoses. Leguil afirma que Lacan foi o único verdadeiro jasperiano na França até 1938, quando teria rompido implicitamente com o dualismo metodológico de Jaspers. A divisão jasperiana entre *explicação* e *compreensão* reservava a noção de *causalidade* para o campo das ciências naturais. Em contraste com essa divisão, Lacan, no artigo "Os complexos familiares na formação do indivíduo", publicado em 1938, vai falar de uma *causalidade* que seria da ordem do mental:

> [...] ela [a família] transmite estruturas de comportamento e de representação cujo funcionamento ultrapassa os limites da consciência.
> Assim, ela estabelece entre gerações uma continuidade psíquica cuja *causalidade* é de ordem mental (Lacan, 2003, p. 31).

Do mesmo modo, oito anos depois, Lacan escreve o artigo "Formulações sobre a *causalidade* psíquica" (Lacan, 1998b), artigo em que debate com seu amigo e célebre psiquiatra Henry Ey. O próprio título do artigo comporta em si mesmo uma contraposição à perspectiva jasperiana, que não admite que a causalidade seja da ordem do psíquico.

E por que Lacan vai se afastando cada vez mais de Jaspers? Se é verdade que com Jaspers se desenvolve na psiquiatria uma perspectiva humanista e uma preocupação com o sentido dos fenômenos, que está ausente nas perspectivas organicistas mais reducionistas, não é menos verdade que desde o princípio a empreitada de Jaspers é marcada por uma recusa da descoberta freudiana.

Na primeira edição de *Psicopatologia geral*, Jaspers até demonstra um certo apreço pelo detalhe descritivo da psicanálise, no qual ele vê uma certa proximidade de sua abordagem fenomenológica. Por isso, Jaspers deu boas-vindas à abordagem das psicoses pelos membros suíços do movimento psicanalítico, liderado por Eugen Bleuler e seu assistente, Carl Gustav Jung. Em 1920, no entanto, quando Jaspers fez uma versão revisada do seu livro, ele relativiza sua abertura para a psicanálise, reconhecendo apenas a teoria freudiana que está confinada aos primeiros estudos sobre a histeria, enquanto toda teorização freudiana posterior a 1895 é rejeitada por Jaspers como crenças dogmáticas sem nenhum valor científico ou psicológico (Bormuth, 2015).

Em uma carta anterior ao filósofo Carl Friedrich von Weizsäcker, que defendia a psicanálise, Jaspers chega a dizer: "O diabo está na raiz disso. Por isso, só pode haver rejeição completa" (Bormuth, 2015, p. 2). Essa postura crítica em relação à psicanálise se tornará ainda mais intensa em Jaspers a partir da década de 1950, após Hannah Arendt lhe dizer que a teoria freudiana vinha florescendo nos Estados Unidos, com a emigração de psicanalistas para aquele país durante a guerra, fazendo Jaspers temer um renascimento da psicanálise na Alemanha, sobretudo a partir da iniciativa de Von Weizsäcker de criar um instituto psicanalítico de psicossomática na Universidade de Heidelberg (Monti, 2013).

Mas o que nos interessa aqui é, sobretudo, a diferença conceitual entre a psicopatologia de Jaspers e aquilo que a clínica psicanalítica ensina. Para Jaspers, a distinção entre o reino da *explicação* e o reino da *compreensão* não pode ser entendida apenas como uma distinção entre os domínios do físico e do psíquico. Isso porque o campo da *causalidade* seria ilimitado, abarcando tanto o mundo físico, natural, quanto o terreno da subjetividade, já que, sabidamente, há sintomas psíquicos que podem ser causados por eventos físicos, por exemplo, quando determinadas afecções cerebrais causam uma alucinose. Diferentemente, segundo Jaspers, o domínio da *compreensão* é necessariamente limitado, ou seja, esbarra ali onde começa o mundo físico, natural.

Esta é uma das principais discordâncias de Jaspers em relação a Freud. Segundo ele, Freud confundiria os dois campos ao postular o determinismo psíquico e a causalidade no nível do mental. Para Jaspers, o compreensível é aquilo que podemos inferir de pensamentos que resultam uns dos outros através de conexões lógicas (*compreensão racional*) ou a partir de estados de ânimo (*compreensão empática*). O pano de fundo da compreensão jasperiana é o senso comum. Sendo assim, é impossível para Jaspers reconhecer qualquer valor de verdade presente em um evento mental que escapa às conexões racionais e empáticas, quando, por exemplo, alguém que vai a um enterro e, em vez de dizer "meus pêsames", diz "parabéns". Freud, pelo contrário, vai dizer que o ato falho não apenas porta uma verdade, como também é determinado por leis de causalidade que são inconscientes. Jaspers reprova Freud, por não respeitar os limites da compreensão, e chama o método freudiano de "pseudocompreensão":

> A confusão entre relações compreensíveis e relações causais é responsável pelo erro que Freud comete ao proclamar que tudo na vida psíquica, cada processo é compreensível (quer dizer, determinado por um sentido). Somente a exigência de uma causalidade ilimitada pode ser colocada, não de uma compreensão ilimitada (Jaspers *apud* Leguil, 1989, p. 13).

Jaspers coloca como limite da compreensão as fronteiras do sentido, onde não haveria nenhuma lei, já que o psíquico, para a fenomenologia existencialista de Jaspers, seria o reino da liberdade subjetiva. O limite jasperiano da compreensão implica também que, diferentemente da causalidade física, que pode explicar também alguns sintomas mentais, o psíquico seria sem incidência sobre a materialidade do mundo físico natural, ou seja, sem incidência sobre o corpo, por exemplo.

Linguagem e corpo

Diferentemente de Jaspers, Lacan parte do princípio freudiano de que existe um determinismo do inconsciente e franqueia os limites colocados por Jaspers, não respeitando o binário causa x sentido. Para Lacan, o psiquismo não é o reino da liberdade subjetiva, mas sim algo estruturado por determinadas leis que a psicanálise nos dá a conhecer:

> À parte um certo número de estados discutidos em outro lugar, todo fenômeno de consciência tem com efeito um sentido, em um dos dois significados que a língua dá a esse termo: de significação e de orientação [...] Mas por ilusório que seja, o sentido não é sem lei. É o mérito desta disciplina nova que é a psicanálise nos ter feito aprender a conhecer essas leis (Lacan *apud* Leguil, p. 17).

É com a linguística estrutural de Sausurre que a tese lacaniana poderá ganhar todo seu alcance. A noção de *ordem simbólica* permitirá a Lacan pensar o sentido como efeito estrutural da linguagem, a qual não apenas incide no determinismo do psíquico, como também transpõe a fronteira entre o mental e o mundo físico, extrapolando o limite colocado por Jaspers, na medida em que estabelece que a causalidade psíquica pode incidir sobre o próprio corpo, tal como os sintomas histéricos nos dão testemunho.

A introdução do registro do simbólico por Lacan permite que ele dê inteligibilidade à afecção do corpo pela linguagem de um modo inteiramente novo a partir da linguística estrutural. Como, para Jaspers, só existiam duas dimensões, a saber, as leis naturais do organismo e a dimensão imaterial do sentido, ele esbarra em um limite que, como vimos, não lhe permite conceber que o psiquismo afete o corpo. Lacan irá demonstrar, a partir de sua leitura estruturalista dos textos freudianos, que existe um terceiro registro, o *simbólico*, que estrutura a experiência humana e não se confunde nem com o *real* do organismo nem com o *imaginário* do sentido. É a partir do *simbólico* e da disjunção do signo linguístico em *significante* e *significado* que Lacan poderá demonstrar que a linguagem afeta e estrutura o corpo, tomando os elementos corporais como significantes e constituindo o sintoma como uma metáfora.

A definição do sintoma como metáfora ressalta a dimensão de significação do sintoma. O sintoma é concebido como significante de um significado recalcado, por isso tem um sentido, passível de interpretação. Essa dimensão de significação do sintoma, que chamou tanta atenção no começo do ensino de Lacan, não deve nos impedir de perceber, no entanto, que ela implica também, desde o princípio, a concepção de que há uma corporificação do significante.

Com efeito, a significação não constitui a totalidade do sintoma. Há também a dimensão de satisfação pulsional, que teve um longo desdobramento ao longo do ensino de Lacan, indo desde o sintoma como metáfora até a concepção do sintoma como *acontecimento de corpo* (MILLER, 2004), mais para o final do seu ensino. A partir de *O seminário, livro 20*, Lacan (1985) buscará unificar as dimensões de significação e satisfação do sintoma, articulando-os com o conceito de *alíngua* (*lalangue*). A noção de *alíngua* implica conceber o significante não mais a partir de seu aspecto referencial, responsável pela significação, mas a partir de sua materialidade – o que Lacan irá ressaltar através do neologismo "*moterialidade*". O sintoma passará a ser visto por Lacan como um "*acontecimento de corpo*", expressão que ele utiliza em seu seminário sobre Joyce, para se referir aos efeitos de gozo que advém como resultado do impacto do significante no corpo. São acontecimentos discursivos que deixam marcas desnaturalizadas no corpo, perturbando o funcionamento natural do corpo vivo.

Enquanto o corpo dos animais funciona inteiramente regulado pelo saber natural, instintual – que constitui uma espécie de programação do organismo –, o corpo histérico rechaça o saber natural e recusa servir à finalidade de sua autoconservação.

Um ótimo exemplo disso é dado por Freud no artigo "A perturbação psicogênica da visão" (FREUD, [1910] 1990). Freud toma como referência casos de cegueira parcial nos quais não se pode encontrar nenhuma causalidade orgânica, recorrendo também a exemplos de cegueira induzida por hipnose, para mostrar que existem evidências de cegueiras sem fundamento orgânico. Ele sugere que o sintoma histérico possa ser da mesma natureza que a cegueira por hipnose e propõe o recalque como mecanismo. Freud passa das representações para as pulsões, trazendo um binarismo que coloca as pulsões do eu de um lado e as pulsões sexuais de outro. Ele identifica as pulsões do eu como pulsões naturais, estas que servem para a sobrevivência do corpo individual, para a autoconservação do indivíduo. Elas decorrem do "saber" natural do organismo. Já as pulsões sexuais, Freud as situa como uma força que escapa ao domínio das pulsões de autoconservação, furtando-se à ordenação regulada do organismo.

Na cegueira histérica, uma função vital se vê subtraída de funcionar pelo bem harmônico, homeostático do organismo. O órgão deixa de obedecer à ordem natural que está a serviço da autoconservação e se torna o suporte de um gozo, ele se goza, como diz Lacan. O órgão deixa de funcionar porque foi habitado por um gozo que o impede de trabalhar normatizado pelo saber de autoconservação inscrito na natureza.

O olho, que deveria servir ao corpo para orientar o ser no mundo, passa a servir, sobretudo, ao prazer de ver. Trata-se de um prazer desregulado, pois excede a necessidade e a regulação vital do próprio princípio do prazer, indo "mais além", a ponto de chegar a funcionar como antivital. O organismo passa então a suportar dois corpos distintos: um corpo regulado pelas leis naturais, que "sabe" o necessário para sobreviver, e um corpo libidinal, que escapa à regulação e à homeostase do organismo.

Segunda natureza

A desnaturalização provocada pelo efeito da linguagem no corpo tem consequências importantes sobre o modo como devemos conceber a relação mente-corpo, subvertendo a maneira como entendemos a natureza e a própria biologia humana. Um debate recente no campo da filosofia analítica joga uma luz essencial sobre essa questão. Retomaremos parte desse debate aqui, para discutir como a consideração da perspectiva lacaniana, em sua diferença em relação a Jaspers, é fundamental para a conversação atual da psiquiatria fenomenológica contemporânea com as neurociências cognitivas.

O livro *Mind and World*, do filósofo norte-americano John McDowell (2005), tem sido um dos mais discutidos na filosofia analítica nas últimas décadas, sendo comparado ao interesse e impacto causados pela publicação de *Philosophy and the Mirror of Nature*, de Richard Rorty, em 1979 (Rorty, 1994). Recentemente, Joseph Schear publicou um livro (Schear, 2013) inteiramente dedicado a um debate entre John McDowell e Hubert L. Dreyfus, a respeito das teses apresentadas em *Mind and World*, no qual figuram ainda 13 ensaios de renomados filósofos analíticos, que também contribuem para discutir as questões abordadas no debate entre os dois. Tentaremos ir direto ao ponto que nos interessa aqui.

Na primeira conferência de *Mind and World*, McDowell se propõe a tentar encontrar outra solução para o que ele vê como uma oscilação interminável da filosofia analítica entre dois polos opostos. De um lado estariam os empiristas, fundacionalistas, que acreditam que o solo seguro do conhecimento se constitua a partir da experiência perceptiva, sensorial, passiva, na qual o mundo se apresenta para nós através das nossas percepções como algo "dado", desprovido de qualquer conceitualidade. Não se explica, porém, como se dá a passagem do nível da sensorialidade natural para o conhecimento conceitual, o que, segundo McDowell, faz essa perspectiva ficar refém do que Wilfrid Sellars (2003) chamou de "mito do dado". De outro lado estaria o *coerentismo*, de Donald Davidson, que recusa a ideia empirista de que o conhecimento se funda a partir da sensorialidade perceptiva de um dado bruto do mundo, porém acaba correndo o risco de dar à racionalidade uma liberdade excessiva, na qual a realidade externa não exerceria nenhuma coerção sobre o pensamento, o que ameaçaria a própria possibilidade de fundamentação do conhecimento.

O propósito inicial de McDowell seria então buscar uma saída desses dois polos. Para ele, a única maneira de sair do impasse é conceber que a conceitualidade, ou seja, o campo da linguagem, já se faz presente na própria percepção. *Grosso modo*, consideradas as evidentes diferenças de vocabulário entre dois universos epistemológicos totalmente diversos, McDowell defende uma posição semelhante à de Lacan a respeito da relação entre linguagem e percepção, quando este, ao abordar o fenômeno alucinatório em "De uma questão preliminar a todo tratamento possível da psicose" (Lacan, 1998a), escrito em 1958, afirma que o objeto da percepção – o *perceptum* – é estruturado pela linguagem.

A clássica definição da alucinação nos livros de psicopatologia como "*perceptum* sem objeto" busca fazer uma correspondência entre uma pretensa unidade do *percipiens* à univocidade objetiva do *perceptum*. Desse modo, a psicopatologia tende a naturalizar o fenômeno perceptivo como uma função sensorial pura, desconsiderando os processos discursivos que constituem a operação perceptiva. Lacan entende que aquilo que percebemos não o fazemos simplesmente como um animal, mas como seres habitados pela linguagem. Assim, ele vai dizer, a respeito da alucinação, que não é o *percipiens* que unifica, o *perceptum* não é o resultado da atividade unificadora do *percipiens*, já que o *perceptum* está ele mesmo estruturado pela linguagem, o que tem efeitos retroativos sobre o próprio sujeito da percepção (Teixeira; Santiago, 2017).

McDowell, quase 40 anos depois, vai chegar a uma conclusão semelhante, também defendendo que a percepção é estruturada pela linguagem. No entanto, ao desenvolver essa concepção, McDowell se dá conta de que essa tese implica a necessidade de uma reelaboração da maneira como nós concebemos a própria natureza. Segundo ele, a concepção do mundo natural que emergiu a partir do nascimento da ciência moderna nos fez entender a natureza como "reino das leis" – um universo regido por conexões *causais* entre seus elementos, que caberia à ciência *explicar*. Como a natureza, concebida dessa maneira, seria completamente compreensível a partir das leis da física, o naturalismo moderno precisou lidar com o problema de dar lugar no mundo para categorias como significado, intencionalidade, crenças e pensamentos, ou seja, o âmbito daquilo que para Jaspers é o campo do sentido e da *compreensão*.

Qual é o problema que a tese de Lacan e McDowell, segundo a qual a percepção é estruturada pela linguagem, coloca para essa concepção da natureza que herdamos da ciência moderna? A questão é que, se é verdade que a linguagem estrutura a percepção e que a sensorialidade pertence ao reino natural, isso nos obriga a conceber de outro modo a própria ideia que temos a respeito da natureza e da biologia. Pois, como poderiam as operações feitas por uma parte do mundo natural – a sensorialidade – ser estruturadas pela linguagem, se a natureza se restringe ao reino cego das leis físico-químicas?

McDowell defende que é preciso subverter a concepção que herdamos da ciência moderna, segundo a qual o mundo natural é inteiramente regido por leis. Na perspectiva dele, para conceber adequadamente as relações entre percepção e linguagem, precisamos "trazer a responsividade ao significado de volta às operações de nossas capacidades sensoriais naturais" (McDowell, 2005, p. 114).

Para tentar elaborar uma saída desse impasse, McDowell retoma a noção aristotélica de *segunda natureza*. Segundo ele, o que a era moderna nos legou foi um modo de explicar o funcionamento do "reino das leis", mas isso não significa que devamos fazer com que isso seja equivalente à visão que temos da natureza em sua totalidade. Podemos manter o caráter *sui generis* da subjetividade humana em relação ao reino das leis, porém sem considerar que o reino das leis englobe tudo aquilo que devemos chamar de natural. Para McDowell, a natureza é mais abrangente que o reino das leis, por isso é possível garantir que a subjetividade seja *suis generis*, sem que esteja fora da natureza:

> Os exercícios da espontaneidade pertencem a nosso modo de viver. Como nosso modo de viver é nosso modo de realizar nossas potencialidades animais, podemos reformular esse pensamento da seguinte forma: os exercícios da espontaneidade pertencem a nosso modo de realizar nossas potencialidades animais. Isso elimina qualquer necessidade de tentarmos ver a nós mesmos como

> seres curiosamente bifurcados, com um pé no reino animal, e um envolvimento separado e misterioso com um mundo extranatural de conexões racionais (McDowell, 2005, p. 115).

A perspectiva desse "naturalismo de *segunda natureza*" por McDowell subverte e amplia o campo daquilo que entendemos por biologia. Se a natureza é mais do que apenas a parte dela que é governada por leis físico-químicas, então o domínio da biologia também se estende para além dessa fisicalidade, sem pretender reduzir a *segunda natureza* ao reino das leis. Porém, uma certa fragilidade filosófica ainda permanece na argumentação de McDowell, na medida em que ele caracteriza a *segunda natureza* como um fenômeno *sui generis*, inexplicável cientificamente. Para dar mais robustez ao argumento que McDowell desenvolve no plano epistemológico, seria importante verificar as suas condições de possibilidade ontológicas (Johnston, 2011), ou seja, se podemos encontrar na própria biologia elementos que indiquem que a materialidade da natureza comporta as condições necessárias para a efetiva existência do tipo de naturalismo que McDowell propõe.

Para isso, no entanto, precisamos nos despir de um certo preconceito com o campo das ciências naturais, tão presente no pensamento de diversos intelectuais, que veem esse campo como necessariamente mecanicista, reducionista, eliminativista, etc. Mesmo que a maior parte do campo científico ainda o seja, para confrontar esse reducionismo, mostrando que essa é uma concepção obtusa e obsoleta da ciência, é preciso fazer o Outro da ciência falar, para verificar o que o próprio discurso da ciência diz sem saber. Assim, poderemos perceber que as bases ontológicas para um naturalismo de segunda natureza já estão presentes em algumas das descobertas mais recentes no campo das neurociências, epigenética e teoria evolutiva.

Natureza incompleta

A filósofa da ciência Nancy Cartwright, mostra no livro *The Dappled World: A Study in the Boundaries of Science*, que qualquer empiricista realista que olhe clara e honestamente para o estado atual da ciência irá se deparar com o fato de que não podemos mais aceitar a equivalência, frequentemente assumida, entre realismo científico e universalismo das leis. A autora nota que, em diversos domínios abarcados pela ciência, cada vez mais nos deparamos com o fato de que não podemos estabelecer leis universais:

> O tipo de conhecimento que podemos defender a partir de nossos impressionantes sucessos científicos não aponta para um mundo unificado a partir de uma ordem universal, mas sim para um mundo malhado [*dappled world*] de objetos manchados (Cartwright, 1999, p. 10).

Os trabalhos do biólogo Francisco Varela e seus colaboradores (Varela; Thompson; Rosch, 1991), por exemplo, descrevem os desdobramentos ontogenéticos e filogenéticos dos seres vivos como processos de bricolagem satisfatórios/suficientes, ou seja, que trabalham apenas para atingir o que é "bom o suficiente para sobreviver pelo tempo suficiente para reproduzir". Isso significa que em vez de ser um reino de leis determinísticas fechadas, a natureza estabelece um número relativamente pequeno de parâmetros limitantes para os seres vivos, dificilmente funcionando como algo que determina "de baixo para cima" todos os detalhes da vida.

A descoberta da neuroplasticidade cerebral constitui outra descoberta científica que vai de encontro à concepção reducionista que durante muito tempo predominou sobre o cérebro, visto como algo inteiramente predeterminado pelas leis da natureza. A partir da neuroplasticidade o cérebro passa ser visto como modificável, maleável e formativo ao mesmo tempo. A filósofa Catherine Malabou (2008) desenvolve as questões filosóficas que se abrem a partir dessa descoberta científica. Para ela, a neuroplasticidade comprova que o cérebro humano está organizado e reorganizado "dialeticamente", aberto a sofrer continuamente múltiplas oscilações entre a sua "flexibilidade maleável" e sua "fixidez resistente". Ela ressalta o quanto ainda não foram assimiladas plenamente, pela intelectualidade e pela cultura de uma maneira mais ampla, as consequências da descoberta da neuroplasticidade, que implica uma historicidade constitutiva do cérebro:

> Nosso cérebro é plástico, e nós não sabemos. Nós somos completamente ignorantes dessa dinâmica, dessa organização, e dessa estrutura. Continuamos a acreditar na "rigidez" de um cérebro inteiramente genético (Malabou, 2008, p. 4).

Os trabalhos do psicanalista François Ansermet e do neurocientista Pierre Magistretti (Ansermet; Magistretti, 2004) também enfatizam esse aspecto da plasticidade cerebral como indicador biológico da singularidade do cérebro, que vai se constituindo a partir da experiência. No livro *A chacun son cerveau*, os autores defendem que as descobertas recentes da neurobiologia demonstram que a plasticidade neuronal permite a inscrição no cérebro da experiência vivida. Os traços se inscrevem, associam-se, desaparecem, modificam-se ao longo de toda a vida através dos mecanismos da plasticidade cerebral. A plasticidade seria, assim, o mecanismo pelo qual cada sujeito é singular e cada cérebro é único.

> A plasticidade contribui para a emergência da individualidade do sujeito. Cada uma de nossas experiências é única e tem um impacto único. Certamente a plasticidade exprime uma forma de determinismo, mas, ao mesmo tempo que opera esse tipo de determinação do sujeito, ela liberta de determinismo genético (Ansermet; Magistretti, 2004, p. 14).

Na realidade, a nossa biologia não apenas permite que o ser falante esteja liberto do determinismo absoluto das leis naturais. Nossas capacidades linguísticas e cognitivas também produzem, com efeito, o que o cientista cognitivo Keith Stanovich (2004) denominou de "rebelião contra a natureza", para ressaltar que as próprias potencialidades biológicas dos seres humanos nos conduzem a ir contra o determinismo genético e evolutivo, constituindo uma fratura evolutiva inerente à própria evolução.

De acordo com Stanovich, os genes, obedecendo aos fatores determinantes da própria evolução, codificaram os seres humanos como veículos capazes de transmitir o material genético, com inteligência incrivelmente elaborada e flexível. Tal elaboração e flexibilidade envolve ainda um cérebro plástico sensível e receptivo, de modo que o controle determinístico evolutivo-genético, no caso dos humanos, teria sido relativamente afrouxado, a ponto de terminar por produzir uma "monstruosidade antinatural", ou seja, criaturas que acabaram escapando do controle dos genes de modo completamente imprevisível.

Em seu penúltimo livro, o neurocientista Antonio Damásio (2010), assume uma perspectiva bastante parecida com a de Stanovich, ao dizer que, no homem, o surgimento da consciência e a criação da cultura são uma novidade radical na história da evolução, pois estas muitas vezes oferecem respostas imperfeitas ou mesmo "rebeldes", que muitas vezes vão contra os ditames das próprias leis da natureza:

> Se a natureza pode ser considerada como indiferente, displicente, impredizível, então a consciência humana cria a possibilidade de questionar os caminhos da natureza. O surgimento da consciência humana está associado a desenvolvimentos evolutivos no cérebro, comportamento e mente, que conduzem finalmente à criação de cultura, uma novidade radical no movimento da história natural.

> O aparecimento de neurônios, com o surgimento da diversificação do comportamento e a pavimentação do caminho para a mente, constitui um evento momentâneo na grande trajetória. Mas o aparecimento do cérebro consciente, capaz de autorreflexão, é o próximo grande momento. É a abertura do caminho para uma resposta rebelde e imperfeita aos ditames de uma natureza descuidada (Damásio, 2010, p. 287).

Essas descobertas e muitas outras no campo das ciências naturais demonstram que a real materialidade dos seres humanos (a "primeira natureza", nos termos de McDowell) é em si e por si mesma radicalmente indeterminada. Como bem observou Adrian Johnston (2009), os estudos recentes desses campos científicos não nos conduzem simplesmente a pensar que algo viria a se acrescentar ao reino das leis da "primeira" natureza, como a ideia de uma "segunda" natureza nos faz supor. O que as ciências biológicas atuais têm nos mostrado é que a própria primeira natureza é incompleta, marcada pela negatividade, em vez de ser um sistema mecanicista fechado cujas leis de causalidade caberia à ciência investigar.

Conclusão: por uma biologia lacaniana

Como vimos no começo do capítulo, desde a década de 1980, a psiquiatria vem buscando afirmar sua identidade enquanto especialidade médica, procurando ancorar suas bases conceituais na biologia através das neurociências. Ao fazer assim, o discurso psiquiátrico tem assumido, na maioria das vezes, uma perspectiva reducionista que busca reduzir o sofrimento psíquico a um mero disfuncionamento das leis fisiológicas da biologia cerebral. Essa perspectiva tem tido consequências clínicas às vezes nefastas, que alguns autores têm diagnosticado como uma "crise da psiquiatria" e uma "desumanização" da prática clínica.

Vimos que nos últimos anos tem havido uma reação de parte dos psiquiatras a esse reducionismo, através de um retorno a Jaspers, pai da psicopatologia fenomenológica, que defendia uma perspectiva humanista da psiquiatria, dizendo que essa tinha um pé nas ciências naturais e outro nas humanidades, devendo se valer das metodologias características de ambos os campos: a *explicação* causal referente ao "reino das leis" científicas, a *compreensão* que permite abordar as razões e motivações das ações humanas.

Essa posição jasperiana comporta um limite, na medida em que, para Jaspers, o campo do sentido não teria como afetar e estruturar o corpo e os sintomas. Vimos que esse limite é franqueado por Lacan, que defendia, a partir da clínica psicanalítica e da leitura estrutural dos textos freudianos, que a linguagem se corporifica, constituindo o sintoma como metáfora e como acontecimento de corpo, desnaturalizando o corpo vivo do ser falante.

A extrapolação do limite imposto por Jaspers, pela perspectiva lacaniana, traz consequências importantes para o debate contemporâneo entre psiquiatria, neurociências cognitivas e fenomenologia. Não podemos negar que o humanismo jasperiano amplia e enriquece a clínica psiquiátrica em relação à visada reducionista característica do monismo eliminativista, presente no *establishment* psiquiátrico atual. A afirmação jasperiana da psiquiatria como um campo que abarca tanto a *explicação* quanto *a compreensão* pode mitigar alguns dos efeitos "desumanizantes" que têm sido observados na clínica psiquiátrica desde que a chamada "psiquiatria biológica" se sobrepôs à abordagem da psicopatologia fenomenológica na psiquiatria, desde a publicação do DSM-III em 1980.

No entanto, tal *retorno a Jaspers* encontra limites que são aqueles da própria perspectiva jasperiana. Sem reconhecer a eficiência causal da linguagem sobre o corpo e os sintomas, parece-nos que as consequências clínicas da abordagem jasperiana poderiam no máximo tornar a prática clínica do psiquiatra mais humanizada. Além de prescrever medicamentos, o médico, reconhecendo que a *compreensão* também seria uma dimensão importante da prática do psiquiatra, tenderia a escutar mais seus pacientes e fazer uma "psicoterapia de acompanhamento". Porém, dentro dessa perspectiva, os *poderes da palavra* e da interpretação são esvaziados, na medida em que são desprovidos de eficácia *causal*.

O reconhecimento da *causalidade psíquica* por Freud e Lacan restabelece essa eficácia e implica, além disso, uma subversão da própria noção de natureza em direção ao que John McDowell chamou de *segunda natureza*, transformando por consequência o próprio campo da biologia:

> O que é a natureza não precisa ser equiparado com o que é explicável pelas ciências naturais. A Segunda Natureza é natureza também [... e] não é obrigatório equivaler a natureza com o domínio da inteligibilidade natural-científica (McDowell, 2009, p. 186 e 188).

Não foi à toa que Jacques-Alain Miller nos chamou a atenção para a existência uma *biologia lacaniana* (Miller, 2004). De fato, ao subverter o princípio da psicopatologia jasperiana, que estava assentada no binário *explicação* x *compreensão*, Lacan amplia o alcance não apenas da psicopatologia, como também de todas as disciplinas que estudam a relação mente-cérebro, na medida em que se baseia – como bem disse Ram Mandil no prefácio do primeiro volume do livro *Psicopatologia lacaniana* (Mandil, 2017) – não mais na separação mente-corpo, mas na "consideração do homem afetado pela linguagem em seu corpo e em seus pensamentos".

Referências

AGUIAR, A. *A psiquiatria no divã: entre as ciências da vida e a medicalização da existência*. Rio de Janeiro: Relume-Dumará, 2004.

ANDREASEN, N. DSM and the Death of Phenomenology in America: An Example of Unintended Consequences. *Schizophrenia Bulletin*, v. 33, n. 1, p. 108-112, 2007.

ANSERMET, F.; MAGISTRETTI, P. *A chacun son cerveau. Plasticité neuronale et inconscient*. Paris: Odile-Jacob, 2004.

BORMUTH, M. Karl Jaspers as a Critic of Psychoanalysis. A Short Sketch of a Long Story. *Existenz*, *v*. 10, n. 2, p. 1-10, 2015.

CARTWRIGHT, N. *The Dappled World: A Study of the Boundaries of Science*. Cambridge: Cambridge University Press, 1999.

DAMASIO, A. *Self Comes to Mind: Constructing the Conscious Brain*. New York: Pantheon, 2010.

FREUD, S. A concepção psicanalítica da perturbação psicogênica da visão [1910]. Rio de Janeiro: Imago, 1990. (Edição Standard Brasileira das Obras Psicológicas Completas de Sigmund Freud, XI).

GALLAGHER, S.; JANZ, B. *A Neurophenomenology of Awe and Wonder: Towards a Non-Reductionist Cognitive Science*. New York: Palgrave Macmillan, 2015.

GALLAGHER, S.; ZAHAVI, D. *The Phenomenological Mind: An Introduction to Philosophy of Mind and Cognitive Science*. London; New York: Routledge, 2008.

GALLAGHER, S. *Brainstorming: Views and Interviews on the Mind*. Virginia: Imprint, 2008.

JABLENSKY, A. Psychiatry in Crisis? Back to Fundamentals. *World Psychiatry*, v. 9, n. 1, p. 29, Feb. 2010.

JASPERS, K. *Psicopatologia geral*. Rio de Janeiro: Livraria Atheneu, 1973.

JASPERS, K. The Phenomenological Approach in Psychopathology. *The British Journal of Psychiatry*, v. 114, n. 516, p. 1313-1323, 1968.

JOHNSTON, A. Second Natures in Dappled Worlds: John McDowell, Nancy Cartwright and Hegelian-lacanian Materialism. *In*: RIGILANO, M.; FETTER, K. (Ed.). *Umbr(a): The Worst*. Buffalo: Center for the Study of Psychoanalysis and Culture, State University of New York at Buffalo, 2011. p. 71-91.

JOHNSTON, A. The Weakness of Nature: Hegel, Freud, Lacan, and Negativity Materialized. *In*: CROCKETT, C.; DAVIS, C.; ŽIŽEK, S. (Ed.).

Hegel and the Infinite: Into the Twenty-First Century. New York: Columbia University Press, 2009.

KATSCHNIG H. Are Psychiatrists an Endangered Species? Observations on Internal and External Challenges to the Profession. *World Psychiatry*, v. 9, p. 21-28, 2010.

LACAN, J. *Da psicose paranoica em suas relações com a personalidade*. Rio de Janeiro: Forense Universitária, 2011.

LACAN, J. De uma questão preliminar a todo tratamento possível da psicose. *In*: *Escritos*. Rio de Janeiro: Zahar, 1998a.

LACAN, J. *O seminário, livro 20: Mais, ainda*. Rio de Janeiro: Jorge Zahar, 1985.

LACAN, J. Os complexos familiares na formação do indivíduo. *In*: *Outros escritos*. Rio de Janeiro: Zahar, 2003.

LACAN, J. Sobre a causalidade psíquica. *In*: *Escritos*. Rio de Janeiro: Zahar, 1998b.

LEGUIL, F. Lacan avec et contre Jaspers. *Ornicar? Revue du Champ Freudien*, n. 48, p. 5-23, 1989.

MALABOU, C. *What Should We Do With Our Brains?* New York: Fordham University Press, 2008.

MALHI, G. S. Professionalizing Psychiatry: From "Amateur" Psychiatry to a Mature Profession. *Acta Psychiatr Scand*, v. 118, p. 255-258, 2008.

MANDIL, R. Prefácio. *In*: TEIXEIRA, A.; CALDAS, H. (Orgs.). *Psicopatologia lacaniana. Volume 1: Semiologia*. Belo Horizonte: Autêntica, 2017.

LACAN, J. Sobre a causalidade psíquica. *In*: *Escritos*. Rio de Janeiro: Zahar, 1998b.

MCDOWELL, J. *Mente e mundo*. Aparecida, SP: Ideias & Letras, 2005.

MEZZICH J. World Psychiatric Association Perspectives on Person-centered Psychiatry and Medicine. *International Journal of Integrated Care*, v. 10, 2010. Suppl. e003.

MILLER, J.-A. *La experiencia de lo real en la cura psicoanalítica*. Buenos Aires: Paidos, 2004.

MONTI, M. Jaspers "Critique of Psychoanalysis": Between Past and Future. *In*: STANGHELLINI, G.; FUCHS. T. (Ed.). *One Century of Karl Jaspers' General Psychopathology*. New York: Oxford University Press, 2013.

PICHOT P. The History of Psychiatry as a Medical Profession. *In*: GELDER, M. G.; ANDREASEN, N.; LOPEZ-IBOR, J. J.; GUEDDES, J. (Ed.). *New Oxford Textbook of Psychiatry*. 2nd ed. Oxford: Oxford University Press, 2009. p. 17-27.

POOLE, R.; BHUGRA, D. Should Psychiatry Exist? *International Journal of Social Psychiatry*, v. 24, 2008, p. 195-196.

RORTY, R. *A filosofia e o espelho da natureza*. Rio de Janeiro: Relume-Dumará, 1994.

SCHEAR, J. (Ed.). *Mind, Reason and Being-in-the-world. The McDowell-Dreyfus Debate*. London; New York: Routledge, 2013.

SELLARS, W. *Empirismo e filosofia da mente*. Petrópolis: Vozes, 2003.

STANOVICH, K. *The Robot's Rebellion*. Chicago: The University of Chicago Press, 2004.

TASMAN, A. Lost in the DSM-IV Checklist. Empathy, Meaning, and the Doctor-Patient Relationship. *Academic Psychiatry*, v. 26, v. 1, p. 38-44, 2002. Disponível em: <https://bit.ly/2QEMEee>. Acesso em: 10 jan. 2020.

TEIXEIRA, A.; SANTIAGO, J. O enquadre da realidade e o que retorna no real. *In*: TEIXEIRA, A.; CALDAS, H. (Orgs.). *Psicopatologia lacaniana. Volume 1: Semiologia*. Belo Horizonte: Autêntica, 2017.

THOMPSON, E. *Mind in Life: Biology, Phenomenology, and the Sciences of Mind*. London: Harvard University Press, 2007.

VARELA, F.; THOMPSON, E.; ROSCH, E. *The Embodied Mind: Cognitive Science and Human Experience*. Cambridge: MIT Press, 1991.

O caso paradigmático e a nosologia estrutural

Saulo Carvalho

Em 1909, o médico sanitarista Carlos Chagas entrou para a história da medicina ao descobrir e descrever, com a ajuda de alguns colaboradores, todos os aspectos de uma nova doença, que, em reconhecimento a seu feito excepcional, seria batizada com seu próprio nome. Fato inédito na história médica, o sanitarista mineiro identificou, no espaço de poucos anos, todos os marcos patológicos daquele quadro: seu agente etiológico – o parasita *Trypanosoma cruzi* –, o reservatório doméstico do protozoário – o gato –, seu vetor de transmissão – o barbeiro –, além das diversas formas clínicas da doença, tanto em sua manifestação aguda quanto em sua apresentação crônica. Carlos Chagas realizou, ainda, diversos estudos que delinearam as alterações fisiopatológicas fundamentais da doença, bem como efetuou as necropsias que evidenciaram as lesões anatômicas subjacentes. Com isso pôde desenvolver métodos para o diagnóstico da enfermidade e abriu espaço para a elaboração de tratamentos possíveis.

A façanha de Carlos Chagas, que encontra no caso Berenice[1] seu marco exemplar, fornece-nos uma ilustração precisa dos pressupostos patológicos que fazem com que determinado grupo de sintomas possa ser circunscrito não somente como um conjunto sindrômico coerente, mas também como uma unidade nosológica de fato, isto é, uma doença.

O que Carlos Chagas conseguiu realizar no decurso de poucos anos nenhum pesquisador ou força-tarefa no âmbito da saúde mental nem sequer se aproximou de alcançar. A psiquiatria, embora acumule 200 anos de esforços desde o gesto fundador de Pinel, nunca logrou ver seus

[1] Trata-se de uma menina de 3 anos que apresentava os sintomas típicos da doença e em cujo sangue Carlos Chagas observou, pela primeira vez, a presença do protozoário parasita.

tipos clínicos serem admitidos dentro das fronteiras estabelecidas pelos marcos formais da patologia médica.[2] Assim, se tomarmos o exemplo do grupo das esquizofrenias, que recebeu seu batismo classificatório ainda em 1911, pelas mãos de Eugen Bleuler, perceberemos que ainda hoje continuam a se situar em um horizonte infinitamente distante não só o reconhecimento material de seus aspectos etiológicos, fisiopatológicos e anatomopatológicos, mas também o mapeamento preciso das regularidades de seu curso clínico, de métodos diagnósticos objetivos e de tratamentos farmacológicos específicos, seguros e eficazes.

Tanto a psiquiatria quanto as disciplinas que lhe são herdeiras diretas, como é o caso da psicanálise ou das diversas psicologias, encontram, invariavelmente, barreiras intransponíveis sempre que tentam elevar suas síndromes clínicas ao estatuto de "unidades nosológicas reais" (Jaspers, [1913] 1985, p. 690). Alguns advogarão que tais barreiras são uma contingência transitória, imposição de um momento histórico que ainda não conheceu o desenvolvimento pleno de sua ciência. Para estes, o futuro ainda reserva o desvelamento completo de todos os mistérios da vida psíquica, que, em algum momento, será traduzida completamente na materialidade cerebral. Há, no entanto, aqueles que percebem que o embaraço classificatório advém não de uma insuficiência técnica, mas pela imposição das idiossincrasias do objeto ao qual nos dedicamos, qual seja, o aparelhamento psíquico fundado na linguagem. Já Jaspers ([1913] 1985), na fundação da psicopatologia fenomenológica,[3] diria que "a ideia de unidade nosológica real nunca se pode realizar em seja qual for o caso particular, porque o conhecimento da regularidade com que coincidem as mesmas causas com as mesmas manifestações [...] se sedia em um futuro infinitamente distante" (p. 690).

Fato é que, em nosso dever clínico, é-nos dado não mais que a possibilidade de observar a ocorrência de certos padrões, propondo tipos clínicos mais ou menos individualizados a partir de hipóteses e modelos que fornecem uma organização mínima às apresentações semiológicas. Assim, nosso edifício nosológico é erigido pela apreensão das articulações lógicas que os sintomas estabelecem entre si, sintomas que não surgem

---

[2] A única exceção à regra nos é dada pela antiga paralisia geral progressiva. Em 1822, Bayle descobre que essa condição, importante causa de internações psiquiátricas no século XIX, devia-se a uma inflamação crônica das meninges. Já na virada do século se demonstraria a natureza sifilítica de tais alterações. Desde então, a paralisia geral progressiva, agora redescoberta como neurossífilis, passaria para os domínios da neurologia e da infectologia.

[3] O marco é a publicação de *Psicopatologia geral*, de 1913.

ao acaso, pela ação de um agente externo – como no caso do parasita de Chagas –, mas que nascem dos embaraços a que se vê submetido o ser que explora o mundo através de um aparelhamento psíquico fundado nas possibilidades e nos equívocos da linguagem.

Por óbvio, não poder contar com a segurança dos pressupostos da patologia, com a certeza da materialidade de suas balizas, traz embaraços próprios à nossa tipologia. Não à toa a longevidade da querela dos diagnósticos é tão antiga quanto a própria psiquiatria e se reatualiza e se explicita a cada nova edição do DSM.[4] Aparentemente, teremos de conviver indefinidamente com a ingratidão da tarefa de restringir a multiplicidade das manifestações semiológicas a alguns tipos clínicos que guardem a capacidade de instrumentalizar a prática clínica diária. Isso não impede, contudo, que o empreendimento nosográfico represente uma das principais estratégias das disciplinas que lidam com o mental no objetivo de estabelecer um saber que ampare o clínico diante da experiência.

Se tais embaraços se impõem a todos que ousam tentar formalizar teoricamente a complexidade da psicopatologia, é patente que psiquiatria e psicanálise, guiadas por posicionamentos epistêmicos e éticos distintos, tomam caminhos diferentes no manejo desses impasses. A psiquiatria, desde Pinel, ainda que com alguns espasmos de lucidez, manteve-se presa à pretensão de traduzir todo o Real[5] da experiência psíquica pelos recursos dos muitos nomes dos sintomas, sinais e síndromes. Ao promover a criação artificial de doenças bem delimitadas, a psiquiatria retira da nosografia a função de instrumento e a transforma em seu objetivo último. A psicanálise, por outro lado, sempre esteve atenta ao caráter ideal dos tipos clínicos e aos efeitos de mortificação que podem nascer das práticas de nomeação, elegendo para si justamente o resto que constrange a psiquiatria, a saber, o sujeito em sua unidade irrepetível, sempre aquém e além das fronteiras das classes. Ainda assim, mesmo depois de Lacan, que como nenhum outro acentuou as soluções privadas estabelecendo uma clínica do um-a-um, a prática psicanalítica não pôde prescindir completamente das nomeações que delimitam certos modos de funcionamento compartilhados.

---

4 *Manual diagnóstico e estatístico de transtornos mentais,* publicado pela Associação Psiquiátrica Americana.

5 Utilizaremos, ao longo deste capítulo, a palavra "real" na conotação lacaniana do termo. Lacan utiliza o termo como um substantivo, podendo significar, para os propósitos de nosso texto, a parcela da experiência vivida que é impossível de se representar simbolicamente pelos recursos corriqueiros da linguagem.

Portanto, se o gesto classificatório parece ser uma necessidade incontornável, figurando como uma das atitudes mais espontâneas do pensamento humano, é inegável que, para além do "*topos* romântico" (Teixeira, 2016, p. 346) da singularidade radical, a psicanálise tem de se haver com os universais que permitem a formalização de sua disciplina.

A edificação de um aparato nosológico sempre foi, por excelência, a consequência mais imediata da tentativa de se constituir um arcabouço teórico possível, ou seja, de estabelecer postulados mais ou menos universais que exprimam de forma mais ou menos aproximada o que encerra a experiência concreta dos particulares. Dessa forma, a nosologia figura, ainda hoje, como um dos princípios que fundamentam o rigor científico possível às disciplinas do mental, se nos permitirmos um uso mais abrangente do termo "científico" e não nos fiarmos no espinhoso caminho aberto pela já desgastada e ainda insistente questão que interroga em que medida psiquiatria e psicanálise são ciências *stricto senso*.

Por conseguinte, é imperativo que olhemos de perto o que se coloca em jogo na construção de nosso aparato teórico, procurando, se não resolver – meta por demais presunçosa –, ao menos colocar em evidência os embustes que envolvem o jogo de articulação entre a experiência singular e o saber universal, propondo alguns recursos metodológicos que consigam se esquivar satisfatoriamente de tais armadilhas. A hipótese central que pretendemos desenvolver aqui é de que o processo metodológico que em filosofia conhecemos pelo nome de "paradigma" pode nos acudir no estabelecimento e no uso desse "mal necessário e bem perigoso" (Vieira, 2001) que constitui a nosologia. Para tanto, incialmente convidamos o leitor a nos seguir na antecâmara de uma pequena digressão necessária, já que, antes de confrontar a alternativa que nos oferece o paradigma, será preciso que façamos um breve percurso pelas formas como ordinariamente cientistas e filósofos empreenderam o movimento de inferência entre a experiência particular e a articulação de conceitos universais.

A visão comum de ciência: o indutivismo ingênuo

Desde Aristóteles identificam-se dois meios principais de acesso ao conhecimento, dois tipos de procedimento que estabelecem o fluxo de inferências entre a experiência particular concreta e as formulações universais abstratas. A dedução é o movimento que parte de princípios gerais preconcebidos, de regras universais, incidindo sobre os elementos particulares, determinando-os. Já a indução é o movimento oposto, que parte dos elementos particulares e, de uma coleção tão exaustiva quanto possível, procura extrair os princípios genéricos que lhes regem. Como veremos, a aparente simplicidade de tal dicotomia só faz esconder as dificuldades quase intransponíveis que marcam o fundamento do empreendimento científico, impasses que resultaram, ao longo da história, na proposição de diferentes modelos epistêmicos, cada qual com sua própria justa medida na balança em que pendem os particulares da prática e os universais teóricos: alguns mais ingênuos, outros mais prudentes; uns abraçando inadvertidamente a simplicidade, outros encarando a complexidade; mas todos, invariavelmente, passíveis de críticas.

A visão de ciência que ao longo do tempo alcançou ampla popularidade e hoje impregna, de forma praticamente inquestionável, não só o ensino básico – o adjetivo "fundamental" não esconde a importância do que aí circula na formação da visão coletiva de mundo –, mas, sobretudo, as ciências chamadas naturais, é em grande medida influenciada por um modelo indutivista que poderíamos caracterizar como ingênuo ou radical. Esse modelo surge inicialmente com Francis Bacon, ainda no século XVII, mas encontra seu lugar definitivo ao sol com o advento do movimento positivista.[6] O indutivismo radical de Bacon ganharia um aporte de fôlego nos trabalhos do filósofo francês Augusto Comte – autor ao qual o termo "positivismo" se liga habitualmente –, chegando ao ápice no empirismo lógico[7] do círculo de Viena, movimento concebido nas primeiras décadas do século XX, mas que ainda hoje exerce influência considerável na imagem ordinária de ciência.

Esse modelo de constituição do saber se assenta nos seguintes pressupostos centrais: (i) a formalização de conceitos começa pelo catálogo tão extenso quanto possível de observações; (ii) tais observações devem ser neutras, sem qualquer antecipação especulativa ou pressuposto teórico; (iii) as leis gerais são extraídas de tais observações por um processo supostamente seguro e objetivo – a indução – que consiste na obtenção de proposições gerais a partir da coleção exaustiva das proposições particulares (Chibeni, 2004).

Em síntese, o tipo de indutivismo a que aqui aludimos pode ser chamado de radical na medida em que (i) polariza as instâncias do particular e do universal, interpondo-lhes um intervalo tão dilatado quanto possível,

6 "Positivismo" designa o conjunto de doutrinas que "têm por teses comuns que só o conhecimento dos fatos é fecundo, [...] que o espírito humano só pode evitar o verbalismo ou o erro na condição de se ater incessantemente ao contato com a experiência e de renunciar a todo e qualquer *a priori*" (LALANDE, 1996, p. 825).

7 Também conhecido por positivismo lógico ou neopositivismo.

(ii) bem como estabelece a crença de que um movimento unidirecional integral pode ser estabelecido entre os dois polos. É, ainda, um modelo científico que visa à depuração completa dos pontos de vista particulares, objetivando estabelecer uma torção forçada do antigo mundo do "mais ou menos" para uma prática "moderna" que concebe a realidade apenas pelo calculável e pela precisão.[8]

Contudo, essa visão positivista que crê que a relação existente entre o indivíduo conhecedor e o objeto conhecido possa ser direta, isenta e neutra é não apenas ingênua, mas também ideologicamente perigosa. Ao se apegar à concepção de que a natureza contém toda a verdade e de que essa verdade é acessível enquanto dado bruto – não contaminada pelos valores subjetivos, acessível por um método asséptico de apreensão quantitativa do real –, o positivismo e seu indutivismo radical veiculam a falsa ideia de que a ciência, por operar logicamente, é um saber infalível e único meio de acesso à verdade (Condé, 1995).

O paradigma de Thomas Kuhn

Apesar de o neopositivismo se manter surpreendentemente vivo na mentalidade científica, seus embaraços são evidentes desde sua formulação no interior do Círculo de Viena, ainda na década de 1920. Na verdade, desde o começo do século XIX, quando Bohr propôs as bases da mecânica quântica, já se vislumbrava uma ciência que comportaria conceitos como a indeterminação e que, portanto, iria além da crença de que todo o real pode ser codificado em um saber objetivo. A despeito disso, muitas áreas do saber ainda guardam relutantemente a ingenuidade daquele tipo de indutivismo caduco, como parece ser o caso da medicina, campo no qual o indutivismo estatístico frequentemente se presta a interesses duvidosos. Isso é especialmente verificável na psiquiatria, disciplina marcada pela histórica reivindicação de inclusão no marco objetivo da medicina anátomo-clínica: no afã de ser admitida como irmã legítima dos outros saberes médicos, a psiquiatria frequentemente se subsume de forma acrítica a tudo que lhe forneça o menor semblante de ciência natural.

Na contramão dessa posição menos crítica, diversos pensadores do século XX tomaram para si o dever de resgatar os impasses do indutivismo ingênuo, permitindo-se extrapolar o recurso ao simplismo implícito na posição que promove a dicotomia absoluta do par particular/universal.

---

[8] *Do mundo do 'mais-ou-menos' ao universo da precisão* é o título de um famoso ensaio escrito pelo filósofo da ciência Alexandre Koyré (1892-1964) em 1948.

Dentre tais impasses destacamos a constatação de que qualquer observação experimental é sempre teórico-carregada, ou seja, de que o observador nunca se comporta como uma tábula rasa diante de seu objeto de estudo. Além disso, a interação entre observador e objeto sempre sofrerá, inexoravelmente, a influência de operadores extracognitivos, como é o caso dos aportes sociais, históricos e psicológicos que inevitavelmente direcionam o olhar do pesquisador. Dois observadores igualmente bem equipados podem defrontar-se com o mesmo fenômeno e, não obstante, fazer observações muito diversas, afinal, são pessoas que veem, e não seus olhos.

Para tomarmos um exemplo simples e consoante com nossa herança médico-indutivista: nas primeiras vezes que um estudante de medicina postar-se diante de uma radiografia de tórax, ele conseguirá identificar apenas a silhueta do coração e o gradil das costelas, quando muito. Nesse primeiro momento, os muitos detalhes que os médicos mais experientes conseguem perceber na mesma radiografia – seja da trama vascular, do parênquima pulmonar ou de alguma lesão patológica – lhe serão completamente estranhos e ausentes de seu campo perceptivo. No entanto, à medida que recebe o aporte teórico e o aplica em alguns casos exemplares, seu olhar deixa de focar as costelas e se lhe torna cada vez mais nítidas a multidão das variações individuais. Portanto, ainda que o calouro e o médico treinado estejam equipados com o mesmo instrumental objetivo, isto é, a mesma acuidade visual e a mesma luz do mesmo negatoscópio, as observações feitas serão radicalmente diferentes à medida que se aprende a ver o que deve ser visto.

Um dos pioneiros de uma crítica ampla ao indutivismo positivista foi o físico, historiador e filosofo da ciência norte-americano Thomas Kuhn.[9] Desde a publicação de sua obra magna, *A estrutura das revoluções científicas*, em 1962, Kuhn se tornou a figura, se não mais influente, ao menos a mais debatida no campo da filosofia da ciência, estando diretamente envolvido – juntamente com Stephen Toulmin, Imre Lakatos e Paul Feyerabend – na formulação de uma nova concepção de ciência contraposta àquela defendida pelo neopositivismo. De acordo com esse novo ponto de vista, a ciência não obedeceria ao puro realismo que crê que rumamos, sem olhar para trás, para uma aproximação sempre maior "com o que realmente está lá fora" (Condé, 1995).

[9] Embora as críticas ao positivismo lógico sejam, na verdade, contemporâneas ao seu próprio surgimento – como se verifica, por exemplo, na obra de Gaston Bachelard – foi somente na segunda metade do século XX que aqueles que contestavam o neopositivismo e encaravam o denominado "problema da indução" realmente passaram a exercer influência no campo da filosofia da ciência.

No entendimento de Kuhn, a característica fundamental da ciência não é a utópica fidelidade aos dados brutos e específicos do objeto. Sob sua pena e segundo uma visão mais ampliada do fazer científico, o acento será deslocado para as nuances das práticas empreendidas por determinada comunidade científica, que sempre se darão dentro de um contexto em que os conceitos são historicamente contingentes e fundamentados, em alguma medida, por decisão consensual. O progresso não é, portanto, um constante caminhar em direção ao aumento de verossimilhança entre o objeto e a ideia – uma aproximação sempre maior à Verdade –, mas sim uma espécie de "aumento de articulação" entre os conceitos que instrumentalizam determinada prática (KUHN *apud* HOYNINGEN-HUENE, 2013, p. 24).

É nesse sentido que, para Kuhn, um conceito – uma regra universal – não é simples derivação lógica da coleção dos elementos particulares, passível de ser traduzido integralmente em formulações tão explícitas quando exaustivas. Antes, a regra somente se torna susceptível de formalização e transmissão através da experimentação dos elementos particulares concretos, que, em sua função de exemplares, oferecem acesso oportuno à cadeia conceitual articulada.

Expliquemo-nos: uma criança, ao aprender a identificar e nomear os grandes veículos que lhe fascinam – como caminhões, ônibus e trens –, não necessita que um adulto lhe explicite exaustivamente as características que constituem cada veículo. Ela aprende pela experimentação: o adulto apenas diz "sim, isto é um ônibus" ou "não, isto é um caminhão", e, em determinado ponto, sem sabermos exatamente quais características dos exemplares a criança elencou e utilizou em sua identificação, ela simplesmente sabe. Os conceitos se lhe estabeleceram a partir de relações de similaridade e, igualmente, por relações de oposição entre os conceitos congêneres "rivais".[10] Isso é o que Kuhn chama de "holismo local", característica inerente à linguagem que estabelece que determinado termo só pode ser apreendido na relação mútua com seus pares (HOYNINGEN-HUENE, 2013).

[10] Victor Goldschmidt (1947), a partir da leitura estruturalista que faz da dialética platônica, identifica que "se necessitamos de um paradigma [um exemplar] é precisamente para separar a política [o objeto em análise naquele contexto] de seus rivais". No caso em questão pretende-se chegar à apreensão da política por sua diferenciação com os outros gêneros que comparecem na *polis*, desde os mais distantes, como a agricultura, até os mais próximos, como as ciências jurídicas. Para o autor, se "a estrutura descoberta não é aquela do objeto principal em si, ela é ao menos aquela do complexo onde ele se integra" (p. 43, tradução livre).

Kuhn reserva, então, um papel primordial aos exemplares – ou paradigmas[11] – em usa obra, a ponto de dizer que "o paradigma, enquanto exemplo compartilhado, é o aspecto central" (*apud* HOYNINGEN-HUENE, 2013, p. 296) da *Estrutura das revoluções científicas*. Com a noção de paradigma o filósofo norte-americano faz objeção à opinião segundo a qual o conhecimento científico estaria fundado unicamente em leis explícitas derivadas da operação indutiva e, assim, subverte o tempo lógico que se estabeleceria entre a teoria e a prática. A resolução de problemas, antes de ser apenas o resultado da aplicação prática de um saber previamente acumulado, constitui a própria fonte do conhecimento. Na verdade, nessa subversão temporal, os elementos teóricos e práticos são apreendidos não por etapas, mas de forma sincrônica: o praticante – sobretudo o jovem aprendiz –, munido de certas "generalizações simbólicas", põe-se a resolver os "quebra-cabeças" cotidianos de seu campo; se esses conceitos básicos lhe funcionam como instrumentos, eles, por outro lado, só adquirem significado e validade mediante a aplicação nos domínios da experiência.

A conhecida fórmula $f = m.a$, por exemplo, nada mais é que um esboço teórico. O estudante de física newtoniana, a fim de compreender sua extensão, bem como a real natureza de cada um de seus termos, não deverá recorrer às definições incompletas de seu manual, mas antes observar e participar da concretização desse esboço nos exemplos particulares da queda livre ou do pêndulo, situações em que o esquema de lei ganhará engajamento existencial.

Diante dessas constatações, Kuhn concluirá que "a natureza e as palavras são aprendidas simultaneamente" e que "o conhecimento se aprende fazendo ciência e não simplesmente adquirindo regras para fazê-la" (*apud* HOYNINGEN-HUENE, 2013, p. 237). O que aí está em jogo é, portanto, a superação do caráter rígido com que se comportavam as dicotomias na proposta positivista, provocando uma perturbação em como entendemos a elaboração conceitual e a temporalidade que lhe é própria.

Assim, se o recurso aos casos particulares concretos da experiência é sempre necessário, não o será obrigatoriamente à maneira indutivista. O elemento sensível não é o *a priori*, dado bruto e única fonte de conhecimento do qual se extrairá a regra como instituição. Tampouco o léxico compartilhado por uma comunidade científica se imporá de antemão, o que faria do recurso aos exemplos mera estratégia ilustrativa, consoante o

---

[11] O termo "exemplo" nada mais é que a tradução latina para o termo grego παράδειγμα (*paradéigma*).

movimento dedutivo. O que se percebe é que o exemplo usado de forma paradigmática subverte a dicotomia entre o particular e o universal, entre os tempos da teoria e da prática, entre os movimentos indutivo e dedutivo. Apesar de soar inusitada, essa terceira via alternativa que constitui o paradigma já se fazia presente, ainda que de forma tímida, nas elaborações de Aristóteles. Desde o primeiro momento em que se lançavam as bases da lógica argumentativa, o filósofo estagirita já identificava e propunha um tipo de movimento fora do par primordial particular-universal: o que Aristóteles define como paradigma (παράδειγμα) é uma terceira e paradoxal espécie de movimento que não vai do todo à parte nem da parte ao todo, mas da parte à parte (Agamben, 2010, p. 24).

O paradigma em Giorgio Agamben

Foram as possibilidades abertas por essa característica original que chamaram a atenção de Giorgio Agamben, filósofo italiano contemporâneo que, na investigação de temas complexos como a política, a arte e a linguagem, recorre à articulação de figuras exemplares como método de trabalho. Das fugidias elaborações aristotélicas Agamben sublinhará algo que já havia sido notado por Kuhn: "esse processo [o paradigma] é frequentemente auxiliado pela formulação de regras e suposições, mas não depende dela. Na verdade, a existência de um paradigma nem mesmo precisa implicar a existência de qualquer conjunto completo de regras" (*apud* Hoyningen-Huene, 2013, p. 117). Dessa forma, se, por um lado, o método paradigmático abdica do acesso direto e isento ao dado bruto, ele também prescindirá do acesso direto às regras categóricas. Na perspectiva da filosofia agambeniana, sob ação do paradigma "as antinomias não desaparecem, mas perdem seu caráter substancial e se transformam em campos de tensões polares, entre as quais é possível encontrar uma via de saída" (Costa, 2006, p. 131).

Para Agamben, o embaraçoso problema das relações entre o geral e o particular tem suas origens na linguagem: "a linguagem [...] permaneceria sempre entre a universalidade de suas expressões generalizadas e a singularidade das entidades denominadas, que, ao fundamentarem esta mesma generalização, restariam inadequadamente representadas" (Favaretto, 2016, p. 16). Desde já, não é difícil notar a proximidade dessas premissas com a constituição do sujeito, objeto privilegiado da psicanálise, que, por efeito da incidência da mesma linguagem, não encontra meios de se representar adequadamente nas classes nosológicas. A lacuna aberta pela linguagem é o que permitirá a Agamben transpor fatos históricos para contextos problemáticos notavelmente mais amplos, embora seja igualmente o que provocará os equívocos de compreensão que lhe renderão inúmeras críticas. Assim, quando, por exemplo, toma o Estado de exceção como paradigma da política contemporânea, Agamben é duramente criticado pelo uso que faz do campo de concentração, sendo acusado de subestimar o significado histórico do holocausto. Ainda não advertidos do procedimento metodológico pelo qual toma os fatos não como fatos, mas como "figuras" paradigmáticas, seus contemporâneos criticarão sua suposta infidelidade histórica. No entanto, justamente nesse aspecto da suspensão do caráter diacrônico residirá o fundamento do método paradigmático agambeniano:

> Em minhas investigações analisei figuras – o *homo sacer* e o muçulmano, o Estado de exceção e o campo de concentração – que certamente são [...] fenômenos históricos positivos, mas que eram tratados em tais investigações como paradigmas cuja função era a de constituir e fazer inteligível a totalidade de um contexto histórico-problemático mais vasto (Agamben, 2010, p. 11).

Nem fato historicamente datado nem elemento anistórico destituído de toda particularidade: o tratamento que Agamben dará às figuras que elege torna "impossível separar com clareza sua condição paradigmática, seu valer para todos, de seu ser singular entre os outros" (p. 26). Assim, pelo recurso ao exemplo paradigmático se abdica, a um só tempo, do movimento dedutivo apriorístico e do catálogo exaustivo dos particulares que anunciaria indutivamente o universal. Portanto, será "a mera exibição do caso paradigmático o que constitui uma regra, que como tal, não pode ser nem aplicada nem enunciada" (p. 28).

Sejamos fiéis ao que enunciamos até aqui: impor ao leitor um percurso meramente explicativo – em sua incorrigível propensão ao enfado – certamente não o leva à melhor apreensão dos conceitos que pretendemos introduzir. Seria contraditório se, ao falarmos da potência dos exemplos, nós nos restringíssemos a essas digressões puramente teóricas. Portanto, a fim de que observemos a máquina paradigmática de Agamben em seu funcionamento, tomemos uma das figuras históricas que, sob a ação de seu método, descola-se de sua inserção diacrônica e presta-se à demonstração de conceitos ampliados.

O *Muselmann* como paradigma da vida nua

Partindo das elaborações de Foucault, Agamben propõe que a política contemporânea é marcada por um transbordamento das ações que até então respeitavam os limites do espaço público, mas que agora avançam em direção aos corpos privados de cada cidadão, configurando o chamado "biopoder". Segundo seu entendimento, o que estaria em jogo nas relações da cidade contemporânea seria o fato de que, progressivamente, a política ocupa-se não somente das formas coletivas de vida, mas se imiscui na "vida nua" de cada corpo.

A partir do século XVII, com o nascimento da ciência, sobretudo, a vida privada passará, progressivamente, a ser o alvo privilegiado do controle das instâncias do poder. Assim, a soberania estatal irá se exercer não mais pela ameaça da morte – momento ultrapassado do qual a guilhotina é figura icônica –, mas pelo imperativo de uma vida biologicamente e, portanto, maquinalmente produtiva. Não é difícil perceber, por exemplo, como hoje os corpos se submetem voluntariamente – com o suporte do discurso da ciência e do capital, versões do biopoder – às normas imperativas da estética, da saúde, da longevidade e do prazer. Avançando essa perspectiva sobre nosso próprio campo, seria possível pensar, para tomarmos um exemplo clínico frequente, que a forma como as apresentações do campo do humor são hoje prontamente traduzidas na nudez cerebral do desequilíbrio neuroquímico expõe um dos braços de tal biopoder, na medida em que desumaniza a angústia, experiência humana primordial.

É nessa perspectiva que Agamben destaca na história dos campos de concentração – e mais especificamente do campo de Auschwitz – uma figura em que as nuances fundamentais da dinâmica de exercício do biopoder se revelarão especialmente claras. Partimos do pressuposto de que, para se entender o significado ético e político dos campos nazistas, é preciso não se fiar à ideia de que os processos que julgaram alguns de seus agentes – o principal deles se deu em Nuremberg – tornaram a experiência do campo um acontecimento superado. Pelo contrário, algo resta de Auschwitz e insiste para além dos muros dos campos, das fronteiras da Alemanha nazista e para além da primeira metade do século XX. Um resto que ainda nos assombra, já que algo daquele passado insiste em não passar, comportando um real inenarrável e inassimilável, já que algo da dinâmica do Estado de exceção se presentifica mesmo nas principais democracias contemporâneas.

Dizer que o campo é o paradigma da política contemporânea não significa dizer que atualmente se vive em um Estado de exceção de fato, no qual todos são apátridas sob a mira de policiais armados que podem dispor da vida e da morte dos homens que perderam sua cidadania – ainda que isso se torne cada vez mais verdadeiro na experiência cotidiana, sobretudo para alguns grupos sociais –, mas que o campo é o palco no qual conceitos cruciais que fundamentam a biopolítica que rege o contemporâneo revelam-se de maneira mais clara e evidente.

Se, aparentemente, nenhuma língua humana ainda foi capaz de descrever o horror que a versão mais extrema da biopolítica logrou em Auschwitz, há, no entanto, uma figura que talvez possa funcionar como a cifra que testemunha seu indizível: dentro dos campos da Alemanha nazista, alguns prisioneiros se deterioravam de tal maneira que espontaneamente se apartavam do restante do grupo, constituindo-se não mais que cadáveres ambulantes. Tais prisioneiros, que encarnavam e expunham explicitamente a "vida nua", recebiam nomeações específicas no jargão de cada campo. Em Auschwitz eles eram chamados de *Muselmann* (muçulmanos).

No entanto – e aí reside seu valor paradigmático de cifra –, o que o *Muselmann* expõe não se restringe à particularidade de certos indivíduos judeus encarcerados nos campos do sul da Polônia nazista. Bruno Bettelheim,[12] por exemplo, enxerga a desumanização pela qual passou o *Muselmann* também nos militares alemães que, despojando-se de suas personalidades para cumprir instrumentalmente suas obrigações, só não se tornavam muçulmanos porque "continuavam a vestir-se e alimentar-se bem. [...] Para todos os efeitos não passavam de uma máquina que funcionava apenas quando seus superiores lhe apertavam os botões de comando" (Bettelheim *apud* Agamben, 2008, p. 64). Constatação que flagra o alcance capilar do biopoder, já que não só a vítima, mas também o carrasco está reduzido ao aspecto de máquina puramente biológica, habitando a zona intermediária entre o humano e o inumano.

Portanto, se o ultraje do que aconteceu em Auschwitz não se esgota em qualquer compreensão que se lhe desdobre, se não é possível explicá-lo em todo o seu alcance; se há um real em Auschwitz que não se deixa apreender pela dimensão do sentido, a figura do *Muselmann*, no entanto, pode funcionar como sua "verdadeira cifra" (Agamben, 2008, p. 87). O muçulmano pode constituir-se em figura exemplar na medida em que encarna "a última substância biopolítica isolável" (p. 90): na medida em que operamos, progressivamente, vários cortes no *continuum* biológico, delimitando, a partir do universal do humano, populações cada vez menos abrangentes – no caso, do não alemão, passando pelo hebreu, pelos prisioneiros dos campos, até chegarmos ao caso particularíssimo do muçulmano –, isolamos como que a unidade fundamental da biopolítica. O *Muselmann* é, portanto, (i) paradigma do horror do holocausto, porque, pela condensação de um ciframento, consegue mostrar aquilo que não se pode dizer de outra forma e (ii) é paradigma da biopolítica contemporânea,

[12] Psicólogo judeu vienense que sobreviveu à experiência do campo de Dachau.

porque encarna a cifra mínima, o valor unitário da moeda de troca do biopoder, a vida nua. Caso particularíssimo que lança luz no universal do contexto do campo de Auschwitz, dos campos nazistas das décadas de 1930 e 1940, do exercício do poder sobre os corpos nos Estados de exceção e, enfim, da política contemporânea que faz do Estado de exceção a regra.

Dessa forma, ainda que de maneira muito sintética, acreditamos que o método agambeniano de elencar figuras históricas e elevá-las à condição paradigmática se torna mais claro. Mas não nos desviemos demasiadamente de nosso objetivo primeiro: todo esse percurso externo só se justificará na medida em que pudermos fazer dele êxtimo,[13] retornando aos domínios da psicanálise de orientação lacaniana e, fiéis às idiossincrasias do saber que constituem nosso campo, procurarmos lançar luz ao tratamento que se pode dar aos exemplos na formalização de nossa nosologia e de nossa clínica.

A singularidade do objeto psíquico

Como vimos anteriormente, não são novos os programas que reservam os títulos de legitimidade somente àquelas concepções que se depreendem objetivamente do puramente material. O objeto que anima as disciplinas do mental – os processos psíquicos – não passou despercebido diante de tais esforços e se viu igualmente constrangido por esse modelo de cientificidade. Nesse contexto, coube ao médico francês Jean-Pierre Falret, ainda no século XIX, aprofundar o empenho de se apagar qualquer traço de extraterritorialidade da psiquiatria em relação à medicina, buscando incessantemente trazer à nova disciplina a respeitabilidade desfrutada por aqueles campos médicos de fundamento empírico. Com a publicação do ensaio *De la non-existence de la monomanie* (1854), Falret inaugura o tempo das "enfermidades mentais": contrapondo-se à visão unitarista de Pinel e Esquirol, o psiquiatria francês proporá uma nosografia que aposta na especificação de múltiplas classes como o primeiro passo em favor de uma prática psiquiátrica mais científica (Tonus, 2012).

Essa mesma disposição ressurgirá contemporaneamente, sobretudo com o marco do DSM-III, de 1980, manual com o qual o positivismo que se ampara na ideologia do biologismo – isto é, na ideia de que a ciência natural verdadeira pressupõe a identidade entre o que é verdadeiro e o que é biologicamente material – ganhará novo fôlego. Contudo – e a longevidade do ato obstinado de Falret é a prova mais clara disso –, é justamente

[13] O termo *extimité* é um neologismo criado por Lacan para traduzir a topologia paradoxal na qual aquilo que é mais íntimo pode ser ao mesmo tempo exterior.

no campo da psiquiatria e da psicologia que se evidenciará, provavelmente com maior clareza que em qualquer outro campo, a ingenuidade do objetivismo positivista (Drawin, 2004). Evidência que surge não por apego às divagações filosóficas, mas pelo imperativo incontornável a que somos confrontados diante do movediço objeto clínico.

Disso a trajetória de Freud fornece um testemunho exemplar: em sua aventura inaugural de apreensão dos processos psíquicos inconscientes, o neurologista vienense parte de uma herança enormemente fisicalista. Contudo, com o tempo é levado a se distanciar de seus pressupostos positivistas, não por efeito de uma viragem filosófica, mas pela necessidade de acolher e dar conta das novas evidências clínicas que encerravam uma materialidade peculiar. Mesmo que profundamente marcado pelas concepções da Escola de Medicina de Helmholtz, animada que era pela corrente fisiológica mecanicista e organicista que procurava reduzir todos os fenômenos da vida a leis físico-químicas, Freud foi levado – apesar de si mesmo – a introduzir naquela equação que sempre deixava restos o termo da subjetividade. Assim, ele se verá conduzido a forjar uma nova disciplina, para a qual cunhará o neologismo "metapsicologia", dispositivo fabricado para alojar o peculiar tipo de racionalidade imposto pela realidade inconsciente. Se, por um lado, a metapsicologia é uma transgressão às formas convencionais de racionalidade, por outro, é recusa obstinada de entregar a experiência dos processos psíquicos ao inefável irracional (Assoun, 1996).

Como vimos, nas formas convencionais de racionalidade as tensões que se estabelecem entre os polos do saber e de seu objeto correlato são manejadas por dois modelos básicos, quais sejam, (i) da dedução, quando o objeto é determinado por um saber preexistente, e (ii) da indução, quando o objeto rege o saber que se configura como sua imagem mais ou menos fiel. A racionalidade clínica, pelo contrário – da qual a nosologia é, desde sempre, elemento fundamental –, por lidar com um objeto particularmente indócil, que não é irracional, mas que apresenta o caráter escorregadio do real, parece não se deixar capturar por nenhum desses dois modelos. Para lidar com esse objeto é necessária, pois, uma solução alternativa que suspenda a escolha entre o ponto de vista do saber constituído ou do objeto constituinte e que assim possa driblar o embaraço do real clínico que impõe ao praticante constatações tão evidentes, imediatas e maciças quanto difíceis de serem transpostas para um arcabouço conceitual. Trata-se de um trabalho de mediação que exigirá a convocação de um método que suporte tais paradoxos e que permita a mesma sincronicidade reclamada por Thomas Kuhn para seus exemplares: "é com os olhos fixos no material que o operador produz suas ideias, mas estas funcionam simultaneamente para se antecipar ao material" (Assoun, 1996, p. 48).

Nossa hipótese, que, esperamos, agora já se avoluma ao leitor, é de que o recurso metodológico do paradigma, da figura exemplar – ou caso exemplar, adequando ao vocabulário de nosso campo –, parece se alojar de forma justa no espaço aberto pelo convite metapsicológico. Isso porque, no momento em que a subjetividade é reconhecida como componente legítimo da realidade, admitindo-se a complexidade de uma realidade pluridimensional, os binarismos – particular/universal; prática/teoria; observador/objeto; mente/corpo – já não serão adequados para estabelecer uma mediação suficiente entre a experiência singular e o universal do saber.

O paradigma, enquanto via alternativa que comporta um indecidível entre o particular e o universal, pode se alojar no intervalo, na lacuna que marca a condição de existência do sujeito freudiano. Como esclarece Miller (2006, p. 8), por sujeito entendemos o "efeito que desloca, sem parada, o indivíduo da espécie, o particular do universal e o caso da regra". Se no reino animal cada indivíduo é exemplar perfeito de sua espécie, realizando exaustivamente o universal, o ser atingido pela linguagem nunca realizará totalmente nenhuma classe – assim como o ser falante dito doente não realizará exaustivamente nenhuma classe nosológica. Se é justamente ao efeito desse hiato que chamamos sujeito, consideramos que o paradigma, ao se afastar do positivismo que explora a antítese entre o particular e o universal, resguarda o negativo que sustenta o sujeito do inconsciente.

Que a psicanálise de orientação freudo-lacaniana, em seu dever ético com esse mesmo sujeito, sempre esteve atenta, desde seus primórdios, aos embaraços que o objeto psíquico impõe ao esforço de formalização da clínica parece-nos ponto pacífico. Menos notório é o fato de que também alguns psiquiatras não se deram por satisfeitos com a ingênua promessa positivista e perceberam que a constituição do edifício teórico e nosológico psiquiátrico não pode lograr êxito se não recorrer a métodos menos ortodoxos. Para além de uma mentalidade que se fia na objetivação e na quantificação, o estudo de caso individual[14] – método de pesquisa que guarda relações com a dinâmica do paradigma – já conheceu tempos de legitimidade dentro do campo psiquiátrico, figurando como método de investigação psicopatológica suficiente capaz de incluir a complexidade da vida psíquica (Tonus, 2012).

[14] O estudo de caso individual é um procedimento metodológico que envolve o estudo profundo e exaustivo de um ou poucos objetos e que enfatiza os entendimentos contextuais, centrando-se na percepção das dinâmicas que emergem da inserção sistemática real daquele objeto – ou seja, fora dos muros do laboratório asséptico.

Jaspers (1985), nome maior da psicopatologia psiquiátrica, já percebia que "toda psicopatologia desejosa de ater-se exclusivamente ao que é acessível aos sentidos, será necessariamente uma psicologia sem o psíquico" (p. 33). Para o psiquiatra e filósofo alemão, para além do preconceito sob o qual apenas constatações empíricas quantitativas são investigações científicas, "a base experimental da psicopatologia é constituída de casos singulares. A descrição desses casos e do histórico dos pacientes [...] é a casuística" (p. 37). Tomemos então – mais a título ilustrativo que de mostração paradigmática – alguns exemplos de psiquiatras de prestígio reconhecido que fugiram do método indutivista exaustivo e encontraram no estudo de caso individual base confiável para o desenvolvimento de suas elaborações teórico-práticas.

Ludwig Binswanger (1881-1966), médico suíço que se formou psiquiatra na companhia de Bleuler e Jung e chegou a ter como paciente o filósofo Friedrich Nietzsche, foi um dos pioneiros na aplicação da fenomenologia à psiquiatria, filiando-se à filosofia de Husserl e Heidegger. Ainda no século XIX, Binswanger se mostrava crítico do otimismo científico positivista, percebendo com pesar que, já naquela época, o desdém pelas influências psíquicas imponderáveis se convertera na norma. Advertido da ingenuidade otimista do programa que cria na tradução completa da complexidade do mundo psíquico em descrições simplistas dos comportamentos observáveis, Binswanger daria especial atenção ao relato de casos singulares. Em 1956 publica o livro *Três formas da existência malograda* e em 1957 reúne cinco estudos de caso na obra *Esquizofrenia*, na qual eleva casos como o de Suzanne Urban e de Ellen West à condição paradigmática. No livro de 1956 escreverá:

> Acreditamos que podemos contentar-nos com esses exemplos. Pois na apreensão fenomenológica da essência, o que importa – ao contrário do que ocorre na ciência natural – não é o acúmulo tão grande quanto possível de exemplos ou fatos, mas a apresentação ou *rememoração exemplar* de fatos humanos *singulares* (Binswanger, 1977 *apud* Tonus, 2012, grifo nosso).

Outro clássico esquecido que soube valorizar a potência dos casos exemplares foi Klaus Conrad (1905-1961), psiquiatra alemão que se dedicou ao estudo dos desencadeamentos esquizofrênicos, publicando, em 1958, *A esquizofrenia incipiente*. Crítico da tradição da psicologia associacionista,[15]

[15] Escola psicológica associada ao nome de Wilhelm Maximilian Wundt, segundo a qual a consciência poderia ser decomposta em seus elementos simples, em uma concepção atomista.

Conrad, com sua *Gestaltanalyse*, perceberá que pelo estudo de caso pode-se ultrapassar a atitude mortificante que divide artificialmente a experiência psíquica em elementos atômicos isolados. O estudo de caso, ao permitir a presença sincrônica das várias nuances que compõem um indivíduo, respeita a complexidade inerente à vida psíquica, analisando os elementos psicopatológicos somente em função de sua inserção estrutural. Trata-se de uma atitude que vai na contramão dos estudos cegos que com todo o empenho tentam depurar o objeto de análise daquilo que entendem como vieses.

Tal consideração pela inserção sistemática é a mesma que percebíamos no "holismo local" de Thomas Kuhn, conceito que prevê que determinado termo só pode ser cernido na relação mútua com outros termos contíguos. É o que se perceberá na pesquisa que Conrad ([1958] 1963, p. 19) desenvolve a partir do caso Rainer, "exemplo de livro de um broto esquizofrênico", caso-índice de sua obra magna. Conrad aposta que a análise das configurações que determinada morbidade assume no indivíduo singular pode lançar luz na compreensão de todo o edifício daquela entidade nosológica, já que "todo o vivenciado está configurado" e, portanto, há "uma relação intrínseca da estrutura que nos permite conceber o processo conjunto desde pontos de vista unitários" (Conrad, [1958] 1963, p. 19). Com isso, dentre os inúmeros casos que pôde observar detidamente entre 1941 e 1942, o psiquiatria alemão elege um caso *princeps* "não porque ofereça particularidades que só caracterizam esse caso, mas, pelo contrário, em vista de sua especial tipicidade" (p. 18).

Do caso Rainer, Conrad extrairá os desdobramentos que lhe levarão a formular as fases típicas do desencadeamento esquizofrênico – a saber, o trema, a fase apofântica, a fase apocalíptica, a consolidação e o estado residual. A partir de sua "análise da figura" – *Gestaltanalyse* –, o psiquiatra alemão promoverá certa unidade ao conceito de esquizofrenia, entidade nosológica que em alguns momentos da edificação psiquiátrica se dissipou na multiplicidade dos fenômenos observáveis.

Diante de todo o exposto, percebemos que o uso de exemplos clínicos singulares constitui um método particularmente interessante às disciplinas que tomam por objeto de investigação o aparelhamento psíquico inconsciente, por incluir, talvez como em nenhuma outra abordagem, a articulação estrutural dos muitos vieses que invariavelmente marcam e determinam a vivência do sujeito em sua inserção no campo da linguagem. Freud, ao fazer sua "primeira análise integral de uma histeria" (Freud, [1892] 1996, p. 16 [nota do editor]), constatará que, se ao relato pormenorizado de um caso – que frequentemente assume o estilo de um conto – "falta a marca de seriedade da ciência", isso se impõe "pela natureza do assunto [...] e não por qualquer preferência" (p. 183) do autor.

O sonho da bela açougueira

É justamente por considerar o componente real que resiste às investidas de simplificação rasteira que há certo consenso de que o método que se baseia na análise de casos clínicos exemplares é aquele que se mostra mais adequado aos propósitos da investigação psicanalítica, já que inclui, de forma privilegiada, a experiência do inconsciente. Isso se mantém válido mesmo numa época em que o prestígio da imagem do cientificismo que prioriza a série estatística alcança o campo das ciências humanas, arruinando o brilho do caso único (Laurent, 2003). Lacan, a seu tempo, não deixou de notar esse brilho, mesmo antes de se enveredar definitivamente no campo psicanalítico, unindo-se a nomes como Binswanger e Conrad nas fileiras de uma psiquiatria não ingênua. Em 1932, ao defender sua tese de doutoramento em medicina, intitulada *Da psicose paranoica em suas relações com a personalidade*, ainda que engajado no método de uma descrição clínica exaustiva – abordagem que abandonará mais tarde –, o jovem psiquiatra francês aposta que o estudo atento de um caso exemplar pode "testemunhar a verdade do sujeito" (Laurent, 2003).

Sua tese é toda construída tendo como base a análise das manifestações delirantes da paciente que desde então ficou conhecida como Aimée. Em 1931, Aimée é internada no Hospital de Sainte-Anne sob os cuidados do jovem doutor Lacan, após esfaquear uma famosa atriz de teatro que calhara ocupar um lugar central na intricada rede delirante de cunho persecutório e megalomaníaco que construíra ao longo de uma década. A partir do estudo do caso Aimée, Lacan sustentará a tese de que a interpretação delirante – vivência primária do desenvolvimento paranoico – apresenta-se como fenômeno elementar que regula – no sentido de uma régua que fornece a unidade fundamental que proporciona os acréscimos graduais – o crescimento do delírio superveniente (Cueva, [1995] 2005).

Como destaca Miller (1995), pode-se perceber aí, nesse momento ainda preliminar do percurso lacaniano, a marca precoce de uma concepção estrutural que só se formalizará mais tarde, com os aportes teóricos de Saussure e Lévi-Strauss. Isso porque a relação que faz haver uma identidade entre fenômeno elementar mínimo e delírio plenamente desenvolvido só é possível por um fato de estrutura. Dito de outra forma, o que se depreende das formulações que o caso Aimée permitem – e que, de forma sincrônica, permitem que o mesmo caso seja fonte exemplar para tais formulações – é que, por um fato de estrutura, o crescimento do sistema delirante se dá de forma gnômica,[16] isto é, mantendo uma proporção regular que sustenta a paridade entre o fenômeno mais simples e original e o delírio arborizado. O que Lacan observa no caso Aimée e que já havia sido igualmente notado por Freud é que há um "motor de estrutura" (Lacan, [1955-1956] 1985, p. 30) que faz com que o elemento mais fundamental de uma dada apresentação psicopatológica ressoe na complexa rede da nosologia correspondente.

Freud, ainda em 1909, quando da análise de um famoso caso de neurose obsessiva, nota que os elementos fundamentais da organização psíquica de um sujeito podem ser flagradas em elementos clínicos mínimos, tais quais uma fala desavisada ou um sonho. Ao descrever seus sintomas a Freud, o jovem tenente que ficaria desde então conhecido como "o homem dos ratos" diz que, durante sua infância, sempre que era tomado pelo desejo de ver despidas certas moças, era imediatamente invadido pelo sentimento de que algo ruim –, "por exemplo, que seu pai deveria morrer" (Freud, [1909] 1996b, p. 146) – sobreviria se mantivesse tais ideias luxuriosas. Os pensamentos confessados pelo paciente lhe ocorriam quando tinha cerca de 6 anos de vida, e ele os comunica a Freud julgando que, quando o faz, expõe apenas uma espécie de pré-história que originaria tardiamente o adoecimento verdadeiro da vida adulta. Freud, no entanto, vê nesse pensamento infantil, que surge no relato sob a forma de exemplificação, "a própria doença" (p. 146). Acentuando a potência que comportam certas formulações quando reduzidas ao mínimo, Freud dirá que o exemplo dado por seu paciente é "uma neurose obsessiva completa [...] e ao mesmo tempo o núcleo e o modelo do adoecimento posterior. Por assim dizer, o organismo elementar cujo estudo – e somente ele – nos

[16] Heron de Alexandria (10 a 70 d.C) definiu o *gnomon* como "aquela forma que, quando adicionada a alguma forma, resulta em uma nova forma similar à original" (GAZALÉ, [1929] 1999, p. 6). Antes porém, por volta do ano 575 a.C., o grego Anaximandro já havia descrito a invenção do relógio solar cuja haste central receberia o nome de *gnomon*, significando "aquilo que permite a alguém saber" (p. 7). Na confluência desses dois empregos está outro uso que julgamos particularmente interessante para nossos propósitos: conta-se que o grego Tales de Mileto (século VI a.C.) calculou a altura da pirâmide egípcia de Gizé comparando sua sombra com a sombra de um pequenina estaca cravada no chão. Munido da noção de triângulos semelhantes, e tomando as medidas das sombras exatamente à mesma hora do dia, ele pôde, por uma relação de proporcionalidade, chegar à previsão da altura do imenso monumento. Àquela pequena estaca, elemento mínimo que por proporcionalidade geométrica permitiu prognosticar edifícios de magnitude inalcançáveis de outra maneira, deu-se também o nome de *gnomon*.

proporcionará a escala para medir a complexa organização da enfermidade presente" (Freud, [1900] 1976, p. 130).

Dessa forma, percebemos que a relação de equivalência que se estabelece entre o elemento psicopatológico mínimo – gnômico – e o esquema nosológico amplo não se restringe ao campo da paranoia ou das psicoses. Isso se deve ao fato de que o motor da estrutura, constituído pela própria linguagem, põe-se a funcionar para todos os seres falantes, indistintamente. Portanto, por um fato de estrutura, a parte – o sintoma neurótico, o delírio, a formação do inconsciente – e o todo – o conceito metapsicológico, a tipologia nosológica, etc. – se presentificam de maneira sincrônica, recusando a posição indutivista pela qual o todo só seria acessível mediante a coleção de suas partes. Por um fato de estrutura, um elemento clínico mínimo e mesmo banal, tal qual uma fala aparentemente sem propósito ou um pequeno sonho, pode funcionar como elemento gnômico no qual "a coisa original e real" (Freud, [1900] 1996a, p. 147) já se faz presente.

Assim, somos conduzidos a levantar a hipótese de que o exemplo paradigmático é aquele em que se exerce uma função gnômica: avaliando detidamente o que se põe em jogo no elemento paradigmático – a exemplo do matemático que, para prognosticar a altura do edifício, põe-se a medir diligentemente a sombra de uma pequena estaca cravada no chão –, pode-se chegar à elucidação de conceitos monumentais. Como esclarece Miller (2010, p. 354), "é isso o que faz de um exemplo paradigma [...]: é um caso, mas que exibe a estrutura no caso. Elevar o exemplo clínico ao paradigma é exibir a estrutura no caso". O conjunto da histeria, por exemplo, pode se fazer presente mesmo em uma formação do inconsciente minúscula como um sonho. É o que propõe Lacan na análise que faz do sonho da bela açougueira, paciente de Freud que figura sem grandes protagonismos na *Traumdeutung*. Lacan se debruça sobre esse caso – se, de acordo com a visão estrutural, gnômica, permitimo-nos tomar uma formação do inconsciente como um caso[17] – em "A direção do tratamento e os princípios de seu poder", texto de 1958, e em seu quinto *Seminário*, proferido no mesmo ano. O sonho em questão surge da boca de uma paciente a quem Freud caracteriza como "espirituosa", já que ela o apresenta como uma provocação, anunciando que se trataria de um sonho que contrariava o enunciado freudiano fundamental pelo qual todo sonho responde à satisfação de um desejo. Mais espirituoso ainda será Freud, que saberá ler nos estratagemas

[17] Para Miller (2010, p. 352) "o termo *caso*, que nos parecia até então demasiadamente médico para ser habitual em psicanálise, era, pelo contrário, especialmente apropriado, e que as formações do inconsciente, em sua definição freudiana, são casos".

significantes dessa formação do inconsciente o caráter de insatisfação que marca o fundamento do desejo histérico.

No referido sonho, a esposa de um açougueiro planeja oferecer um jantar para uma amiga, mas percebe que sua dispensa está vazia, restando-lhe apenas um pouco de salmão defumado. Tampouco consegue se abastecer de novos suprimentos, já que, estando em um domingo, não tem acesso ao comércio local. Diante de todos esses obstáculos só lhe resta renunciar à ideia do jantar. Relato simples, ao qual, pelo incentivo do analista, vem se associar uma série de outros elementos aparentemente dispersos, que, contudo, comporão uma relevante rede significante: (i) a mulher era casada com um açougueiro que sabidamente preferia as mulheres corpulentas. Na véspera ele respondera a um artista que queria pintar seu retrato que seria preferível desenhar um pequeno naco do traseiro de uma bela moça que pintar todo o seu rosto; (ii) a amiga em questão, uma mulher de corpo esguio – mas que curiosamente gozava da simpatia do marido de nossa paciente –, recentemente havia anunciado que gostaria de engordar e, para tanto, oferecera-se para jantar na casa do açougueiro, onde a mesa era sempre farta; (iii) na véspera, a mulher anunciara ao marido seu desejo de comer caviar todos os dias, mas ao mesmo tempo lhe pedira que não trouxesse para casa o objeto desejado; (iv) e, por último, a amiga também mantinha estrategicamente insatisfeito o desejo de comer diariamente seu prato predileto, no caso, salmão defumado.

Ao analisar o sonho, Freud propõe dois sentidos possíveis, duas realizações de desejos[18]: um primeiro, mais evidente, aponta o desejo de nossa personagem de não oferecer um jantar à amiga, já que, ao ganhar corpo, ela poderia atrair ainda mais a simpatia de seu marido. A outra interpretação, mais sutil, aponta para a questão da identificação histérica que se apoia na necessidade de manter a vitalidade do desejo através de sua própria insatisfação: há uma identificação entre a sua renúncia de comer o desejado caviar e a renúncia da amiga de comer o cobiçado salmão defumado. Vale notar que essa identificação é favorecida na medida em que a bela açougueira percebe se anunciar no marido um desejo enigmático mais além da demanda conhecida, qual seja, o gosto por mulheres corpulentas. Por intermédio desse terceiro, a açougueira é levada a se perguntar o que teria aquela outra mulher que não tinha justamente o que o marido supostamente queria.

[18] Referência à tese mais frequente da *Traumdeutung* segundo a qual os sonhos são realizações de desejos.

Ao não querer se ver satisfeita, sustentando necessidades gratuitas que podem ser mantidas insatisfeitas, a bela açougueira encontra um pequeno estratagema que, em verdade, revela-se "a chave do campo dos desejos de todas as histéricas espirituosas, açougueiras ou não, que existem no mundo" (Lacan, [1958] 1998, p. 631). As duas demandas articuladas por essas duas mulheres podem ser postas em paralelo e interpretadas como a demanda de se alimentar de um desejo como tal, ou seja, de se alimentar de algo que vá além do objeto que satisfaria a demanda (André, 1986). O sonho da açougueira valoriza a promoção da falta como o verdadeiro objeto do desejo, diferenciando-o da demanda ordinária. Nesse sonho, o desejo histérico aparecerá, portanto, em "sua formulação mais pura" (p. 140), cuja síntese se dá pelo dito gnômico[19] de que desejo é "desejo de desejo" (Lacan, [1958] 1998, p. 627).

Notemos então, que essa pequena formação do inconsciente funciona como uma chave de leitura que opera não pela explicação exaustiva, pelas "abstrações dos espíritos positivistas", mas por um ciframento que "surpreende o verdadeiro" (Lacan, [1958] 1998, p. 631). Se os sonhos já são, por si mesmos, ciframentos resultantes das operações inconscientes de condensação e de deslocamento, o sonho da bela açougueira inclui uma dinâmica, de ciframento ainda mais intrincado, ao promover, da demanda ao desejo, uma série de remissões que culmina com a evidenciação da estrutura mínima do desejo. É nesse contexto que Miller (1995, p. 9) dirá que "o fenômeno elementar [, na psicose, ou a formação do inconsciente, na neurose,] aparece como tal pela sua simplicidade, seu caráter imediato, bruto", imediatez que marca tanto a potência do objeto clínico quanto sua irredutibilidade aos métodos compreensivos-explicativos. Em vez de tentar obliterar o buraco do saber com "vinte cavilhas",[20] esse caso particular fornecerá "a cavilha essencial", o justo encaixe que foge do preenchimento exaustivo. Por isso Lacan ([1958] 1998, p. 627) dirá que "o desejo no sonho da histérica, bem como qualquer coisinha de nada no lugar dele nesse texto de Freud, resume o que o livro inteiro explica".

[19] Há ainda outro sentido a se desdobrar do conceito de *gnomon*: trata-se da conotação que o termo ganha na literatura, referindo-se a um pensamento expresso de forma concisa, lapidar e breve, correspondendo à máxima e outros vocábulos afins, como o aforisma (MASSAUD, 1974, p. 210).

[20] "Deve-se empregar no particular a cavilha essencial que ele [Freud] fornece aí da identificação histérica" (LACAN, [1958] 1998, p. 632). Segundo nota do editor, aqui Lacan faz alusão à expressão idiomática "*pour un trou y avoir vingt chevilles*", que em português poderia ser traduzida como "ter resposta para tudo".

Se o sonho da bela açougueira é exemplo oportuno do desejo histérico, ele é ainda mais paradigmático na medida em que a histérica é exemplar daquilo que marca a situação fundamental do ser falante: todo ser marcado pela linguagem tem seu desejo alojado para além da demanda mais óbvia – como o atesta o marido, que, na inesperada simpatia pela amiga magra, mostra que também ele mantém um desejo que lhe fica atravessado quando tudo está satisfeito. A histérica é, pois, um caso específico em que o desejo, enquanto insatisfação constante, desempenha "um papel de primeiríssimo plano" (Lacan, [1957-1958] 1999, p. 378). Se a histérica, em sua apresentação sintomática, fica presa na clivagem entre a demanda e o desejo, a dialética desses termos se mostrará nela "particularmente simples" (p. 375):

> É isto, exatamente, o que nos revelou aquilo que Freud soube extrair do discurso da histérica. A partir disso é que se entende que a histérica simbolize a insatisfação primeira. Valorizei sua promoção do desejo insatisfeito baseando-me no *exemplo mínimo* que comentei (Lacan, [1969-1970] 1992, p. 70, grifo nosso).

Seja na análise do delírio paranoico de Aimée, seja na análise do sonho histérico da bela açougueira, Lacan recorrerá à mesma analogia para evidenciar o caráter estrutural que permite ao caso particular funcionar como elemento gnômico que ilumina a totalidade do edifício nosológico. Em seu terceiro seminário, pronunciado no ano 1956, Lacan dirá que os fenômenos elementares da psicose são como a folha da árvore na qual os detalhes das nervuras revelam o esquema mais geral das ramificações dos galhos da planta da qual faz parte: "há alguma coisa de comum a toda planta que se reproduz em certas formas que compõem sua totalidade" (p. 29). Já no texto "A direção do tratamento e os princípios de seu poder", logo após suas primeiras constatações em relação à estrutura do desejo, Lacan ([1958] 1998) explicitará que, por semelhante efeito de estrutura, um sonho de uma histérica será capaz de indicar todo o organismo da histeria:

> O que assim encontramos nada tem de microscópico, tal como não há necessidade de instrumentos especiais para reconhecer que a folha tem os traços de estrutura da planta de que é destacada. Mesmo nunca tendo visto senão plantas desprovidas de folhas, perceber-se-ia prontamente que é mais verossímil que uma folha seja uma parte da planta do que um pedaço de pele (p. 627).

Fenômenos elementares ou formações do inconsciente – na psicose e na neurose, respectivamente – indicam-nos, em escala reduzida, a configuração nosológica mais ampla. A ubiquidade desse princípio transcategorial decorre do fato de que a concepção de estrutura se diferencia da perspectiva que entende as categorias nosológicas como entidades providas de substância própria.

Muitas práticas contemporâneas ignoram que nossas síndromes clínicas sejam destituídas de materialidade própria e de fronteiras precisas, optando por provocar delimitações artificiais que as reificam como membros legítimos da realidade objetiva. Trata-se de uma visão que ainda traz a marca insistente da ingenuidade positivista, que supõe que os objetos do mundo perceptível se diferenciem unicamente por suas propriedades intrínsecas, pelas substâncias brutas que os constituem e que, assim sendo, podem ser apreendidos em sua totalidade por um método empírico tão dessubjetivado quanto possível. A atitude clínica que nasce desse tipo de percepção considera o sintoma visível como a verdade última daquela realidade psíquica, desconhecendo as variações plásticas que os fenômenos menos elementares sofrem em diferentes contextos discursivos, como é o caso, por exemplo, das mutações sofridas pelas apresentações histéricas ao longo das diferentes épocas.

Já a abordagem que considera a inserção estrutural dos elementos, pelo contrário, apoia-se na noção de que os objetos se constituem somente uns em relação aos outros, numa rede de definições correlatas. Desse modo, dada manifestação sintomática não será considerada em si mesma, mas a partir do contexto das redes significantes em que se insere, isto é, no enquadramento significante do paciente particular. Assim, importará menos a descrição e catalogação dos fenômenos visíveis e mais a evidenciação do arranjo que o aparelhamento psíquico alcançou para dar conta das questões impostas por uma vida embebida na linguagem. Se nos permitirmos uma pequena analogia com os recursos da língua, diríamos que à visão estrutural importa mais o componente sintático do texto que a semântica dos termos isolados. Importa menos a consulta ao dicionário e mais a leitura atenta daquela composição – daquele caso – particular.

Foi o apreço por essa dimensão estrutural que levou a psicanálise, ainda hoje, a manter mais ou menos estáveis as mesmas entidades nosológicas identificadas e caracterizadas por Freud. Se a aparência dos sintomas muda de acordo com o discurso dominante da época, as estruturas que suportam esses sintomas permanecem sendo as mesmas. A psiquiatria, por outro lado, ainda que tenha fornecido à psicanálise suas entidades básicas, operou de forma diversa, ampliando indefinidamente sua nosografia pelo descuido epistemológico que pode ser lido no adjetivo "a-teórico" dos DSMs.

Nesse cenário, a analogia lacaniana da folha e da planta alcança ainda outro aspecto, ressoando um dos mais célebres adágios freudianos:

> A psicanálise está para a psiquiatria assim como a histologia está para a anatomia; uma estuda a forma exterior dos órgãos, ao passo que a outra se dedica ao estudo de sua constituição a partir dos tecidos e células (Freud, [1917] 1996c, p. 262).

Se a psiquiatria – ao menos aquela ingênua, como parece ser o caso da praticada contemporaneamente – enxerga apenas a anatomia externa e empreende uma taxonomia das espécies observáveis, a psicanálise – bem como as escolas psiquiátricas mais rigorosas – se atenta para a histologia das ranhuras e texturas menos explícitas. As formas exteriores interessarão à psicanálise apenas na medida em que auxiliam o psicanalista a apreender a trama essencial que sustenta a densa floresta da multiplicidade dos *les trumains*.[21]

Referências

AGAMBEN, G. Entrevista com Giorgio Agamben. *Revista do Departamento de Psicologia da Universidade Federal Fluminense*, Niterói, v. 18, n. 1, jan.-jun. 2006.

AGAMBEN, G. *O que resta de Auschwitz*: o arquivo e a testemunha (Homo Sacer III). Tradução de J. A. Selvino. São Paulo: Boitempo, 2008.

AGAMBEN, G. Qué es un paradigma? In: *Signatura rerum: sobre el método.* Barcelona: Editorial Anagrama, 2010.

ALVES, M. A. Reflexões acerca da natureza da ciência: comparações entre Kuhn, Popper e o empirismo lógico. *Kínesis*, Marília: Faculdade de Filosofia e Ciências da Universidade Estadual Paulista, v. 5, n. 10, 2013. Disponível em: <https://bit.ly/2FF7ofm>. Acesso em: 10 jan. 2020.

ANDRÉ, S. *O que quer uma mulher?* Tradução de D. D. Estrada. Rio de Janeiro: Jorge Zahar, 1986.

ASSOUN, P.-L. *Metapsicologia freudiana: uma introdução* [1993]. Tradução de D. D. Estrada. Rio de Janeiro: Jorge Zahar, 1996.

CHIBENI, S.S. O que é ciência? Departamento de Filosofia da Universidade Estadual de Campinas, 2004. Disponível em: <https://bit.ly/39WBQiZ>. Acesso em: 10 jan. 2020.

CONDÉ, M. L. L. O Círculo de Viena e o empirismo lógico. *Caderno de*

[21] Neologismo formulado por Lacan a partir da derivação homofônica entre *l'être humain* (ser humano) e *les trumains* ("os furados", em tradução livre): "Há mais que um furo naquele que chamamos 'homem'. Ele é, de fato, uma verdadeira peneira [...] porque não escrevê-lo assim: *les trumains*" (LACAN, [1978], p. 18, tradução do autor).

Filosofia e Ciências Humanas, Belo Horizonte: Faculdades integradas Newton Paiva, v. 5. 1995.

CONRAD, L. *La esquizofrenia incipiente: intento de un análisis de la fora del delirio.* Madri; Mexico: Alhambra, 1963.

CUEVA, R. Fenomenos elementales y delirio en la tesis doctoral de Jacques Lacan [1995]. In: *El saber delirante.* Buenos Aires: Paidós, 2005.

DRAWIN, C. R. A recusa da subjetividade: ideias preliminares para uma crítica do naturalismo. *Psicologia em Revista*, Belo Horizonte: Programa de Pós-Graduação em Psicologia da PUC Minas, v. 10, n. 15, p. 28-42, jun. 2004.

FAVARETTO, C. M. R. *Do governo dos vivos: Giorgio Agamben, biopolítica e Estado de exceção.* 2016. Dissertação (Mestrado) – Faculdade de Filosofia, Letras e Ciências Humanas, Universidade de São Paulo, São Paulo, 2016.

FREUD, S. *A interpretação de sonhos (1900).* Rio de Janeiro: Imago, 1996a. (Edição Standard Brasileira das Obras Psicológicas Completas de Sigmund Freud, IV).

FREUD, S. *As pulsões e seus destinos* [1915]. Tradução de Pedro Heliodoro Tavares. Belo Horizonte: Autêntica, 2017. (Obras Incompletas de Sigmund Freud).

FREUD, S. *Estudos sobre a histeria* [1892]. Rio de Janeiro: Imago, 1996. (Edição Standard Brasileira das Obras Psicológicas Completas de Sigmund Freud, II).

FREUD, S. *La interpretación de los sueños* (primera parte) [1900]. Traducción de J. LL. Etcheverry. Buenos Aires: Amorrortu, 1976. (Obras Completas de Sigmund Freud, 4).

FREUD, S. Notas sobre um caso de neurose obsessiva [1909]. *In*: *Duas histórias clínicas (o Pequeno Hans e o Homem dos Ratos).* Rio de Janeiro: Imago, 1996b. (Edição Standard Brasileira das Obras Psicológicas Completas de Sigmund Freud, X).

FREUD, S. Psicanálise e psiquiatria [1917]. *In*: *Conferências introdutórias sobre psicanálise (Parte III) (1915-1916).* Rio de Janeiro: Imago, 1996c. (Edição Standard Brasileira das Obras Psicológicas Completas de Sigmund Freud, XVI).

GAZALÉ, M. J. *Gnomon: From Pharaohs to Fractals* [1929]. Princeton: Princeton University Press, 1999.

GOLDSCHMIDT, V. *Le paradigme dans la dialectique platonicienne.* Paris: Vrin, 1947. (Bibliotheque D'Histoire de La Philosophie).

HOYNINGEN-HUENE, P. Sobre a relevância filosófica de Thomas Kuhn. *In*: *Thomas Kuhn: a estrutura das revoluções científicas [50 anos].* Belo Horizonte: Fino Traço, 2013.

JASPERS, K. *Psicopatologia geral* [1913]. Rio de Janeiro: Atheneu, 1985.

KUHN. T. *A estrutura das revoluções científicas* [1962]. São Paulo: Perspectiva, 2017.

LACAN, J. *O seminário, livro 3: As psicoses* [1955-1956]. Rio de Janeiro: Zahar, 1985.

LACAN, J. *O seminário, livro 5: As formações do inconsciente* [1957-1958]. Texto estabelecido por Jacques-Alain Miller. Tradução de Vera Ribeiro. Rio de Janeiro: Jorge Zahar Editor, 1999. (Campo Freudiano no Brasil).

LACAN, J. A direção do tratamento e os princípios de seu poder [1958]. *In*: *Escritos*. Rio de Janeiro: Jorge Zahar, 1998.

LACAN, J. *O seminário, livro 17: O avesso da psicanálise* [1969-1970]. Rio de Janeiro: Jorge Zahar, 1992.

LACAN, J. Introdução à edição alemã de um primeiro volume dos *Escritos* [1973]. *In*: *Outros escritos*. Rio de Janeiro: Zahar, 2003.

LACAN, J. *Le moment de conclure*. 1977-78. Versão transcrita a partir dos áudios disponibilizados por Patrick Valas. Disponível em: <http://staferla.free.fr/S25/S25.pdf>. Acesso em: 31 de Março de 2020.

LALANDE, A. *Vocabulário técnico e crítico da filosofia* [1926]. São Paulo: Martins Fontes, 1996.

LAURENT, E. O relato de caso, crise e solução. *Almanaque de Psicanálise e Saúde Mental*, Belo Horizonte: Instituto de Psicanálise e Saúde Mental de Minas Gerais, n. 9, p. 69-76, 2003.

MASSAUD, M. *Dicionário de termos literários*. [1974]. São Paulo: editora Cultriz.

MILLER, J.-A. A arte do diagnóstico: o rouxinol de Lacan. *Curinga*, n. 23, p. 15-33, 2006.

MILLER, J.-A. A invenção do delírio. *Opção Lacaniana: Revista Brasileira Internacional de Psicanálise*, 1995. Disponível em: <https://bit.ly/2TcrsO8>. Acesso em: 10 jan. 2020.

MILLER, J.-A. *Extimidad*. Buenos Aires: Paidós, 2010.

MILLER, J.-A. S'truc dure. *In*: *Matemas II*. Buenos Aires: Manantial, 1994.

QUINET, A. *Psicose e laço social*. Rio de Janeiro: Zahar, 2006.

SAFATLE, V. *A paixão do negativo: Lacan e a dialéctica*. São Paulo: Editora Unesp, 2005.

TEIXEIRA, A. Posfácio. *In*: FREUD, S. *Psicose, neurose e perversão*. Tradução de Maria Rita Salzano Moraes. Belo Horizonte: Autêntica, 2016. (Obras Incompletas de Sigmund Freud).

TEIXEIRA, A.; SANTIAGO, J. Semiologia da percepção: o enquadre da realidade e o que retorna no real. *In*: TEIXEIRA, A.; CALDAS, H. (Orgs.). *Psicopatologia lacaniana. Volume 1: Semiologia*. Belo Horizonte: Autêntica, 2017.

TONUS, A. E. Estudo de caso individual: uma perspectiva para o diagnóstico em psiquiatria. *Psicopatologia Fenomenológica Contemporânea*, v. 1, n. 1, 2012. Disponível em: <https://bit.ly/3061RIm>. Acesso em: 10 jan. 2020.

VIEIRA, M. Dando nome aos bois, sobre o diagnóstico em psicanálise. *In*: FIGUEIREDO, A. C. (Org.). *Psicanálise: pesquisa e clínica*. Rio de Janeiro: IPUB/UFRJ, 2001.

Histeria: psicopatologias e despatologizações[1]

Márcia Rosa

Em uma coletânea de artigos como esta, que tem por título *Psicopatologia lacaniana. Volume 2: nosologia*, creio ser pertinente abrir um capítulo sobre a histeria com a pergunta formulada por Lacan em 1977 na "Conferência de Bruxelas". Ele faz aí seu penúltimo comentário sobre a histeria:

> Por onde andarão as histéricas de outrora, essas mulheres maravilhosas, as Anna O., as Emmy von N.? Elas representavam não apenas um certo papel, mas um papel social certo. Quando Freud se pôs a escutá-las, foram elas que permitiram o nascimento da psicanálise (Lacan, [1977] 2007, p. 17).

Um ano depois, na sua fala de encerramento de um congresso sobre a transmissão da psicanálise, Lacan fará uma breve referência à histeria. Depois de apresentar a neurose como um campo no qual opera o "não há relação sexual", isto é, como um campo regido pela impossibilidade de haver uma completude entre o sujeito e o outro, um campo no qual, uma vez inserido na linguagem, o sujeito se constitui e frequenta um universo de equívocos, de mal-entendidos, ele diz não estar seguro de que a histeria ainda existisse, embora quanto à neurose obsessiva não houvesse dúvidas, ela certamente ainda existia (Lacan, 1979, [s.p.]). Trata-se de um comentário inusitado se consideramos, como o fez Freud, a neurose

[1] Este texto foi construído com recortes de uma pesquisa de pós-doutorado intitulada "Psicopatologia e despatologização", realizada no Departement de Psychanalyse da Université de Paris 8 Vincennes-Saint-Denis em 2018, sob a orientação do Dr. Fabian Fajnwaks, pesquisa publicada em maio de 2019 com o título: *Por onde andarão as histéricas de outrora? Um estudo lacaniano sobre as histerias.*

obsessiva como um dialeto da histeria. Com sua observação, Lacan nos coloca diante de uma situação no mínimo paradoxal: a de que a histeria enquanto língua teria desaparecido, sobrevivendo apenas nos seus dialetos. No mesmo comentário ele indaga a possibilidade de a histérica exercer o seu papel social – fundamentado na denúncia daquilo que falta ao Outro – no horizonte contemporâneo, regido pelos imperativos de gozo provenientes do discurso da ciência em seu casamento com o discurso capitalista.

Esse comentário de Lacan (1978) sobre a dissolução da histeria nos evoca, entre outros, o grito dos psicofármacos silenciando as histéricas, grito propiciado pelo *Manual diagnóstico e estatístico de transtornos mentais* (DSM) a partir de sua terceira versão, em 1980. Sob a justificativa de que as classificações psiquiátricas deveriam desconsiderar as discussões sobre a causalidade psíquica, tornando irrelevantes questões históricas, bem como de orientação teórica e clínica, as categorias de "neurose" e de "neurose histérica" foram abolidas da nomenclatura, sendo reduzidas a manifestações sintomáticas catalogadas sob a etiqueta de transtornos dissociativos e somatoformes. Sob o privilégio de orientações organicistas, com seus laboratórios farmacêuticos e planos de saúde, desde a Classificação Internacional das Doenças de 1992 (CID-10), a neurose e a histeria, que haviam sido reconhecidas como entidades clínicas na primeira tentativa de constituição de uma convenção diagnóstica psiquiátrica sob a influência da psicanálise (CID), deixaram de constar no léxico classificatório. A partir do DSM-IV (1994) seguiu-se a mesma orientação. Enfim, embora não encontremos atualmente a entidade clínica "histeria" nas classificações oficiais regidas pela Associação de Psiquiatria Americana (APA), importa ouvir as histéricas, importa indagarmos sob o fundo de qual grito elas silenciam.

Se em 1977 Lacan assinalava como uma maluquice (*loufoquerie*) o fervilhamento significante e de sentido, que levava os tratamentos da época a darem uma preferência em tudo ao simbólico e ao inconsciente, constatamos serem outras as maluquices que se seguiram à virada para o segundo milênio. Marcados por um total desabonamento ou descrédito no inconsciente, os manuais psicopatológicos atuais substituem as questões geradas no campo do sexual e da relação do sujeito ao amor, ao desejo e ao gozo por uma garantia de felicidade trazida por pílulas que, supostamente, resolveriam bem o transtorno de personalidade histriônica ao qual a histeria foi, de algum modo, reduzida. Frente a isso a psicanálise interroga: como engolir ou cuspir essas pílulas? Enfim, em um horizonte marcado pelo cólera capitalista e científico, caberá sempre insistir eticamente na pergunta de Lacan: "por onde andarão as histéricas de outrora?".

Ao retomarmos o debate entre a psiquiatria e a psicopatologia lacaniana na teorização e clínica da histeria, interessar-nos-á sobremaneira o diagnóstico diferencial entre histeria e psicose. Esse ponto, que julgamos importante para um debate psicopatológico, bem como despatologizante, da histeria, orientará, embora não exatamente de modo histórico e linear, a apresentação e discussão que se segue. Entre os casos apresentados pela literatura psicanalítica, o de Anna O, apresentado por Breuer e Freud (1895) em *Estudos sobre a histeria*, será tomado como paradigmático para a questão que nos interessa.

1. As grandes histéricas e a psiquiatria

Comecemos constatando que a histeria e os sintomas histéricos variam de acordo com a cultura, com a moda e, em especial, com a presença da psiquiatria e da psicanálise no horizonte de cada época. Isso ocorre, em princípio, porque a histérica não vai sem o seu Outro, seja esse Outro o psiquiatra, o psicanalista, o mestre, o pai etc. Portanto, as várias formas que esse Outro toma não são sem implicações e consequências no modo como a própria histeria se apresenta. Em que pese isso, se as manifestações da histeria variam, supomos haver algo no seu campo que, apesar de se encarnar de modo variado, em cada uma das histéricas ao longo do tempo, constituiria um núcleo invariável que diria, inclusive, do funcionamento da neurose histérica enquanto tal. Devido às dificuldades que representam não apenas a discriminação desse núcleo invariável, bem como ao fato de que temos cada vez menos manifestações clínicas que correspondem aos tipos clínicos estabelecidos pela nosologia clássica – em outros termos, casos que são figuras de livro! –, observamos que muitas das histéricas de outrora mudaram de categoria diagnóstica. Com isso, coloca-se uma discussão psicopatológica importante, formulada nos termos: loucura histérica ou esquizofrenia?

Em "O tratado sobre as alucinações", publicado em 1973, Henry Ey discute a reabsorção da histeria na categoria da esquizofrenia nos termos: "a estrutura psicoplástica da histeria, suas formas antigas não desapareceram realmente, mas elas mudaram de nome e de campo". E continua: "essa massa de fatos clínicos foi reabsorvida em muitos transtornos que os clínicos superficiais denominam psicose, esquizofrenia, etc." (EY *apud* MALEVAL, [1981] 2005, p. 293).

Jean-Claude Maleval, em seu livro *Locuras histéricas y psicosis disociativas*, publicado em 1981, defende uma tese bastante clara: o resgate daquilo que foi denominado pela psicopatologia de "loucura histérica", sob cuja designação incluiríamos manifestações das grandes histerias do tipo Anna O. – caso tratado por Breuer e apresentado no livro publicado por este, juntamente a Freud, com o título *Estudos sobre a histeria*. Ao lermos os relatos clínicos em *Estudos sobre a histeria*, vemos que a nascente psicanálise, ainda não operando com a noção de inconsciente, define como "estado segundo" ou "segunda consciência" (Freud, 1974, p. 57) as manifestações de dissociação psíquica que dão lugar à divisão entre um funcionamento oficial e um funcionamento marginal, ou segundo. Trata-se, portanto, de vivências de dissociação manifestando-se como dupla consciência, como estados de divisão subjetiva. Anna O., por exemplo, fica completamente enlouquecida à noite, fora de si, embora durante o dia se comporte bem, digamos assim. Além disso, nesses estados segundos a presença de ideias delirantes e alucinações é bastante marcante.

Ao incluir essas manifestações histéricas em um funcionamento onírico, Maleval ([1981] 2005) e alguns outros psicanalistas, entre eles Karl Abraham e o próprio Sigmund Freud, aproximam o enlouquecimento histérico do funcionamento do sonho, de tal modo que teríamos nesses casos um estado confusional onírico que não estaria determinado pelo que Lacan denomina forclusão, termo com o qual ele indica situações nas quais a intervenção paterna não opera no sentido de obstaculizar que a mãe tome o filho como tamponamento daquilo que lhe falta. Maleval insiste em que não há nesses casos ditos de "loucura histérica" manifestações que sustentem uma forclusão, seja do Nome-do-Pai (P_0), seja da significação fálica (Φ_0), sendo esta última uma resultante da operação paterna, que possibilita a circulação de algo em falta, falta em ser, falta em ter, fundamento mesmo do desejo. Na concepção de Maleval, em muitas das assim ditas loucuras histéricas as manifestações são metafóricas e, com isso, introduzem a proximidade com o estado onírico. Se se tratasse de casos de psicose, localizaríamos movimentos de deslocamento metonímico a partir da presença do furo da forclusão. Frente a isso, Maleval indaga: por que essa entidade da psicopatologia denominada "loucura histérica" desapareceu? No horizonte contemporâneo, encontraríamos apenas as pequenas manifestações da histeria, tais como a do caso Dora, apresentado por Freud, enquanto o que se denominava grandes histerias, tais como as de Anna O., teriam sido reabsorvidas no campo da esquizofrenia? Como isso se processa, pergunta Maleval?

Bleuler introduziu o conceito de esquizofrenia por volta de 1911, e, a partir daí, as grandes histéricas foram desaparecendo aos poucos. Isso ocorre também no texto freudiano. Se até 1911 delírios e alucinações eram manifestações comuns nas histerias da época, desde 1908, sob a influência da escola de Zurique, onde estavam Bleuler e Abraham, observa-se que a entidade "histeria" vai se dispersando. Nesse contexto, Abraham chega a dizer que são muito poucos os pacientes neuróticos que ele recebe e para os quais indica análise, porque a maior parte da sua clínica é constituída pelo que ele diagnostica como demência precoce, que posteriormente será caracterizada por Bleuler como esquizofrenia. No entanto, o próprio Abraham publicará, em 1910, um pouco antes de Bleuler estabelecer o conceito de esquizofrenia, o artigo "Os estados oníricos histéricos", no qual estenderá o campo da histeria, reincluindo aí casos que haviam se deslocado para a demência precoce e que, posteriormente, serão considerados esquizofrênicos.

Nos seus *Selected Papers*, publicados em 1927 por Leonard e Virginia Woolf em Londres, Karl Abraham apresenta dois ensaios que abordam a questão da histeria, um deles destacando os estados oníricos (*dream-states*). No interessantíssimo artigo de 1910, "Hysterical Dream-States", ele parte do pressuposto de que esses estados seriam um tipo de tradução dos impulsos sexuais em uma forma mental. Eles são, então, associados às experiências masturbatórias infantis e aos devaneios, bem como à posição fantasmática do sujeito. Os estados oníricos são descritos como seguindo uma sequência de quatro etapas: na primeira, temos a tendência espontânea de alguns sujeitos a fantasiar; na segunda, esse fantasiar já estaria marcado por alterações no campo da consciência; na terceira, haveria uma espécie de "branco mental", no qual o sujeito sente que os seus pensamentos pararam, ele experimenta um vazio na cabeça. Finalmente, ocorre um estado de depressão, no qual há sentimentos de ansiedade ou angústia, com seu acompanhamento normal de vertigem, palpitação etc. Posto isso, Abraham apresenta alguns casos e suas manifestações sintomáticas, tais como estreitamento de consciência, estados crepusculares etc.

No primeiro dos ensaios, publicado em 1908, "The Psycho-sexual Differences Between Hysteria and Dementia", Abraham afirma que a característica em comum mais importante entre as duas entidades clínicas é a sua natureza sexual, e indaga sobre aquilo que as diferencia. Para evidenciar a diferença, ele mostra como a conduta sexual do neurótico implica a transferência de amor e libido para os objetos, enquanto na demência precoce essa capacidade de transferência estaria destruída.

A introdução do conceito de esquizofrenia por Bleuler apresenta uma espécie de critério estrutural que tende a estabelecer parâmetros para que um clínico possa fazer um diagnóstico diferencial entre a histeria e a psicose.

Seguindo as elaborações de Maleval, observamos que Bleuler tinha uma noção de esquizofrenia extremamente ampla, de tal modo que, nesse primeiro tempo, praticamente todas as categorias serão, de algum modo, subsumidas pela noção de esquizofrenia. Nunca se tinha visto tantos esquizofrênicos! Com isso vemos como os diagnósticos são função do tempo e da elaboração da teoria e da clínica de cada época. A partir de um pressuposto geral, a *Spaltung* psíquica, a divisão do psiquismo, manifestações da neurose obsessiva, da mania, da melancolia foram incluídas como esquizofrenias, que Bleuler divide em esquizofrenias paranoides, catatônicas, hebefrênicas e simples. O pressuposto de que o elemento principal é a *Spaltung* torna alucinações e delírios como secundários, não sendo, portanto, considerados determinantes para o diagnóstico. É interessante anotar isso, até para observar que, com a formulação lacaniana de forclusão, atualmente localizamos alucinações, em especial as audioverbais, e os delírios no campo da psicose. A primeira consequência dessa amplitude do conceito de esquizofrenia proposto pelo Bleuler em 1911 é que a maior parte das grandes histerias passou a ser diagnosticada como esquizofrenia.

Freud coloca em suspeita a extensão do conceito bleuliano de esquizofrenia, mostrando que a *Spaltung* não seria suficiente para, a partir dela, estabelecermos uma nosologia. A propósito, ele argumenta que a *Spaltung* está presente na esquizofrenia, na histeria, na neurose obsessiva, no fetichismo – e também nesses quadros ela constitui grupos autônomos de funcionamento. Além disso, pode-se notar que, entre consciente e inconsciente, há uma *Spaltung*, ou seja, o funcionamento onírico nos sonhos ou nos estados confusionais é diverso do funcionamento consciente. Freud mostra ainda ser possível se servir da noção de divisão do psiquismo para pensar o fetichismo, no qual uma divisão separa e constitui duas posições subjetivas diferentes: o sujeito sabe que a mãe não tem o falo, mas mesmo assim acredita que ela o tem, desmentindo, por um lado, aquilo que ele constatou por outro.

Posto isso, Maleval propõe operarmos com o conceito de loucura histérica, escamoteado desde o início do século XX, mais especificamente a partir dos anos 1908. Ele mostra que nas "psicoses dissociativas" a deformação se deve a uma deriva metonímica da cadeia significante, suscitada por um vazio que o sujeito não pode dizer, ou seja, pelo buraco da forclusão (P_0 ou Φ_0), enquanto na "loucura histérica" temos uma metaforização cujo sentido pode ser resgatado nas associações do sujeito. Nos delirantes, localizaríamos o buraco da forclusão, enquanto nos sujeitos histéricos as lacunas da memória podem ser tratadas via associação.

Essas histéricas ditas as grandes histéricas, as primeiras histéricas, as loucas que sofrem de reminiscências, que alucinam, que deliram, que padecem de vivências que as dividem de tal modo que elas se dissociam, ficaram lá no final do século XIX, início do século XX? Não existem mais? A hipótese em exame aqui é que elas ainda habitam a clínica contemporânea, no melhor dos casos deixando em aberto o diagnóstico diferencial com a esquizofrenia.

2. As histéricas freudianas de outrora

Nas formulações pré-psicanalíticas importa realçarmos a constatação de uma divisão da consciência e da sua apresentação na forma de "uma segunda consciência" ou, nos termos de Charcot, de "uma condição segunda" (Freud, [1893-1895] 1974, p. 57), estado responsável por muitas das manifestações sintomáticas nas histerias, mas também pelo questionamento sobre a categoria diagnóstica a atribuir às manifestações tão exuberantes de alguns desses casos.

Associar a histeria ao sofrimento por reminiscências (Rosa, 2007) é algo que se localiza nos primeiros escritos freudianos. A primeira formulação dessa tese encontra-se em "Sobre o mecanismo psíquico dos fenômenos histéricos: comunicação preliminar" (1893-1895), escrito por Breuer e Freud. A questão é apresentada nos seguintes termos: "podemos inverter a máxima '*cessante causa cessat effectus*' ['cessando a causa cessa o sofrimento'] e concluirmos que [...] os histéricos sofrem principalmente de reminiscências" (Freud, [1893-1895] 1974, p. 48). Para explicar a sobrevivência dessas lembranças, que parecem não estar sujeitas a um desgaste ou esvanecimento, Freud e Breuer sustentam que um corpo estranho opera incessantemente como causa estimulante da doença até que o sujeito se liberte dele, ou, em outros termos, os pacientes histéricos sofrem de traumas psíquicos incompletamente ab-reagidos (p. 47-50).

À guisa de exemplo, Freud menciona o caso da mãe de uma criança adoentada que, quando a filha adormeceu, concentrou toda a sua força de vontade em se manter imóvel a fim de não acordá-la. Por causa disso, produziu um ruído estalejante com a língua (um exemplo de contravontade histérica), que se repetiu em uma ocasião subsequente na qual ela desejava manter-se perfeitamente imóvel. Daí surgiu "um tique que, sob a forma de um estalido com a língua, ocorreu durante um período de muitos anos sempre que se sentia excitada" (p. 45).

Para os autores da "Comunicação preliminar", o trauma psíquico (a doença do filha) – ou, mais precisamente, a lembrança do trauma – atua como um corpo estranho que, mesmo muito depois de sua entrada, deve continuar a ser considerado como um agente provocador, pois ainda se acha em ação (p. 46). Freud, que nos idos de 1893 está apresentando a sua terapêutica ao mundo científico, sugere então que "o processo psíquico que originalmente ocorreu deve ser levado de volta ao seu *status nascendi* e então receber expressão verbal" (p. 47). Portanto, é preciso que o sujeito evoque a lembrança do fato (a doença do filha) que provocou o sintoma (o estalido com a língua) e desperte a emoção que o acompanhou, traduzindo-a em palavras.

Para os estudiosos da histeria, se a reação foi recalcada, a emoção permanece vinculada à lembrança, e, nesse sentido, ab-reagir, reagir posteriormente, pode implicar ir "das lágrimas a atos de vingança" (p. 48). Todavia, continua ele, "a linguagem serve de substituto para a ação, [...] falar é por si mesmo o reflexo adequado, quando, por ex., essa fala corresponde a um lamento ou a enunciação de um segredo atormentador, por ex., uma confissão" (p. 48). Ele observa que a linguagem reconhece a distinção entre uma ofensa que foi revivida, até mesmo por meio de palavras, e aquela que teve de ser aceita. Curiosamente, ele destaca o fato de que o uso linguístico descreve uma injúria que foi sofrida em silêncio como uma "mortificação" (*Kränkung*), termo que, em alemão, presta-se a um jogo significante com o "fazendo adoecer" (p. 49).

Essas manifestações levam Freud ([1893-1895] 1974) a postular que a divisão da consciência, tão marcante nos casos clássicos conhecidos sob a forma de *double conscience*, encontra-se presente em um grau rudimentar na histeria (p. 53). Assim, "um grave trauma (tal como ocorre na neurose traumática) ou uma supressão laboriosa (como de uma emoção sexual, por ex.) pode ocasionar uma separação de grupos de ideias mesmo em pessoas que são, sob outros aspectos, não afetadas; e isso seria o mecanismo da histeria psiquicamente adquirida" (p. 52). Tais manifestações o levam a postular a existência de uma instância inconsciente, tendo em vista o fato dessas lembranças do trauma psíquico continuarem a produzir efeitos como um agente contemporâneo. Nos seus termos: "se, não obstante, o paciente não tem nenhuma consciência de tais lembranças ou do surgimento delas – então devemos admitir que ideias inconscientes existem e são atuantes (p. 276).

2.1. Anna O. ou as histéricas dos tempos do Outro

No momento em que Freud e Breuer publicaram *Estudos sobre a histeria,* em 1895, o tratamento de Anna O., conduzido por Joseph Breuer, já havia sido concluído há aproximadamente 13 anos. No final de 1880, Breuer fora chamado para atender uma paciente de 21 anos por causa de uma *tussis* nervosa. Ele a acompanhou até meados de 1882, tendo estado com ela ainda algumas vezes após o término do tratamento.

O próprio Breuer ([1893-1895] 1974, p. 63-90) apresenta o curso da doença em quatro estágios: uma incubação latente de meados de julho a 10 de dezembro de 1880; a doença manifesta; um período de sonambulismo, alternando-se com estados normais, com grande número de sintomas crônicos que perduraram até dezembro de 1881; a cessação gradual dos estados e sintomas até junho de 1882, quando o tratamento foi encerrado.

Com o adoecimento do pai, em julho de 1880, Anna se dedicou fervorosamente a cuidar dele, embora não tenha conseguido salvá-lo: em abril de 1881 ele veio a falecer. Nesse afã de cuidar do pai, ela adoece com anemia, aversão pelos alimentos, e desenvolve uma *tussis nervosa* muito intensa. Com isso, teve de abandonar a cabeceira do doente. Seis meses depois de ter iniciado o cuidado do pai, desenvolveu um estrabismo convergente e, de dezembro a abril, permaneceu acamada. Nesse período, surgiram graves perturbações, dores de cabeça, diplopia, afecção do nervo ótico, perturbações da visão, paresias etc. Nesse momento, Breuer começou a atendê-la. Ela apresentava dois estados de consciência distintos que se alternavam: em um deles, ela reconhecia o ambiente, estava melancólica e ansiosa, mas normal, no outro, tinha alucinações, ficava ofensiva, arrancava botões da roupa de cama e das peças íntimas. Queixava-se de lacunas na sequência de seus pensamentos conscientes, de que estava ficando louca; acusava as pessoas de prejudicarem-na e de deixarem-na em um estado de confusão. Parava no meio de uma frase, repetia as últimas palavras e, após uma pausa, continuava a falar. Surgiram alucinações com cobras negras, que era como via seus cabelos e suas fitas, embora ficasse dizendo a si mesma que eram apenas seus cabelos que estava vendo. Aos poucos surgiu uma profunda desorganização funcional da linguagem, uma dificuldade de encontrar as palavras e, por fim, a perda do domínio da gramática e da sintaxe – só usava infinitivos. Com o tempo, juntava penosamente quatro ou cinco idiomas, tornando-se quase ininteligível. Por fim, passou a falar apenas em inglês.

Com a morte do pai, "o trauma psíquico mais grave que possivelmente pôde experimentar" (Freud; Breuer, [1893-1895] 1974, p. 68), ela alternou entre um estado de estupor e de excitação. Depois, começou a não reconhecer as pessoas, "todas as pessoas que via pareciam figuras de cera, sem qualquer ligação com ela" (p. 68). Experimentava *absences* alucinatórias, via figuras aterradoras, caveiras e esqueletos. A ordem das coisas era tal que, durante o dia, era perseguida por alucinações e, se no final da tarde tivesse, sob hipnose, atravessado essas *clouds* (nuvens), como ela as denominava, acordava e permanecia tranquila e desanuviada no decorrer da noite. Nessa época, surgiram impulsos suicidas e ela começou a ser medicada com cloral à noite.

Esse foi o quadro que Breuer tratou dia a dia, convidando-a a narrar alguma história, as quais ela construía no estilo dos contos infantis de Hans Anderson, histórias que começavam com uma moça sentada à cabeceira de um doente. Breuer a hipnotizava ao anoitecer e ela construía histórias que, com o agravamento do quadro, transformaram-se em uma cadeia de alucinações medonhas e terrificantes.

Com Breuer ela desenvolveu a *talking cure*, tal como ela mesma a nomeou, e ele, Breuer, um método terapêutico no qual cada sintoma era considerado isoladamente e trabalhado na ordem inversa de seu aparecimento. Uma vez feito esse percurso, o sintoma desaparecia. Dessa forma, e seguindo esse método, Breuer chegou a uma compreensão do quadro de Anna O., apresentado por ele em *Estudos sobre a histeria* com os diagnósticos de "psicose histérica" (p. 88), bem como de "histeria traumática" (p. 85).

Em 1972, o psiquiatra e historiador canadense H. F. Ellenberger publicou, no periódico de psicologia clínica e psicopatologia geral intitulado *L'Evolution Psychiatrique*, o artigo "L'histoire d' 'Anna O.': étude critique avec documents nouveaux", que trouxe novos elementos ao caso. Já de posse da verdadeira identidade da paciente, Bertha Pappenheim, revelada por Ernest Jones em 1953, Ellenberger teve acesso ao relatório escrito por Breuer em 1882, intitulado "Evolução da doença durante a estadia em Bellevue de 12 de julho de 1882 a 29 de outubro de 1882", relatório constante dos arquivos do sanatório no qual ela estivera internada e reproduzido por ele quase *ipsis literalis* no seu texto dos *Estudos sobre a histeria*.

O historiador Borch-Jacobsen (1995), em seu livro *Souvenirs d'Anna O.: une mystification centenaire*, serve-se da revisão crítica feita por Ellenberger e de outros documentos para mostrar como improcedente a lenda de que, depois de encontrar a sua paciente sofrendo as dores do parto, devido a uma pseudociese, Breuer teria engravidado a sua mulher em uma viagem a Veneza. A inexatidão desse dado é facilmente verificável pela data do nascimento da última filha de Breuer. No entanto, o relatório de Breuer (1882) deixa bastante claro "o amor verdadeiramente apaixonado pelo pai" (Breuer *apud* Ellenberger, 1972, p. 710), além de observar que, no decorrer da internação, "frequentemente ela passava horas diante do retrato de seu pai e falava em ir visitar seu túmulo em Pressburg" (p. 712). Destaca ainda a irritação desagradável de Anna contra sua família, seus julgamentos denegrindo a eficácia da ciência em relação ao seu sofrimento e sua falta de crítica com relação à gravidade de sua doença.

Nos arquivos do Sanatório Bellevue surpreende, sobretudo, a longa lista de medicamentos prescritos à paciente, nos últimos seis meses antes da internação, devido a uma neuralgia facial grave, entre os quais fortes doses de cloral e de morfina. Com a sua entrada no sanatório, a dose de morfina foi reduzida; no entanto, o agravamento das dores fez com que ela voltasse a ser administrada tal como na prescrição anterior. Portanto, ao sair de Bellevue, em outubro de 1882, Anna O. recebia doses de 7 a 10 miligramas por dia de morfina. Essas informações sobre o efeito de dependência química gerada pelas altas doses de medicamentos deu origem ao artigo "Revisiting Anna O.: A Case of Chemical Dependence", publicado por Sérgio de Paula Ramos, psiquiatra e professor no Departamento de Psiquiatria na Universidade Federal de São Paulo (UFSP), no periódico *History of Psychology*, em 22 de dezembro de 2013.

Ramos (2013) retoma as dosagens de medicamentos com as quais Anna chega a Bellevue: 80 mg/dia de morfina, divididos em duas injeções, e 5 g em dose única noturna de cloral. Como a paciente apresentou sintomas de privação, a dose de morfina foi aumentada e mantida em 100 mg/dia. Segundo Ramos (2013), a dose de cloral, um sedativo não barbitúrico, é 10 vezes maior do que a dose terapêutica e só é usada em pacientes já de há muito dependentes da droga, pois seria uma dosagem potencialmente letal para pacientes normais. O mesmo se aplica às 10 ampolas diárias de morfina, que seriam o indício de uma dependência química que não teria sido gerada da noite para o dia. Frente a isso, ele aventou a hipótese diagnóstica de psicose tóxica. Ramos chega a listar os sintomas presentes no caso de Anna, índices de dependência/abstinência de morfina e/ou hidrato de cloral: flutuações de humor; cefaleia; alterações abruptas de consciência; alucinações e pseudoalucinações terroríficas; anorexia; anemia; emagrecimento; tentativas de suicídio e síndrome de privação.

No tocante ao artigo de Ellenberger, é interessante anotar a sua observação de que o relatório redigido por Breuer em 1882 deixa perceber que o diagnóstico de histeria não foi postulado de início por ele, senão por exclusão com um quadro orgânico. De qualquer modo, conclui ele, "o protótipo de uma cura catártica, [para retomar os termos dos *Estudos sobre a histeria*] não foi nem uma cura nem uma catarse. Anna O.

tornou-se uma morfinômana grave, que tinha conservado uma parte de seus sintomas, os mais manifestos [...]" (Ellenberger, 1972, p. 717). O pesquisador canadense retoma a hipótese, já apresentada em seu livro *The Discovery of the Unconscious* (1970), segundo a qual a doença de Anna O. era bastante semelhante a uma das grandes "doenças magnéticas" da primeira metade do início do século XIX. Nesses casos, observa ele, "a doença é a criação mito-poética do paciente com o encorajamento e a colaboração involuntária do terapeuta" (Ellenberger, 1972, p. 717), o que, traduzido para os termos lacanianos, quer dizer apenas que a histérica não vai sem o Outro, sem seu interpretante.

Ao desdobrar o comentário de Ellenberger, Borch-Jacobsen (1995) menciona o alvoroço provocado em Viena nessa época pelas demonstrações do hipnotizador Carl Hansen, que geraram "um verdadeiro acesso de febre mesmero-hipnótica" (p. 69). Para ele, não é surpreendente que Anna tenha desenvolvido sintomas semelhantes, traço por traço, às demonstrações efetuadas nessa ocasião por Hansen: contraturas obstinadas, anestesias, amnésias pós-hipnóticas, alucinações positivas e negativas, problemas de visão, afasias etc. (p. 70). No que toca aos outros sintomas, tais como a dupla personalidade, o dom de línguas, a relação eletiva com Breuer, a cura pela palavra e, enfim, a hipermnesia hipnótica, todos eles faziam parte da panóplia corrente das curas magnéticas alemãs na primeira metade do século XIX, algumas das quais ele cita e retoma (p. 71).

O período entre o final de 1882, quando ela deixa o Sanatório Bellevue, e 1888 foi marcado, além das várias internações, por uma visita aos primos, durante a qual Bertha é estimulada pela prima Anna Ettlinger (que havia sido educada pelos pais de modo mais liberal e com aberturas para uma vida profissional, o que lhe possibilitara recusar várias propostas de casamento e permanecer solteira) a empreender trabalhos de enfermagem e literários (Guttmann, 2001, p. 94). Em 1887, Ernest Jones menciona como ela ainda experimentava uma duplicidade: permanecia bem durante o dia e à noite ainda padecia de estados alucinatórios. A permanência de menos de um mês de internação em Inzersdorf, em junho de 1887, na qual ela foi diagnosticada com "histeria" e "sintomas somáticos", terminou e ela foi novamente considerada "curada". Essa foi sua última internação.

2.2. *Loucura histérica ou psicose?*

Tal como o caso de Emmy Von N., apresentado por Breuer e Freud em *Estudos sobre a histeria*, o de Anna O. é bastante revisitado tendo em consideração o diagnóstico diferencial: histeria ou esquizofrenia. No que concerne a isso as leituras divergem. Se nos ativermos às leituras do caso feitas por Serge André, Moustapha Safouan e Nieves Soria, psicanalistas de orientação lacaniana, veremos que, enquanto os dois primeiros entendem termos aí um quadro de histeria, a terceira assinala a presença de índices claros de uma psicose esquizofrênica.

André segue para Anna O. a mesma argumentação exposta para o caso de Emmy von N., também relatado em *Estudos sobre a histeria*, ou seja, ocorre aí uma passagem brusca de um estado a outro: do inanimado ao animado, ou uma passagem que corresponde a uma mutação da coisa real para a coisa significante, ou o inverso. Em suma, é o recobrimento do real pelo significante que é, a cada vez, recolocado em questão. Isso vai incidir sobre o próprio corpo e gerar situações em que o sujeito histérico se vê decaído de sua imagem corporal e, mais radicalmente, da possibilidade de sustentar essa imagem pela fala (André, [1986] 1987, p. 95).

Moustapha Safouan (1988), em seu artigo "L'histoire d'Anna O.: une révision", serve-se de uma construção em estilo ficcional feita por Lucy Freeman (1972), biógrafa de Anna O. no seu livro *The Story of Anna O.* Trata-se da história de uma pobre orfãzinha que não tinha família e que vagava por uma casa desconhecida à procura de alguém a quem pudesse amar. Ela percebe que o pai sofre de uma doença incurável e espera a morte. Sua mulher não tinha mais esperanças. Mas a orfãzinha, recusando-se a acreditar que o homem estava condenado, assenta-se ao lado dele, noite e dia, proporcionando-lhe todos os cuidados. Pouco a pouco, ele se recupera e lhe fica tão agradecido que a adota. Assim, ela passa a ter alguém a quem amar (Freeman *apud* Safouan, 1988, p. 12-13). Safouan lê aí a posição fantasmática de Bertha, aquela de um sujeito para quem o Amor deve vencer Thanatos, o inimigo. Essa glorificação do amor e, em especial, do amor ao pai iria junto com o não desenvolvimento do elemento sexual.

Embora dê notícias de estar a par das revisões críticas do diagnóstico no sentido da esquizofrenia, Safouan defende que o estado de Bertha seria resultante de uma posição subjetiva que tende a "uma reivindicação que abole todo limite designável à lei do coração: a saber, em direção à forclusão, no sentido de um 'nada querer saber da mortalidade do pai'" (p. 15). Ao impulsionar seu amor ao pai até a idolatria, ela o reduz a não ser senão uma figura na qual se refletiria seu amor ilimitado por ela mesma e nada mais, conclui ele. Em vista disso, a morte iminente de seu pai bem-amado lhe fez tocar com o dedo a sua própria impotência, levando-a a reivindicar a toda-potência sem restrições (p. 18). Pelo resto, continua Safouan, tudo nos assinala a presença de uma histeria arquetípica, desde o estilo de vida consagrado à demanda até a posição absolutamente insolente com a qual ela tratava os homens, entre os quais ela não apenas teve admiradores, como também propostas de casamento.

Para Nieves Soria (2015), se nos referirmos ao ensino de Lacan, Anna O. estaria entre as estruturas psicóticas. Apesar de uma sintomatologia que sugere a histeria, manifestações corporais, susceptibilidade à hipnose etc., quatro elementos sugerem a psicose como estrutura. O primeiro deles, a ausência absoluta de desenvolvimento do elemento sexual. Uma vez que, para Freud, a etiologia das neuroses é sexual, é importante observar que esse elemento está ausente no caso de Anna O. Nos desdobramentos de sua história, através das suas biografias, constatamos que ele continuará ausente.

Em sua discussão, Breuer faz referência a uma psicose histérica que apresenta alucinações no marco de uma profunda desorganização da linguagem. Em Anna O. a desagregação é muito clara. Há elementos que dão conta da presença de um buraco forclusivo no simbólico, isto é, de uma forclusão do Nome-do-Pai (P_0), que vai produzir uma profunda desorganização do campo da linguagem. Para Soria, temos como exemplos disso: as pessoas se converterem em figuras de cera sem nenhuma relação com ela, um fenômeno próximo aos homens feitos às pressas na paranoia de Schreber.

Além disso, ocorrem intensos impulsos suicidas; houve, inclusive, uma época em que a família teve de se mudar de casa porque ela começara a ter passagens ao ato que diriam de uma "desordem provocada na juntura mais íntima do sentimento de vida do sujeito" (Lacan *apud* Soria, 2015, p. 52). Com essa frase, extraída do texto de Lacan "De uma questão preliminar a todo tratamento possível da psicose", Jacques-Alain Miller construiu a teoria da psicose ordinária. Soria se serve dessa mesma referência para pensar as passagens ao ato de Anna O. enquanto desordens no sentimento de vida, desordens que levam o sujeito em direção à morte. Ao fazê-lo, Soria não deixa de abrir a possibilidade de considerarmos a hipótese da psicose ordinária para o caso de Anna O., embora seja evidente que as manifestações da doença nesse caso são atestados evidentes de um desencadeamento, seja ele histérico ou psicótico.

Além disso, continua Soria, a presença alucinatória das serpentes diria de um retorno no real do falo forcluído. Essas serpentes se apresentaram enquanto ela cuidava do pai: estava com o braço em cima da cabeceira do doente, e a partir do seu braço ela vê uma serpente, enquanto os dedos viram pequenas serpentes. Percebe-se aí que não há significação fálica (Φ_0), que o elemento sexual está excluído. Quando surge algo que, em uma histeria, recolocaria o elemento sexual, "cobra = falo", por exemplo, isso dará lugar a uma alucinação, tal como essa das serpentes. Localiza-se aí uma elisão do falo e da significação imaginária, bem como o retorno do falo no real enquanto elemento forcluído no simbólico.

Finalmente, enquanto índice da psicose haveria a sensação, relatada pela própria Anna O., de que tudo aquilo que viveu naquela época foi uma dissimulação. Nieves associa isso com o falso *self* e a ilegitimidade do narcisismo esquizofrênico. A psicanalista mostra que a tese do tratamento bem-sucedido cai por terra com a evolução imediatamente posterior do caso.

Sobre a evolução do caso, como dito antes, depois do tratamento com Breuer, a partir do qual foi considerada curada, Anna O. passou por um período de seis a sete anos de muita instabilidade e de várias internações psiquiátricas. Ela só se estabilizou quando começou a escrever. Ironicamente, isso que é considerado uma *talking cure*, uma cura pela palavra, na realidade acaba sendo uma *writing cure*, ou seja, uma cura pela escrita. Além disso, ela se organizou e se estabilizou a partir dos ideais – tornou-se uma assistente social *avant la lettre*, uma militante feminista e consagrou sua vida à defesa da causa das crianças órfãs e das mulheres, em especial daquelas vendidas e traficadas como escravas brancas e das crianças geradas nesse contexto.

Enfim, ainda sobre as questões relativas ao diagnóstico diferencial, é interessante anotar que Roberto Mazzuca ([2012] 2014), no texto "Los excesos de la histeria", estabelece uma diferenciação entre a loucura histérica e a esquizofrenia. Para nos orientarmos nesse campo, bastante delicado e difícil clinicamente, ele propõe quatro elementos.

O primeiro deles seria o modo de desencadeamento. Na psicose, o desencadeamento associa-se à presença de um pai no real, introduzindo uma instância terceira na relação imaginária do sujeito com seu parceiro. Aqui Mazzuca se serve do Lacan ([1959] 1998) do texto "De uma questão preliminar ao tratamento possível da psicose", ou seja, de uma concepção clássica da psicose. Aí temos Schreber como paradigma: nomeado para o tribunal, e não conseguindo simbolizar essa nomeação, ele desencadeia a psicose. Já na loucura histérica, o desencadeamento ocorreria quando condições erógenas mobilizam a culpabilidade inconsciente. Veremos, portanto, uma condição erógena dividindo o sujeito e gerando um campo sintomático. Isso é claro nos casos freudianos: a histérica que, na cabeceira do pai doente, escuta uma música e tem vontade de estar em uma festa e não ali, cuidando de um doente. Isso é suficiente para produzir uma vivência sintomática de paralisação, por exemplo.

Mazzuca ([2012] 2014) inclui um segundo ponto entre os elementos aos quais é importante dar atenção: a modalidade do delírio. Na psicose, o delírio responde a mecanismos dissociativos, automatismos mentais, alterações na estrutura da linguagem (no caso das esquizofrenias). No campo dos automatismos mentais, podemos localizar as alucinações audioverbais, quando a voz do pensamento está sonorizada e o sujeito a escuta como vindo do outro, como vindo de fora, de forma automática. Na loucura histérica teríamos delírios oniroides, com alterações do registro imaginário e a presença de significados inconscientes.

Além disso, para o diagnóstico diferencial importa considerar a evolução do delírio no sentido da desagregação ou não.

Enfim, para Mazzuca é importante se orientar pelas respostas sob transferência, posto que o Outro do psicótico é diferente do Outro da histérica. Com relação a isso, nota-se que as loucuras histéricas comportam-se como as outras formas de histeria, ou seja, são susceptíveis ao tratamento analítico, tal como ocorreu desde as primeiras histéricas freudianas.

Posto isso, podemos retomar o caso de Anna O e nos perguntar como foi a evolução de seu caso depois dos tratamentos com Breuer e com as internações psiquiátricas que ocorreram nos seis anos subsequentes a esse tratamento, tendo cessado exatamente no ano de 1887.

Curiosamente observamos que em 1888, no ano seguinte a essa última internação, ela publicou, anonimamente e às suas próprias custas, seu primeiro livro de contos de fadas, recentemente traduzido para o inglês com o título *Little Stories for Children* ([1888] 2008) e, em 1890, sob o pseudônimo de Paul Berthold, publicou um livro de contos, recentemente traduzido para o inglês sob o nome *In the Junk Shop* ([1890] 2008). Em 1895, quando Breuer e Freud publicaram seus *Estudos sobre a histeria*, ela havia se deslocado de Viena para Frankfurt e estava já bastante inserida na sua carreira de assistente social, ajudando mulheres e crianças que fugiam dos *pogroms* no leste da Europa.

Ellenberger conclui seu artigo de 1972 associando a doença de Anna O. ao fato de essa jovem mulher não poder exteriorizar suas energias físicas e mentais nem satisfazer seus ideais elevados. Ele mostra-se admirado de que ela tenha atravessado suas provações, sublimado sua personalidade e se tornado uma das grandes militantes dos direitos das mulheres e fundadora dos trabalhos de assistência social.

Para Melinda G. Guttmann, em sua biografia *The Enigma of Anna O., A biography of Bertha Pappenheim*, a publicação do seu primeiro livro e dos outros que vieram propiciou que Anna O. se deslocasse do seu teatro privado para um teatro público. Depois da primeira publicação, ela nunca mais esteve doente a ponto de precisar ser internada. Guttmann conclui que a doença de Anna durou dos 22 aos 29 anos, período em que tradicionalmente um casamento era esperável. Desse momento de turbulência nenhum sinal teria restado visível na sua bela face, senão os cabelos precocemente embranquecidos (Guttmann, 2001, p. 100).

Não há nas biografias relatos sobre como ela atravessou o vício da morfina e do cloral, bastante intenso nos últimos anos da doença. No entanto, é evidente que a escrita e as causas sociais, estas últimas tomadas como ideais orientadores da sua vida cotidiana, ocuparam os lugares antes habitados pela doença.

2.3. *Função social e política da histeria*

Em 1888, passados alguns anos desde a última fatia de seu tratamento com Breuer, Anna O., ou seja, Bertha Pappenheim, seu nome próprio de batismo, publicou anonimamente seu primeiro livro infantil de contos de fadas, bem como iniciou seus trabalhos sociais e políticos. Inicialmente, ela trabalhou na cozinha e nas atividades de leitura em voz alta em um orfanato gerido pela Associação de Mulheres Israelitas. Em 1896, ela se tornou diretora desse orfanato, permanecendo como tal durante 12 anos, ou seja, até 1907. Nesse período, ela buscou reorientar os programas educacionais, impulsionando-os para visarem algo além de um casamento futuro para as meninas órfãs, isto é, para uma formação e independência vocacional.

Em 1895, a assembleia da Associação Geral das Mulheres Alemãs (ADF) criou um grupo local, cujo movimento foi colocado sob a responsabilidade de Bertha Pappenheim, que começou a publicar artigos sobre os direitos das mulheres. Em 1902, em uma conferência sobre o combate ao tráfico de mulheres, Bertha e uma companheira foram incumbidas de ir à Galícia investigar a situação social das mulheres. Essa viagem, que durou alguns meses, deu origem a um relatório que descrevia os problemas surgidos da combinação de um *background* agrário com a recente industrialização, bem como pela coalizão entre hassidismo e sionismo. Diante disso, em 1904, a ADF decidiu criar uma associação nacional das mulheres judias, cuja intenção era unir os esforços sociais e de emancipação das mulheres judias. Essa associação, a Liga das Mulheres Judias (JFB), fundada por Pappenheim, em 1904, teve-a como sua diretora durante 20 anos e como participante e colaboradora até 1936, ano de sua morte.

A Liga das Mulheres Judias (JFB) se dividia entre uma pauta feminista – fortalecimento dos direitos das mulheres e de sua possibilidade de educação e trabalho – e a aceitação dos objetivos tradicionais da filantropia judaica, que concebia a prática da caridade como um preceito divino. Compatibilizar essas duas posições não foi algo simples para Pappenheim, e os conflitos se acirraram bastante quando ela se tornou uma militante contra a *white slavery*, a escravidão e o tráfico das mulheres judias. Nessa militância, ela não apenas postulou que essas mulheres eram vítimas, como também questionou a tradição judaica por tratá-las como prostitutas e degradá-las. Além disso, acusou os homens dessa tradição como responsáveis pelo que se passava e criticou o modo como as mulheres eram percebidas no judaísmo. Como membro do movimento feminista alemão, ela se batia pelo ideal de direitos iguais para as mulheres nas instituições judaicas.

A JFB cresceu e com apenas quatro anos de funcionamento já tinha 32 mil membros distribuídos em 82 associações; em pouco tempo, tornou-se a maior organização judaica feminina, contando com 50 mil participantes.

Em 1924, Pappenheim publicou seu mais conhecido livro, intitulado *Trabalho de Sísifo*, um estudo sobre o tráfico de mulheres e a prostituição na Europa Oriental e no Oriente. Ele foi composto com as cartas que ela escreveu a partir de suas viagens de 1911 e 1912, cartas abertas a serem distribuídas mediante subscrição por seus amigos em Frankfurt. Guttmann observa que as cartas trazem a marca de uma tensão entre a esfera pessoal e a pública. Aliás, diga-se de passagem, esse conflito parece ter marcado a vida de Pappenheim, desde o seu teatro privado que também se tornou público. O objetivo inicial dessas cartas era dar publicidade à decadência moral de cidades como Jerusalém, Alexandria e Moscou. No entanto, ao serem publicadas, sem terem sido editadas, as cartas também contavam seus sonhos, sua necessidade muitas vezes de dar uma dormidinha e seus encontros pessoais, observações fora do contexto da missão em questão. Com isso, para Guttmann, as cartas revelam "a complexidade da sua autora, lançando luz sobre sua compaixão, sua ferocidade, sua raiva moral, seu orgulho e seu pesar como uma mulher judia, sua obsessão com a beleza e o seu persistente senso de humor" (Guttmann, 2001, p. 219).

A referência ao relato de sonhos nessas cartas, publicadas no livro *Trabalho de Sísifo*, leva-nos a Lucy Freeman (1972), a biógrafa mais freudiana de Bertha Pappenheim. Ela relata um dos dois únicos sonhos de Pappenheim que chegaram até a posteridade. Na noite anterior a ele, que ocorreu durante uma viagem de navio no Mediterrâneo, Bertha tivera uma discussão sobre o movimento feminista, na mesa do capitão do navio, com um *playboy* que se mostrara furioso com uma líder do movimento feminista. Nessa ocasião, outro homem, sabendo do seu interesse em investigar a escravidão branca, convidou-a a descer do navio com ele em Beirute, dizendo-lhe: "Eu posso lhe mostrar a depravação". Ele lhe perguntou se ela era casada e, quando ela disse que não, pediu-lhe que tingisse os cabelos brancos de modo a parecer mais jovem. Ela respondeu ao convite com o sonho.

No sonho, Pappenheim conta para sua mãe que ela domesticara dois pequenos chacais.[2] Sua mãe não acreditou nela, então ela os trouxe até ela. Embora estivesse certa de que eram chacais, ao apresentá-los viu dois gatos nas rédeas e se irritou. Puxou as rédeas. Os dois gatos então se transformaram em dois homens, aos quais sua mãe, graciosamente, convidou a se assentarem na sala de jantar no apartamento em que elas moravam.

Ao acordar no dia seguinte, o seu camarote tinha cheiro de chacal, escreveu ela nas suas anotações sobre o sonho. Ainda nessas anotações, observou: "Bem, eu acho que, se eu não fosse tão totalmente sem prática e experiência e não tivesse insistido no meu certificado de nascimento, minha viagem poderia ter tido um final inesperado, romântico" (PAPPENHEIM *apud* FREEMAN, 1972, p. 242). E ela terminou se confessando: "Eu tenho desperdiçado amor – não apenas este ano, mas por muitos anos" (p. 242).

Sobre Pappenheim, os que a conheceram insistem em dizer que ela adorava uma discussão, mas também que, embora muito sedutora com os homens, ela os fazia dar voltas a seu bel-prazer. Dizia esperar o dia em que as mulheres fariam as leis e os homens iriam parir as crianças! Curiosamente, no sonho os animais não se deixam domesticar tal como ela quisera crer e, também, fazer crer o outro. Sobre isso, é interessante observar que o tema da domesticação, do domínio, do amansamento não está ausente da teoria freudiana, seja em sua relação com a pulsão, seja com o campo fantasmático. Segundo Hanns (1996, p. 183), o termo *bändigen*, usado com frequência ao se referir a uma situação de se colocar rédeas em um animal selvagem, aparece várias vezes no texto de Freud para designar um tipo de controle que o eu tenta exercer sobre as pulsões, refreando-as. Freud se serve dele também a propósito da criança intratável (*unbändig*), ou que se comporta de forma indócil (*unbändig*), de modo a provocar um castigo (p. 186).

Freeman se serve dessa discussão para interpelar as possíveis motivações inconscientes subjacentes à militância feminista de Pappenheim. Ao assinalar a insistência de Pappenheim na posição daquela que resgata,

[2] Cachorros selvagens e carnívoros, de cor cinzenta amarelada, originários da Ásia e África.

que salva – resgatar as crianças órfãs, as mães desabrigadas, as prostitutas, as esposas abandonadas, as crianças ilegítimas –, Freeman sugere que o salvador é sempre suspeito, pois aquilo que ele salva tão fanaticamente pode revelar o seu desejo o mais íntimo (p. 254, 247). Em vista disso, ela faz retornar cada um desses temas sobre o próprio sujeito. Assim, a criança órfã, nascida de uma mulher abusada por um homem e depois abandonada por ele, surge associada à fantasia de gravidez presente no final do tratamento com Breuer (através de uma alucinação na qual as cólicas abdominais foram explicadas por ela como estar trazendo ao mundo o bebê do Dr. B.); as prostitutas não deixariam de estar associadas a fantasias de prostituição dela própria, e assim por diante. Em que pesem as diferentes situações em jogo, o elemento constante é a salvação, o resgate, e o desejo fundamental estaria associado, em última instância, ao nascimento.

3. Além do tipo clínico: um discurso histérico

Legíveis mais além do tipo clínico, as histéricas sopram ao Lacan dos anos 1969-1970, em *O seminário, livro 17: O avesso da psicanálise*, uma leitura despatologizada pautada no modo como o sujeito faz (ou não) o laço social, ou seja, pautada pelo modo como ele se instala (ou não) no discurso. Surge assim o discurso histérico, no qual Lacan escreve um modo de laço social em que o sujeito se enlaça ao Outro a partir de um sintoma, de algo que o divide e lhe gera sofrimento ($). Ele se endereça a esse Outro (S_1), do qual espera a produção de um saber (S_2) que, na medida em que não tocar ou desvelar o seu modo de satisfação pulsional ou aquilo que é susceptível de lhe causar o desejo (*a*), o deixará circulando entre o impossível de tratar tudo pelo saber, entre o saber produzido (S_2) e a verdade relativa ao gozo (*a*), causadora de impotência e da manutenção do sintoma. Antes de anotar o modo como Lacan o escreve, é importante ressaltar que todo sujeito que entra em análise o faz através do discurso da histérica; ele seria, portanto, por excelência o discurso do analisante. Lacan o escreve como tal:

$$\frac{\$}{a} \rightarrow \frac{S_1}{S_2}$$

Figura 1 - Discurso da histérica
Fonte: Lacan, 1972-1982, p. 27.

Jean-Claude Maleval nos traz um caso para o qual é a localização possível do sujeito no discurso o elemento fundamental para orientar o diagnóstico e a direção do tratamento. Trata-se do caso de Maria, que retomamos brevemente a seguir.

Maria inicia sua análise aos 24 anos, depois de ter sido internada em um hospital psiquiátrico no ano anterior devido a um quadro de depressão. Nascida na Guiana Francesa, ela é a caçula de quatro filhos de pai negro e mãe mestiça. Estudante de Filosofia, ela morava à época na cidade universitária, onde trabalhava. Ela atribui seus transtornos, sua dificuldade de ser a problemas sentimentais, à solidão, ao distanciamento de seu país, mas também a algo a mais, que não conseguiu localizar e tratar com as abordagens terapêuticas anteriores.

Sob transferência, a "loucura histérica", ou "grande histeria" de Maria, nos termos de Maleval ([1981] 2005, p. 18-19), brinda-nos com alucinações, tendências a passar ao ato etc. No divã, ela apresenta episódios de regressão nos quais volta a ser um "bebê muito pequeno", vive "êxtases fetais", tem visões, grita, soluça, é sacudida por espasmos, receia que o analista a mate, diz querer matá-lo, tem a impressão de ter sido engravidada pelo analista em uma sessão em que estivera silenciosa etc. Em que pese a exuberância das manifestações, Maleval localiza aí os elementos que permitem formalizar o caso com o discurso da histérica, e sustenta haver aí uma estrutura histérica cujos desdobramentos ele efetua no decorrer do seu livro antes mencionado.

Para ele, a dificuldade de Maria em ser, patologia muito frequente nas histerias contemporâneas, mostra-se como o sintoma ($) com o qual ela se endereça ao analista (S_1), cujo saber (S_2) ela solicita e destitui ao mesmo tempo. Realçando a dimensão metafórica das falas de Maria, que chega a dizer explicitamente que "seu sofrimento é uma reivindicação", Maleval mostra como a presença do eu-ideal e do Ideal-do-Eu é completamente discernível nesse caso: o eu-ideal mostra-se no seu delírio de ser um Ovni ou em seu fantasma relativo ao *striptease*; já o Ideal-do-Eu mostra-se no seu desejo de ser analista ou uma educadora especializada. Se se tratasse de uma psicose, conclui ele, essas duas instâncias, que dependem da inscrição do traço unário e da extração do objeto *a*, não estariam tão claramente presentes e discerníveis.

Nesse contexto retomo, a partir de anotações pessoais, uma observação bastante interessante feita por Fabian Fajnwaks (2018) sobre os modos de apresentação da histeria na contemporaneidade. Se considerarmos o matema do discurso da histérica, no qual do lado do sujeito temos o $/a e do lado do Outro temos S_1/S_2, observamos que alguns dos sujeitos histéricos que recebemos atualmente mantêm um laço frouxo ou mesmo rejeitam o Outro – seja na sua apresentação como significante-mestre (S_1), que lhe daria arrimo a uma localização subjetiva, seja na forma do saber que ele poderia lhe propiciar (S_2) – e experimentam uma deriva no campo do gozo, permanecendo muitas vezes identificados à posição de objeto (*a*). Nesses casos, o analista se serve do matema do discurso da histérica para se orientar na direção do tratamento, ou seja, serve-se do laço transferencial para propiciar que alguns significantes-mestres organizem e arrimem a posição do sujeito (S_1), gerando com isso a produção de algum saber (S_2) que conecte o sujeito ao funcionamento inconsciente. Esses modos de apresentação contemporânea da histeria não deixam de estar conectados à pregnância do discurso do capitalista sobre os sujeitos.

Na passagem do pai ao mestre capitalista, observaremos a queda da referência ao amor, ao amor pelo pai, e uma mudança nos modos de gozo da histérica; se antes esse gozo se regia pela privação, agora entra também no seu horizonte uma ilimitação, uma consumição. Não creio que sejam formas de gozo que se substituem; elas sobrevivem simultaneamente no horizonte de gozo da histeria contemporânea. Portanto, novos modos de gozo dão lugar a novas formas de sintoma, sejam elas regidas pela privação ou por excessos, tais como as anorexias, bulimias, toxicomanias diversas, tais como o vício em medicamentos para emagrecer ou o uso de ritalina, tal como discutido por Anzalone (2015) em sua pesquisa *A histeria contemporânea: sintomas, discurso e lugar social.*

4. A armadura do amor ao pai como *sinthoma* na histeria

A partir dos anos 1970 Lacan apresentará o Édipo como o sonho não interpretado de Freud e sugerirá que ele teria feito melhor se tivesse se servido do que as histéricas lhe davam de bandeja, a saber, a articulação da sexualidade às palavras. No avesso do Édipo, as histéricas ensinaram a Freud que o significante é causa do gozo.

Se a substituição dos sintomas histéricos pelo Édipo localiza o sujeito histérico no seu amor ao pai, ao nos orientarmos pelo amor ao pai, amor ao simbólico, posto que se trata de um amor ao pai em seu estatuto de pai morto, algo da satisfação pulsional ou, em outros termos, do gozo resta sem equacionamento. Em vista disso, a armadura edipiana do amor ao pai não daria passagem para a localização da dimensão de real do gozo, que permaneceria escondida, inclusive para o próprio sujeito. Isso nos ajuda a esclarecer a observação de Lacan segundo a qual o pai edipiano, tal como formulado no texto freudiano, acaba sendo um pai todo-amor. A propósito, ele retoma a primeira identificação formulada por Freud no Capítulo 7 de *Psicologia de grupo e a análise do ego*, uma identificação ao pai pela via do amor. Para Lacan, ao fundar o sujeito ou mesmo a psicanálise com esse lastro, Freud deixou ali um resto do pai da religião. Portanto, existe nos fundamentos da psicanálise um resto religioso que se mostra através desse pai todo-amor incorporado primariamente, ao qual se ama independentemente de qualquer relação de objeto.

Além de propor que Freud substituiu os sintomas histéricos pelo Édipo, Lacan observou que o Édipo "foi ditado a Freud pela insatisfação da histérica" (Lacan, [1971] 2009, p. 148). No que toca a isso, "o discurso analítico se instaura por essa restituição de sua verdade à histérica" (p. 146). Desse modo, em vez de compactuar com a denúncia da falta no Outro, com a posição histérica de mensageira da verdade do Outro ou com a posição de denúncia do modo como goza o Outro, ou seja, indo mais além da função social e política da histeria, o discurso analítico interpela o sujeito histérico na sua verdade escondida. Qual verdade seria essa? A verdade da sua (in)satisfação pulsional, ou seja, da sua relação com o gozo. Se a histérica se vira bem com a castração e a falta no Outro, quando se trata de se haver com o campo pulsional ela tende a operar com o nada – nada de satisfação! –, gerando com isso um gozo da privação, ou, como dito antes, ela tende a um gozo dos excessos e da ilimitação.

Com Lacan tocamos o limite da clínica freudiana. Para ele, Freud não teria conseguido muito mais com as histéricas do que levá-las até a *Penisneid*, a inveja do pênis. Em *Seminário do avesso* ([1969-1970] 1992, p. 92), ele mostra que essa inveja do pênis manifesta-se de dois modos: no gozo da privação, que retoma a ligação da menina à mãe que não lhe deu aquilo que lhe falta, há uma fixação a isso que falta e um gozo disso. A outra vertente da inveja do pênis seria a castração do mestre: ela o elegeria como mestre (S_1) para mostrar que o saber (S_2) que ele produz não a leva À mulher, tampouco faz com que ela mude seu modo de gozo.

Alguns anos depois, em seu seminário *L'insu que sait* (Lição 14.12.1976), ao se orientar para o tratamento da histeria por uma clínica fundada nos modos como se enlaçam os três registros, Lacan retoma o amor ao pai e propõe que ele funciona para as histéricas como uma armadura *sinthomática* que mantém enlaçados os registros Imaginário, Simbólico e Real. Essa nova formulação permite pensar que, dependendo do modo como o corte incide na amarração *sinthomática*, pode haver um momento de desenlaçamento dos registros manifesto clinicamente como enlouquecimento, na forma de desencadeamentos histéricos drásticos ou desencadeamentos moderados.

Para desenvolvê-lo, vou seguir passo a passo as formulações teóricas e escrituras feitas por Lacan sobre a histeria a partir da clínica nodal, em especial na lição acima mencionada, servindo-me para tal de Fabián Schejtman no livro, compilado por ele, *Elaboraciones lacanianas sobre la neurosis* ([2012] 2014), em especial no capítulo de sua autoria "Reversiones teóricas: histeria y obsesión". Neste, ao retomar as figuras topológicas propostas por Lacan em 1976 para escrever a histeria, Schejtman acrescenta uma escrita nodal dos desencadeamentos drásticos ou moderados, que nos interessa para uma discussão sobre o enlouquecimento histérico.

Ao se servir do fato de que Lacan traz a clínica nodal para o campo das neuroses, Schejtman ([2012] 2014) observa que ele escreve a cadeia histérica com a figura de dois toros abraçados, e um deles está revertido sobre o outro, tendo como consequência que a figura final (Figura 2) inclui o toro revertido em seu interior.

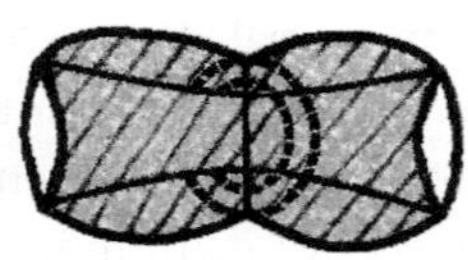

Figura 2 - Cadeia histérica para Lacan
Fonte: Lacan *apud* Schejtman, [2012] 2014, p. 373.

Lacan joga aí com as ressonâncias entre *torique* (tórico), *trique* (garrote), *hystérique* (histérica), às quais ele acrescentará a *historique* (histórica). Ele afirma:

> a histérica (*hystérique*) está sustentada em sua forma de garrote (*trique*) por uma armadura (*armature*), distinta de seu consciente, que é seu amor por seu pai. Tudo o que conhecemos dos casos enunciados por Freud concernentes à histeria, quer se trate de Anna O., de Emmy von N., ou de não importa qual outra, a outra von R., ..., o engaste (*monture*) é algo que designei há pouco como cadeia, cadeia das gerações (Lacan, 1976-1977. Lição 14.12.1976).

Lacan segue deixando insinuado poder haver alguma outra coisa que faça cadeia; trata-se de ver como isso, na ocasião, fará garrote (*trique*) com relação ao amor ao pai. Com isso, observa Schejtman, ele abre a possibilidade de se acrescentarem mais ligações no ensaio da cadeia histérica anteriormente escrita, para a qual partiu de dois toros abraçados com a reversão de um deles, o que o levou ao garrote (*trique*) histérico (*hystérique*) (cf. Figura 2). Uma nova alternativa escrever-se-ia como na Figura 3, na qual temos uma cadeia olímpica de três anéis, a partir da qual são possíveis duas reversões, como ilustrado a seguir.

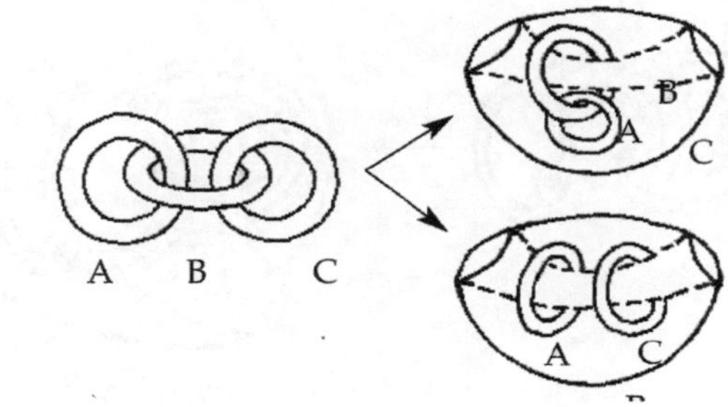

Figura 3 - Cadeia olímpica de três anéis e suas reversões
Fonte: LACAN *apud* SCHEJTMAN, [2012] 2014, p. 374.

Outra possibilidade: um nó olímpico de quatro anéis no qual seria possível efetuar reversões, tal como se mostra na Figura 4:

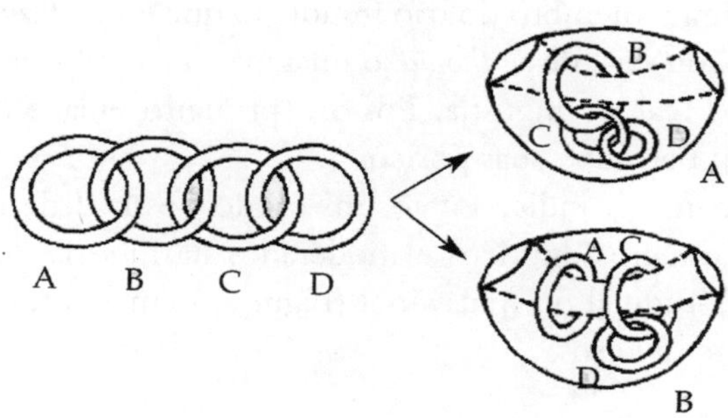

Figura 4 - Nó olímpico de quatro anéis e suas reversões
Fonte: LACAN *apud* SCHEJTMAN [2012] 2014, p. 374.

Posto ser possível, como Lacan o demonstra naquela mesma lição, reverter um dos anéis de uma cadeia borromeana de três ligações, Schejtman conclui poder supor que o laço entre os anéis da cadeia-garrote histérica sejam borromeanos. Isso leva a considerar a possibilidade de que a armadura do amor ao pai (AAP) seja um quarto elo em uma cadeia borromeana tetrádica que, revertida, envolve os três registros lacanianos.

Se isso procede, a armadura do amor ao pai (AAP) como *sinthoma* provê a histérica de estabilidade e consistência, amarrando de modo envolvente o imaginário, o simbólico e o real (Figura 5). O encadeamento propriamente histérico estaria escrito assim:

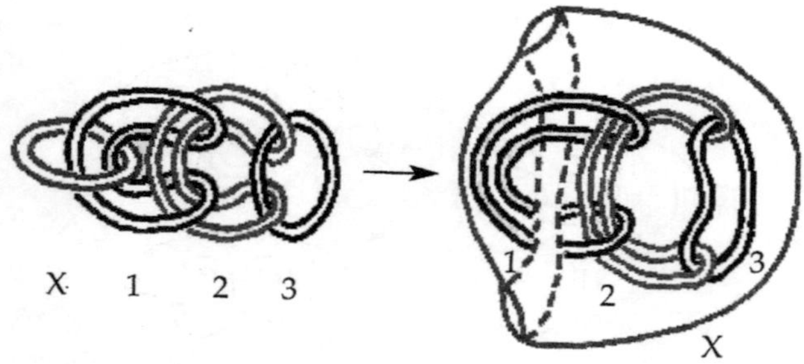

Figura 5 - Armadura do amor ao pai na histeria (AAP)
Fonte: Lacan *apud* Schejtman, [2012] 2014, p. 376.

Posto não se tratar de reduzir o *sinthoma* histérico ao sintoma, Schejtman subscreve a ideia de que tanto o sintoma quanto a inibição e a angústia poderiam operar essa função de enodamento. Portanto, a armadura decidirá o membro do trio freudiano que estará fazendo a função de amarração, ou seja, de *sinthoma*: o imaginário na inibição; o simbólico no sintoma; o real na angústia. Posto o primeiro enlace (1), os outros (2 e 3) podem permutar suas posições.

Schejtman nos indica então um modo possível de concebermos os desencadeamentos drásticos e moderados na histeria. Se efetuarmos um corte longitudinal ou transversal (Figura 6) em um toro, obteremos efeitos bastante diversos.

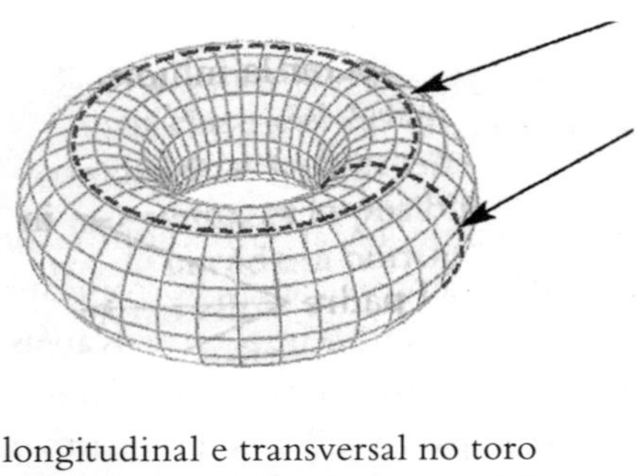

Figura 6 - Cortes longitudinal e transversal no toro
Fonte: Lacan *apud* Schejtman, [2012] 2014, p. 378.

O corte transversal sobre o toro invertido ou sobre o nó de três, tal como indicado pela segunda seta, não libera as ligações envolvidas (Figura 7); já o corte longitudinal, concêntrico ao buraco central ou à alma do toro, dissolverá o nó borromeano de três. Inclusive, no estado de toro as duas figuras ali envolvidas se dissolvem (Figura 8).

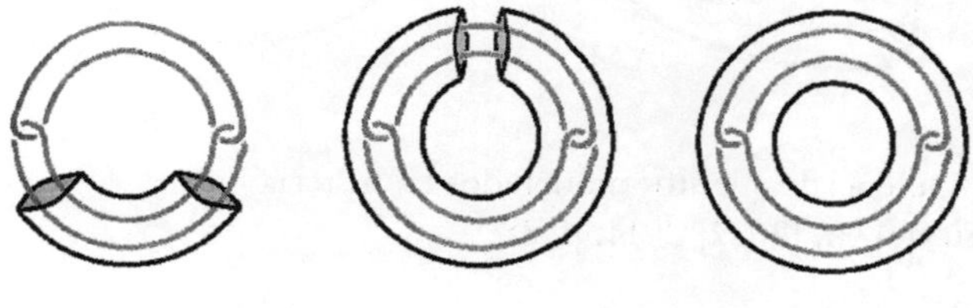

Figura 7 - Corte transversal
Fonte: LACAN *apud* SCHEJTMAN, [2012] 2014, p. 379.

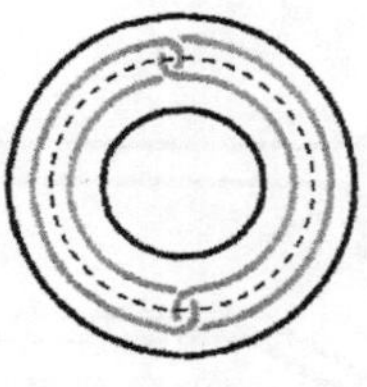

Figura 8 - Corte longitudinal
Fonte: LACAN *apud* SCHEJTMAN, [2012] 2014, p. 379.

Como consequência, não é indiferente o tipo de corte que se efetua sobre a armadura do amor ao pai (AAP). O corte longitudinal libera os três registros (R.S.I.) de sua envoltura e os solta; por sua vez, com o corte transversal isso não ocorrerá. Schejtman propõe, então, que o modo de corte sobre a armadura do amor ao pai (AAP) é decisivo para abordarmos a clínica diferencial das crises histéricas. Para tal, interessa considerar o valor do acontecimento em questão, de modo a avaliar se ele produz uma comoção radical na armadura do amor ao pai ou apenas uma crise moderada.

Na Figura 9, na qual temos dois ângulos diferentes do mesmo diagrama, vemos que, se se cortam transversalmente, as ligações S.R.I. se tornam independentes, mas se mantêm enlaçadas pela armadura do amor ao pai (AAP). Escrevemos assim os desencadeamentos moderados da histeria:

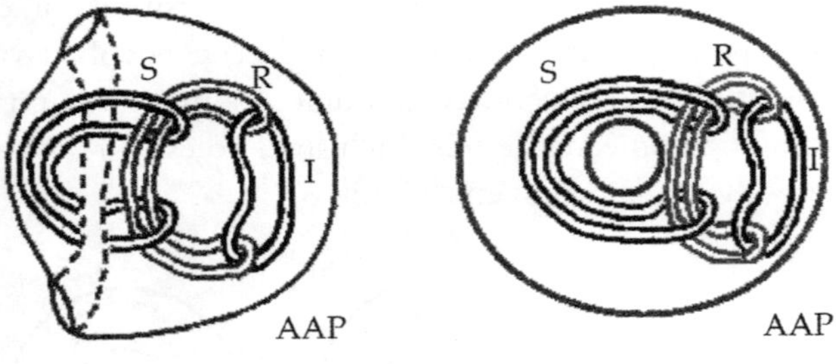

Figura 9 - Desencadeamentos moderados na histeria
Fonte: SCHEJTMAN, [2012] 2014, p. 380.

Já nos desencadeamentos mais drásticos, o corte não apenas solta os componentes como também lhes retira a envoltura do amor ao pai (AAP). Portanto, cada um dos quatro elos se solta. Isso se escreveria tal como na Figura 10:

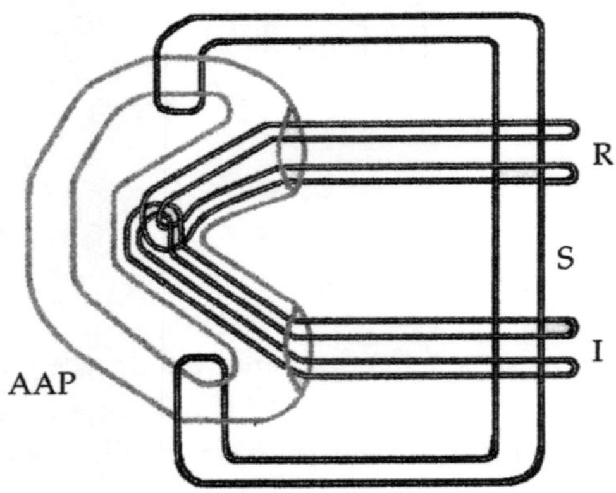

Figura 10 - Desencadeamentos drásticos na histeria
Fonte: SCHEJTMAN, [2012] 2014, p. 382.

4.1. Bertha Pappenheim e seu sinthoma: *uma* writing cure

Com os comentários anteriores, podemos então retornar às nossas questões principais. Embora os dois modos que Anna O./Bertha Pappenheim encontrou para se estabilizar, uma vez que a armadura do amor ao pai teria sido desfeita, gerando um desencadeamento drástico – a luta e defesa dos ideais e a cura pela escrita –, não deixem de ser modos clássicos de estabilização da psicose, se nos debruçamos sobre os seus escritos, não encontramos no campo da linguagem elementos evidentes e manifestos de uma esquizofrenia. Portanto, de modo a entrarmos um pouco mais no que parece ter sido não exatamente uma *talking cure,* mas uma *writing cure,* remetemo-nos a um desses escritos.

Em 2008, um setor de Estudos do Pensamento, Cultura e Literatura Austríaca da Universidade de Emory, em Atlanta, nos Estados Unidos, traduziu para o inglês, com o título *In the Junk Shop and Other Stories*, os dois primeiros escritos publicados por Bertha Pappenheim. Os escritos de 1888, *Little Stories for Children*, compõem-se de cinco contos de fadas, dos quais ela se serve no sentido de possibilitar que as crianças aprendessem seus modos e seus lugares. Esses escritos para crianças estavam dentro de uma tradição de peças de aprendizagem que advertiam contra uma vida de licenciosidade, bebidas e desordem. Por um lado, os contos traduziam um moralismo conservador, ao mesmo tempo que antecipavam, de modo ímpar, o movimento em direção à individuação da criança, movimento ao qual Bertha dará vida com seus trabalhos sociais com as crianças órfãs.

Nos escritos de 1890, *In The Junk Shop* (*Na loja de coisas usadas*, em tradução livre), encontramos uma espirituosa escritora que se serve da literatura para apresentar problemas sociais e a sua solução potencial. "Todos os escritos, dos contos para crianças aos contos de moralização social, são experimentos propostos ao pensamento dos leitores: como poderia ser o mundo? E as respostas, é claro, estavam construídas nos contos eles mesmos" (Pappenheim, 2008, p. 15). As concepções de Bertha sobre a cultura judaica e a possibilidade de sua transformação naquela época (leia-se: a de serem aculturados) eram, ao mesmo tempo, conservadoras e muito "iluminadas". Seus escritos contam essa história, embora de modo sutil: o que aconteceria se? (p. 17).

Na loja de coisas usadas de Bertha, são os próprios objetos que tomam a palavra e contam suas histórias. Entre eles temos um pedaço de renda antiga, uma bonequinha, uma gaiola de pássaros, um *pince-nez*, uma caixinha de música etc. Apaixonada pelas rendas antigas, ela abre os contos dando a palavra a um desses pedaços de renda. Ele conta a história de como foi parar na loja de usados, começando por dizer que era parte do ornamento das roupas de um bebê, mas, depois de uma tempestade com trovões e raios, dos quais o bebê se salvou por milagre, ele foi doado a uma igreja e passou a ornar os paramentos de um padre nas celebrações. Daí, ele foi escolhido pela igreja como uma peça preciosa a ser exposta em um museu, cujos visitantes, bem como as suas conversas diante do *stand* no qual estava exposto, ele descreve etc. O conto é construído com humor e ironia:

> "Qualquer um de vocês já foi alguma vez exibido em um museu?", perguntou o pedaço de renda [dirigindo-se aos outros objetos usados], convencido, sem dúvidas, de ter sido o único a ter tido essa experiência. Todos ficaram reverencialmente silenciosos até que uma figurinha de porcelana falou com uma voz fininha e disse ter estado em uma exibição de cerâmica.
> Então o pedaço de renda antiga riu desdenhosamente. "O que é uma exibição de cerâmica, onde as coisas mais sem gosto são expostas, cestos de palha e espadas, comparada à significação de um museu de artes e trabalhos manuais cujo propósito é criar o gosto e a apreciação pelo belo!" (Pappenheim, 2008, p. 41, tradução nossa).

Bertha denuncia aí seu apego pelos trabalhos manuais e, em especial, o seu amor pelas rendas antigas, objeto de uma coleção particular que ela exibia em algumas ocasiões,[3] e, em última instância, o seu amor pelo belo. A história contada pelo pedaço de renda aos outros objetos da loja de usados é bastante inusitada: trata-se de um objeto, de um resto, que é colocado como testemunha e narrador da história daqueles que o possuíram e dos lugares por onde passou. Ou seja, é uma história contada do ponto de vista daquilo que sobra, daquilo que resta, em suma, do ponto de vista do objeto. Resta uma pergunta: em que medida Bertha Pappenheim estaria identificada a esses objetos da loja de usados, ou seja, estaria na posição de objeto ela própria?

Enfim, ao retomar as questões propostas, não é difícil encontrar pontos de conexão entre a histeria de Bertha Pappenheim e a clínica nodal, o que nos sugere a leitura de *Estudos sobre a histeria* com as formulações lacanianas trazidas pela psicose *sinthomática* de Joyce, uma loucura estabilizada exatamente pela escrita. Logicamente, essa "histeria sinthomática" coloca em suspenso a ideia do critério estrutural como o único modo de tratar as junções e disjunções entre os dois campos, aqueles da histeria e da psicose. Com a proposta de resgate das noções de "psicose dissociativa" e de "loucura histérica", de algum modo Jean-Claude Maleval já acenara

[3] Em 2007, o Museum of Applied Arts de Viena expôs a coleção de rendas de Bertha Pappenheim com o título "Lace and So On". Disponível em: <https://bit.ly/2To9Grp>. Acesso em: 27 dez. 2018.

para essa questão e contribuíra com esse debate. No entanto, se ele terminou relativizando o critério categorial, ele não chegou a postular uma articulação entre as assim ditas grandes histéricas freudianas e as psicoses *sinthomáticas*; em vez disso, ele se propôs a resgatar uma classificação da nosologia clássica anterior, as loucuras histéricas.

4.2. *A heresia de Anna O./Bertha Pappenheim*

Em 1907, Bertha Pappenheim foi virtualmente acusada de heresia pela ortodoxia judaica, representada pelo rabino Horovitz, um dos líderes de uma organização judaica em Frankfurt. Tal acusação surgiu a partir do escândalo gerado por seu discurso de denúncia e em defesa das mulheres traficadas e escravizadas pelos próprios homens judeus. Para ela, sob a lei judaica uma mulher não era considerada um indivíduo nem uma personalidade, era julgada e acessada apenas como um ser sexual. No seu discurso, ela responsabilizava a tradição judaica masculina pela existência dessas condições – tráfico das mulheres e negligência com as crianças judias órfãs. Essa realidade era negada pelos judeus politicamente liberais e emancipados, que tinham uma atitude patriarcal e tradicionalista em relação aos direitos das mulheres. Bertha foi, então, acusada de insultar o judaísmo e de heresia. Nascida e criada dentro de uma ortodoxia, quando seu feminismo colidiu com o seu judaísmo, ela se defendeu da acusação de heresia, invocando seu orgulho por sua herança judia.

Para sua biógrafa Melinda Guttmann (2001), Pappenheim tentou conciliar a emancipação das mulheres judias com sua profunda piedade religiosa, "a raiva reprimida que a adoeceu nos seus 20 anos transformou-se em uma raiva social nos seus anos 40, transformando-a em uma guerreira e em uma matriarca" (p. 181). A luta contra a prostituição e a escravidão branca não era um assunto popular nem respeitável para ser levado adiante por uma mulher judia no início do século XX. Portanto, ela encontrou muita hostilidade e pouco suporte, o que a fez se identificar com o personagem mitológico de Sísifo, cuja tragédia, na leitura existencialista de Albert Camus, vem do fato de ser consciente da futilidade de seu esforço, o que torna maior a sua punição (p. 181).

Em 1934, dois anos antes de sua morte por um câncer, Pappenheim escreveu o que intitulou "Auto-obituários satíricos". Esses obituários, redigidos supostamente pela página da família, por jornais da época etc., terminam sempre com a expressão "Que vergonha!", ou seja, todos teriam se sentido envergonhados pelo modo como ela conduziu sua vida. Entre os obituários, aquele atribuído aos israelitas diz o seguinte:

> Por *background* e pelo modo como foi criada, uma mulher ortodoxa que, no curso de décadas e sob a influência de ideias revolucionárias do Movimento Feminista, pensou se separar de suas raízes – frequentemente se conduzindo com hostilidade – embora sem denunciá-las. De acordo com a sua respeitável família – lembramos que seu pai foi um dos fundadores da "Schiffeschul" em Viena – ela deveria ter prestado à Ortodoxia um serviço melhor. Que vergonha! (PAPPENHEIM *apud* GUTTMANN, 2001, p. 311).

A sátira é uma técnica literária ou artística que intervém em determinado tema ridicularizando-o. De modo caricatural, irônico ou sarcástico, produz uma crítica às instituições políticas, morais, aos hábitos ou aos costumes etc. O tom satírico do obituário de Bertha Pappenheim deixa entrever que a sua militância feminista foi o seu outro modo particular de ir mais além do pai e da sua ortodoxia. Se isso procede, depois da sua desestabilização aos 20 anos com a doença e a morte do pai, com a escritura e a militância feminista ela teria construído uma outra amarração *sinthomática* que substituiu a armadura do amor ao pai, trazendo-lhe estabilidade. Ao registrá-lo no seu auto-obituário, ela nos leva a crer que, ao ir além da ortodoxia, ela teria encontrado, tal como Lacan ([1975-1976] 2007, p. 16), a sua boa maneira de ser herética.

Haeresis, em grego, significa escolha. Para Jacques-Alain Miller [2017] 2018, p. 38), o termo "herético" derivou para uma escolha particular, diferente da escolha majoritária, que se referia a uma seita desviante. Se pertencer a uma tradição religiosa era questão de herança, era um modo de se inscrever em uma tradição, fosse ela aquela da família, da cidade etc., o espírito cientificista da modernidade deslocou a ênfase das tradições para a escolha subjetiva, das massas para o indivíduo.

Se a psicologia das massas foi pensada por Freud sob a base de um elemento comum aos diversos sujeitos, um elemento que diluía a individualidade em benefício de uma coletividade, com o deslocamento de ênfase para a escolha particular em detrimento da tradição, da heresia em detrimento da ortodoxia, a escolha subjetiva se desarraiga do comum e beneficia uma concepção de comum solidária com a eficiência e a desvalorização das causas finais (MILLER, [2017] 2018). Com a modernidade, passa a vigorar uma alternativa entre o sentido comum, tomado na tradição, e a escolha subjetiva, de tal modo que há liberdade para se escolher inclusive a tradição. Miller observa que o nosso mundo contemporâneo é regido pelo frenesi da escolha, a possibilidade de escolha está aberta a tudo, até ao sexo. Podemos aderir a ele ou não, mas "não sem nos perguntarmos se o reino da escolha será pior do que o do pai, pior do que o sentido comum da ortodoxia" (p. 44).

Se, com o Freud da psicologia de grupos e seu terceiro modo de identificação – a identificação por meio do sintoma –, podemos formular uma política calcada nas identificações, nos ideais, em uma concepção de Outro esvaziado de gozo, Lacan vai propor uma política da desidentificação. Mais do que dar suporte a comunidades construídas em torno de significantes-mestre específicos (S_1), sejam eles feministas, gays, lésbicas etc., Lacan parte do corpo articulado ao gozo para sustentar que só ele dá lugar e consistência ao sujeito no discurso universal. Portanto, se a doutrina das identificações freudiana parte do pai e do amor ao pai – a mais remota forma de ligação, anterior a qualquer relação de objeto –, Lacan privilegiará a terceira forma de identificação freudiana – a identificação por meio do sintoma –, realçando aí a não relação entre o sujeito e o objeto. Ele formula então, tal como nos sugere Eric Laurent, não uma "identificação por meio do sintoma", mas uma "identificação ao sintoma", identificação nascida do luto das particularidades do objeto, luto que faz com que o gozo encontre seu estatuto autoerótico e que seja reduzido à repetição do mesmo traço. Aí, o sujeito se identifica mais ao seu gozo do que ao seu inconsciente, ou seja, a qualquer significante-mestre; no entanto, entre o sujeito e o gozo restará sempre uma hiância que faz com que o gozo guarde algo de estrangeiro (Laurent, 2017, p. 29-32).

Posto isso, podemos concluir que a boa maneira de ser herético é responder por uma escolha na qual se é fiel à particularidade de seu *sinthoma*, ou seja, responder por uma escolha na qual se é fiel àquilo que se tem de mais singular. Se, como propõe Laurent, "herético for aquele que escolheu seu caminho por onde tomar a verdade para, em seguida, conduzi-la para fora do sentido, de modo absoluto" (Laurent, 2011, p. 54), acreditamos poder dizer de Bertha Pappenheim que ela se distanciou do sentido comum, escolheu por onde tomar a verdade e operou com aquilo que tinha de mais singular! Não nos surpreende, portanto, que o seu teatro privado tenha dado origem a tantas Outras cenas!

Referências

ABRAHAM, K. The Psycho-sexual Differences Between Hysteria and Dementia [1908]. *In*: *Selected Papers of Karl Abraham, M.D.* London: Hogarth Press, 1927a. p. 64-79.

ABRAHAM, K. Hysterical Dream-states [1910]. *In*: *Selected Papers of Karl Abraham, M.D.* London: Hogarth Press, 1927b. p. 80-124.

ANDRÉ, S. *O que quer uma mulher?*[1986]. Rio de Janeiro: Jorge Zahar, 1987.

ANZALONE, E. *A histeria contemporânea: sintomas, discurso e lugar social.* 2015. 217f. Tese (Doutorado em Psicologia) – Faculdade de Filosofia e Ciências Humanas, Universidade Federal de Minas Gerais, Belo Horizonte, 2015.

BERTHA Pappenheim. Wikipedia. Disponível em: <https://bit.ly/2uCF8Id>. Acesso em: 5 jan. 2019.

BORCH-JACOBSEN, M. *Souvenirs d'Anna O. Une mystification centenaire.* Paris: Aubier, 1995.

BROUSSE, M.-H. Hysteria and Sinthome. 1997. Disponível em: <https://bit.ly/2QYbUe8>. Acesso em: 5 jan. 2019.

ELLENBERGER, H. F. *The Discovery of the Unconscious. The History and Evolution of Dynamics Psychiatry.* USA: Basic Books, 1970.

ELLENBERGER, H. F. L'histoire d'"Anna O.": étude critique avec documents nouveaux. *L'evolution Psychiatrique, Cahiers de Psychology Clinique et de Psychopathologia Génerale*, t. XXXVII, n. IV, p. 693-717, oct.-déc. 1972.

FAJNWAKS, F. Cultures queer: alterité et homosexualités. *In*: HARRISON, S. (Ed.). *Elles ont choisi: les homosexualités féminines.* Paris: Editions Michèle, 2013. p. 95-116.

FREEMAN, L. *The Story of Anna O.* New York: Walker and Company, 1972.

FREUD, S. *Estudos sobre a histeria (1893-1895).* Rio de Janeiro: Imago, 1974. (Edição Standard das Obras Psicológicas Completas de Sigmund Freud, II).

FREUD, S. Fragmento da análise de um caso de histeria [1901-1905]. *In*: *Um caso de histeria, Três ensaios sobre a sexualidade e outros trabalhos (1901-1905).* Rio de Janeiro: Imago, 1972. p. 1-122. (Edição Standard das Obras Psicológicas Completas de Sigmund Freud, VII).

FREUD, S. Psicologia de grupo e análise do ego [1921]. *In*: *Além do princípio de prazer, psicologia de grupo e outros trabalhos (1920-1922).* Rio de Janeiro: Imago, 1976. p. 89-182. (Edição Standard das Obras Psicológicas Completas de Sigmund Freud, XVIII).

GUTTMANN, M. G. *The Enigma of Anna O. A Biography of Bertha Pappenheim.* Wickford, Rhode Island; London: Moyer Bell, 2001.

HANNS, L. Domínio, Amansamento, Domação. *In*: *Bändigung. Dicionário Comentado do Alemão de Freud.* Rio de Janeiro: Imago, 1996. p. 183-189.

LACAN, J. Intervenção sobre a transferência [1951]. *In*: *Escritos.* Rio de Janeiro: Jorge Zahar, 1998. p. 214-225.

LACAN, J. De uma questão preliminar ao tratamento possível da psicose [1959]. *In*: *Escritos.* Rio de Janeiro: Jorge Zahar, 1998. p. 537-590.

LACAN, J. Diretrizes para um congresso sobre a sexualidade feminina [1960].

In: *Escritos*. Rio de Janeiro: Jorge Zahar 1998. p. 734-745.

LACAN, J. *O seminário, livro 17: O avesso da psicanálise* [1969-1970]. Rio de Janeiro: Jorge Zahar, 1992.

LACAN, J. *O seminário, livro 22: RSI* [1974-1975]. Inédito. Première Transcription. Texte Établi par J. A. Miller em: Ornicar?, Bulletin Périodique du Champ Freudien, n. 3, mai 1975. p. 95-106; n. 4, p.16-66; n. 5, déc.-janv. 1975/1976. p. 3-20.

LACAN, J. Joyce, o sinthoma [1975]. *In*: *O seminário, livro 23: O sinthoma*. Rio de Janeiro: Jorge Zahar, 2007. p. 157-165.

LACAN, J. *Le seminaire, livre 24: L'insu que sait de l'une-bévue s'aile à mourre* [1976-1977]. Inédito. Le Seminarie, livre 24 ... (1976-1977). Revue Ornicar?, Bulletin Périodique du Champ Freudien, número 12/13, Décembre, s/d; número 14, 1978; número 16, Automne, 1978; número 17/18, Printemps, 1979.

LACAN, J. *O seminário, livro 23: O sinthoma* [1975-1976]. Rio de Janeiro: Jorge Zahar, 2007.

LACAN, J. Nomina non sunt consequentia rerum [1976]. *Opção Lacaniana: Revista Brasileira Internacional de Psicanálise*, São Paulo, n. 28, p. 6-11, jul. 2000.

LACAN, J. "Conference de Bruxelas" ou "Propos sur l'hysterie". Intervention de Jacques Lacan à Bruxelles [1977]. *Quarto: Revue de Psychanalyse*, Bruxelles, n. 2, 1981. (Considerações sobre a histeria. *Opção Lacaniana: Revista Brasileira Internacional de Psicanálise*, São Paulo, n. 50, p. 17-22, dez. 2007. / Propos sur l'hysterie. *Pas-tout Lacan*. Disponível em: <https://bit.ly/2QECkCO>. Acesso em: 5 jan. 2019.)

LACAN, J. 9e Congrès de L'École Freudienne de Paris sur "La transmission". *Pas-tout Lacan*, 1978. Disponível em: <https://bit.ly/2Tebd3c>. Acesso em: 3 jan. 2019. (Parues dans les *Lettres de L'École*, v. II, n. 25, p. 219-220, 1979.)

LAURENT, E. Falar com seu sintoma, falar com seu corpo [2012]. *In*: *Textos do VI Enapol*, 2013. p. 10-20. Disponível em: <https://bit.ly/2R8mNub>. Acesso em: 12 jan. 2019.

LAURENT, E. Conferencia "El Sinthome". *Consecuencias, Revista Digital de Psicoanalisis, Arte y Pensamiento*, Buenos Aires, n. 13-14, nov. 2014. Disponível em: <https://bit.ly/2tLODo4>. Acesso em: 8 jan. 2019.

LAURENT, E. Gênero e gozo. *Curinga: Revista Escola Brasileira de Psicanálise –Seção Minas*, n. 44, p .18-33, jul.-dez. 2017.

LAURENT, E. Lacan, herético. *Correio*: Revista da Escola Brasileira de Psicanálise, São Paulo, n. 70, p. 43-55, dez. 2011.

LAURENT, É.; ANSERMET, F. Deuxième partie: Éric Laurent commente le *Séminaire XXIII "Le Sinthome"* de Jacques Lacan. 2012. Disponível em: <https://bit.ly/35CxXfL>. Acesso em: 11 jan. 2019.

LEAGUE of Jewish Women (Germany). Wikipedia. Acesso em: 13 jan. 2019.

MALEVAL, J.-C. *Locuras histéricas y psicosis dissociativas* [1981]. Buenos Aires: Paidós, 2005.

MARTORANO, J. T. The Psychopharmacological Treatment of Anna O. *In*: ROSENBAUM, M.; MUROFF, M. (Ed.). *Anna O. Fourteen Contemporary Reinterpretations*. New York: Macmillan; London: Collier Macmillan, 1984. p. 85-100.

MAZZUCA, R. Los excesos de la histeria [2012]. *In*: SCHEJTMAN, F. *Elaboraciones lacanianas sobre la neurosis*. Buenos Aires: Grama Ediciones, 2014. p. 97-105.

MILLER, J.-A. Heresia e ortodoxia [2017]. *Opção Lacaniana: Revista Brasileira Internacional de Psicanálise*, São Paulo, n. 78, p. 36-46, fev. 2018.

MILLER, J.-A. *El ultimísimo Lacan* [2006-2007]. Buenos Aires: Paidós, 2013.

MILLER, J.-A. Clinica del Sinthome [2008]. *In*: *Sutilezas analíticas. Los cursos psicoanalíticos de Jacques-Alain Miller*. Buenos Aires: Paidós, 2011. p. 83-96.

MOREL, G.; WACHSBERGER, H. Investigaciones sobre el inicio de la psicoses [1997]. *In*: MILLER, J.-A. *et al. La psicosis ordinária*. Buenos Aires: Paidós, 2005. p. 65-84.

PAPPENHEIM, B. *In the Junk Shop and Other Stories* [1888-1890]. Riverside: Ariadne Press, 2008.

PLATÃO. *Mênon*. *In*: *Diálogos*. Rio de Janeiro; Porto Alegre; São Paulo: Globo, 1950. p. 63-106.

QUINET, A. *A lição de Charcot*. Rio de Janeiro: Jorge Zahar, 2005.

RAMOS, S. P. Revisiting Anna O.: A Case of Chemical Dependency. *History of Psychology*, v. 6, n. 3, p. 239-250, Aug. 2013.

ROSA, M. Versões do pai na histeria. *Revista aSEPHallus de Orientação Lacaniana*, v. 2, n. 4, maio-out. 2007. Disponível em: <https://bit.ly/2FFxi2A>. Acesso em: 5 jan. 2019.

ROSA, M. *Por onde andarão as histéricas de outrora? Um estudo lacaniano sobre as histerias*. Belo Horizonte: Edição da Autora, 2019.

SAFOUAN, M. L'histoire d'Anna O.: une révision. *In*: *Le transfert et le désir de l'analyste*. Paris: Seuil, 1988. p. 11-20.

SCHEJTMAN, F. Reversiones tóricas: histeria y obsesión [2012]. *In*: *Elaboraciones lacanianas sobre la neurosis*. Buenos Aires: Grama Ediciones, 2014. p. 367-388.

SORIA, N. Reinventar el psicoanálisis, reinterrogar la histeria. *Desde el Jardín de Freud*, Bogotá, n. 15, p. 49-63, ene-dec. 2015.

Neurose obsessiva

Sérgio de Campos

A descoberta de Freud

A neurose obsessiva foi descrita, de maneira pioneira, por Freud entre 1894 e 1895 como neurose das obsessões [*Zwangsneurose*]. Freud, em 1° de janeiro de 1896, no rascunho K, ressalta em uma carta a Fliess que as origens das ideias obsedantes e dos rituais obsessivos deveriam ser buscadas em um trauma sexual, ocorrido na infância. Freud assinala a Fliess que a histeria resulta de um choque sexual pré-sexual, e a neurose obsessiva de uma volúpia sexual pré-sexual, transformada posteriormente em sentimento de culpa. As principais diferenças entre as duas neuroses concernem ao modo como se realiza o recalque (Freud, 1980, p. 311). Freud atribuía a causa da neurose obsessiva ao fato de a criança, geralmente do sexo masculino, ter sido seduzida por suas babás e ter experimentado um prazer sexual extemporâneo.

Nos dois anos subsequentes Freud escreve vários artigos colocando em jogo a origem dos traumas sexuais na neurose obsessiva, portanto, excluindo uma série de sintomas diversos que até então tinham sido associados, da degenerência mental à psicastenia. Desse modo, Freud introduz pela primeira vez o conceito de neurose obsessiva como fruto de um conflito psíquico, rompendo, portanto, com a psiquiatria. Freud, em seu texto de 1898 "A sexualidade na etiologia das neuroses", assinala que pesquisas exaustivas o levaram a reconhecer que as causas mais imediatas de todos os casos de doença neurótica são encontradas em fatores emergentes da vida sexual.

Freud expõe em 1905, em seu texto "Três ensaios sobre a teoria da sexualidade", que a pulsão sexual é altamente complexa e fruto da contribuição de numerosos componentes constituintes e de combinações das pulsões que se apresentam segmentadas a partir de zonas erógenas.

Contudo, os investimentos libidinais que provêm de segmentos eróticos do corpo não se apresentam da mesma maneira, não têm as mesmas funções, tampouco o mesmo destino, em todos os períodos da vida.

Frequentemente, apenas uma parcela da pulsão é utilizada na vida sexual; a outra parte é defletida da sexualidade e endereçada a fins outros, em virtude do processo de sublimação. Entre o declínio do Édipo e a puberdade, criam-se na mente formações reativas, como a vergonha, a repugnância e a moralidade. Esses elementos surgem em virtude das excitações provenientes das zonas erógenas e erguem-se como diques para se opor às atividades posteriores da pulsão sexual.

Ainda em "Três ensaios sobre a teoria da sexualidade", Freud introduz a tese revolucionária de que o erotismo anal desempenha um papel essencial no desenvolvimento do caráter e tem uma função fundamental na sexualidade infantil. Freud assinala que o erotismo anal promove a masturbação infantil e que a pulsão anal-sádica é o ponto de origem para a organização pré-sexual, ambas ligadas ao conflito amor-ódio, designado como conflito de ambivalência.

Em 1907, Freud desenvolve temas conexos entre a neurose obsessiva e a religião em seu texto "Atos obsessivos e práticas religiosas", e elabora que a neurose obsessiva, assim como a religião, são práticas cujos significados simbólicos de um cerimonial têm a finalidade de proteção e de luta contra o sentimento de culpa. Freud ressalta que, durante a infância, quando há uma fixação da pulsão anal como fonte de satisfação, em virtude da retenção das fezes, o sujeito desenvolve traços de caráter tais como a necessidade de higiene, parcimônia, meticulosidade, obstinação e avareza.

O erotismo anal faz parte da pulsão sexual, mas em razão do recalque, se tornará inútil para os fins sexuais. Portanto, esses traços de caráter com frequência relevantes nos sujeitos que experimentaram o erotismo anal denotam os resultados constantes da sublimação do erotismo anal. A limpeza, a ordem e a fidedignidade dão exatamente a impressão de uma formação reativa contra um interesse pela imundície perturbadora que não deveria pertencer ao corpo.

Neurose obsessiva e transtorno obsessivo compulsivo

Os últimos manuais classificatórios psiquiátricos fizeram com que a neurose obsessiva se distanciasse completamente do transtorno obsessivo compulsivo (TOC), haja vista que o TOC se tornou uma espécie de síndrome que, embora possua alguns sintomas em comuns com a neurose obsessiva – como os rituais –, é encontrada em uma miríade de nosologias, tais como nas psicoses, na neurose histérica, nas demências, nas doenças inflamatórias, entre outras.

É digno de nota afirmar que os sintomas de transtornos obsessivos compulsivos, particularmente os rituais, podem servir de moldura para quadros psicóticos, conferindo-lhes uma defesa contra o real e certa estabilidade, tornando-os desapercebidos ao olhar clínico menos experiente. Não raro, encontramos sujeitos psicóticos com ideias obsedantes. Entretanto, estas, via de regra, são sem *insights*, têm investimento nas palavras em detrimento da coisa e, por fim, tangenciam o delírio.

O caso do homem dos ratos

Freud, em 1909, ao redigir "Notas sobre um caso de neurose obsessiva", vem descrever, pela primeira vez, de maneira pormenorizada, um caso de neurose obsessiva, assim como demostrar a eficácia do tratamento da psicanálise. Afirma Freud: "O tratamento, que durou um ano, acarretou o restabelecimento completo da personalidade do paciente, bem como a extinção de suas inibições" (Freud, [1909] 1980, p. 159).

Freud descreve um jovem em processo de intenso sofrimento de obsessões desde a infância que se intensificaram nos últimos anos, em razão de um medo de que algo absurdo pudesse acontecer ao seu pai e a sua namorada. Freud comenta que, segundo o relato de seu cliente, durante as manobras militares em agosto de 1907 que antecederam os conflitos emergentes para a Primeira Guerra Mundial, o jovem militar teria perdido seu *pince-nez*. Inobstante pudesse encontrá-lo, abandona-o. Por conseguinte, telegrafa para seu oculista e solicita-o que lhe envie um novo modelo, delegando a uma linda jovem, funcionária do correio, a incumbência de quitar a encomenda, de sorte que oportunamente a reembolsaria.

Durante uma parada para o descanso, escuta impactado, de seu capitão cruel, a narrativa de um castigo cruel usado no Oriente em prisioneiros de guerra. Nesse momento, durante a sessão, o sujeito interrompe o seu relato e solicita a Freud que o poupe. Freud insiste que lhe conte e, ao mesmo tempo, assegura-lhe que não tem inclinação à crueldade. A tortura consistia em um procedimento no qual o prisioneiro era amarrado numa posição fletida, junto a uma vasilha que continha um pequeno rato. Por conseguinte, o rato era estimulado mediante uma haste de metal em brasa através de um orifício na vasilha com a finalidade de fazer o animal, acuado, penetrar no ânus do torturado.

Ao prosseguir, Freud observa que "[e]m todos os momentos em que contava sua historia, sua face assumia uma expressão muito estranha e variada. Eu só podia interpretá-la como uma face de horror ao prazer todo seu, do qual ele mesmo não estava ciente" (Freud, [1909] 1980, p. 171). Continuou o sujeito em seu relato: "naquele momento, atravessou em minha mente, como um relâmpago, a ideia de que isso estava acontecendo às pessoas que me eram muito caras" – a namorada e o pai.

Logo após a explanação da tortura pelo superior hierárquico, o capitão lhe dirigiu a palavra e disse-lhe que a encomenda de seu *pince-nez* teria chegado ao correio, e de maneira equivocada disse-lhe que ele deveria pagar o tenente A, uma vez que o colega militar teria pagado para ele a encomenda. Então, em sua revolta silenciosa contra o capitão cruel, de maneira irônica, pensou: "pagarei ao tenente A, tão logo meu pai e minha namorada tiverem filhos". O jovem sabia de antemão que seu pai já tinha falecido e sua namorada era estéril. Entretanto, a ideia de ter filhos se tornou correlata de maneira imediata à penetração dos ratos no ânus tanto do pai quanto da namorada. Assim, com fins de afastar essa abominável ideia obsedante, oriunda do imperativo do gozo, fez uma promessa ao capitão cruel – impelido pelo imperativo categórico – e, em tom de juramento, afirmou: "pagarei ao tenente A".

Esse juramento impossível de ser realizado se prestava a pagar o preço de um desacato às duas pessoas que mais amava. Estava feito o imbróglio, o nó crítico, visto que com fins de anular a ideia de que seus entes queridos seriam supliciados, fez uma promessa de que pagaria o tenente A, o que o remeteria à sanção "pagarei ao tenente A, tão logo minha namorada e meu pai tenham filhos", acarretando um curto-circuito de tal sorte que ele fecharia assim o seu circuito de gozo.

O perjúrio dirigido ao pai e à namorada foi calcado no inconsciente infantil, que se sustenta em duas teorias sexuais infantis. A primeira de que os bebês nascem pelo ânus, e a segunda de que homens e mulheres podem ter filhos. De acordo com os mecanismos inconscientes, o ato de se mover para dentro do reto – suplício dos ratos – equivale a vir para fora, ao sair e ao nascimento de bebês. Assim, num processo metonímico, o sentido do significante "rato" se desloca migrando por inúmeros significados, como bebês e pênis, incluindo aqueles de sentido econômico, tais como rato de jogo, ratear, prestações, dinheiro, florins. Por fim, o sujeito assente com a lembrança de que quando criança fora um sujeito sujo, mesquinho, que gostava de morder as pessoas, assim como um rato.

As "Notas de um caso de neurose obsessiva" são repletas de nuances clínicos concernidos ao pai e à mulher, aos impasses na transferência negativa, assim como às injunções supergoicas do imperativo categórico e do imperativo do gozo. É digno de nota que embora Freud descrevesse as injunções do supereu e soubesse manejar os impasses das transferências nesse caso atendido em 1907, ele descreverá a instância do supereu apenas em 1923. Entretanto, é necessário ressaltar que Freud já intuía esse "agente psíquico especial", futuro supereu, desde 1914, no texto "Sobre o narcisismo: uma introdução". Freud assinala que o "agente psíquico especial" atua em forma de consciência, auto-observação e vigia, manifestando-se sempre por uma voz, seja ela alta e em bom tom, no qual o eu se sente vigiado e supervisionado, como nos casos de psicoses; seja ela muda, discreta e abafada como a voz silenciosa da consciência, como nos casos de neurose (Freud, [1914] 1980, p. 113).

Lacan e a neurose obsessiva

Lacan introduz na primeira clínica o conceito de estrutura psíquica para cogitar as três estruturas clínicas: neurose, psicose e perversão. A estrutura clínica, derivada do estruturalismo, *grosso modo*, pode ser considerada um conjunto de leis simbólicas que articulam as partes, que compõem arranjos entre si, como modo de organização e funcionamento psíquico e que se expressa mediante um modo de gozo, de maneira constante e estável. Os elementos em jogo na estrutura clínica são o Nome-do-Pai, o falo, o desejo, a angústia de castração, a falta, a sexualidade, a pulsão, a fantasia e o sintoma. O que importa numa estrutura clínica é como esses elementos se articulam entre si, diante dos mecanismos de defesa, de sua posição frente à realidade e ao Outro, e, por fim, frente à relação de objeto e à fixação da pulsão.

Em *O Seminário, livro 5: As formações do inconsciente*, Lacan se debruça sobre a clínica da neurose obsessiva. É digno de nota que, quando o sujeito obsessivo decide transpor a barreira da demanda e partir em busca de seu objeto de desejo, o supereu coloca-lhe no caminho armadilhas que lhe ocasionam acidentes extraordinários (Lacan, [1957-1958] 1999, p. 479-480).

Se, por um lado, o sujeito na histeria se relaciona com o desejo enigmático (*dx*); por outro, na neurose obsessiva, o sujeito está concernido ao desejo zerado (*d0*). O desejo do obsessivo sofre uma difusão de suas pulsões, acarretando um isolamento, uma anulação e uma destruição do desejo. O sujeito obsessivo percebe seu desejo esvaecer, diminuir e vacilar à medida que ele se aproxima de seu objeto de desejo. Logo, o desejo se mantém além da demanda, colocado pelo sujeito como proibido. Portanto, o seu desejo se torna conexo ao Outro, na medida em que ele presume que seu desejo é proibido, interditado pelo Outro.

Na esfera da demanda, o obsessivo vai encontrar no horizonte a demanda de morte. Por temer a morte, o obsessivo anula, fragmenta e isola sua demanda num silêncio prolongado repleto de mecanismos de defesa, tais como injúrias, ruminações, censuras, silêncios e pausas. Pode-se dizer que num processo analítico, o obsessivo se inicia pela demanda de morte e conclui com a morte da demanda.

O obsessivo utiliza diversas estratégias para lidar com o Outro simbólico, lugar essencialmente ocupado pelo pai. Uma das estratégias do obsessivo é a blasfêmia que ocorre mediante as ruminações, os pensamentos, as injúrias, os atos e os impropérios endereçados ao Outro. A blasfêmia tem a finalidade de fazer o Outro simbólico decair, sob efeito metonímico, à categoria de objeto para ser alcançado, atacado e destruído (Lacan, [1957-1958] 1999, p. 483).

Em virtude da culpa, o sujeito obsessivo exprime o seu desejo agressivo ou desaprovador pela via negativa, de maneira denegada. A culpa se inscreve na relação da demanda com o desejo, visto que tudo que corre em direção à demanda contribui para o apagamento do desejo. A ideia de atacar e destruir o Outro faz emergir um desejo eivado de culpa que surge de modo denegado sob o viés de formações reativas, sob os atos de cuidar e salvar. O altruísmo e o ato de poupar o Outro estão no cerne dos bloqueios, inibições, precauções e desvios de finalidade. Em razão da culpa de ter desejado golpear o falo do Outro, o obsessivo teme a retaliação, de sorte que o seu destino é a submissão ao Outro. Assim, o obsessivo oferece um semblante altruísta de um amar idealizado baseado na oblatividade (Lacan, [1957-1958] 1999, p. 429).

O supereu inflige ao obsessivo toda a sorte de tarefas e desafios árduos, desgastantes e difíceis que ele cumpre de bom grado aguardando o reconhecimento do Outro. Entretanto, não é exatamente ali onde o seu desejo se localiza, que o sujeito se coloca à prova com sua proeza, já que a realização dela não tem a finalidade de realizar o próprio desejo, mas de satisfazer o Outro. O sujeito mediante a façanha pretende satisfazer o Outro para receber sua permissão e seu reconhecimento. Mas o obsessivo vive aguardando tanto a permissão quanto o reconhecimento do Outro, sem obtê-los. Afinal, trata-se de um reconhecimento e de uma autorização impossíveis de se alcançar. Portanto, o obsessivo tem o intuito de enganar a morte, visto que o verdadeiro perigo não está no adversário que ele dá a impressão de desafiar (Lacan, [1957-1958] 1999, p. 431).

O obsessivo está concernido às fantasias – de cunho ora sádico, ora masoquista – que desempenham um papel fundamental na economia psíquica do sujeito. As fantasias são essencialmente imaginárias presas a uma função significante, de sorte que o obsessivo está absorto em devaneios, imagens, cenários, roteiros todos de conteúdo sádico-masoquista e que implicam a flagelação. Enfim, trata-se de um masoquismo moral, no qual o eu, no fundo, é submetido e supliciado pelo supereu.

É necessário estar atento, visto que, não raro, em virtude do supereu, o sujeito obsessivo responde ao processo analítico com a reação terapêutica negativa. Existem situações estranhas que ilustram bem o masoquismo moral do neurótico obsessivo, no que concerne à relação do supereu para com o eu. Assim, alguns clientes não toleram perceber que o analista se encontra satisfeito com seu caso promissor. Aliás, não suportam manifestações de apreço e/ou enaltecimento e reagem de maneira inversa quando encontram uma resposta para a demanda de reconhecimento. Portanto, de maneira invariável, eles se demostram descontentes e seu estado se agrava novamente (Freud, [1923] 1980, p. 65).

O pai e a mulher na neurose obsessiva

Na neurose obsessiva, o pai desempenha um papel central. É interessante destacar por que o sujeito nas "Notas de um caso de neurose obsessiva", inobstante saber que o capitão cruel se equivocara ao lhe pedir que reembolsasse o tenente A, mantém a ordem hierárquica e elabora mil peripécias para contornar o equívoco do capitão. Logo, o sujeito obsessivo se angustia diante da falta do Outro. A falta do capitão fez alusão à falta paterna, visto que certa feita o pai, enquanto era militar e responsável pelo dinheiro da companhia, teria perdido todo o soldo do batalhão numa mesa de jogo. Portanto, o sujeito obsessivo se dedica a salvar o pai, salvar o Outro de sua própria intenção de aniquilá-lo.

O sujeito obsessivo se coloca como devedor de uma dívida simbólica para com o pai. Todo sujeito obsessivo tem a intenção de saldar a dívida, entretanto, o supereu impede que ela seja quitada, de sorte que ele nunca se sente autorizado a realizar o seu desejo, uma vez que se sente carente do pai real cuja a função é a de unir a Lei ao desejo. Portanto, o sujeito submisso ao pai imaginário ora está dentro da Lei e fora do desejo; ora está dentro do desejo e fora da Lei, de maneira que ele teria acesso ao desejo, apenas mediante o contrabando, enganando o Outro simbólico (Lacan, 1960-1961).

No que concerne ao feminino, o sujeito obsessivo deseja salvar a mulher, encobrindo suas hostilidades dirigidas à mulher. O obsessivo se sente ameaçado pelo não-todo fálico que se localiza no campo feminino, tendo em vista que a mulher se torna o agente da castração do sujeito. Na clínica da neurose obsessiva, constatamos ações de hostilidade, de violência, de retaliação e de vingança contra o feminino que vão da depreciação, passando pela misoginia, chegando ao cúmulo do feminicídio.

O sujeito obsessivo conhece apenas o mundo fálico e tem a intenção de regrar, quantificar, avaliar, regular e controlar o universo não-todo fálico do Outro feminino. É digno de nota que todo o esforço do obsessivo nesse sentido é destinado ao fracasso, o que, por consequência, conduzirá o sujeito a responder com hostilidade e misoginia. Portanto, toda estratégia obsessiva falha diante do Outro feminino. Ao colocar a mulher na condição de um Outro superegoico, o obsessivo a responsabiliza pela difusão de seu desejo, supondo que o Outro feminino demande sua castração.

Finais de análises

É necessário dizer sobre conclusão de análise no plural. Ao longo dos últimos anos a Associação Mundial de Psicanálise tem colhido efeitos de uma experiência bastante satisfatória para com o passe. Em inúmeros testemunhos de passe fica constatado como cada ser falante se desvencilhou de seus impasses inerentes a sua neurose obsessiva e ao seu supereu. O livro de Sérgio de Campos *Supereu/Uerepus* nos oferece uma série de 17 testemunhos de como cada um dos seres falantes lidou com seu supereu e sua neurose. É evidente que nem todos, porém muitos, são testemunhos de neuróticos obsessivos. Cada depoimento confirma um traço, um sintoma e um estilo singular da neurose do sujeito.

Entretanto, se pudesse examinar, decantar e extrair o que existe de denominador comum entre os depoimentos, poderia ressaltar que o final de análise de uma neurose obsessiva se caracteriza pelo esvaziamento do sentido da trama fantasmática; pelo tratamento do real impossível a partir de um real contingente; pelas quedas das identificações e pelo esvanecimento dos significantes-mestres; pelo assentimento ao não-todo fálico, ao feminino e uma abertura ao novo amor; pelo desalinhamento entre o eu e o supereu e, consequentemente, pela atenuação dos efeitos das injunções do supereu e do masoquismo moral; pela vacilação do verdadeiro e sua passagem em direção ao real; e, finalmente, pela identificação ao *sinthoma*, na qual é o resultado de uma nova amarração singular e sinthomática dos registros real, simbólico e imaginário e de um desapego para com o sentido, o que ocasiona uma recombinação da pulsão e um remodelamento de gozo.

Referências

CAMPOS, S. O destino do supereu no final de analise. *In*: *Supereu/Uerepus, das origens aos seus destinos*. Belo Horizonte: Escola Brasileira de Psicanálise, 2015.

FREUD, S. Notas sobre um caso de neurose obsessiva [1909]. *In*: *Duas histórias clínicas (o Pequeno Hans e o Homem dos Ratos) (1909)*. Rio de Janeiro: Imago, 1980. p. 159-258. (Edição Standard Brasileira das Obras Psicológicas Completas de Sigmund Freud, X).

FREUD, S. Obsessões e fobias: seu mecanismo psíquico e sua etiologia (1892-1899]. In: *Publicações pré-psicanalíticas e esboços inéditos, rascunho K*. Rio de Janeiro: Imago, 1980. p. 307-318. (Edição Standard Brasileira das Obras Psicológicas Completas de Sigmund Freud, III).

FREUD, S. O problema econômico do masoquismo [1924]. *In*: *O ego e o id, e outros trabalhos (1923-1925)*. Rio de Janeiro: Imago, 1980. p. 199-216. (Edição Standard Brasileira das Obras Psicológicas Completas de Sigmund Freud, XIX).

FREUD, S. Sobre o narcisismo: uma introdução [1914]. *In*: *História do movimento psicanalítico, artigos sobre a metapsicologia e outros trabalhos (1914-1916)*. Rio de Janeiro: Imago, 1980. p. 89-122. (Edição Standard Brasileira das Obras Psicológicas Completas de Sigmund Freud, XIV).

FREUD, S. *Três ensaios sobre a teoria da sexualidade* [1905]. *In*: *Um caso de histeria, Três ensaios sobre a sexualidade e outros trabalhos (1901-1905)*. Rio de Janeiro: Imago, 1980. p. 129-250. (Edição Standard Brasileira das Obras Psicológicas Completas de Sigmund Freud, VII).

LACAN, J. *O seminário, livro 5: As formações do inconsciente* [1957-1958]. Texto estabelecido por Jacques-Alain Miller. Tradução de Vera Ribeiro. Rio de Janeiro: Jorge Zahar Editor, 1999. (Campo Freudiano no Brasil).

LACAN, J. *O seminário, livro 8: A transferência* [1960-1961]. Texto estabelecido por Jacques-Alain Miller. Tradução de Vera Ribeiro. Rio de Janeiro: Jorge Zahar editor, 1992 (Campo Freudiano no Brasil).

A fobia como manifestação da angústia

Carla Almeida Capanema

A primeira observação precisa sobre a fobia foi feita pelo alemão Karl Westphal em 1871, ao descrever um caso de agorafobia em um homem que era inundado por uma intensa angústia quando se encontrava em espaços abertos, onde tinha sensações de "vertigens dos lugares". Segundo Álvarez, Esteban e Sauvagnat (2005), a angústia ocupa um lugar de destaque na descrição de Westphal, pois sob a denominação do medo de espaços abertos encontrava-se caracterizado um estado particular de intensa angústia e terror.

O panorama semiológico e psicopatológico das últimas décadas do século XIX era muito parecido entre as fobias e as obsessões, não havendo uma demarcação precisa entre os temores angustiantes e as obsessões. De acordo com Álvarez, Esteban e Sauvagnat (2005), as tentativas de se separar a fobia da obsessão se realizaram na literatura alemã a partir da distinção terminológica entre *Zwang* (violência, força, pressão, obrigação, coerção) e *Angst* (angústia). Na literatura francesa, seguindo a tradição de Esquirol, matizaram-se os sufixos "-mania" e "-fobia", o primeiro aludia diretamente aos atos (por exemplo, na cleptomania, em que realmente se comete um roubo), e o segundo, aos pensamentos (o cleptofóbico sofre por seu temor em poder cometê-lo).

A neurose fóbica ou histeria de angústia (tal como foi designada por Freud) é caracterizada no *Manual de psiquiatria* de Henry Ey, P. Bernard e C. Brisset (1981) pela sistematização e pelo deslocamento da angústia sobre pessoas, animais, objetos, situações ou atos que se tornam objeto de uma aversão paralisante, exigindo do fóbico medidas de luta "contrafóbica". A visão tem uma importância particular na situação fóbica, todos os sintomas estão relacionados com situações visuais: "a rua, o carro, a escada, o cavalo ou o percevejo são buscados, descobertos, às vezes 'suspeitados' e quase 'alucinados' para justificar o evitamento e tranquilizar-se" (Ey; Bernard; Brisset, 1981, p. 462).

As situações fóbicas são diversas, cada uma delas aparecendo como uma invenção singular de um sujeito, mas observa-se que a posição neurótica é a mesma: "deslocar a angústia em um álibi" (p. 462). Para Henry Ey, P. Bernard e C. Brisset (1981), esses sintomas e meios de defesa constituem a estrutura complicada dessa neurose que substitui a angústia de um perigo interno pelo medo de um perigo externo (p. 460).

Os temas fóbicos mais frequentes descritos nos manuais de psiquiatria são:

Agorafobia – manifesta-se como medo de sair de casa ou angústia das ruas, medo dos espaços amplos e descobertos ou com muitas pessoas, locais onde seja difícil escapar de um perigo ou onde a presença de pessoas próximas não seja acessível. Os indivíduos com agorafobia têm crises de medo e angústia quando estão em um congestionamento, em uma ponte ou túnel, em shows, estádios de futebol, elevadores, aviões, montanhas etc. Na atualidade, a agorafobia é uma das principais manifestações da fobia, em que temos um objeto fóbico pouco definido e localizável e que desencadeia no indivíduo uma angústia mais intensa. No debate científico atual existe uma aproximação entre a agorafobia e a síndrome do pânico, e esta última serve como indicador da gravidade da fobia. Segundo Reys (1999), existe uma estreita relação entre a síndrome do pânico, a ocorrência da angústia e a formação de uma fobia, principalmente a agorafobia.

Fobia simples ou específica – manifesta-se como medo desproporcional e irracional de objetos ou animais, como medo de animais, altura, escuro, tempestades e trovões, sangue, faca, agulha, utilizar banheiros públicos, ser contaminado por doenças etc.

Fobia social – manifesta-se como medo intenso de situações sociais que envolvam exposição ao contato interpessoal, como situações de competição, cobrança ou exposição ao sexo oposto. O indivíduo sente angústia ao ter de falar em público, dar aulas, apresentar um seminário etc. Tende a ser acompanhada de sentimentos de baixa autoestima e medo do julgamento alheio.

O encontro com o objeto fóbico provoca no sujeito uma grande crise de angústia com manifestações fisiológicas e psicológicas. Assim, o fóbico recorre a estratégias para evitar a angústia por meio de condutas fóbicas:

> *As condutas de evitamento* – que consistem em evitar o encontro com o objeto tabu, por meio de condutas de fuga variadas, como isolar-se em casa para evitar o encontro terrificante, evitar ruas, trajetos e meios de locomoção, etc.
> *As condutas tranquilizadoras* – que correspondem a condutas de tranquilização diante da situação fóbica, como a presença de pessoas ou objetos tranquilizadores. O indivíduo lança mão da estratégia de não estar só (Ey, Bernard; Brisset, 1981, p. 464).

Por sua vez, a quinta edição do *Manual diagnóstico e estatístico de transtornos mentais* (DSM-V), que se denomina ateórico, elimina o termo "neurose fóbica" ou "histeria de angústia", não supondo nenhuma entidade clínica que reuniria os transtornos classicamente agrupados sob esse termo. As síndromes fóbicas são descritas no DSM-V como medos intensos e irracionais, por situações, objetos ou animais que objetivamente não representam um perigo real e proporcional à intensidade do medo. Já na décima edição da *Classificação internacional de doenças* (CID-10), da Organização Mundial de Saúde (OMS), as fobias são listadas em "transtornos fóbico-ansiosos", entre F 40.0 e F 40.2, e são definidos como:

> Nesse grupo de transtornos, a ansiedade é evocada apenas, ou predominantemente, por certas situações ou objetos (externos ao indivíduo) bem definidos, os quais não são correntemente perigosos. Como um resultado, essas situações ou objetos são caracteristicamente evitados ou suportados com pavor. A ansiedade fóbica é subjetiva, psicológica e comportamentalmente indistinguível de outros tipos de ansiedade e pode variar em gravidade desde leve desconforto até terror. A preocupação do paciente pode estar focalizada em sintomas individuais, tais como palpitações ou sensação de desmaio e está frequentemente associada a medos secundários de morrer, perder o controle ou enlouquecer. A ansiedade não é aliviada pelo reconhecimento de que outras pessoas não consideram a situação em questão como perigosa ou ameaçadora. A mera perspectiva de entrar em uma situação fóbica usualmente gera ansiedade antecipatória (CID-10, p. 132).

Os critérios diagnósticos para os transtornos fóbicos segundo a DSM-V são:

- A ansiedade deve ser a alteração primária, sendo as demais alterações psicológicas e autonômicas dela decorrentes;

- A ansiedade deve estar restrita a, pelo menos, duas das seguintes situações: multidões, lugares públicos, viajar para longe de casa e viajar sozinho;
- A evitação da situação fóbica deve ser aspecto proeminente.

Cada um dos transtornos fóbico-ansiosos expostos no DSM-V e na CID-10 são classificados a partir de uma particularidade fenomenologicamente observada e descrita de acordo com a sintomatologia dominante dos fenômenos mentais. A entidade clínica da neurose fóbica ou histeria de angústia foi substituída por "descrições pretensamente ateóricas de traços observáveis de comportamento" (Barreto; Iannini, 2017, p. 45). A pulverização de entidades clínicas em transtornos visa à uniformização da linguagem psiquiátrica e à classificação estatística e "afastou categorias oriundas de disciplinas resistentes a descrições objetificantes, como a psicanálise" (p. 45).

No entanto, o diagnóstico em psicanálise não se baseia na sintomatologia, e não devemos confundi-lo com o que é listado no DSM-V e na CID-10. Para a psicanálise, o decisivo para o estabelecimento de um diagnóstico é revelado pelo discurso adotado pelo paciente, revelando algo da sua economia, quer seja do desejo e/ou do gozo.

Neste capítulo serão tratados aspectos da fobia sob o viés psicanalítico, a partir dos conceitos clássicos advindos de Freud e Lacan, complementados por demais autores que tratam dessa temática, buscando explicitar a relevância da inter-relação entre a angústia e os sintomas fóbicos na condução clínica do sujeito.

A perspectiva freudiana sobre a fobia

Podemos destacar três momentos distintos sobre o desenvolvimento da fobia em Freud. O primeiro, anterior ao caso do "pequeno Hans"; um segundo, o próprio relato clínico de Hans; e um terceiro, concernente à reelaboração de Freud sobre o caso Hans e a função da angústia, apresentada em seu texto "Inibição, sintoma e ansiedade" ([1926] 1989).

Em "Obsessões e fobias: seu mecanismo psíquico e sua etiologia" ([1894] 1989), Freud trata a angústia como uma transformação direta da libido em função da incidência do recalque. Ele procura diferenciar as fobias das obsessões verdadeiras; em ambas encontramos dois constituintes essenciais: uma representação que se impõe ao paciente e um estado emocional a ela associado. Nas fobias, esse estado emocional é sempre a angústia, enquanto nas obsessões outros estados emocionais podem estar associados. A fobia foi nomeada por Freud ([1894] 1989) de neurose de angústia, cujo principal sintoma é esse estado afetivo invariável de angústia e cuja causa específica é o acúmulo de tensão sexual somática, provocada pela abstinência ou pela excitação sexual frustrada.[1] Esse estado de angústia pode ligar-se a uma representação que provoca "medo", e esse medo é nomeado de "fobia".

Em "Sobre os critérios para destacar da neurastenia uma síndrome específica denominada 'neurose de angústia'" ([1894] 1989), Freud propõe que a neurose de angústia é radicalmente diferente da neurastenia, pois seus componentes são agrupados ao redor de seu sintoma principal: um ataque de angústia que pode subitamente irromper na consciência, sem passar necessariamente por um encadeamento de representações. Nesse artigo, Freud afirma que nas fobias provenientes da neurose de angústia o afeto é monótono e não provém da substituição de uma representação por outra.

Em "Análise de uma fobia em um menino de cinco anos" ([1909] 1989), Freud apresenta a angústia como um afeto que devora todas as outras sensações e cria uma nova entidade clínica: a histeria de angústia, a fobia sendo o resultado da angústia deixada livre em função do recalcamento das representações portadoras de afeto e considerada como uma síndrome presente nos diferentes tipos de neuroses. No caso do pequeno Hans – caso de uma criança com fobia de cavalo –, o que surge em um primeiro momento é o ataque de angústia ao sair à rua, sem que ele soubesse dizer do que é que tinha medo, uma angústia solta, desligada de representações. Somente mais tarde Hans expressa não mais a angústia livre, "mas ligada ao medo bastante específico de que um cavalo o mordesse" (p. 121), e que corresponderia ao seu desejo erótico recalcado em relação à mãe. A libido é transformada em angústia, ligando-se à representação de um cavalo branco, dando expressão ao medo de ser mordido por um cavalo dessa cor. Essa fobia cumpre um papel de inibir qualquer possibilidade da emergência da angústia, são construções protetoras. Freud vai diferenciar

---

[1] Em 1895, Freud encontrava-se no processo de passar das explicações fisiológicas dos estados psicopatológicos para as explicações psicológicas. Por um lado, propunha uma explicação química das neuroses atuais – neurastenia e neurose de angústia – em seus dois artigos sobre neurose de angústia: "Sobre os critérios para destacar da neurastenia uma síndrome específica denominada neurose de angústia" (1894) e "Uma réplica às críticas a meu artigo sobre a neurose de angústia" (1895), e, por outro lado, propunha uma explicação psicológica em termos de "defesa" e "recalcamento" para a histeria e as obsessões – em seus dois artigos: "As neuropsicoses de defesa" (1894) e "Novos comentários sobre as neuropsicoses de defesa" (1896).

a histeria de angústia da histeria de conversão: na histeria de angústia a libido permanece livre sob a forma de angústia e na histeria de conversão ela é desviada para a inervação somática.

Em "Conferências introdutórias sobre psicanálise" ([1917] 1989), Freud estabelece três tipos de angústia neurótica: a angústia livremente flutuante, sempre pronta para se ligar a uma representação e vivida como um estado de apreensão generalizada; a angústia que se liga às fobias, denominada por ele de histeria de angústia; e, finalmente, a angústia que surge sob a forma de um ataque, sem que qualquer causa seja tomada como perigo.

A angústia passa a ocupar o problema central de toda neurose, já que, para Freud, o processo de recalque é gerador da angústia pura ou do sintoma, acompanhado ou não da angústia. A primeira teoria da angústia em Freud entende que a formação da angústia é compreendida como uma oposição entre o eu e a libido. Nesse texto, Freud retoma sua tese entre a libido e a angústia, pois o que está em questão é um acúmulo de libido impedida de ser normalmente utilizada. Essa primeira teoria da angústia considera esse afeto como uma transformação direta da libido a partir da incidência do recalque.

A segunda teoria da angústia em Freud, formulada em "Inibição, sintoma e ansiedade" ([1926] 1989), apresenta a angústia e o recalque como resultantes do temor da castração. O autor demonstra que em cada período da vida a angústia surge diante de uma falta específica: falta de amparo, falta de amor do objeto, falta fálica e falta moral.

Nesse texto, Freud analisa o medo de cavalos do pequeno Hans como uma apreensão especifica em ser mordido por um cavalo. Ele evidencia um deslocamento da pulsão hostil de Hans contra o pai (a partir da incidência do complexo de Édipo e da ambivalência afetiva em relação ao pai), dando lugar ao medo específico do cavalo.

Freud generaliza essa concepção da fobia em Hans para todas as fobias a animais, colocando em relação o afeto e a representação recalcada. Trata-se do medo de castração, sentido pelo eu. A angústia é angústia de castração.

> Até onde se pode observar no momento, a maioria das fobias remonta a uma ansiedade dessa espécie sentida pelo ego no tocante às exigências da libido. É sempre a atitude de ansiedade[2] do ego

[2] O termo alemão *Angst* foi traduzido por "ansiedade" na Edição Standart Brasileira das Obras Completas de Sigmund Freud, isso porque a edição que serviu de referência à publicação brasileira foi a inglesa, que utilizou *anxiety* como tradução para *Angst*. Entretanto, a tradução mais apropriada para *Angst* é "angústia", que se refere à noção de estreiteza, limite, redução, restrição.

que é a coisa primária e que põe em movimento a repressão.[3] A ansiedade jamais surge da libido reprimida (Freud, [1926] 1989, p. 132-133).

Aqui a angústia surge no eu mediante situações de conflito geradas por investimentos libidinais de representações recalcadas, assim, é a angústia de castração que coloca o recalque em movimento. A angústia funciona, pois, como um sinal, para que o recalcamento ocorra.

Em "Inibição, sintoma e ansiedade" ([1926] 1989), Freud distingue a fobia, chamada por ele também de histeria de angústia, da histeria de conversão e da neurose obsessiva, e afirma que nas neuroses "a força motora da defesa é o complexo de castração, e o que está sendo desviado são as tendências do complexo edipiano" (p. 137-138). Entretanto, o que diferencia a fobia das outras neuroses é que nela o medo aflora, sob a forma da angústia. O temor da castração incide sobre o eu levando-o à angústia e à inibição do investimento no isso,[4] através da instância prazer-desprazer. A fobia surge como uma formação substitutiva, e a angústia comparece apenas como um sinal-afeto.

A angústia de castração passa a ser dirigida para um objeto diferente e expressa de forma distorcida, como no caso do pequeno Hans, que deixa de temer ser castrado pelo pai para temer ser mordido por um cavalo. Essa formação substitutiva apresenta duas vantagens: evita um conflito devido à ambivalência e permite ao eu deixar de gerar angústia, já que ela surge apenas quando o objeto dela é percebido. O pequeno Hans impôs uma restrição ao seu eu, ele produziu uma inibição de sair de casa para não encontrar qualquer cavalo.

---

[3] Na Edição Standart Brasileira das Obras Completas de Sigmund Freud, optou-se por utilizar o termo "repressão" para designar o mecanismo inconsciente de recalque. Entretanto, o conceito de "repressão" designa a operação psíquica de inibição voluntária de uma conduta consciente, considerada inoportuna ou desagradável (ROUDINESCO; PLON, 1996). A tradução mais apropriada para *Verdrangung* é a palavra "recalque", que designa um mecanismo de defesa inconsciente presente na neurose.

[4] O termo alemão *das Es* foi traduzido na Edição Standard Brasileira das Obras Completas de Sigmund Freud por "isso". É uma das três instâncias psíquicas diferenciadas por Freud na sua segunda tópica e constitui o polo pulsional da personalidade. Os seus conteúdos são inconscientes, por um lado hereditários e inatos e, por outro, recalcados e adquiridos. Do ponto de vista econômico, o isso é o reservatório inicial da energia psíquica; do ponto de vista dinâmico, entra em conflito com o ego e o superego, que são as suas diferenciações (LAPLANCHE; PONTALIS, 1998, p. 219).

> Uma fobia geralmente se estabelece após um primeiro ataque de angústia ter sido experimentado em circunstâncias específicas. A partir desse momento a angústia é mantida em interdição pela fobia, mas ressurge sempre que a condição não pode ser realizada. O mecanismo da fobia presta bons serviços como meio de defesa e tende a ser muito estável (Freud, [1926] 1989, p. 151).

Na *Conferência XXXII* ([1932] 1989), Freud vai distinguir a angústia neurótica da angústia realística a partir do exemplo da agorafobia. A angústia realística representa um sinal de perigo externo, e a angústia neurótica, um sinal de perigo interno, próprio da libido. Na agorafobia um perigo interno se transforma em externo, sem ser reconhecido. Dessa forma, o sujeito agorafóbico tem um ganho ao se proteger melhor por esse mecanismo, pois ele pode fugir desse perigo externo, o que não ocorreria caso se tratasse de um perigo interno.

O percurso freudiano sobre a angústia se faz em dois tempos, e o texto "Inibição, sintoma e ansiedade" ([1926] 1989) é um divisor de águas, pois marca a passagem da angústia como transformação direta da libido recalcada em angústia de castração e a fobia correspondendo a uma defesa contra a emergência do sinal de angústia diante do temor da perda do objeto.

As duas versões da angústia em Lacan

Em *O seminário, livro 10: A angústia* (2005), Lacan introduz duas versões da angústia: a angústia diante do desejo do Outro e a angústia quando falta a falta, quando falta a castração. Com a pergunta *Che vuoi?*,[5] Que queres?, Lacan introduz a angústia diante do desejo do Outro, pergunta que concerne ao eu e interroga o Outro: o que quer o Outro de mim?

A relação da angústia com o desejo do Outro foi ilustrada por Lacan através de uma fábula: a de um louva-a-deus gigante. Ele pede que imaginemos uma cena na qual ele se encontrasse vestido com uma máscara de um animal, diante de outro animal – um louva-a-deus gigante. Como ele não sabia qual era a máscara que estava usando, pois não enxergava sua própria imagem no espelho enigmático do globo ocular do inseto,

[5] Conforme a novela *O diabo amoroso*, de Cazotte (1992), cujo protagonista é um homem que almeja fortuna, mulheres, fama. Ele invoca o demônio, que lhe aparece sob a figura espectral de um camelo, que lhe pergunta o que ele quer especificamente. Com uma voz rouca, o diabo lhe formula a fatídica questão sobre o desejo: "*Che vuoi?*". O pobre homem não sabe o que responder diante de uma indagação tão específica sobre o seu desejo.

encontrava-se angustiado, diante da possibilidade de que sua máscara pudesse induzir o louva-a-deus a algum erro quanto a sua identidade (Lacan, 2005, p. 14). Nessa perspectiva, Vieira (2008) assinala que na angústia o outro seria "radicalmente Outro – o louva-a-deus de desejo voraz a que não estou ligado por nenhum fator comum" (p. 168). A fábula de Lacan demonstra o lugar do encontro com o desejo como tal, indeterminado e voraz, tal como a fêmea do louva-a-deus gigante que mata o macho após o acasalamento.

Schejtman (2006) nos alerta que nesse exemplo o que é crucial é a máscara que Lacan está usando:

> É possível que ele estivesse fantasiado de louva-a-deus macho, mas não é certo. Trata-se justamente disso, de não se saber o que se é para o desejo do Outro, porque, se sabemos que estamos no papel do louva-a-deus macho, saímos correndo. Isso já é a fobia, isso já é saber interpretar o desejo do Outro (p. 42).

O neurótico utiliza a fantasia como tela protetora para não chegar ao ápice da angústia, há uma interpretação do desejo do Outro via a inibição, o sintoma e a angústia. E a fobia pode aparecer como um dos mecanismos utilizados pelo neurótico para se defender do desejo enigmático do Outro.

Mas Lacan, em *O seminário, livro 10: A angústia* (2005), também aborda a angústia diante da falta da falta, assinalando que a angústia como presença do desejo do Outro é ultrapassada pela angústia como sinal do real. Através do esquema da divisão subjetiva, o autor nos mostra que o sujeito em relação ao Outro, é marcado pelo traço unário do significante, sobrando dessa divisão, correlata da entrada na linguagem, um resto, um resíduo, que não entra no simbólico, que é a prova e garantia da alteridade do Outro. Essa parte que sobra é nomeada de objeto *a* (Lacan, 2005, p. 36).

O objeto *a* já se encontrava presente na obra lacaniana em relação à dimensão imaginária. Ele já era anunciado na fórmula da fantasia – $ ◊ *a* – como suporte do desejo. Nesse sentido, a fantasia possui no psiquismo uma função como a de um quadro colocado na moldura de uma janela, ou seja, o que menos interessa é a beleza do que está pintado no quadro, pois se trata é de não se ver o que está atrás do quadro, protegendo o sujeito do encontro com o registro do real (Lacan, 2005, p.85).

A fantasia é a máscara, a maquilagem que permite o acesso ao quadro do desejo. Nesse quadro, o *a* está representado por um objeto postiço, artificial, não mais que semblante, já que ele mesmo não é visível em uma imagem (Harari, 1997, p. 63). Quando alguma coisa aparece no lugar do campo especular que corresponderia ao objeto *a* no real, temos, segundo Lacan, a irrupção da angústia. Esse lugar deveria estar vazio, pois não existe imagem da falta: "quando aparece algo ali, portanto, é porque, se assim posso me expressar, a falta vem a faltar" (Lacan, 2005, p. 52).

Diante da iminência do surgimento de certo objeto que faz irromper a angústia, Lacan se apoia no texto de Freud "O estranho" ([1919] 1989), para nos mostrar como a experiência do estranho tem relação com a presença do objeto *a* e o surgimento da angústia.

Nesse texto, Freud dá uma grande ênfase à análise linguística da palavra *heimlich*, destacando como ela exibe em seus diferentes matizes de significado um que é idêntico ao seu oposto, *unheimlich*. Existe uma ambiguidade na palavra *heimlich*, que ao mesmo tempo pode ter dois significados opostos: por um lado significa o que é familiar e agradável e, por outro lado, o que está oculto e se mantém fora de vista. Em sua extensa pesquisa pelos dicionários, Freud se depara com a definição dada por Schelling: "*unheimlich* é tudo o que deveria ter permanecido secreto e oculto mas veio à luz" (Freud, [1919] 1989, p. 282). Para Freud, esse sentimento de estranheza familiar estaria relacionado ao complexo de castração, àquilo que foi recalcado e que retorna, ou, como define Schelling, a algo que deveria ter ficado oculto, mas que veio à luz. Algo que irrompe pontualmente e que deixa o sujeito angustiado.

Através do exemplo do que denominou estádio do espelho, Lacan abordou a experiência da criancinha na qual ela capta pela primeira vez sua imagem no espelho, reconhecendo-se a partir da nomeação feita pelo Outro, que está logo atrás e a segura diante do espelho, dizendo-lhe: "aquele lá no espelho é você!". Nisso, ela, voltando-se para o adulto, logo atrás, demonstra júbilo. Lacan se serviu desse momento no qual a criança se volta para o adulto que está atrás, aquele que a carrega, como que para pedir o seu aval, e depois retorna para sua imagem no espelho, para formular a castração imaginária, também denominada (-φ). Esse adulto, para Lacan, funciona como uma instância simbólica, nomeante, denominado no léxico de Lacan como grande Outro; a imagem da criança no espelho, i(a), é definida por Lacan como uma: "imagem do corpo funcionando na materialidade do sujeito como propriamente imaginário, isto é, libidinizado" (Lacan, 2005, p. 49).

Essa virada da criança em direção ao Outro, quando colocada diante de sua imagem no espelho, consiste na sua entrada no campo do simbólico e traz a marca do traço unário, primeiro dos significantes (Lacan, 2005, p. 31). Esse investimento da imagem especular é fundamental não apenas para a relação imaginária, mas também porque tem um limite: nem todo investimento libidinal passa pela imagem especular. Há um resto, que é o falo, que a partir daí aparece como falta. Esse falo que falta na imagem (-φ) foi correlacionado por Lacan ao objeto *a*. O objeto *a* é um resíduo do real e, como tal, não deriva da imagem especular. Através da manipulação do *cross-cap*, figura tomada de empréstimo da topologia, o autor assinala "como o corpo pode instituir nela dois pedaços diferentes, um que pode ter uma imagem especular, outro que literalmente não a tem" (Lacan, 2005, p. 49).

É na impossibilidade de representação especular que o falo (-φ) e o objeto pequeno *a* se correspondem. A partir da identificação primária a um significante, as outras identificações se processam, proporcionando ao sujeito o reconhecimento de sua imagem corporal. O desejo é fundado nesse primeiro tempo, sendo resultante do processo de divisão subjetiva e da entrada do sujeito no campo da linguagem, que deixa o objeto *a* de fora, como resto.

Lacan aproxima o objeto a de *das Ding*, "ele é a sobra, por assim dizer, da operação subjetiva, reconhecemos estruturalmente nesse resto, por analogia de cálculo, o objeto perdido" (Lacan, [1962-1963] 2005, p. 179). Lacan afirma que "sempre há no corpo, em virtude desse engajamento na dialética significante, algo de separado, algo de sacrificado, algo de inerte, que é a libra de carne" (p. 242). Segundo Lucero e Vorcaro (2016), o objeto perdido (*das Ding*) em *O Seminário, livro 10* toma a forma do *a* ao se conectar ao corpo, a "libra de carne" que pode ser cedida e que faz um entrelaçamento entre o corpo do sujeito e o corpo do Outro.

Essa cessão do objeto perdido é uma operação da linguagem que se passa entre o sujeito e o Outro, é um manejo do objeto que possibilita a diferenciação entre o objeto caído e o objeto cedido. "O objeto a caído é singular, ele não tem imagem, nem nome, nem significante. O objeto cedido, em contrapartida, manifesta-se no nível dos fenômenos" (Soler, 2012, p. 148).

O objeto cedido se refere às "substâncias episódicas do objeto singular" (p. 148) sob a forma dos objetos parciais: anal, oral, escópico e vocal, e constitui o sujeito na sua função de ser representado por *a*, ao que há de mais real no sujeito, constituído pelo laço entre a alteridade e os orifícios do corpo e que demarcam o oco do Outro e as relações de objeto do sujeito.

Conforme visto anteriormente, o imaginário entra como o que permite ao sujeito ter acesso a esse objeto que ficou de fora do registro simbólico, e a fantasia é o desvio imaginário que dá acesso, ainda que de forma artificial, à relação do sujeito com seu desejo. Ele defende que tal acesso nunca é possível de maneira efetiva, porque o objeto *a*, suporte do desejo na fantasia, é invisível na imagem do desejo para o sujeito. Do lado do espelho, o lugar destinado ao *a* é uma lacuna, pois é o lugar vazio devido à ausência do falo. Essa imagem caracterizada por uma falta orienta e polariza o desejo, que não se apresenta apenas como velado, mas em sua essência relacionado com uma ausência. Essa ausência que implica também uma possibilidade de aparição se ordena por uma presença inapreensível para o sujeito, exercendo sua função na fantasia. (LACAN, 2005).

Portanto, para Lacan, a angústia não é a reação-sinal de uma perda de um objeto, como Freud nos diz em "Inibição, sintoma e ansiedade" ([1926] 1989), como a perda do útero materno na ocasião do nascimento, perda eventual da mãe, tida como objeto, perda do pênis etc. (LACAN, 2005). Para ele, torna-se salutar a presença-ausência da mãe para que o desejo se institua, pois é a possibilidade da ausência que institui a segurança da presença. Lacan nos esclarece:

> O que há de mais angustiante para a criança é, justamente, quando a relação com base na qual essa possibilidade se institui, pela falta que a transforma em desejo, é perturbada, e ela fica perturbada ao máximo quando não há possibilidade de falta, quando a mãe está o tempo todo nas costas dela, especialmente a lhe limpar a bunda, modelo da demanda, da demanda que não pode faltar (p. 64).

Lacan destaca a função essencial do lugar do vazio como ponto funcional do desejo, ou seja, é somente porque algo falta que podemos desejar. Nessa perspectiva, quando há falta da falta, o sujeito não está somente alienado ao desejo do Outro, como indicado anteriormente, mas também tomado como objeto do desejo do Outro, tal como a criancinha que tem sua mãe às suas costas limpando seu "bumbum".

Esse lugar vazio onde algo pode aparecer, denominado por Lacan de (-φ), indica uma relação estreita desse termo com a reserva libidinal do sujeito, com esse algo que não se projeta, que não se investe no nível da imagem especular, permanecendo profundamente investido no nível do próprio corpo, no autoerotismo, no gozo autista:

> Ele é um alimento que fica ali para animar, eventualmente, o que intervirá como instrumento na relação com o outro, o outro

constituído a partir da imagem de meu semelhante, o outro que perfilará sua forma e suas normas, a imagem do corpo em sua função sedutora, sobre aquele que é o parceiro sexual (p. 55).

A angústia aparece quando "uma coisa qualquer" (p. 51) surge no lugar do campo especular que corresponderia ao objeto *a* no real, caso esse objeto pudesse ser refletido. Para Lacan:

> A *Unheimlichkeit* é aquilo que aparece no lugar em que deveria estar o *menos-phi*. Aquilo de que tudo parte, com efeito, é a castração imaginária, porque não existe, por bons motivos, imagem da falta. Quando aparece algo ali, portanto, é porque, se assim posso me expressar, a falta vem a faltar (p. 52).

Essa "coisa qualquer", Lacan vai aproximá-la da "*das Ding*" de Freud, conceito elaborado por ele no "Projeto para uma psicologia científica" ([1895] 1989), onde trabalha esse termo em um contexto lateral, mas que foi recuperado e desenvolvido por Lacan em *O seminário, livro 10: A angústia* (2005). Nesse artigo Freud fala sobre um complexo perceptivo que opera no lactante dividido em duas partes: a primeira é determinada e permanece inalterada. A outra parte restante do complexo perceptivo é a que sofre alterações. Na parte inalterada do complexo perceptivo, Freud localiza o que ele denomina como *das Ding*, a Coisa, que é o primeiro exterior hostil que enfrenta o lactante (HARARI, 1997).

Para Lacan, o lugar da Coisa pode ser ocupado pela Mãe, denominada aqui como o Outro Primordial, não se tratando da mãe empírica, mas daquilo que da mãe fica localizado, tal como esse primeiro exterior hostil que enfrenta o lactante, como efeito de estrutura. Esse objeto exterior que fornece a percepção de um outro semelhante, próximo, configura-se como um primeiro objeto de satisfação e, portanto, também como um primeiro objeto hostil. Nessa perspectiva, Lacan se pergunta o que está no começo e conclui que é o Desejo da Mãe, que consiste em reintegrar o seu produto, surgindo diante do lactante como *das Ding*. Cabe, como Lacan nos assinala, ao Nome-do-Pai, enquanto uma instância terceira entre a criança e esse Outro primordial com sua dupla face, realizar um corte entre a mãe e a criança.

O aparecimento da angústia se dá quando o sujeito se depara com a *Unheimlichkeit*, isto é, com a inquietante estranheza que é desencadeada com o escancarar repentino de uma janela e com o aparecimento do mais íntimo do sujeito, com aquilo que não pode ser visto, que é enquadrado pela cena da fantasia. Nesse escancaramento aparece algo nesse enquadramento, algo que Lacan designa como o *heim*, algo que já estava ali muito perto, em casa, o hóspede desconhecido. Essa é a modalidade do afeto do *infamiliar* pelo qual o sujeito é tomado quando se depara com alguma coisa extremamente familiar, de casa, íntima, mas ao mesmo tempo hostil, estranho[6] (FREUD, [1919] 2019). Esse afeto é desencadeado quando o desejo do Outro exige que o sujeito apague seus limites, entregando-se de forma incondicional, aparecendo a vertente do gozo ilimitado do Outro (LACAN, 2005).

Rosa (2008) assinala que não é apenas a presença do objeto que é colocada em jogo na angústia, sendo necessário considerar a relação do sujeito com o Outro. A dimensão do Outro não está ausente em nenhum dos modos de angústia desenvolvidos por Lacan: "a presença do Outro se dá como gozo, como demanda e como desejo, de tal modo que podemos dizer que o gozo, a demanda e o desejo do Outro angustiam" (p. 43).

A perspectiva lacaniana da fobia

Segundo Schejtman (2006), a fobia se mostra paradigmática em sua função de interpretar a angústia e resolvê-la. Ele nos lembra que Freud, em "O inconsciente" ([1915] 1989), propõe uma primeira fase na histeria de angústia antes da formação de uma fobia específica. Essa angústia surge de algo que não se sabe o que é. Lacan, em *O seminário, livro 10: A angústia* (2005) nos adverte que a angústia não é sem objeto, mas nesse caso ela é sem nome. Em um segundo tempo esse afeto liberado liga-se a uma representação substitutiva, provocando uma racionalização da angústia através da ligação da energia com uma representação.

Lacan em *O seminário, livro 4: A relação de objeto* (1995) segue a trilha freudiana no caso do pequeno Hans, mostrando que o objeto da fobia é um significante que tem uma função metafórica, ou seja, ele substitui a função paterna no complexo de Édipo do pequeno Hans. Assim, é a carência paterna do pai de Hans em operar a castração que faz com que um significante venha a desempenhar esse papel.

Tomemos o caso do pequeno Hans, que a partir dos 4 anos e meio desencadeia uma fobia. Essa fobia é tratada por seu pai – um dos discípulos de Freud – e sob sua supervisão. Hans é filho único e objeto de uma atenção especial do pai e dos cuidados ternos de sua mãe. Ele não é frustrado em nada, tudo lhe é permitido, inclusive participar da

[6] A nova tradução de *das Unheimliche* por "O infamiliar" proposta pela Autêntica Editora expressa a própria ambiguidade inerente ao vocábulo "familiar".

cama de seus pais. Esse tempo anterior ao surgimento da angústia é descrito por Lacan como "o paraíso, a felicidade de Hans" (Lacan, 1995, p. 231-232).

Em um determinado momento, esse paraíso termina, e surge a angústia diante de algo que não se sabe o que é. Para Lacan (1995), o que muda é que o pênis de Hans começa a se tornar real, começa a se agitar, e a criança realiza as primeiras brincadeiras masturbatórias. Até então, Hans permanecia no engodo fálico, "a saber, este jogo onde se é o que não se é, onde se é para a mãe tudo o que a mãe quer" (p. 232).

Quando intervém a pulsão, abre-se uma hiância imensa entre satisfazer uma imagem (ser o falo da mãe) e ter algo de real para apresentar, algo (de miserável) que o coloca como cativo, vítima apassivada do Outro. O pequeno Hans está confrontado entre a pulsão real e o jogo imaginário do engodo fálico em relação à mãe.

É preciso então que o pai de Hans faça operar a castração, que o pênis real seja posto de lado, introduzindo a ordem simbólica, o reino da lei. Mas o pai de Hans era um pouco "frouxo" e, onde ele não castra bem, Hans precisa inventar um cavalo que morda. O cavalo cumpre a função de defender Hans da angústia despertada pelo encontro com esse gozo sexual, com o que se agita em seu corpo e do qual não há uma ordem simbólica que lhe indique o caminho.

No caso Hans, a fobia eclode em plena vivência do drama edípico, quando a criança está às voltas com o falo, sendo necessário que esse falo imaginário seja simbolizado: o objeto fóbico vem preencher essa função de simbolização. Conforme Lacan: "por ocasião de um momento particularmente crítico, quando nenhuma via de outra natureza está aberta para a solução do problema, a fobia constitui um apelo por socorro, o apelo a um elemento simbólico singular" (Lacan, 1995, p. 57).

De acordo com Schejtman (2006), no caso do pequeno Hans, temos as duas versões da angústia trabalhada por Lacan em *O seminário, livro 10: A angústia* (2005). Nesse sentido, o "pênis real" de *O seminário, livro 4: As relações de objeto* seria uma noção que antecipa o objeto *a*, na medida em que é um objeto que se faz presente e questiona a identificação de Hans como falo imaginário da mãe: "Existem as duas possibilidades: a presença do pênis real gera a angústia e, ao mesmo tempo, aponta para a abertura ao enigmático e ao angustiante do desejo do Outro" (p. 57).

Assim, o surgimento do pênis real introduz um duplo movimento para Hans: em um primeiro momento, ele obtura a falta fálica da mãe com seu próprio corpo, ele é o falo da mãe, objeto de desejo do Outro materno. Quando aparece esse elemento real (o pênis real), ele deixa de ser o falo e passa a ter o falo, e o que surge é a pergunta sobre o desejo do Outro: "O que quer o Outro de mim?".

Na leitura lacaniana do caso Hans, é possível distinguir as fases que se sucedem até a constituição do sintoma fóbico. O primeiro aspecto que adquire a fobia de Hans é o medo em ser devorado pela mãe, e o que se faz presente é a angústia diante do desejo do Outro. Temos aqui um medo difuso, uma angústia que não se liga a nada, que causa horror justamente porque não é nomeada.

Em um segundo momento, temos a constituição do sintoma fóbico, que é para Lacan a operação metafórica do significante "cavalo", que corrige a falha do pai real. Onde o pai de Hans não morde bem, a criança inventa um cavalo que morda em seu lugar. O cavalo supre a função do pai, substituindo-se ao Desejo da Mãe na Metáfora Paterna. O significante fóbico "cavalo" possibilita uma nomeação do medo difuso e apazigua o sujeito.

Considerações finais

Em *O seminário, livro 16: De um Outro ao outro* (2008), Lacan nomeia a fobia não como uma entidade clínica, mas como uma "placa giratória", um tempo preliminar antes da escolha entre a histeria e a neurose obsessiva ou fazendo junção com a perversão: "Ela é muito menos uma entidade clínica isolável do que uma figura clinicamente ilustrada, de maneira espetacular, sem dúvida, mas em contextos infinitamente diversos" (p. 298). Com o termo "placa giratória", o autor nos aponta a direção para entendermos a fobia não como um quadro clínico isolado, mas também se manifestando pontualmente em quadros diversos.

Essa abordagem da fobia como uma placa giratória antecipa a teoria lacaniana do nó borromeano, desenvolvida em *O Seminário, livro 22: R.S.I.* (1974-1975, inédito).[7] Nesse seminário, Lacan trabalha a possibilidade de

[7] No *Seminário R.S.I.* Lacan aborda a estrutura do ser falante como um nó borromeano de três círculos, no qual cada "rodela" representa uma das três instâncias psíquicas – Real, Simbólico e Imaginário. O Real é um lugar ao qual sempre se retorna. Que retorna como alguma coisa de estritamente impensável, da ordem de um impossível ao qual o sujeito não tem acesso. O Simbólico é o equívoco: à medida que o inconsciente se sustenta em alguma coisa que é estruturada como o Simbólico, há um equívoco fundamental entre o sujeito e a língua; para além do sentido das palavras há um gozo no dizer. O Imaginário estabelece sentido ao Simbólico, aos significantes; é o efeito de escritura do Simbólico. Dessa forma, o pensamento não é apenas Simbólico, ele diz respeito ao Imaginário quando se pensa privilegiando um sentido.

se prescindir do Nome-do-Pai como uma amarração para os três registros da realidade psíquica, fazendo uma passagem do Nome-do-Pai aos Nomes-do-Pai. Lacan constata que a estrutura do ser falante é sempre falha, sendo necessário um quarto termo que amarre juntos o Real, o Simbólico e o Imaginário. Dessa forma, o Nome-do-Pai passa a ser um operador lógico dentre vários possíveis.

Mesmo admitindo a necessidade de algo que articulasse os três registros, Lacan considerou a precariedade paterna para estabelecer essa função, precariedade que conduziria o próprio sujeito a articular os registros Real, Simbólico e Imaginário, R.S.I., inventando uma suplência ao Nome-do-Pai. Podemos dizer que, a partir da constatação do complexo de Édipo como um sonho de Freud (em *O seminário, livro 17: O avesso da psicanálise* (1992)) e da introdução do nó borromeano (a partir de *O seminário, livro 19: ...ou pior* (2012)), Lacan aos poucos se desembaraça do Nome-do-Pai, encontrando um modo de figuração da função de suplência dos "Nomes-do-Pai".

É na última lição de *O seminário, livro 22: R.S.I.* (1974-1975, inédito) que Lacan conclui que não existe nó borromeano de três para o ser falante, pois há sempre uma falha no nó borromeano de três dimensões. Assim, são possíveis múltiplos tipos de enodamento na estrutura do nó de quatro elos para amarrar juntos os três registros da realidade psíquica. À diferença da proposição freudiana do complexo de Édipo como eixo articulador da realidade psíquica de um sujeito, ao implicar singularmente seja o Simbólico, o Imaginário ou o Real, o nó borromeano gira em torno não de um, mas de diferentes Nomes-do-Pai: "os nomes do pai, é isso: o Simbólico, o Imaginário e o Real. Eles dão sentido, nomeiam algo do Real" (Lacan, 1974-1975).

Conforme visto, a fobia do pequeno Hans tinha uma função muito precisa – ela amarrava a sua realidade psíquica, ali onde o Nome-do-Pai não operava, protegendo-o do gozo invasivo do Outro. Conforme Schejtman (2013), ela era um sintoma metáfora que mantinha enodada a estrutura entre imaginário e simbólico. Dessa forma, torna-se necessário se interrogar, a cada vez que recebemos um sujeito em análise, se convém ou não colocar em questão os tipos de resposta sintomática por ele apresentados. Tais respostas, muitas vezes, irão se mostrar como soluções no enfrentamento com o real. Deve-se ressaltar que caberá ao analista fazer um cálculo diante da possibilidade de que o sujeito possa vir a elaborar outras soluções, menos deletérias, aos impasses diante do Outro e do objeto *a*.

A direção do tratamento de um sujeito fóbico se passa pela construção de um tecido simbólico-imaginário, supondo um saber ao analista por meio da transferência e possibilitando a claudicação da certeza localizada em seu sintoma fóbico, sendo preciso fazer ecoar a possibilidade da fantasia sem inundar o sujeito com sentidos e sugestões (Mattos Filho, 2012).

Enfim, para a psicanálise, não se trata de classificar os sujeitos em função de "transtornos", tal como operam alguns manuais de classificações psiquiátricas ao estilo DSMs e CIDs, para melhor diagnosticar e medicar. Trata-se, isso sim, de verificar a relação do sujeito com a angústia e com o sintoma que o nomeia. Assim, a reconstrução da fantasia durante o processo analítico de um sujeito fóbico, que é aquele que nos ocupou mais especificamente neste capítulo, é condição preliminar e poderá produzir uma nova resposta subjetiva que leve em conta um saber fazer com essa parte obscura do gozo que não é representável, não passa pela imagem especular e que permanece, desse modo, como resto na forma de reserva libidinal.

Referências

ALVAREZ, J. M.; ESTEBAN, R.; SAUVAGNAT, F. *Fundamentos de psicopatología psicoanalítica.* Espanha: Sintesis, 2005.

BARRETO, F. P.; IANNINI, G. Introdução à psicopatologia lacaniana. *In*: TEIXEIRA, A.; CALDAS, H. (Orgs.). *Psicopatologia lacaniana. Volume 1: Semiologia.* Belo Horizonte: Autêntica, 2017.

CAZOTTE, J. *O diabo amoroso.* Rio de Janeiro: Imago, 1992.

CID-10 – Classificação dos Transtornos Mentais e de Comportamento da CID-10: Descrições Clínicas e Diretrizes Diagnósticas – Organização Mundial da Saúde, trad. Dorival Caetano, Porto Alegre: Artes Médicas, 1993.

EY, H.; BERNARD, P.; BRISSET, C. *Manual de psiquiatria.* 5. ed. Rio de Janeiro: Masson, 1981.

FREUD, S. Análise de uma fobia em um menino de cinco anos [1909]. *In*: *Duas histórias clínicas (o Pequeno Hans e o Homem dos Ratos) (1909).* Tradução de J. Salomão. Rio de Janeiro: Imago, 1989. p. 13-154. (Edição Standard Brasileira das Obras Psicológicas Completas de Sigmund Freud, X).

FREUD, S. *Conferências introdutórias sobre psicanálise* [1917]. *In*: *Conferências introdutórias sobre psicanálise (Parte III) (1915-1916).* Tradução de J. Salomão. Rio de Janeiro: Imago, 1989. p. 289-539. (Edição Standard Brasileira das Obras Psicológicas Completas de Sigmund Freud, XVI).

FREUD, S. Conferência XXXII [1932]. *In*: *novas conferências introdutórias sobre psicanálise e outros trabalhos (1932-1936).* Tradução de J. Salomão. Rio de Janeiro: Imago, 1989. p. 103-138. (Edição Standard Brasileira das Obras Psicológicas Completas de Sigmund Freud, XXII).

FREUD, S. Inibições, sintomas e ansiedade [1926 [1925]]. *In*: *Um estudo autobiográfico, inibições, sintomas e ansiedade/Análise leiga e outros trabalhos (1925-1926)*. Tradução de J. Salomão. Rio de Janeiro: Imago, 1989. p. 95-201. (Edição Standard Brasileira das Obras Psicológicas Completas de Sigmund Freud, Volume XX, Imago).

FREUD, S. Obsessões e fobias: seu mecanismo psíquico e sua etiologia [1895 [1894]]. *In*: *Primeiras publicações psicanalíticas (1893-1899)*. Tradução de J. Salomão. Rio de Janeiro: Imago, 1989. p. 75-86. (Edição Standard Brasileira das Obras Psicológicas Completas de Sigmund Freud, III).

FREUD, S. O estranho [1919]. *In*: *Uma neurose infantil e outros trabalhos (1917-1918)*. Tradução de J. Salomão. Rio de Janeiro: Imago, 1989. p. 273-318. (Edição Standard Brasileira das Obras Psicológicas Completas de Sigmund Freud, XVII).

FREUD, S. O inconsciente [1915]. *In*: *A história do movimento psicanalítico, artigos sobre a metapsicologia e outros trabalhos (1914-1916)*. Tradução de J. Salomão. Rio de Janeiro: Imago, 1989. p. 191-245. (Edição Standard Brasileira das Obras Psicológicas Completas de Sigmund Freud, XIV).

FREUD, S. *O infamiliar [das Unheimliche]*. Edição comemorativa bilíngue (1919-2019). Belo Horizonte: Autêntica, 2019. (Obras Incompletas de Sigmund Freud).

FREUD, S. *Projeto para uma psicologia científica* [1950 [1895]]. *In*: *Publicações pré-psicanalíticas e esboços inéditos (1886-1889)*. Tradução de J. Salomão. Rio de Janeiro: Imago, 1989. p. 386-529. (Edição Standard Brasileira das Obras Psicológicas Completas de Sigmund Freud, I).

FREUD, S. Sobre os fundamentos para destacar da neurastenia uma síndrome específica denominada "neurose de angústia" [1895 [1894]]. *In*: *Primeiras publicações psicanalíticas (1893-1899)*. Tradução de J. Salomão. Rio de Janeiro: Imago, 1989. p. 89-114. (Edição Standard Brasileira das Obras Psicológicas Completas de Sigmund Freud, III).

HARARI, R. *O seminário "a angústia", de Lacan: uma introdução*. Porto Alegre: Artes e Ofícios, 1997.

LACAN, J. *O seminário, livro 10: A angústia* [1962-1963]. Texto estabelecido por Jacques-Alain Miller. Rio de Janeiro: Jorge: Zahar, 2005.

LACAN, J. *O seminário, livro 16: De um Outro ao outro* [1968-1969]. Texto estabelecido por Jacques-Alain Miller. Rio de Janeiro: Jorge Zahar, 2008.

LACAN, J. *O seminário, livro 17: O avesso da psicanálise* [1969-1970]. Texto estabelecido por Jacques-Alain Miller. Rio de Janeiro: Jorge Zahar, 1992.

LACAN, J. *O seminário, livro 19: ...ou pior* [1971-1972]. Texto estabelecido por Jacques-Alain Miller. Rio de Janeiro: Jorge Zahar, 2012.

LACAN, J. *O seminário, livro 4: A relação de objeto* [1956-1957]. Texto estabelecido por Jacques-Alain Miller. Rio de Janeiro: Jorge Zahar, 1995.

LACAN, J. *O seminário, livro 22: R.S.I.* [1974-1975]. Texto estabelecido por Jacques-Alain Miller. *Ornicar? Bulletin périodique du champ freudien* (5), 21.

LAPLANCHE, J.; PONTALIS, J.-P. *Vocabulário da psicanálise*. São Paulo: Martins Fontes, 1998.

LUCERO, A.; VORCARO, A. M. R. Angústia e constituição subjetiva: do objeto não significantizável ao significante. *Revista Subjetividades*, Fortaleza, v. 16, n. 2, p. 60-70, ago. 2016.

MATTOS FILHO, C. R. *O sintoma fóbico: suplência na lógica fálica*. 2012. Tese (Doutorado em Teoria Psicanalítica) – Universidade Federal do Rio de Janeiro, Rio de Janeiro, 2012.

REYS, B. N. Angústia e fobia: pontuações sobre a síndrome do pânico. *Escola Letra Freudiana: Hans e a Fobia*, Rio de Janeiro, n. 24, p. 141-148, 1999.

ROSA, M. Fobia social: suores e rubor à flor da pele. *Pulsional*, São Paulo: Escuta, n. 3, p. 39-48, set. 2008.

ROUDINESCO, E.; PLON, M. *Dicionário de psicanálise*. Rio de Janeiro: Jorge Zahar, 1998.

SCHEJTMAN, F. Encadeamentos e desencadeamentos da angústia. *In: Curinga: Escola Brasileira de Psicanálise–Seção Minas*, Belo Horizonte, n. 22, jun. 2006.

SCHEJTMAN, F. *Sinthome: ensayos de clínica psicoanalítica nodal*. Buenos Aires, Argentina: Grama Ediciones, 2013.

SOLER, C. *Seminário de leitura de texto ano 2006-2007: Seminário A angústia, de Jacques Lacan*. São Paulo: Escuta. 2012.

VIEIRA, M. A. *Restos: uma introdução lacaniana ao objeto da psicanálise*. Rio de Janeiro. Contra Capa, 2008.

A demissão do Outro na esquizofrenia

Elisa Alvarenga

O título deste capítulo é conforme à atualidade da esquizofrenia nos nossos tempos, ditos do "Outro que não existe". Pois se na obra de Freud e no ensino de Lacan o termo "esquizofrenia" é ou controverso ou escasso, os nossos tempos veem o diagnóstico de esquizofrenia ser promovido, ao lado do conceito de psicose ordinária, como corolário do discurso capitalista, em detrimento das grandes psicoses extraordinárias, tal como o paradigma constituído por Schreber, a partir de sua leitura, realizada por Freud e retomada por Lacan. Se o diagnóstico do presidente Schreber foi formulado por Freud como *"dementia paranoides"*, nome dado por Kraepelin ao que será renomeado por Bleuler como "esquizofrenia paranoide", Schreber não deixou de atravessar um período francamente catatônico no curso de sua doença, antes de sua construção delirante digna do diagnóstico de paranoia.

Comecemos então pela psiquiatria clássica, para situar as origens do conceito de esquizofrenia, antes de vermos o que ele se tornou nos dias e na clínica de hoje, em que não apenas vemos a loucura se generalizar, mas também contamos com novos recursos terapêuticos.

As origens da esquizofrenia na psiquiatria clássica

No século XIX, entre aqueles que enchiam os asilos psiquiátricos, Morel descreveu, na França, aqueles "afetados por estupidez desde a juventude" sob o nome de "dementes precoces". Na Alemanha, Hecker designou como hebefrenia um estado demencial das pessoas jovens, e Kahlbaum, interessado pelos distúrbios psicomotores, descreveu os afetados de catatonia. Emil Kraepelin, nas sucessivas edições do seu *Tratado das doenças mentais*, agrupou todos esses casos sob o nome de *dementia precox*, caracterizada pela evolução progressiva para um estado de debilitamento psíquico (*Verblödung*) e pelos distúrbios da afetividade (indiferença e apatia). Kraepelin distinguia nessa "demência precoce" três formas clínicas: a hebefrenia, a catatonia e a forma paranoide, com ideias delirantes mais ou menos extravagantes. Tratava-se menos de uma demência do que de uma dissociação da vida psíquica, que perde sua unidade e sua atividade. Eugen Bleuler, em 1911, em Zurique, considerava que esses doentes seriam afetados por uma desintegração de sua capacidade associativa, que alteraria seu pensamento e os mergulharia em uma vida "autista", cujas ideias e sentimentos seriam a expressão simbólica de complexos inconscientes (Ey; Bernard; Brisset, 1981, p. 534-535).

A concepção bleuleriana repousa, de fato, sobre a primeira aplicação das ideias freudianas à investigação clínica das grandes psicoses. Bleuler e Jung, então seu assistente na Burghölzly de Zurique, trabalham com a *Interpretação dos sonhos* de Freud e retêm a importância da afetividade na regulação e na perturbação do curso da vida psíquica e do pensamento através da ação dos mecanismos freudianos da condensação, deslocamento, simbolização e recalcamento (Bercherie, 1988, p. 7-8).

Segundo Paul Bercherie, desde 1906, Bleuler rebatiza de esquizofrenia a demência precoce de Kraepelin, pois não se trata de uma verdadeira demência, ela nem sempre é juvenil, e o processo de deterioração, quando há, é frequentemente tardio. Em sua monumental monografia de 1911, Bleuler (1993) aplica aos sintomas esquizofrênicos as análises freudianas, que lhes restituem um sentido na vida afetiva e na história do sujeito. Mas ele destaca, por contraste, que sua estrutura específica escapa a essa apreensão pelo sentido, desvelando a intervenção de um transtorno fundamental e global que Bleuler postula ser de origem orgânica e chama de dissociação, o que leva à escolha do neologismo "esquizofrenia" – mente dividida.

A dissociação psíquica se manifesta pelo desaparecimento do poder regulador do eu e da consciência sobre o curso do pensamento, em um estado análogo à associação livre e ao sonho. "Esse desligamento da realidade combinado à predominância relativa ou absoluta da vida interior" (Bleuler, 1993, p. 112) é o que Bleuler chama de autismo, termo forjado no modelo do autoerotismo freudiano, amputado do sexual. Diferentemente das psicoses orgânicas, estariam intactas as funções da orientação, da memória, da consciência e da motricidade. Um suposto *déficit* se situaria no nível hierarquicamente superior da síntese pessoal, onde se inserem os esforços terapêuticos de Bleuler, contrários ao pessimismo kraepeliniano. Os sintomas fundamentais, por sua vez, escapam à compreensão e revelam a estrutura. São eles os distúrbios da associação, da afetividade e a ambivalência, afetiva, da vontade e intelectual.

A esquizofrenia e a linguagem

Podemos dizer que os esquizofrênicos, ao contrário do que pensava inicialmente Bleuler, são desabonados do inconsciente, no sentido utilizado por Lacan nos anos 1970, embora de uma forma diferente daquela manifestada por James Joyce. Para essa ideia de um "desabonamento do inconsciente", Lacan se serve do termo francês *abonnement*, assinatura, tal como usado ao se dizer, por exemplo, que se é assinante de uma revista. Nesse sentido, para Lacan, os esquizofrênicos seriam desabonados, não assinantes, do inconsciente. No entanto, à diferença do desabonamento joyciano, sua demissão do Outro se manifesta, como postula Bleuler, pelos distúrbios das associações, que tornam o pensamento incoerente. Eles se expressam como condensações, deslocamentos, defeitos na simbolização, distraibilidade, fuga de ideias, tendência à generalização, desaparecimento e inibição do pensamento ou, ao contrário, pensamentos impostos, sonorização ou fluxo contínuo de pensamentos e perseveração. O pensamento autístico é definido por esse tipo de operação, afastada da realidade, que Freud denomina de princípio primário de funcionamento psíquico. O autismo de Bleuler consiste na perda de contato com a realidade, substituída muitas vezes por uma "realidade" mais conforme aos desejos irrealizáveis do paciente, que se manifestam no delírio e nas alucinações. Estes são classificados por Bleuler como sintomas acessórios, juntamente com os distúrbios de memória (*déjà vu*, lacunas na memória), a perda dos limites e da unidade do eu, alterações da linguagem e da escrita, alterações somáticas e sintomas catatônicos, entre os quais Bleuler inclui: catalepsia, estupor, hipercinesia, estereotipias, maneirismos, negativismo, automatismos de comando, ecopraxia, ecolalia, automatismos compulsivos e impulsividade. Finalmente teríamos, como sintomas acessórios, os estados maníacos e melancólicos agudos, assim como os estados crepusculares e delirantes agudos.

O lugar central da dissociação e do autismo beneficiam uma concepção psicopatológica essencialmente sincrônica, levando a uma extensão desmesurada da entidade esquizofrenia, que acaba incluindo as psicoses agudas confusionais e delirantes, os *bouffées* delirantes da psiquiatria francesa, assim como as psicoses maníaco-depressivas. Além disso, a maneira extremamente compreensiva da forma dita simples permite a Bleuler incluir nas esquizofrenias os "nervosos", "psicopatas", alcoólatras, mendigos, vagabundos e excêntricos, cuja "frouxidão associativa" acaba desembocando na apatia e na desinserção social. A demissão do Outro aparece então aqui como ruptura do laço social, consequência dessa entidade mórbida vasta que se tornou o grupo das esquizofrenias. Os psicanalistas, no início do século, adotaram essa definição de Bleuler, deixando um pouco de lado a paranoia. No entanto, Freud considerava a paranoia um bom tipo clínico, enquanto a esquizofrenia seria para ele um mau termo nosológico (Freud; Jung, 1975, p. 182 e 224).

Uma delimitação possível do conceito de esquizofrenia passa por uma precisão dos conceitos freudianos, que devem ser diferenciados da maneira como são utilizados por Bleuler e Jung, notadamente pela eliminação da libido – eros – do conceito de autismo. Segundo Lacan, é no decorrer do seu comentário sobre Schreber que Freud se dá conta das dificuldades colocadas pelo problema do investimento libidinal nas psicoses. A ideia de um autoerotismo primordial, a partir do qual se constituem os objetos, poderia confundir-se com a noção junguiana de interesse psíquico. Daí a necessidade de voltar, no seu artigo sobre o narcisismo, à distinção entre libido do eu e libido de objeto (Lacan, 1983, p. 136; Freud, 1974b, p. 89-103).

A ideia que as pulsões autoeróticas dão origem à unidade do eu aproxima-se da concepção lacaniana do estádio do espelho, em que essa unidade se constitui em um dado momento. Freud supõe que as pulsões autoeróticas existam desde a origem e que uma nova ação psíquica, que Lacan denominará, retomando Wallon, o estádio do espelho, junte-se a elas para dar origem ao narcisismo. O sujeito vê sua imagem real no estado de imagem virtual no espelho. A forma de seu corpo está fora dele, pois está ligada à impotência primitiva devida à prematuração do ser humano. Sem domínio de seu corpo, ele só pode ver sua forma realizada fora dele mesmo. O espelho representa o Outro simbólico, que define a posição do sujeito para além da relação imaginária, especular. São, pois, a linguagem e a possibilidade da fala que definem o menor ou maior grau de estruturação imaginária. O espelho dá a imagem especular, i(a), eu ideal, armadura corporal pacificadora, porque ela organiza as pulsões. Mas essa imagem deve ser sustentada pelo olhar de um representante do Outro, que nomeia essa imagem do outro especular, designando-lhe o significante do Ideal do eu. O que é percebido só se sustenta em uma zona de nomeação. Se essa unificação do corpo na imagem nomeada pelo Ideal não acontece, temos o corpo fragmentado do esquizofrênico e sua constante busca de algo que possa dar unidade a seu corpo. Tal paciente, por exemplo, carrega consigo um pedaço de espelho que tem de olhar a todo momento dizendo: "quero ver no espelho, senão eu morrerei" (Alvarenga, 1994, p. 81-88).

Para Lacan, o problema que se coloca então a Freud é o da estrutura das psicoses dentro da teoria da libido (Alvarenga, 1992). Trata-se de apreender a diferença de estrutura entre o afastamento da realidade nas neuroses e nas psicoses levando em conta o gozo. A solução junguiana para as psicoses – introversão da libido no mundo interior do sujeito – é análoga à solução freudiana para as neuroses. O mecanismo das psicoses em Jung está em continuidade com o das neuroses, o que Lacan atribui a uma confusão entre os registros do imaginário e do simbólico. Em Freud esses registros seriam estritamente distintos, permitindo-lhe dizer que, na neurose, se há uma recusa da realidade, pode haver um recurso às fantasias, ao passo que nas psicoses nenhuma substituição imaginária seria possível.

Freud não abandona o conteúdo sexual do seu conceito de libido para fazê-lo coincidir com o interesse psíquico em geral, como quer Jung. Para Lacan, o esquema junguiano "não permite apreender as diferenças que podem existir entre a retração dirigida, sublimada, do interesse pelo mundo à qual pode chegar o anacoreta, e a do esquizofrênico, cujo resultado é, entretanto, estruturalmente distinto" (Lacan, 1983, p. 137). Trata-se de uma das poucas referências de Lacan à esquizofrenia.

Haveria na vida psíquica uma pressão para sair das fronteiras do narcisismo, ou do gozo do Um, e colocar a libido nos objetos, ou dirigir-se ao Outro, quando o investimento do eu em libido ultrapassa uma determinada medida. Os fenômenos da hipocondria e da parafrenia, termo utilizado por Freud para falar da esquizofrenia, estão ligados a uma estase da libido do eu, ao passo que a introversão e a regressão das neuroses de transferência estão ligadas a uma estase da libido de objeto.

É no seu texto "O inconsciente", notadamente no capítulo VII, "Avaliação do inconsciente" (Freud, 1974a, p. 224-233), que a retirada de investimento dos objetos e o investimento nas palavras na esquizofrenia aparece em todo o esplendor do inconsciente estruturado como linguagem. Pois é justamente através das alterações da linguagem na esquizofrenia que Freud vai apontar a existência do inconsciente, a céu aberto, no que ele chama então de psiconeuroses narcísicas.

Freud continua a opor libido do eu e libido objetal, de tal forma que na neurose renuncia-se ao objeto real, mas a libido que lhe é retirada subsiste no inconsciente, apesar do recalque. A aptidão à transferência supõe esse investimento de objeto. Na esquizofrenia, ao contrário, após o processo de retirada do investimento objetal, a libido retirada não procura um novo objeto, mas se volta para o eu. Se na paranoia essa libido serve ao narcisismo e à megalomania, na esquizofrenia a libido retorna aos órgãos do corpo de maneira fragmentada, concomitantemente ao investimento de determinados significantes.

Freud observa que, nos esquizofrênicos, a maneira de se expressar é rebuscada, cheia de maneirismos. A construção das frases sofre uma desorganização particular que pode torná-las incompreensíveis. Uma relação aos órgãos e inervações do corpo passa frequentemente ao primeiro plano. Para ilustrá-lo, ele apresenta o célebre caso da paciente de Viktor Tausk (1933). A jovem, após uma briga com o amante, lamenta-se de que seus olhos não estavam direitos, estavam tortos, o que explica por uma série de recriminações ao amante: ele era um hipócrita, um entortador de olhos (*Augenverdreher*) – o que significa, em alemão, enganador –, agora ela tinha os olhos tortos, não eram mais seus olhos, via o mundo com olhos diferentes. Freud nota que a relação da paciente com o órgão corporal representa o conteúdo dos seus pensamentos. O discurso esquizofrênico apresenta um traço hipocondríaco, que ele denomina de "fala do órgão". Enquanto uma histérica teria efetivamente revirado os olhos no sintoma de conversão, na esquizofrenia o fenômeno se manifesta na literalidade da linguagem.

Freud assinala que o encadeamento do pensamento é dominado pelo elemento que tem como conteúdo uma sensação do corpo. Assim, um paciente pode dizer que seus pensamentos estão "trombando" com os pensamentos de outros pacientes quando ele anda na enfermaria. Ou, em um exemplo de transformação das palavras em coisas, o paciente pode dizer que "o ano novo vai chegar de trem". Freud diz que as palavras, na esquizofrenia, são submetidas ao mesmo processo que produz as imagens do sonho a partir dos pensamentos latentes: o processo primário. As palavras são condensadas ou transferem seus investimentos por deslocamento, são tratadas como coisas. É a identidade da expressão verbal, e não a semelhança entre as coisas designadas, que comanda a substituição. Assim, na linguagem esquizofrênica a relação entre as palavras predomina sobre a relação entre as coisas. Se os investimentos de objeto são abandonados, o investimento das representações de palavras dos objetos é mantido. Em outro exemplo, um paciente pode atacar os objetos do sexo masculino pelos quais se sente atraído dizendo que quer comer carne humana. Ele não consegue metaforizar o desejo sexual verbalizado pela palavra "comer", no sentido de ter relação sexual com alguém, e afirma literalmente que quer comer carne humana.

Se na esquizofrenia a fuga consiste em retirar o investimento pulsional da representação de objeto, parece surpreendente que a representação de palavra seja superinvestida. Freud supõe que esse investimento da palavra pertença à tentativa de cura. No esforço de recuperar os objetos perdidos, o sujeito deve contentar-se com a palavra no lugar da coisa.

Freud diz então que os esquizofrênicos tratam as coisas concretas como se fossem abstratas, o que Lacan retoma dizendo que o significante parece exterior ao sujeito psicótico, que fica preso a ele por uma fixação erótica (Lacan, 1985, p. 165).

Esquizofrenia e discurso: o laço social

Jacques-Alain Miller (1983, p. 18-38) insiste sobre a escassez das indicações de Lacan a propósito da esquizofrenia. Em *O seminário, livro 3: As psicoses*, Lacan aponta a preferência de Freud pela paranoia e pelo termo "parafrenia" para designar a esquizofrenia (Lacan, 1985, p. 12). Quase 20 anos depois, em seu texto "O aturdito", encontramos a célebre frase sobre "o dito esquizofrênico [...] apanhado sem a ajuda de nenhum discurso estabelecido" (Lacan, 2003, p. 475), o que, para Miller, deixa essa categoria em suspenso. No entanto, outra referência de Lacan, bastante explorada por Miller, encontra-se em seu texto de 1966 "Resposta aos estudantes de filosofia sobre o objeto da psicanálise", no qual diz que a ironia é a arma do esquizofrênico e que a função social da doença mental é a ironia (Lacan, 1966, [s.p.]). Em sua conferência de 1988, "Clínica irônica", Miller diz que para o esquizofrênico o simbólico é real e que, se a palavra mata a coisa, para o esquizofrênico a palavra, ao contrário, é a coisa (Miller, 1996, p. 190-199).

O conceito bleuleriano de esquizofrenia, ressalta Miller, é um produto do discurso analítico, uma reformulação da demência precoce de Kraepelin sob a influência da psicanálise. Mas Miller testemunha que, se Lacan nunca usava o termo "esquizofrenia" em suas apresentações de pacientes, ele usava frequentemente o termo "debilidade". E sabemos que Lacan, nos últimos anos do seu ensino, disse que, entre a loucura e a debilidade, não temos mais que a escolha (Lacan, 1977, p. 9). Quando Lacan fala do esquizofrênico, em 1973 (Lacan, 2003, p. 475), ele o define em relação ao discurso. Ele está na linguagem, mas fora do discurso, o que Deleuze e Guattari (2010) tentaram pensar como o corpo sem órgãos. Miller propõe que o psicótico e o esquizofrênico podem ser pensados em relação ao discurso do mestre, que é, para Lacan, o discurso do inconsciente, a partir de uma modificação. Se nesse discurso o significante-mestre (S_1) representa o sujeito para o Outro (S_2), o que parece ser atingido na psicose é a representação do sujeito pelo significante. A foraclusão, mecanismo isolado por Freud e nomeado por Lacan, impediria o sujeito de se fazer representar por um significante, no lugar do qual teríamos então um enxame de significantes. Se no mecanismo neurótico do recalque um significante é incorporado pelo sujeito e marca o corpo, constituindo a *Bejahung*, afirmação ou recalque primordial, origem dos recalques posteriores que permitem a subjetivação do inconsciente pelo sujeito, na psicose a foraclusão ou *Verwerfung* corresponde à ausência dessa *Bejahung* original. Os fenômenos esquizofrênicos refletem esse espalhamento ou dispersão dos S_1, que não conseguem nomear o sujeito e dar-lhe uma unidade corporal. O que tem como consequência uma dispersão do gozo, que retorna de maneira fragmentada sobre seu corpo, nas alucinações cenestésicas ou auditivo-verbais. O gozo não é coordenado ao semblante fálico, mas tampouco se situa no lugar do Outro, como na paranoia.

Se é o corpo do simbólico que faz de um organismo um corpo de sujeito, porque ele o incorpora, o esquizofrênico, ao não incorporar o simbólico, vê-se desprovido de unidade corporal. Ele tenta remediar isso se maquinizando, ou aparelhando seu corpo através de objetos aos quais ele se conecta, seja para lhe extrair o gozo, seja para lhe dar bordas. Assim, o dito esquizofrênico deve se arranjar com seu corpo fora de qualquer referência a um discurso estabelecido, o que significa que ele deve inventar sua própria maneira de habitar a linguagem e de tomar a palavra.

O que dizer então da esquizofrenia nos tempos do Outro que não existe? A partir do momento em que Lacan anuncia que não há Outro do Outro (Lacan, 1998, p. 833) – não há, no campo do Outro da linguagem, um Outro significante que garanta sua ordem – e pluraliza o Nome-do-Pai (Lacan, 2005), o Outro perde sua consistência e sua garantia, e o simbólico, sua hegemonia. No seminário *O avesso da psicanálise*, o Nome-do-Pai será logicizado como significante-mestre, uma pura função lógica. No seminário *Mais, ainda*, no seu quadro da sexuação temos, do lado masculino, a lógica edipiana e a exceção paterna, enquanto do lado feminino, não havendo uma função de exceção que circunscreva a ordenação fálica, temos a foraclusão generalizada, pois não existe o significante que nomeie A mulher. Estamos no campo em que o gozo não é circunscrito pela exceção que vale para todos, mas pela função do sintoma de cada um, que, no caso da psicose, faz função de suplência. Se se define o sintoma como quarto termo que enlaça os registros do real, do simbólico e do imaginário, o Nome-do-Pai deixa de ser um significante, para ser uma função suplementar. Podemos dizer que os esquizofrênicos se sentem mais à vontade em um tempo de foraclusão generalizada, de declínio do Nome-do-Pai, em que o simbólico já não tem a primazia sobre o imaginário e o real?

Parece que sim e que a introdução, por Jacques-Alain Miller (2012), do sintagma "psicose ordinária", desde 1998, traz consigo uma nova maneira de pensar as psicoses, com os desligamentos e religamentos ao Outro, novos fenômenos corporais e novas formas de transferência. Um paciente esquizofrênico, por exemplo, que chega para tratamento, não representado por um significante para o significante qualquer do analista, mas em posição de objeto, exigirá que o analista suponha a ele um saber e o acompanhe em suas possíveis invenções. Inicialmente, é preciso que o analista se coloque em posição de sujeito e siga as pistas que o esquizofrênico lhe dá: alguns S_1 dispersos – quando nenhum significante se distingue para marcar o corpo, que permanece dócil a um enxame de significantes –, um mutismo ou um quadro de agitação, antes que ele possa tomar a palavra e entrar, por menos que seja, em um discurso, definido por Lacan como um laço social.

Na esquizofrenia, com frequência, a transferência se organiza em torno de vários, mas também de um terapeuta específico, seja na instituição, seja fora dela. A transferência, por precária que seja, pode ajudar a construir uma imagem corporal *narcissizada*, organizar um delírio, uma história mínima ou uma nomeação. A produção de objetos ou a escrita podem operar uma extração do gozo que mortifica e sacrifica o organismo, dando a esse corpo a possibilidade de encontrar uma função, por delirante que seja, para seus órgãos. Se a extração do objeto de gozo se dá habitualmente pela operação do imaginário e do simbólico, havendo foraclusão do Nome-do-Pai e da significação fálica, essa extração terá de ser realizada por outros artifícios, para evitar que ela seja feita no real da passagem ao ato.

O exemplo de um caso de "fibromialgia", que percorria a rede de saúde mental, sem encontrar para si um lugar, um interlocutor ou um corpo para além da dor que migrava, cada vez, para outro pedaço do corpo, pode nos ensinar sobre novas formas de apresentação da esquizofrenia.[1] A desorganização do pensamento ou do corpo necessita de um endereço onde possa alojar suas peças soltas e inventar pequenos artifícios para fazer existir, por pouco que seja, um Outro como parceiro para o gozo, e um corpo que o sujeito possa habitar.

Referências

ALVARENGA, E. A esquizofrenia e o estádio do espelho. *Revista de Psiquiatria e Psicanálise com crianças e adolescentes*. Belo Horizonte: FHEMIG, 1994, p. 81-88.

ALVARENGA, E. *O conceito de psicose em Freud*. Belo Horizonte: Tahl, 1992.

---

[1] Cf. "A psicanálise e o *mind body problem*", texto coletivo apresentado no ENAPOL VII, em 2015, onde comentamos um caso de fibromialgia apresentado por Marcelo Quintão.

BERCHERIE, P. Présentation. *In*: BLEULER, E. *L'invention de l'autisme*. Paris: Navarin, 1988. p. 7-8.

BLEULER, E. *Dementia precox ou groupe des schizophrénies*. Paris: E.P.E.L.; G.R.E.C., 1993. 665p.

DELEUZE, G.; GUATTARI, F. *O anti-édipo: capitalismo e esquizofrenia*. Florianópolis: Editora 34, 2010.

EY, H., BERNARD, P.; BRISSET, C. *Tratado de psiquiatria*. Paris: Masson, 1981. p. 534-5.

FREUD, S. O inconsciente [1915]. *In*: *A história do movimento psicanalítico, artigos sobre a metapsicologia e outros trabalhos (1914-1916)*. Rio de Janeiro: Imago, 1974. p. 224-233. (Edição Standard Brasileira das Obras Psicológicas Completas de Sigmund Freud, *XIV*).

FREUD, S. Sobre o narcisismo: uma introdução [1914]. *In*: *A história do movimento psicanalítico, artigos sobre a metapsicologia e outros trabalhos (1914-1916)*. Rio de Janeiro: Imago, 1974. p. 89-103. (Edição Standard Brasileira das Obras Psicológicas Completas de Sigmund Freud, *XIV*).

FREUD, S.; JUNG, C. G. *Correspondence Freud-Jung*. Paris: Gallimard, 1975. p. 182, 224 (cartas 70, de 17.02.1908 e 99, de 21.06.1908).

LACAN, J. L'insu que sait de l'une bévue s'aile à mourre. *Ornicar?*, Paris, n. 14, jan. 1977.

LACAN, J. *Nomes-do-pai*. Rio de Janeiro: Zahar, 2005.

LACAN, J. O aturdito. *In*: *Outros escritos*. Rio de Janeiro: Zahar, 2003.

LACAN, J. *O seminário, livro 1: Os escritos técnicos de Freud*. Rio de Janeiro: Zahar, 1983.

LACAN, J. *O seminário. livro 3: As psicoses*. Rio de Janeiro: Zahar, 1985.

LACAN, J. Réponse à des étudiants en philosophie sur l'objet de la psychanalyse. *Cahiers pour l'Analyse*, Paris, n. 3, 1966.

LACAN, J. Subversão do sujeito e dialética do desejo no inconsciente freudiano. *In*: *Escritos*. Rio de Janeiro: Zahar, 1998.

MILLER, J.-A. *A psicose ordinária*. Belo Horizonte: Scriptum, 2012.

MILLER, J.-A. Clínica irônica. *In*: *Matemas I*. Rio de Janeiro: Zahar, 1996. p. 190-199.

MILLER, J.-A. Schizophrenie et paranoia. *Quarto: Revue de Psychanalyse*, Bruxelles, n. 10, p. 18-38, 1983.

TAUSK, V. On the Origin of the "Influencing Machine" in Schizophrenia. *Psychoanalytic Quaterly*, 1933.

A paranoia como patologia do Outro

Andréa Máris Campos Guerra

Freud e Lacan fundam uma chave de leitura, essencial à elucidação da paranoia em tempos de manuais psiquiátricos meramente descritivos, constatando a existência de meandros inconscientes, determinantes à compreensão nosográfica desse complexo quadro clínico. Em diferentes tempos de seu ensino, cada um desses autores pôde, a partir do aporte clínico e teórico da psicanálise, evidenciar o que restava diluído no século XX sob a égide da demência precoce, ao lado da hebefrenia e da catatonia, ou das síndromes cada vez mais esquematicamente descritivas das experiências de sofrimento.

Como veremos, Freud ([1940 [1938]] 1976) reúne esforços para destacar, do interior do conjunto das demências precoces, a sistematização paranoica, ainda que contraindicasse a aplicação da psicanálise às psicoses, se seu método não fosse modificado. Em diferentes momentos, localiza o que resta essencial a esse quadro. E, nesses desenvolvimentos, participa do debate nosológico com a psiquiatria alemã que lhe era contemporânea, esquadrinhando a demência paranoica e a paranoia propriamente dita em sua especificidade.

Lacan ([1932] 1987), por seu turno, apresenta em sua tese de doutoramento aquela que foi considerada a última e grande tese propositiva de um quadro psiquiátrico no século XX. Frente ao esgotamento do século das querelas diagnósticas e à transformação de estilo dos manuais e tratados psiquiátricos com as sucessivas edições dos *Manuais diagnóstico e estatístico de transtornos mentais* (DSM) pela Associação Americana de Psiquiatria (APA), a discussão da paranoia de autopunição com o caso Aimée reintroduz, com fôlego e rigor, a importância do diagnóstico e da clínica orientados pela psicanálise no seio da psiquiatria. Ele também participa do debate nosológico de sua época, comenta casos de psicose, retoma o clássico freudiano Schreber e ainda se adianta com a formulação epistemológica da inocência paranoica como elemento diferencial na cínica psicanalítica das psicoses, o que permite cernir o diagnóstico da paranoia e diferenciá-lo de outras manifestações psicopatológicas.

Assim, a fim de atravessar o campo psicanalítico freudo-lacaniano com a extração dos principais aportes atinentes à paranoia, de maneira a elucidar sua lógica e estrutura nosográficas, sem a pretensão da exaustão do tema, tomaremos dois tempos de elaboração. O primeiro tempo, freudiano, será orientado pela passagem da demência paranoide, fundada no "recalque por projeção" como defesa à "homossexualidade latente", para a afirmação de uma operação radical de não inscrição fundamental como defesa. E o segundo tempo, lacaniano, será delineado pela proposição do retorno do gozo no lugar do Outro, localizado pela fixação no objeto olhar, em face da *Verwergung* da culpa.

Tempo 1: Freud e a demência paranoica

Miller (2010), ao trabalhar a diferença entre esquizofrenia e paranoia, destaca diferentes aspectos que nos interessam vivamente. Ele alerta para a herança da clínica psiquiátrica incidindo sobre a clínica psicanalítica, especialmente quanto à nosografia no que tange à paranoia. Nesse sentido, lembra que a paranoia de Kraepelin se aproxima da demência precoce (*dementia paranoides*) de Freud ([1912 [1911]] 1976), enquanto Lacan se refere a Kraepelin como tendo uma perspectiva restrita quanto à paranoia, incluída de maneira mal definida no campo das demências precoces.

O termo "paranoia" nasce com Griesinger, em 1845. Em 1865, é articulada em subgrupos com Kalbaum, ficando a paranoia como patologia referente ao juízo e ao entendimento. Depois dele, multiplicaram as formas secundárias da paranoia (Miller, 2010). Com Kraepelin, veremos variações significativas se desenharem ao longo de cada edição de seu *Compêndio de psiquiatria*, cuja primeira versão, de 1883, conheceu oito edições subsequentes (Bercherie, 1989, p. 161). Em sua quarta edição, de 1893, intercala entre as paranoias e as neuroses gerais os processos psíquicos degenerativos, sob três formas: *dementia praecox*, catatonia e *dementia paranoides*. Nesta última, mantinha-se, após a crise, um estado praticamente inalterado, com clareza de consciência e comportamento, malgrado as ideias delirantes incoerentes e recheadas de neologismos. Os enfraquecimentos psíquicos secundários degenerativos desaparecem no quadro (Bercherie, 1989, p. 165).

Na clássica sexta edição de 1899 de seu *Compêndio*, no capítulo em que antes estavam os processos de degradação psíquica, dividida entre demência precoce, catatonia e demência paranoide, surge, agora, o capítulo sobre demência precoce que reúne hebefrenia, catatonia e *dementia paranoides*. Trata-se aqui dos processos demenciais. A demência paranoide, ao contrário da paranoia, mantém a inteligência, a memória e a orientação intactas, enquanto a personalidade, a afetividade, a vontade e o julgamento são afetados primariamente. A paranoia resta à parte como outra categoria, incluída dentre os processos constitucionais de adoecimento e fundada em dois mecanismos: delírio de referência (delírio de significação pessoal) e as ilusões de memória (confabulações). Ela compreende os delírios sistematizados e mantém a personalidade intacta, como vimos (Bercherie, 1989). Os alienistas franceses terão influência decisiva na crítica do *Compêndio* e veremos a demência precoce, posteriormente, aproximar-se da esquizofrenia de Bleuler, que vinga como terminologia, nosologia e orientação nessa batalha diagnóstica.

Quanto à paranoia e à esquizofrenia de Bleuler, o debate se estende entre Freud e Jung. E, em 1906, Freud afirma não ter ainda uma posição firme quanto a essas denominações recentes do campo psiquiátrico, colocando-as como não decisivas quanto aos achados da psicanálise, que seguiam seu próprio rumo. Segundo Miller (2010), Freud propõe explicar a dimensão paranoica da demência, destacando que ela se refere à parte que é suscetível de explicação. Em carta de 1908, Freud declara que considera a paranoia um tipo clínico e a demência precoce um mau termo nosográfico, já adiantando aquela que seria sua posição e a de Lacan. E utiliza a expressão "recalque com retirada da libido" para explicar ambas, com uma diferença no processo de defesa de cada uma.

Na demência precoce, leia-se esquizofrenia, a retirada da libido do mundo externo seria bem-sucedida, produzindo como resultado e característica o autoerotismo. Na paranoia, haveria um fracasso no "recalque" da libido, e o restabelecimento da carga libidinal, transformada e projetada, manteria o sentimento de realidade. Teríamos ainda uma terceira possibilidade, que implicaria uma espécie de fracasso parcial do "recalque" pela retirada da libido, seguida de uma tentativa de compensação em uma espécie de saída através de um autoerotismo parcial. Essa seria uma forma intermediária, a *dementia praecox paranoides*, que configurou o diagnóstico de Schreber. Freud ([1912 [1911]] 1976) analisou o livro escrito por esse magistrado alemão cujo notório adoecimento permitiu uma série de análises no âmbito da psicanálise e da psiquiatria.

Em carta a Jung, Freud diz que, com a publicação da análise desse caso, daria "o golpe mais audacioso contra a psiquiatria depois de seu volume de 1907, depois de sua demência precoce". Trata-se, segundo Miller, de "injeções de conceitos freudianos no campo psiquiátrico" (2010, p. 9). Freud se interessa pela causalidade psíquica, não apenas pela interpretação dos sintomas. A esse tempo, enquanto Bleuler admitia os conceitos freudianos nas psicoses, mas atribuía a causalidade a uma origem orgânica, Jung continuava a sustentar uma origem tóxica, externa, às psicoses, o que o conduziu finalmente a dessexualizar a libido e afastar-se definitivamente do campo da psicanálise, rompendo com Freud.

Antes mesmo do período de estudos do caso Schreber, Freud se dedica longamente a pensar a paranoia enquanto um modo patológico de defesa em face do que o sujeito não consegue tolerar, se possui uma predisposição psíquica (Freud, [1895] 1976, p. 291), como no "Rascunho H" ([1895] 1976) ou no "Rascunho K" ([1896a] 1976), e em "As neuropsicoses de defesa" ([1894] 1976) e "Observações adicionais sobre as neuropsicoses de defesa" ([1896b] 1976).

A primeira tentativa de Freud para explicar a defesa nas psicoses se dá em relação à confusão alucinatória, não em relação à paranoia. Ele verifica a existência uma defesa muito poderosa e bem-sucedida, na qual "o eu rejeita a representação incompatível juntamente com seu afeto e se comporta como se a representação jamais lhe tivesse ocorrido" (Freud, [1894] 1976, p. 63). No "Rascunho H", detendo-se na paranoia, especialmente, Freud ([1895] 1976) verifica, a partir de um caso, uma defesa muito eficaz, uma espécie de censura, ainda denominada de recalque[1] nesse período – o que será alterado conceitualmente depois por Lacan, de maneira mais definitiva, com a noção de *Verwerfung*. Freud se dá conta de uma mudança topológica da recriminação, cujo tema mantém-se inalterado, porém muda de localização, passando a vir de fora. Vindo do exterior, poderia ser rejeitado, ficando afastado do ego. Assim, Freud, preliminarmente, já esquadrinha o que será

[1] É importante considerar que, nos trabalhos sobre as neuropsicoses de defesa ([1894] 1976 e [1896c] 1976), Freud trata indistintamente os termos "defesa" e "recalque", conferindo-lhes o sentido genérico de defesa estrutural. Ao longo de sua obra, entretanto, especificamente em "Inibições, sintomas e ansiedade" ([1926[1925]] 1976), ele propõe que o termo "defesa" seja utilizado nessa acepção genérica, designando todas as técnicas empregadas pelo ego em conflitos que possam levar a uma estrutura específica: neurose, psicose e perversão. E quanto ao termo "recalque" (traduzido erroneamente em português por "repressão"), propõe que seu uso seja restrito ao mecanismo particular de separação entre ideia e afeto, característico da estrutura neurótica.

desenvolvido adiante: o paranoico utiliza o mecanismo de projeção na base de sua defesa e ama seus delírios como ama a si mesmo.

No "Rascunho K", Freud ([1896a] 1976, p. 310) desenvolve o mecanismo do recalque, tomando-o como comum à histeria, à neurose obsessiva e à paranoia. Haveria uma experiência sexual traumática prematura recalcada; em ocasião posterior despertada, a lembrança daria forma a um sintoma primário; ao que pode se seguir um estágio de defesa bem-sucedida, exceto quanto à existência do sintoma primário; e, por fim, as ideias recalcadas retornariam, formando novos sintomas (Guerra, 2007). A diferença entre os tipos clínicos, nesse rascunho, radicaria no modo de recalque, de retorno das ideias recalcadas, no modo como os sintomas se formam e no rumo tomado pela doença (Freud, [1896a] 1976, p. 311).

O que seria específico da paranoia então? O sintoma primário seria a desconfiança: "nela o que se passa é que a pessoa se recusa a crer na autocensura" (Freud, [1896a] 1976, p. 315). No retorno do que foi recalcado, poderiam retornar apenas afetos (alucinações auditivas) ou afetos junto com as representações (alucinação visual ou sensorial). Eles seriam distorcidos ao ser substituídos por imagens análogas da atualidade, tornando-se indefinidas até se transformarem em ameaças, associando-se ao sintoma primário. Como a crença é separada da autocensura primária, ela assume o comando dos sintomas de compromisso, levando o ego a tentar explicá-los através de delírios assimilatórios que modificam e subjugam o ego ao se integrarem a ele, remodelando-o.

Novamente Freud ([1896a] 1976, p. 316) afirma que "o mecanismo determinante da paranoia é o mecanismo da projeção, que envolve a recusa da crença na autocensura". O paranoico não acredita nas acusações contra ele, no que o habita. Ele se recusa em responder pela implicação. Essa *Unglauben* freudiana será associada posteriormente por Lacan à *Verwerfung* (Soler, 2017, p. 58). Como se vê, aos sintomas primários e secundários da psiquiatria alemã Freud sobrepõe todo um tecido explicativo e causal que elucida a descrição psicopatológica, dotando-a de um valor clínico imensurável.

Essa lógica na formação da defesa e dos sintomas na paranoia é confirmada em um artigo publicado por Freud, no mesmo período, no qual discute novamente um caso de "paranoia crônica". Trata-se do texto "Observações adicionais sobre as neuropsicoses de defesa" (Freud, [1896b] 1976). Ele destaca dois aspectos da paranoia aqui: os pensamentos que emergiam das associações inconscientes no caso eram ouvidos interiormente ou alucinados; e as imagens que emergiam revelaram ser simples reproduções de uma impressão real, como fragmento inalterado da antiga lembrança que envolvia uma autocensura, cuja vergonha, vivida originalmente, era suprimida; e ainda que as vozes escutadas não eram lembranças produzidas, mas pensamentos ditos em voz alta. A solução de compromisso aqui também acarretaria uma distorção para eliminar seu reconhecimento.

Freud reconhece ainda um gradual comprometimento das resistências que enfraquecem as autoacusações, de forma que, ao final, o insulto retornaria de forma inalterada, porém vindo de fora. Na paranoia, a autoacusação é recalcada por projeção, "pela formação do sintoma defensivo de *desconfiança nas outras pessoas*" (Freud, [1896b] 1976, p. 172). Freud ainda retoma a alteração do ego, na qualidade de delírios interpretativos – os assimilatórios do "Rascunho K" –, decorrente da exigência de integração e de aceitação sem contradição dos sintomas de formação de compromisso.

A formalização mais clara dessa defesa por projeção se verificará na análise do caso Schreber, na qual Miller propõe que Freud analisara a parte paranoica da demência no caso.

Ainda em 1896, Freud retoma a importância central da defesa na constituição do sujeito: "Minhas observações sobre os dois *últimos* anos de trabalho fortaleceram-me a tendência a considerar a defesa como o ponto nuclear no mecanismo psíquico das neuroses em questão" (Freud, [1896b] 1976, p. 154). Entretanto, ao tentar sistematizar a operação de "recalque" [rejeição] peculiar à paranoia,[2] irá encontrar uma hiância que só avançaria, modificada, no estudo sobre Schreber. Ele elucida que a característica da defesa na psicose é o "recalque" por projeção e que, a fim de ser aceita sem contradição, a representação delirante exige uma atividade de pensamento do ego que termina por alterá-lo. Como essas ideias não são passíveis de alteração, é o ego que a elas precisa se adaptar, modificando-se.

No estudo sobre Schreber, de 1911, ele revê essa posição, localizando a projeção num momento secundário ao "recalque" na psicose, que ganha nesse texto sua formulação final. Discute também, para além da etiologia da paranoia, sua possibilidade de cura, como ele diz, ou de estabilização, como hoje podemos dizer (Guerra, 2007). A originalidade de suas propostas nesse texto provoca uma reversão inaugural e fundamental à leitura posterior da paranoia, lançando definitivamente princípios que

[2] "A paranoia deve ter um método ou mecanismo especial de recalcamento que lhe é peculiar" (FREUD, [1896b] 1976, p. 164).

orientam, até os dias atuais, a investigação psicanalítica acerca das psicoses, principalmente após sua releitura[3] com o texto "Sobre o narcisismo: uma introdução" (FREUD, [1914] 1976, p. 102-103).

Freud toma como específico da paranoia, no caso, exatamente esse modo de defesa e a forma específica assumida pelos sintomas: "o fato de o paciente, para repelir uma fantasia de desejo homossexual, ter reagido precisamente com delírios de perseguição dessa natureza" (FREUD, [1912 [1911]] 1976, p. 81). Ele reúne quatro formas de negação da fantasia de desejo homossexual de amar um homem, sendo todas as formas da paranoia um modo de negação da frase: eu (homem) o amo (outro homem). São elas:

> Eu não o amo – Eu o odeio (porque ele me persegue) -> delírios de perseguição;
> Eu não o amo – Eu a amo (porque ela me ama) -> erotomania;
> Eu (não) o amo – Ela o ama -> delírio de ciúmes
> Eu (não) amo ninguém – Eu só amo a mim mesmo -> megalomania.

Além da revisão dessa hipótese com o texto sobre o narcisismo (FREUD, [1914] 1976) – e posteriormente com a introdução da noção de foraclusão com Lacan –, Freud se depara com um caso que contraria essa tese geral da paranoia. O caso estudado de uma mulher paranoica testemunha o avanço de um objeto feminino para um masculino (FREUD, [1915] 1976).

Assim, vemos dois grandes enunciados se estabelecerem com esse texto (GUERRA, 2007, p.28-29):

> em relação ao mecanismo estrutural da paranoia, Freud afirma que "aquilo que foi internamente abolido retorna desde fora" (FREUD, 1912[1911]/1976, p. 95), permitindo a Lacan décadas depois afirmar que, na base da psicose, seu mecanismo não se resume a "um recalque por projeção", mas antes a uma operação

[3] "A diferença entre as afecções parafrênicas e as neuroses de transferência parece-me estar na circunstância de que, nas primeiras, a libido liberada pela frustração não permanece ligada a objetos na fantasia, mas se retira para o ego. A megalomania corresponderia, por conseguinte, ao domínio psíquico dessa última quantidade de libido, e seria assim a contrapartida da introversão para as fantasias que *é encontrada* nas neuroses de transferência" (FREUD, [1914] 1976, p. 102). Aqui Freud formula nova hipótese sobre a megalomania de Schreber que não nasceria da homossexualidade, mas de uma complexificação introduzida pelo narcisismo no aparelho psíquico.

> muito mais radical que ele denomina foraclusão; e, em oposição a uma interpretação fenomenológica da psicose, Freud subverte sua leitura apontando que "a formação delirante *é* uma tentativa de restabelecimento" (Freud, [1912 [1911]] 1976, p. 94), e não a enfermidade propriamente dita, como era interpretada até então. Donde Lacan afirmar textualmente que não é de déficit que se trata na psicose, mas de produção de resposta. "A liberdade que Freud se deu aí foi simplesmente aquela [...] de introduzir o sujeito como tal, o que significa não avaliar o louco em termos de déficit" (Lacan, [1966] 2003, p. 220).

Apesar de reafirmar que a projeção está na base da defesa psicótica,[4] Freud faz uma correção em relação ao que escrevera nos rascunhos e nas primeiras publicações de 1894 a 1896. Lá, a projeção aparecia na etiologia da paranoia como provocando uma projeção dos sentimentos de autoacusação do paciente para fora, retornando sob a forma de acusações exteriores. Aqui, Freud altera substancialmente a descrição do processo aí ocorrido, o que permitiu a Lacan recolocar os termos do trabalho delirante (Guerra, 2010). "Foi incorreto dizer que a percepção suprimida internamente é projetada para o exterior; a verdade é, pelo contrário, como agora percebemos, que aquilo que foi internamente abolido retorna desde fora" (Freud, [1912 [1911]] 1976, p. 95). Assim, se nas primeiras formulações freudianas a projeção era confundida com o próprio mecanismo constitutivo da paranoia, na segunda formulação ela é, no máximo, um momento secundário desse mecanismo – ainda que permaneça como diferencial em relação à demência precoce, que se vale de mecanismos alucinatórios.

Cabe ainda ressaltar que o mecanismo de retirada da catexia libidinal do mundo externo coincide com o delírio do fim do mundo, como se vê na paranoia de Schreber. A posterior construção de seu mundo interno realizada através do trabalho delirante – "que presumimos ser o produto patológico, é, na realidade, uma tentativa de restabelecimento, um processo de reconstrução" (Freud, [1912 [1911]] 1976, p. 94-95) – nunca é completamente bem-sucedida. E esta, diferentemente do processo de adoecimento, de retirada da catexia libidinal das pessoas e coisas, que

[4] "A característica mais notável da formação de sintomas na paranoia é o processo que merece o nome de projeção. Uma percepção interna é suprimida e, ao invés, seu conteúdo, após sofrer certo tipo de deformação, ingressa na consciência sob a forma de percepção externa" (FREUD, [1912 [1911]] 1976, p. 89).

acontece silenciosamente, é ruidosa no momento de reinvestimento libidinal em objetos da realidade.

Daí Lacan ([1957-1958] 1998) extrai que, mesmo para Freud, a projeção já era insuficiente para explicar o "recalque" na psicose. Quando Freud aponta que é desde fora que retorna aquilo que foi internamente abolido, ele mesmo percebe que não se trata de um mecanismo projetivo. Como projetar, lançar de dentro para fora, aquilo que não existe dentro? Se o conteúdo foi internamente abolido, nós estamos falando de uma representação primordial sobre o ser do sujeito na paranoia que não encontra meios de se significar, representar-se (Guerra, 2010). Essa significação não vem de parte alguma e não remete a nada, posto não ter sido escrita, simbolizada. Será no caso do Homem dos Lobos, relatado em "História de uma neurose infantil" ([1918 [1914]] 1976), que Freud utilizará o termo *Verwerfung* num fragmento clínico que o evidencia para nomear essa não inscrição de uma representação fundamental, diferente da operação do recalque para a neurose.

Podemos, pois, em Freud, reconhecer:

- o mecanismo que estrutura a paranoia diz respeito a uma não inscrição fundamental;
- o retorno, desde fora, dessa parte da realidade não inscrita implica mais um deslocamento de sua topologia (de fora para dentro), que uma deformação de seu conteúdo;
- o que retorna liga-se a uma crença delirante, não suscetível à influência, daí não haver formação secundária de sintomas;
- o ego se altera para se adequar a essa crença, já que ela não é influenciável;
- o que se apresenta como patologia fenomenologicamente é antes a tentativa de autotratamento.

Tempo 2: Lacan e a paranoia

Lacan ([1956] 1977), psiquiatra de formação, afirma que o psicanalista não deve recuar diante da psicose. Sua leitura nosológica é contemporânea da crítica daquela de seus pares da psiquiatria francesa e interfere no modo como se concebe a paranoia. Não à toa, constrói seu primeiro livro publicado – sua tese de doutoramento – a partir da construção de um quadro diagnóstico de psicose: a paranoia de autopunição, ao analisar uma tentativa de homicídio realizada por uma paranoica. Apesar de ser considerada a última grande obra nosológica da psiquiatria de nossos tempos (Bercherie, 1989), Lacan insiste que o caso estudado, Aimée, é apenas um protótipo que permite classificar outros quadros análogos em termos de fenômenos elementares, evolução e prognóstico.[5] Ela é uma obra da psiquiatria, apesar de ter sido escrita com conceitos da psicanálise freudiana.

Entretanto, diferentemente da geração psiquiátrica-psicanalista precedente, Lacan não integra a psicanálise a uma revisão da teoria da degenerescência, pois se distanciava da perspectiva de integrar a psicanálise à psiquiatria e se empenhava em "fazer sobressair o inconsciente freudiano em toda elaboração nosográfica, oriunda da psiquiatria" (Roudinesco, 2008, p. 75-76). Ele se valia, em sua produção, da filosofia e, eventualmente, até mesmo da psiquiatria alemã, tendo feito uma espécie de síntese das duas portas de entrada do freudismo na França: a psiquiatria e o surrealismo.

Num crítico diálogo com a psiquiatria francesa de sua época, em *Formulações sobre a causalidade psíquica*, Lacan ([1946] 1998) nela condena, ao mesmo tempo, o organicismo, o mecanicismo até o dinamismo, e mesmo a Gestalt, detendo-se na desconstrução da ideia de erro no delírio, a partir do aporte psicanalítico. A desconstrução que realiza centra-se no debate com Henry Ey no tocante ao lugar da verdade em oposição ao erro, apoiado em Guiraud e De Clérambault, a quem chama de seu único mestre[6] (Lacan, [1946] 1998, p. 169).

---

[5] Lacan situa a paranoia – e a loucura em geral – não mais como um fenômeno deficitário caindo na anomalia, mas como uma diferença ou uma discordância em relação a uma personalidade normal. Lacan aproxima o conceito espinosista de discordância com o da clivagem do eu de Freud. A definição e a causalidade da paranoia não se inscrevem mais numa perspectiva orgânica, questionando o fato de que a psicose poderia ter uma origem única, e avançando na ideia de múltiplas determinações. Assim, "Lacan inaugura, à maneira de Freud, um modo de pensamento tópico, que será encontrado ao longo de todo seu trajeto intelectual. Lacan, por meio do caso Aimée deixa a psiquiatria pela psicanálise" e "é a Freud e a seus discípulos que ele toma emprestado os conceitos clínicos [...] ele aborda o continente da loucura a partir da revolução freudiana e do primado do inconsciente" (ROUDINESCO, 2008, p. 74-75). Daqui em diante, a paranoia e a psicose seriam tomadas como sendo curáveis, e Lacan convida a psiquiatria a deixar todo organicismo e a abandonar a posição repressiva para adotar os princípios de tolerância, de profilaxia e da cura psicanalítica.

[6] Segundo Roudinesco (2008), Lacan exerce seu ano de interno de 1928 a 1929 na enfermaria especial dos alienados da sede de polícia de Paris, sob a direção de Gaëtan Gatian de Clérambault. Lacan dirá que é do inventor do automatismo mental e da erotomania que ele aprende a observar os neologismos "ideogênicos" pelos quais Paul Guiraud caracteriza as línguas psicóticas. Apesar de sua oposição ao ponto de vista mecanicista e organicista de Clérambault, e, segundo Paul Bercherie (1989), dos ciúmes deste, ele reconhece nele seu "único mestre em psiquiatria", tomando seu automatismo mental como "concepção elementar".

Segundo Lacan, para não delirar com o louco como os mecanicistas, Ey cometeu um juízo de valor ao dissolver no erro a noção de crença. "Cristalizado, o fenômeno torna-se objeto de juízo e, em pouco tempo, puro e simples objeto" (Lacan, [1946] 1998, p. 165). Ey toma o delírio como erro fundamental e a alucinação como sensação anormal, perdendo a dimensão da verdade num desvio moral. Para Lacan, o fenômeno da crença delirante porta uma antinomia essencial: nos fenômenos de influência e automatismo, o sujeito não reconhece suas próprias produções como sendo suas. "Toda loucura é vivida no registro do sentido" (p. 166). Daí o problema da loucura ser vivido no campo da significação, da linguagem. E, como a linguagem é instrumento da mentira, ela será sempre atravessada pela dimensão da verdade, seja por traí-la, seja por manifestá-la como intenção.

Assim, as estruturas do conhecimento paranoico, e mais amplamente da loucura, revelam-se pelos fenômenos de linguagem, tão bem isolados por Guiraud, em 1912, como formas verbais de interpretação delirante: híbridos, neologismos, duplicidade da enunciação, fixação no semantema, dentre outras manifestações (Bercherie, 1989, p. 277-278). Mesmo a construção de Clérambault da análise do ideogênico radicaria nessa busca dos limites da significação. Lacan, nesse ponto, retoma a proposição de sua paranoia de autopunição através da construção do caso Aimée, elaborada 14 anos antes, quando de seu doutoramento.

Antes de apresentar o caso, podemos isolar seus principais elementos estruturais, concernentes à paranoia, que configuram a primeira tese lacaniana sobre o tema. Sua fórmula, assim enunciada por Lacan nesse artigo, seria a "êxtase do ser numa identificação ideal que caracteriza esse ponto de um destino particular" (Lacan, [1946] 1998, p. 173). Podemos reunir seus principais elementos diagnósticos abaixo:

- há uma imediaticidade – no sentido de ausência de mediação –, da linguagem no tocante às identificações;
- falta um terceiro termo entre o ser e a imagem ideal, o Édipo – como condição do sentimento de realidade;
- o sujeito realiza em sua conduta o próprio mal que denuncia;
- verifica-se a estrutura geral do desconhecimento no cerne da dialética do ser;
- esse desconhecimento se manifesta sob a forma de revolta através da qual o paranoico quer se impor em sua verdade;
- sua experiência de mundo radica na matriz da inocência vitimizada, dado que o paranoico se reconhece como uma vítima eleita;
- e sua crença se assenta num modo verbal.

A identificação sem mediação "se demonstra como a relação do ser com o que ele tem de melhor, já que esse ideal representa nele sua liberdade" (LACAN, [1946] 1998, p. 173), donde a loucura se apresentar como limite da liberdade. Não fica louco quem quer, é a frase que Lacan escreve nas paredes da sala onde oferecia seus plantões (LACAN, [1946] 1998, p. 177).

E como essa experiência da loucura ganha forma na paranoia de autopunição? Vejamos a tese de Lacan, defendida em 1932, sob o título *Da psicose paranoica em suas relações com a personalidade*. A paciente estudada, de codinome Aimée, por motivação delirante, desfecha um golpe de faca contra uma famosa atriz parisiense que, defendendo-se, tem apenas dois tendões seccionados. A posição de Aimée em relação à certeza do ato permanece a mesma por 20 dias depois de presa, quando, então, cessa subitamente o delírio. Segundo Lacan ([1932] 1987, p. 251), essa reação acontece somente após Aimée ser abandonada e reprovada pelos seus e confundida com os delinquentes com os quais esteve confinada. Enfim, cessa quando realiza ela mesma em si seu castigo. Com o ato, atinge a si própria paradoxalmente, sentindo alívio afetivo (choro) e vivendo a queda brusca do delírio (GUERRA, 2007).

> Pelo mesmo golpe que a torna culpada diante da lei, Aimée atinge a si mesma, e, quando ela o compreende, sente então a satisfação do desejo realizado: o delírio, tornado inútil, se desvanece. A natureza da cura demonstra, quer nos parecer, a natureza da doença (LACAN, [1932] 1987, p. 254).

Ora, segundo Guerra (2007), ainda nos anos 1930, Lacan escreve um belo artigo, "Écrits inspirés: schizographie" (1932),[7] publicado originalmente nos *Annales Medico-Psychologiques*, tomo II, e posteriormente incorporado à edição francesa de sua tese de doutoramento, no qual analisa mais detidamente a escrita paranoica, destacando ricos elementos para nosso percurso. Nesse período, ele ainda hesita entre uma concepção estereotipada da escrita na psicose e outra na qual a escrita é exaltada em sua potência criativa e reveladora dos conflitos típicos de sua época. No texto, Lacan (1932) comenta as práticas poéticas e epistolares de uma professora primária psicótica. Ele se inspira nos trabalhos de linguística

[7] O texto foi originalmente escrito e apresentado à Sociedade Médico-Psicológica em 12 de novembro de 1931 em conjunto com J. Levi-Valensi e P. Migault, e se encontra acessível pela internet em diferentes endereços eletrônicos, como no site do Groupe de Travail Lutecium: <bit.ly/3asavW5>. Ele não foi incluído na edição brasileira da tese de doutoramento de Lacan.

pós-saussuriana de Pfersdorff e Henri Delacroix (*apud* HULAK, 2006) sobre o mesmo caso. A razão do exame desse caso é a reticência da doença da qual se supõe que os transtornos elementares se exprimiriam mais facilmente pela escrita. O termo "esquizografia" é forjado do termo "esquizofasia", que designa a existência de uma dissociação. Nesse caso, a maioria dos escritos da paciente era absurdamente incoerente, "contrastando com o caráter absolutamente normal de sua linguagem falada e a integridade de suas funções intelectuais" (HULAK, 2006, p. 18).

A pesquisa de Lacan já se apresenta muito seletiva. Ele não se pergunta simplesmente se a paciente é louca, mas também sobre quais fundamentos repousa seu delírio polimorfo, acrescentando que talvez os escritos ajudassem a resolver a questão. Na discussão dos elementos psicopatológicos, Lacan destaca que a doente afirma ser-lhe imposto o que ela exprime, não de uma maneira irresistível nem mesmo rigorosa, mas sob um modo já formulado. É no sentido forte do termo uma inspiração, tanto mais presente quanto mais ela esteja só (LACAN, [1932] 1975). Duas convicções contraditórias são acrescentadas. De um lado, ela é acompanhada de um estado de astenia no qual seus escritos experimentam "verdades de ordem superior" imediatamente compreensíveis pelo destinatário de suas cartas. E, de outro lado, uma convicção negativa, a de que ela experimenta, quanto a ela própria, nada compreender disso. Tudo isso acompanhado do sentimento de fazer evoluir a língua (GUERRA, 2007).

O conjunto, avalia Lacan, é idêntico à estrutura de todo delírio. Ela associa a uma astenia passional, colorindo os estados de influência e de interpretação, uma formulação minimal, reticente, do delírio, e um fundo paranoico. O fenômeno elementar aqui valendo como resumo da personalidade, e a escrita, como sua manifestação empobrecida. O fenômeno elementar da "inspiração" parece ser uma forma vazia, cuja expressão-limite é a estereotipia, aos moldes das palavras intercambiáveis das estrofes de uma canção. Longe de motivar a melodia, é a estereotipia que as sustenta, e legitima no caso seu não-sentido (LACAN, [1932] 1975). Essa vacuidade formalista aparece em primeiro plano, enquanto a astenia passional lhe confere um assentimento, diz Lacan, donde o fenômeno da inspiração apresentar uma dimensão passional e outra intelectual simultaneamente (GUERRA, 2007).

Ainda que algumas fórmulas sejam felizes, o mais frequente são as escórias da consciência, as palavras silábicas, as sonoridades obsedantes, as "banalidades", as assonâncias, os "automatismos" diversos, enfim, o que Lacan sintetiza em uma palavra: estereotipia. A ideia de déficit se destaca nessa leitura. "É quando um pensamento é curto e pobre que o fenômeno automático o suplência. Ele é sentido como exterior porque suplenciando um déficit do pensamento. Ele é julgado como válido porque evocado por uma emoção astênica" (LACAN, [1932] 1975, p. 375).

O interessante é que, num curtíssimo espaço de tempo, Lacan ([1932] 1987) parece passar dessa posição deficitária para seu contrário, positivando a escrita psicótica, que nada parecerá limitar. Assim, os escritos de Aimée, ao contrário, não mostrariam nenhuma estereotipia. Eles também foram utilizados como meio de realização do diagnóstico, mas colocavam em evidência a riqueza afetiva da paciente paranoica. "A escrita de certos psicóticos como criação autêntica parece, então, excluir o uso bruto da repetição (estereotipia): é uma 'nova sintaxe'" (SAUVAGNAT, 1999, p. 40).

Sua posição parece ficar ainda mais clara no ano seguinte, ao escrever "O problema do estilo e a concepção psiquiátrica das formas paranoicas da experiência" (LACAN, [1933] 1987).[8] Lacan localiza os temas ideacionais e os atos significativos do delírio dos paranoicos, bem como suas produções plásticas e poéticas sob três rubricas. Primeiramente, destaca "a significação eminentemente humana desses símbolos" (p. 379), utilizados pelos psicóticos, que seriam análogos às criações míticas, assim como os sentimentos que os animam seriam análogos à inspiração dos artistas. Sob um segundo aspecto estaria a repetição, que, longe de reenviar a uma forma vazia e deficitária, colocaria em jogo uma "identificação iterativa do objeto", caracterizando o delírio de uma fecundidade próxima à dos processos de criação poética. Por fim, num terceiro aspecto, "o mais notável", destaca o valor de realidade social desses delírios, situados, "com muita frequência, num ponto nevrálgico das tensões sociais da atualidade histórica" (p. 379). O conjunto apresenta uma contribuição à civilização humana e ao problema do estilo, que este resumiria de alguma maneira (GUERRA, 2007).

Um retorno ao contrário se apresenta aqui articulado na passagem da repetição do mesmo – estigmatizada como estereotipia no primeiro caso – para a amplitude criativa do processo psicótico, presente no caso Aimée e no problema de estilo. Fato é que nesse período o centro do processo de criação e a verdade estão situados, para Lacan, na escrita e na vivência dos paranoicos.

Sua segunda formulação inaugural sobre as psicoses assenta-se no seminário dedicado, entre 1955 e 1956, às psicoses e sua terapêutica. Nele, Lacan propõe a metáfora paterna em correlação com o Édipo freudiano,

[8] O texto foi publicado originalmente no número 1 da revista surrealista *Le Minotaure*, em junho de 1933.

propondo o termo "foraclusão" de seu agente, o Nome-do-Pai, como sendo o que configura a psicose e, portanto, a paranoia. É o Nome-do-Pai que limita e esvazia o gozo do Outro, separando o gozo do corpo e fundando o sujeito capaz de desejar. O psicótico, que foraclui o Nome-do-Pai, terá sempre o Outro presentificado, invadindo suas relações (Guerra, 2010).

Sabemos que a castração implica o recorte de gozo, que, localizado, separa o sujeito do campo do Outro. Por conta da não extração do objeto *a* na psicose, o gozo, não significantizado e contido, retorna como real em excesso. Assim, o psicótico permanece identificado à posição de gozo do Outro, oferecendo-se ele próprio como objeto no lugar da falta que não se inscreveu pela castração. Na paranoia, veremos a marca do sujeito no trabalho por localizar e nomear esse gozo.

Se a tese de doutoramento de Lacan, com o caso Aimée, denotava uma transição entre um modelo psiquiátrico de personalidade e sua crítica inspirada pela psicanálise, através da proposição de um tipo clínico, uma proposição psicanalítica para as psicoses, em geral, e para a paranoia, em particular, realmente se dará nos anos 1950, com sua releitura do Édipo freudiano e do isolamento do mecanismo estrutural da defesa nas psicoses, a *Verwerfung*, através de uma verdadeira reformulação da psicose, que recria juntamente sua condição clínica de analisabilidade.

A reelaboração do Édipo freudiano pela via da proposição da metáfora paterna pode, muito sinteticamente, ser aqui situada para nossos fins pela via dos três registros da realidade: simbólico, imaginário e real, com o esquema R (Lacan, [1957-1958] 1998, p. 559). No campo do simbólico, situa-se a tríade Desejo da Mãe (M), Nome-do-Pai (P) e Ideal (I), na forma de ideal de eu. E, no campo do imaginário, o triângulo do ideal desdobrado em imagem especular: a(*m*)-a'(*i*) e significação fálica (phi).

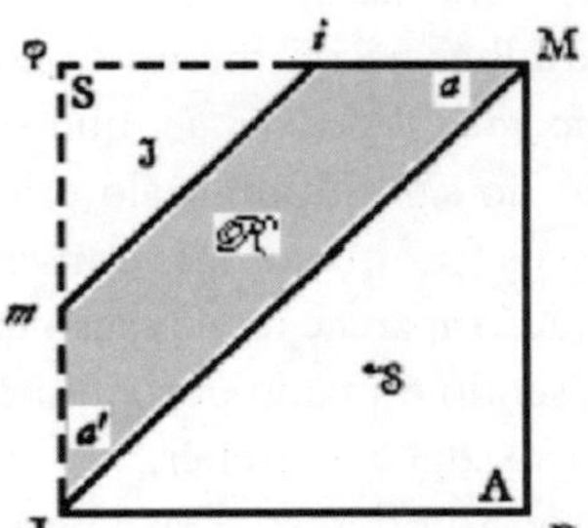

Figura 1 – Esquema R
Fonte: Lacan, [1957-1958] 1998, p. 559.

Nas psicoses, diferentemente desse enquadramento, a foraclusão ou *Verworfen* do Nome-do-Pai (P0) implica seu corolário, a ausência da significação fálica (phi0), produzindo a abertura do esquema da realidade, que passa a ser regido por uma reta infinita que articula P0 e Phi0 ao que se abre em duas curvas hiperbólicas, onde antes tínhamos as tríades simbólica e imaginária, "na dupla assíntota que une o eu delirante ao outro" (Lacan, [1957-1958] 1998, p. 578). A análise do caso freudiano da *dementia paranoides* de Schreber, aqui retomada por Lacan, ganha nova inflexão, podendo ser pensada em quatro tempos (Maleval, 1996).

Lacan fala de um horror inicial de Schreber à ideia de ser mulher, a qual acaba aceitando quando esta se torna um compromisso razoável (Lacan, [1957-1958] 1998, p. 570). Ao final assume o estatuto de uma decisão irreversível de uma assintótica – porque sempre apontada para o futuro –, cópula com Deus para que uma nova humanidade fosse criada. As quatro lógicas que permitem pensar essa elaboração na paranoia seriam, para Maleval (1996):

1. *Deslocalização do gozo e da perplexidade angustiante*, quando se dá o desencadeamento significante a partir de uma ruptura na cadeia provocando uma autonomia do significante (automatismo mental, segundo Clérambault). A perplexidade advém justamente do fato de o sujeito não se sentir autor de seus próprios enunciados. A consequência dessa experiência de autonomia do significante no real é a deslocalização do gozo, provocando fenômenos diversos sobre o corpo do psicótico, sejam agradáveis ou penosos, voluptuosos ou agonizantes, ou mesmo hipocondríacos. No caso Schreber, vemos sua manifestação em sua primeira crise, em 1893, ao apresentar um esgotamento nervoso, no qual surgem queixas hipocondríacas. Somente em 1894 surgirá uma significação enigmática em torno da ideia, aparecida em 1893, de que seria belo ser uma mulher no momento da cópula (Guerra, 2010).
2. *A significação do gozo deslocalizado*, que se articula num trabalho de mobilização do significante pelo psicótico na busca de uma explicação para os fenômenos que o invadem. Em Schreber, essa primeira explicação aparece na acusação que formula de um complô que estaria sendo tramado por seu médico, Dr. Flechsig. Essa explicação não apazigua Schreber, ao contrário, deixa-o à mercê de um Outro todo-poderoso. Daí a busca de uma nova explicação, encontrada no fato de que fora o próprio Deus que assumira o papel de cúmplice, e mesmo de instigador, na conspiração em que sua alma deveria ser assassinada, e seu corpo, usado como o

de uma rameira. Aí surge um compromisso razoável, característica marcante dessa segunda fase. É o sacrifício da morte do sujeito, tomado por Lacan ([1957-1958] 1998) como renúncia fálica, marcando a reversão da posição de indignação de Schreber, que passa a aceitar a eviração porque servidora dos desígnios de Deus. E não, como articula Freud ([1912 [1911]] 1976), tratar-se-ia do complexo paterno que transfere de Flechsig para Deus a figura do pai de Schreber, com a qual ele se apaziguaria.

3. *Identificação do gozo do Outro* assentado num significante, "mulher de Deus", o gozo do Outro, a partir de então, encontra-se identificado. Porém, a aceitação da feminilização progressiva de Schreber não implicou o desaparecimento do sentimento de que uma violência estava sendo-lhe infligida. A diferença é que agora, no delírio, os perseguidores se encontrariam identificados (Guerra, 2010).
4. *Consentimento ao gozo do Outro*, que implica o consentimento com a nova realidade construída a partir da certeza de que um saber fundamental foi adquirido. Em Schreber, esse saber aparece como advindo do Todo-Poderoso e é acompanhado de construções fantásticas e temas megalomaníacos. Maleval (1996) localiza essa última fase do delírio de Schreber em 1897, quando o drama do sujeito se torna o motivo futuro de uma redenção interessante do universo e sua feminilização culmina na eviração, seguida pela fecundação por meios divinos, com o objetivo de gerar novos homens, de uma raça superior, feitos do espírito de Schreber. A convicção desse tema fantástico aumenta na medida em que diminui o sentimento persecutório (Guerra, 2010).

Lacan pode, então, propor que o paranoico é o homem do ideal, mesmo com a foraclusão do Nome-do-Pai, pois o ideal é disjunto tanto desse significante primordial quanto do significante fálico. O falo implica exatamente a significação do que falta à imagem para que ela coincida com o ser, assim ele recobre o próprio sujeito, como desconhecido. "Seu efeito é a captura total, e é por isso que Lacan pode retomar o termo freudiano *Unglauben*, dizendo que o paranoico não crê na Coisa, que aqui é o sujeito desconhecido, distinto de sua imagem" (Soler, 2002, p. 62). Temos uma prevalência do simbólico, onde antes, com a paranoia de autopunição, tínhamos uma prevalência do imaginário.

Nos anos 1960, Lacan introduz uma novidade à abordagem da paranoia. Partindo de uma outra polaridade – sujeito do gozo e sujeito do significante –, Lacan ([1966] 2003), ao escrever a introdução à versão francesa do livro de Schreber, define a paranoia identificando nela o gozo no lugar do Outro como tal. Esse novo termo, gozo, implica a introdução da categoria do real, verificada na afirmação literal de Schreber de que Deus goza de seu corpo efeminado. Retorna no delírio, imputado ao Outro, o que o sujeito não queria crer que habitava a imagem, e que o ideal recalcaria. O clássico par paranoico ganha sua forma evidente: Outro gozador-Sujeito vítima. Identificar o gozo no lugar do Outro implica não apenas localizar o gozo, mas também nomeá-lo, dizer o que ele é. "Assim, podemos ver nessa identificação do gozo no lugar do Outro o retorno, no delírio, da *Unglauben*, da descrença" (Soler, 2002, p. 64).

A acusação nos conduz à pergunta sobre quem é o culpado. E a culpa é um sentimento que tem alcance epistêmico: o "é minha culpa" implica uma hipótese sobre a causa. A culpa é aquilo que acontece quando a causa assume a forma de uma falha, um erro, recaindo sobre o ser do sujeito, dissociada de sua causa simbólica (Soler, 2007, p. 52). Por isso, como vimos em Freud, o paranoico não acredita nas acusações contra ele, recusando-se a se implicar. "A operação de rejeição da culpa diz respeito a uma recusa em admitir no simbólico os significantes que constituam vestígios da implicação do sujeito" (Soler, 2007, p. 58). Teríamos como resultado na paranoia algo como o retorno do exterior da culpa foracluída, sob a forma de censura do outro, o que pode mesmo culminar na construção delirante de um complô contra o sujeito. A postulação da culpa, como fenômeno primário na paranoia, pode também chegar ao delírio de indignidade (Soler, 2007, p. 60). A ideia do inocente paranoico resume, assim, a experiência paranoica. Vejamos a construção resumida de Soler (2007):

- O Outro acusa o sujeito supostamente inocente;
- A posição real do sujeito inocente é a de acusar o Outro, supostamente mau, que pode estar dissolvido na cultura, nos hábitos, na política, na arte ou encarnado em uma pessoa ou ideal;
- Identifica-se o gozo no lugar do Outro, nomeando o que ele é, numa tentativa de designação do gozo do Outro
- À corrupção do Outro mal, responde a inocência do sujeito paranoico, como em Rousseau, ou sua redenção, ou ainda na tentativa de sua correção, como em Schreber; cada qual tentando, a sua maneira, fazer o gozo entrar numa ordem.

Assim, o paranoico quer justificar o gozo, dado que rechaça a falta para o Outro. Em síntese, o paranoico inocente é aquele que se recusa a responder pelo gozo e o elabora como perseguição, mediante a imputação ao Outro.

Curioso reencontrar, nos anos 1970, na aula de 8 de abril de 1975 do seminário inédito intitulado *R.S.I.*, a paranoia articulada novamente ao imaginário, porém, desta feita, numa proposição que implica os objetos da pulsão. Lacan retoma a paranoia na seguinte definição: "a paranoia é um visco imaginário, uma voz que sonoriza um olhar que aí é prevalente; trata-se de um congelamento do desejo". Podemos pensar que a viscosidade do desejo aparece, então, fixada numa modalidade semântica de olhar e voz, que se fixa prevalentemente em um objeto – o olhar –, que condensa todas as significações possíveis.

Se, na paranoia, não se encontra completamente ausente a falta como constitutiva do desejo, aqui Lacan nos dá uma indicação de sua modulação. Teríamos uma espécie de rigidez, de ausência de circulação do desejo entre os objetos, suturado pelo olhar. "Na paranoia, [supreendentemente] é o imaginário que amarra tudo, que serve para obturar a foraclusão e a falta do significante fálico (menos phi). Obturar tanto o próprio sujeito, quanto o Outro barrado" (Soler, 2002, p. 66).

Para entendermos essa última proposição de Lacan, precisamos nos lembrar de que o objeto não corresponde à materialidade de sua presença, mas antes ao vazio constitutivo de sua possibilidade. Assim, o olhar ou a voz não correspondem ao nível sensório da imagem ou do barulho, mas antes ao vazio que cria a possibilidade de seu preenchimento. Os objetos da pulsão – seio e fezes como objetos da demanda, e olhar e voz como objetos da falta – agenciados pelo falo como falta, circulam e cedem passagem ao desejo (Lacan, [1962-1963] 2005).

Assim, uma voz que sonoriza o olhar, como propõe Lacan para a paranoia, implicaria talvez uma voz fixada pelo olhar, obturada pelo imaginário, enviscada pelas inércias advindas do congelamento escópico. Trata-se da armadilha narcísica do paranoico: uma espécie de colagem da voz à imagem em termos pulsionais. Daí o retorno da foraclusão da culpa se dar sempre pela via do olhar do Outro, recaindo sobre o ser do paranoico.

Dois tempos e uma escansão para concluir

A psicanálise, como pudemos testemunhar e acompanhar em dois tempos, respectivamente com Freud e com Lacan, evidencia o que subjaz intocável sob as modalidades descritivas contemporâneas que reduzem a experiência diagnóstica e clínica a uma série esquemática e enumerável de sinais, que aniquila a rica análise epistemológica de construção do conhecimento, bem como a viva experiência clínica da terapêutica.

Com o percurso teórico sobre a paranoia, empreendido tanto por Freud quanto por Lacan, pudemos esquadrinhar sua matriz lógica a partir de dois aforismos que condensam sua estrutura e seu *modus operandi*. A defesa paranoica, assim, esclarece-se pela via da culpa que não se escreve e retorna como acusação do outro em Freud, e se complexifica como retorno do gozo no lugar do Outro, pela via do congelamento pulsional na imagem, em face da *Verwergung* da culpa com Lacan.

Nos meandros desse percurso, emergem os detalhes clínicos singulares que recuperam o desenho nosológico mais amplo no âmbito da psicopatologia lacaniana, pelas vias abertas pela transmissão psicanalítica no trabalho necessário de recuperação de seu aporte elucidativo para a psiquiatria na atualidade. Não podemos recuar desse compromisso indispensável.

Referências

BERCHERIE, P. *Os fundamentos da clínica: história e estrutura do saber psiquiátrico*. Rio de Janeiro: Jorge Zahar, 1989.

FREUD, S. As neuropsicoses de defesa [1894]. *In*: *Primeiras publicações psicanalíticas (1893-1899)*. 3. ed. Rio de Janeiro: Imago, 1976. p. 57-74. (Edição Standard Brasileira das Obras Psicológicas Completas de Sigmund Freud, III).

FREUD, S. Rascunho H: Paranoia [1895]. *In*: *Publicações pré-psicanalíticas e esboços inéditos (1886-1889)*. 3. ed. Rio de Janeiro: Imago, 1976. p. 290-298. (Edição Standard Brasileira das Obras Psicológicas Completas de Sigmund Freud, I).

FREUD, S. As neuroses de defesa [1896a]. *In*: *Publicações pré-psicanalíticas e esboços inéditos (1886-1889)*. 3. ed. Rio de Janeiro: Imago, 1976. p. 307-318. (Edição Standard Brasileira das Obras Psicológicas Completas de Sigmund Freud, I).

FREUD, S. Observações adicionais *às* neuropsicoses de defesa [1896c]. *In*: *Primeiras publicações psicanalíticas (1893-1899)*. 3. ed. Rio de Janeiro: Imago, 1976. p. 149-173. (Edição Standard Brasileira das Obras Psicológicas Completas de Sigmund Freud, III).

FREUD, S. Notas psicanalíticas sobre um relato autobiográfico de um caso de paranoia (*Dementia paranoides*) [1912 [1911]]. *In*: *O caso Schreber, artigos sobre técnica e outros trabalhos (1911-1913)*. 3. ed. Rio de Janeiro: Imago, 1976. p. 23-110. (Edição Standard Brasileira das Obras Psicológicas Completas de Sigmund Freud, XII).

FREUD, S. Sobre o narcisismo [1914]. *In*: *História do movimento psicanalítico, artigos sobre a metapsicologia e outros trabalhos (1914-1916)*. 3. ed. Rio de Janeiro: Imago, 1976. p. 89-120. (Edição Standard Brasileira das Obras Psicológicas Completas de Sigmund Freud, XIV).

FREUD, S. Um caso de paranoia que contraria a teoria psicanalítica da doença [1915]. *In*: *A história do movimento psicanalítico, artigos sobre a metapsicologia e outros trabalhos (1914-1916)*. 3. ed. Rio de Janeiro: Imago, 1976. p. 297-309. (Edição Standard Brasileira das Obras Psicológicas Completas de Sigmund Freud, XIV).

FREUD, S. História de uma neurose infantil [1918 [1914]]. *In*: *Uma neurose infantil e outros trabalhos (1917-1918)*. 3. ed. Rio de Janeiro: Imago, 1976. p. 19-154. (Edição Standard Brasileira das Obras Psicológicas Completas de Sigmund Freud, XVII).

FREUD, S. Esboço de psicanálise [1940 [1938]]. *In*: *Moisés e o monoteísmo, Esboço de Psicanálise e outros trabalhos (1937-1939)*. 3. ed. Rio de Janeiro: Imago, 1976. p. 168-246. (Edição Standard Brasileira das Obras Psicológicas Completas de Sigmund Freud, XXIII).

GUERRA, A. M. C. *A estabilização psicótica na perspectiva borromeana: criação e suplência*. 2007. Tese (Doutorado em Teoria Psicanalítica) – Universidade Federal do Rio de Janeiro, Rio de Janeiro, 2007.

GUERRA, A. M. C. *A psicose*. Rio de Janeiro: Zahar, 2010. (Psicanálise, Passo-a-Passo, 90).

HULAK, F. *La lettre et l'œuvre dans la psychose*. Ramonville Saint-Agne: Érès, 2006. (Des Travaux et des Jours).

LACAN, J. Écrits inspirés: schizographie [1932]. *In*: *De la psychose paranoïaque dans ses rapports avec la personnalité*. Paris: Seuil, 1975.

LACAN, J. *Da psicose paranoica em suas relações com a personalidade, seguido de primeiros escritos sobre a paranoia* [1932]. Rio de Janeiro: Forense Universitária, 1987.

LACAN, J. O problema do estilo e a concepção psiquiátrica das formas paranoicas da experiência [1933]. *In*: *Da psicose paranoica em suas relações com a personalidade, seguido de primeiros escritos sobre a paranoia*. Rio de Janeiro: Forense Universitária, 1987. p. 375-380.

LACAN, J. Formulações sobre a causalidade psíquica [1946]. *In*: *Escritos*. Rio de Janeiro: Jorge Zahar, 1998. p. 152-194.

LACAN, J. *O seminário, livro 3: As psicoses* [1955-1956]. Texto estabelecido por Jacques Alain-Miller. 2. ed. Rio de Janeiro: Jorge Zahar, 1992.

LACAN, J. Abertura da seção clínica [1956]. *Ornicar?*, Paris, n. 9, p. 7-14, 1977.

LACAN, J. De uma questão preliminar a todo tratamento possível da psicose [1957-1958]. *In*: *Escritos*. Rio de Janeiro: Jorge Zahar, 1998. p. 537-590.

LACAN, J. *O seminário, livro 10: A angústia* [1962-1963]. Texto estabelecido por Jacques Alain-Miller. Rio de Janeiro, Jorge Zahar, 2005.

LACAN, J. Apresentação das Memórias de um doente dos nervos [1966]. *In*: *Outros escritos*. Rio de Janeiro: Jorge Zahar, 2003. p. 219-223.

LACAN, J. *Livre XXII, RSI.* 1974-1975. Disponível em: <http://gaogoa.free.fr/>. Acesso em: 31 mar. 2019.

LACAN, J. Livre XXII, RSI. *Ornicar?*, Paris, n. 2-5, 1974-1975/1975-1976.

LAURENT, E. *Estabilizaciones en la psicosis.* Buenos Aires: Manantial, 1989.

MALEVAL, J. C. *Logique du délire.* Paris: Masson, 1996.

MILLER, J.-A. Esquizofrenia y paranoia. 2010. Disponível em: <http://marciopeter.com/artigos.html>. Acesso em: 31 mar. 2019.

ROUDINESCO, E. *Jacques Lacan: esboço de uma vida, história de um sistema de pensamento.* São Paulo: Companhia das Letras, 1994.

SAUVAGNAT, F. Les phénomènes élémentaires psychotiques et la fonction de l'écrit. *Quarto: Revue de Psychanalyse*, Bruxelles, n. 56, p. 39-44, oct. 1999.

SOLER, C. *O inconsciente a céu aberto da psicose.* Rio de Janeiro: Jorge Zahar, 2007.

SOLER, C. A paranoia no ensino de Jacques Lacan. *In*: QUINET, A. (Org.). *Na mira do Outro: a paranoia e seus fenômenos.* Rio de Janeiro: Rios Ambiciosos, 2002. p. 59-66.

A parafrenia, uma doença da mentalidade

Nieves Soria

Vicissitudes da parafrenia na psiquiatria

O termo "parafrenia" foi cunhado na escola alemã em 1863 (cf. Berrios, 2003) para se referir a quadros, não necessariamente psicóticos, que apareciam em períodos de transição vital, desde a adolescência até a terceira idade. Em 1890, Magnan (1893) descreveu o "delírio crónico progressivo", caraterizado por quatro fases: uma primeira de perseguição e de interpretações delirantes, uma segunda com alucinações auditivas, uma terceira de elação e megalomania e, finalmente, uma quarta fase definida pelo déficit intelectual mais ou menos demencial. Dentro do conceito de Magnan tinha lugar para muitas entidades, entre elas os delírios sistematizados, as parafrenias, as esquizofrenias, as psicoses alucinatórias crônicas, etc.

Leonhard, por sua vez, denominou parafrenia a pelo menos sete quadros clínicos diferentes. Nos primeiros anos do século XX, entre 1909 e 1913, Kraepelin (1996) tomou emprestado o termo para fazer alusão a um pequeno grupo de casos de esquizofrenia com desenvolvimento *muito mais leve* das alterações da emoção e da volição, nos quais a harmonia da vida psíquica está consideravelmente menos envolvida. Distinguia quatro formas:

- A parafrenia sistemática, na qual se desenvolve um delírio de perseguição progressivo, com ideias de grandeza, sustentado por alucinações que a distinguem da paranoia.
- A parafrenia expansiva, bastante afim ao estado maníaco por sua exaltação, seu delírio exuberante, com temas megalomaníacos, eróticos e místicos.
- A parafrenia confabulatória, definida por relatos imaginários, enriquecidos sem trégua, mas sem alucinações.

- A parafrenia fantástica, que compreende ideias delirantes extravagantes, incoerentes, com alucinações múltiplas, fora das quais o doente permanece, no entanto, totalmente lúcido.

Foi Bleuler quem começou a questionar o termo "parafrenia", já que não achava motivos para demarcar o conceito daquele das esquizofrenias. Anos depois, um discípulo de Kraepelin, Mayer (1932), observou uma amostra de pacientes diagnosticados com parafrenia por seu mestre, mas que, com a evolução, mostravam uma deterioração marcante e sintomas de esquizofrenia. Em vista disso, Mayer, tal como fez o próprio Kraepelin ao final de sua carreira, rejeitou a independência nosológica da parafrenia.

Na escola francesa, entre 1910 e 1914, Dupré e Logre propuseram agrupar sob o nome de "psicoses imaginativas ou delírios da imaginação" os delírios de mecanismo imaginativo que se baseiam sobre um fundo mitomaníaco. Em 1911 Ballet introduziu sua "psicose alucinatória crônica", centrada em um processo alucinatório, que tende a se sistematizar, mas que evolui com maior ou menor rapidez até a deterioração intelectual. Ele respondia às mesmas preocupações de Kraepelin, diferenciando a psicose alucinatória crônica, claramente, por um lado, da psicose interpretativa não alucinatória e, por outro, das formas delirantes da demência precoce (esquizofrenia).

Mas, será Frey, com sua tese de 1923, *Concepções de Kraepelin e concepções francesas a respeito dos delírios sistematizados crônicos* (1923), o primeiro a construir uma ponte entre a clínica francesa e a clínica alemã. Para ele, a parafrenia sistemática de Kraepelin equivaleria ao delírio crônico de Magnan, a parafrenia expansiva à mania crônica, a parafrenia confabulatória ao delírio da imaginação e a parafrenia fantástica ao delírio alucinatório crônico com suas formas fantásticas.

Por sua vez, Henri Claude (1936) tentará fazer entrar a parafrenia na nosologia francesa, desfazendo-se da nosologia clássica sobre os delírios crônicos. Claude propôs estabelecer uma classificação baseada na oposição entre a psicose paranoica e a psicose paranoide, criando um grupo intermediário. Na sua concepção, a parafrenia seria um delírio coerente, ativo, com elementos imaginativos e mitomaníacos, cuja evolução se faria sobre um fundo esquizomaníaco.

Sob o patrocínio de Claude, Charles-Henri Nodet publicou em 1937 sua tese, intitulada *O grupo de psicoses alucinatórias crônicas. Ensaio nosográfico*. O grande valor desse trabalho é o de estabelecer uma classificação em função da estrutura do delírio. Assim, ele consegue delimitar três estruturas básicas:

- Os delírios de estrutura paranoica; bem sistematizados, coerentes, sem um debilitamento psíquico importante. Nesse grupo se encontram os delírios passionais, os delírios de interpretação, alguns delírios de influência, algumas psicoses alucinatórias e a parafrenia sistematizada de Kraepelin.
- Os delírios de estrutura paranoide; incoerentes na base, com alteração profunda da personalidade, que se agruparão entre a *dementia praecox* e as parafrenias expansivas e fantásticas de Kraepelin.
- Os delírios de estrutura parafrénica, que se caracterizam pelo contraste entre, a excelente adaptação ao mundo real e a conservação da lucidez e o desenvolvimento de construções delirantes fantásticas e impenetráveis, com uma tonalidade de grandeza, dramática e cósmica. Nesse último caso, o paciente mantém uma consciência parcial da desordem, às vezes brincando sobre o tema. Ele habitará em dois mundos paralelos, entre fantasias e a realidade.

Em 1949 Henry Ey considerava indispensável um retorno à primitiva concepção de Kraepelin, afirmando a existência de um grupo de delírios que corresponde, em essência, à descrição kraepeliniana:

> Parece-nos, contudo, que embora com uma análise estrutural insuficiente, Kraepelin alcançou a intuição de uma realidade clínica. Essa realidade clínica está construída pelos delírios crônicos caraterizados pela riqueza luxuriante da imaginação e pelo modo de pensamento paralógico sem evolução demencial. Esse contraste entre a enormidade absurda desses delírios e a integralidade, frequentemente surpreendente, da inteligência, é, a nosso juízo, um primeiro traço decisivo. [...] devido à sua natureza, ao mesmo tempo imaginativa e alucinatória, esses delírios não podem entrar comodamente nos padrões da classificação francesa (Ey, p. 124).

O autor realiza uma análise estrutural da parafrenia (Ey, 1994, cap. 4), caracterizando o pensamento parafrênico – como transtorno negativo desta – nos seguintes pontos:

- Como prolongamento de um movimento psicótico detido. Trata-se de processos desligados, discretos ou vagamente diferidos, que dão ao delírio parafrênico sua marca original. Trata-se da orientação progressiva ao conceito e à fabulação, próximo ao afastamento incessante da experiência vivida. A parafrenia perde progressivamente sua forma alucinatória original. O conteúdo delirante explode fora do núcleo alucinatório primitivo, transformando-se, assim, em fabulação pura.

- Modificações do pensamento, entre as quais ressalta:

  - Bipolaridade. A vida psíquica se desenvolve segundo um duplo registro: o da realidade e do delírio. Alguns doentes têm consciência do caráter ficcional, ou, em todo caso, excepcional e fantástico do delírio. A construção delirante está situada sobre a realidade e, por assim dizer, fora dela. Os parafrênicos passam de um ao outro polo com grande facilidade e sem assombro.
  - A consciência imaginativa. A consciência reflexiva e organizada com lucidez e claridade reflete o fantástico e se liga a esse reflexo, cultiva-o, aprofunda-o, enriquece-o com toda a massa de operações dialéticas das quais é capaz. É um devaneio enriquecido e desenvolvido pelo poder criador do qual a consciência é capaz.
  - A passividade com respeito à produção delirante. O delírio brota automaticamente, como de uma fonte inesgotável, do inconsciente. A ficção surge se opondo à consciência, situando-se fora do *eu*. Daí que esses delírios sejam vividos primeiro e pensados depois, de acordo com a fórmula alucinatória fundamental como um espetáculo, como um filme, como uma novela, como um relato, cujos gênios criadores, cujos atores, personagens e peripécias se situam fora do *eu*, numa atmosfera fantástica, artificial ou milagrosa.
  - A organização paralógica do delírio. Justaposição do pensamento paralógico com relação ao pensamento coexistente em condições normais. As intuições concretas do pensamento aglutinam-se segundo as leis do pensamento mágico, essencialmente sincretista, afetivo e subjetivo.

O delírio parafrênico – na qualidade de transtorno positivo – porta o selo da extravagância. Trata-se de uma ficção fantasmagórica, a qual, sob todas as suas formas, é essencialmente um delírio fantástico. A dimensão megalomaníaca constitui uma espécie de medida comum de diversas formas parafrênicas. O fantástico, alcançando proporções grandiosas, dilui a personalidade até fazê-la coincidir com o infinito. Toda a realidade se dilata até alcançar uma gigante magnitude nos acontecimentos, nas coisas, nas palavras; sofre uma espécie de transubstanciação estética e mágica ao mesmo tempo. Há uma acumulação incrível de detalhes, de cenas, de falsas lembranças, de imagens desse fluxo delirante que se desdobram em visões maravilhosas de seres da natureza e do universo, ou em um desenvolvimento grandioso de acontecimentos estranhamente cósmicos. O delírio oscila sempre entre as duas formas do fantástico: o barroco e o mito.

Já em 1945, Carlos Pereyra, psiquiatra argentino, havia colocado a necessidade de voltar sobre essa categoria clínica, examinando-a com mestria (Pereyra, 1965), avançando com grande fineza clínica numa via cujo ponto de fuga é o real do sintoma na parafrenia: "Mas, em todo caso, o positivo é que se trabalha sobre uma única realidade objetiva e subjetiva: o sintoma [...] Assim, com base, não em uma teoria, mas em signos, é possível constituir, mesmo que seja de forma provisória, entidades nosológicas que nos ajudem a compreender mais e melhor o sujeito em estudo" (p. 10). Com esta orientação chega a definir o quadro, apontando que sua característica essencial e definitiva é a de se tratar de delírios primitivamente crônicos e de ideias polimorfas, nas quais as alucinações, existentes ou não, não aparecem como mecanismo do delírio.

Pereyra aponta que

> a afeção aflige com preferência ao sexo feminino entre as idades de trinta e cinquenta anos, é de evolução crônica, incurável e, apesar de que o absurdo e a fantasia se acentuam com a passagem do tempo, não se apresenta uma verdadeira destruição da personalidade (p. 52).

Ele define o sujeito parafrênico como a primeira vítima da sua imaginação, apontando que ele não quer mentir. Ele coloca, então, então, o acento na incoerência de seu dizer, no qual falta o pensamento fundamental:

> Dentro do delírio, as relações entre as coisas e as afirmações destas relações escapam a toda possibilidade crítica. Os princípios causais e os resultados lógicos, incorporados ao conhecimento e afiançados pela experiência, perdem em absoluto sua invulnerabilidade e são substituídos por surpreendentes improvisações (p. 88).

As novas ideias surgidas não se alinhavavam com as anteriores, o que lhes dá um franco caráter polimórfico.

Pereyra indica, por um lado, a proximidade do quadro com a mania: "A Característica geral do delírio se assemelha às ocorrências delirantes dos maníacos, com os quais, por outra parte, confundem-se, pelas alternativas eufóricas e irritáveis do caráter e sua incansável atividade, apontando-se a diferença pela evolução e a maior firmeza das ideias" (p. 52). Por outro lado, opõe-se a iniciativa, curiosidade, mobilidade e fluidez do pensamento parafrênico ao automatismo, à apatia e à rigidez do esquizofrênico. Também a distingue da paranoia, pelo absurdo das ideias que sustentam, aproximando o quadro ocasionalmente aos estados místicos quando a condensação e concentração de representações levam a um estado de exaltação.

Finalmente, refere-se às parafrenias mais comuns, que hoje chamaríamos ordinárias:

> Sem dúvida alguma, a mais corrente, a mais vulgar, a menos hierárquica dentre elas: a simples fantasia, a invenção pueril ou a novela inverossímil, a que desconecta da realidade, sem proveito para si nem para os outros; a que não abre jamais um rumo novo e se perde em divagações estéreis (p. 93).

A partir desse percurso concluímos que a abordagem estrutural da psiquiatria resgata a parafrenia como categoria clínica ali onde tinha naufragado perdida nas considerações diacrônicas próprias do paradigma das doenças mentais (Lanteri-Laura, 2000), podendo localizar um real próprio do sintoma parafrênico, real ao qual alude sua etimologia – derivada do grego μαρα, "próximo a, ao lado, contra" e φρην, "alma, mente" –, real do qual a formalização da psicanálise de orientação lacaniana possibilitará dar conta, abrindo, igualmente, a perspectiva de seu tratamento possível.

As doenças da mentalidade

De fato, assim como apontamos em um artigo (Soria, 2016), há certa confluência, destacada por Lacan (1967), entre a categoria psiquiátrica de parafrenia e o que, por sua vez, propõe-se denominar de doenças da mentalidade. Confluência que, além da hiância existente entre o discurso psiquiátrico e o discurso psicanalítico, dá conta da pertinência da abordagem da estrutura a partir de um real do sintoma como nó de signos (Lacan, 1995), que a psiquiatria, anterior a sua devastação pelo mercado, soube isolar com sua semiologia, sem dúvida com uma orientação diferente da que anima a leitura que realiza o desejo do analista em um ato que aponta sempre a captar um real – singular e particular ao mesmo tempo – do sujeito.

A primeira vez em que esbarrei com um desses sujeitos foi ao receber no espaço de 10 anos em três oportunidades a mesma mulher que se apresentou cada vez como um ser diferente: com distinto nome, vivendo uma vida totalmente diferente em outro lugar. A primeira vez era a amante de um milionário, carregada de joias e acessórios. A segunda era uma *hippie* que fumava maconha o dia inteiro e os finais de semana vendia artesanato com seu parceiro numa praça. A terceira, uma dona de casa comum que esperava o marido assistindo a telenovela com a comida pronta. A segunda e terceira vez me chamou com um nome diferente, aclarando que eu a tinha atendido há um tempo e que, provavelmente, não me lembrava dela. Seu propósito no tratamento era escrever a história da sua vida, uma verdadeira novela barroca cheia de sucessos sinistros e traumáticos que se perdiam nos meandros do tempo e do espaço, dos quais ela finalmente saía bem. Cada uma das vezes que veio, foi me trazendo vários capítulos que deixava sob minha guarda, a primeira vez sobre sua infância, a segunda sobre sua adolescência, a terceira vez sobre sua idade adulta. Quando "conclui" essa escrita, agradece pelos serviços prestados, vai embora com a ideia de publicar esse escrito e eu não soube mais dela. Em contraste com a multiplicidade de semblantes entre os quais se deslizava tão facilmente, o escrito era firmado por um único nome, o do seu documento de identidade.

Mais tarde, recebi uma mulher a quem ainda continuo tratando, também com interrupções em momentos distintos, há 20 anos. Volta uma e outra vez de um modo novelesco sobre uma infância traumática e angustiante, recortando-se no trabalho analítico o brilho de um olhar, o olhar dessa menina que ela era então, que volta a sustentar quando sente que se confunde totalmente com o outro, a ponto de perder toda identidade, presa de gestos, imagens, movimentos. Sempre acompanhada de presenças imaginárias sinistras, sombras que invadiam sua casa, visões e sonhos premonitórios, com o trabalho analítico foi conseguindo fazer cair o brilho sobre esse saber que tanto a perturbava, transformando-o em um dom do qual se serve no laço com os outros. Mas, diante de certos acontecimentos que a deslocam desse lugar, ainda hoje me pergunta quem é, não sabe se existe ou se é somente uma sombra, rearmando-se nesses momentos ao redor de meu olhar.

Por outra parte, há anos dedico com prazer algumas horas semanais à supervisão de jovens praticantes em hospitais. Em várias oportunidades fui sensível ao incômodo que despertavam neles certos sujeitos, dos quais se poderia dizer, fundamentalmente, que eles não acreditavam. Em alguns casos nem uma palavra, em outros vacilavam ao respeito do que acreditar e do que não. Um estatuto singular da mentira – poder-se-ia dizer que uma mentira sem uma verdade como referência – flutuava em todo o relato clínico, parasitando a transferência e a direção da cura.

Vários filmes de David Lynch,[1] assim como certa detenção de Lacan no tema do vestido ao ler *O arrebatamento de Lol V Stein* (Lacan, 2001), também me abriram a possibilidade de continuar na via da arte as pegadas no vento dessas folhas tão difíceis de alcançar.

Em sua grande maioria, mulheres que, fenomenologicamente, impressionam como histéricas, mas que discursivamente não respondem em absoluto à estrutura clínica da neurose. Com grandes crises, marcadas por *actings* ou passagens ao ato, algumas vezes chegando a internações prolongadas, trata-se de sujeitos atravessados por um dizer inconsciente no qual nada volta ao mesmo lugar, que dão a impressão de folhas ao vento que podem ficar grudadas em qualquer lado. Apesar disso, certa unidade se conserva sempre, não entrando o sujeito em estados de fragmentação da língua nem de fragmentação corporal. Uma unidade dada exclusivamente pelo puro semblante, talvez muito variável, mas um de cada vez.

Elucidação dos fenômenos elementares

À diferença daqueles estudados por Lacan em *O Seminário, livro 3* e em "De uma questão preliminar a todo tratamento possível da psicose", a propósito da esquizofrenia paranoide de Schreber, nesses casos os fenômenos elementares têm sua partida fundamentalmente no campo imaginário: experimentam macropsias e micropsias, fenômenos extracorpóreos, em suas casas há amigos invisíveis, duendes ou espíritos, veem sombras, experimentam premonições, visões ou devaneios, costumam perceber o laço com o semelhante em termos de energia (têm energia boa ou ruim, sugam energia etc.).

Tais fenômenos dão conta, assim, de uma separação radical entre o imaginário e o real do corpo, ficando o primeiro amarrado, porém, ao simbólico, amarração pela qual consegue manter uma unidade na pura dimensão do semblante. Da perspectiva da constituição do narcisismo no estádio do espelho, caberia considerar a hipótese de que, embora se chegue a operar a identificação imaginária constitutiva do *eu*, na sua referência a certa dimensão simbólica ligada à função do ideal, ela fica totalmente desamarrada do real do corpo, pelo que o campo da realidade se (des)realiza, ao perder a ancoragem real, operando um deslizamento incessante do imaginário ao capricho da metonímia significante, ali onde se ausenta o

[1] Particularmente, *Twin Peaks: Fire Walk With Me* (1993), *Lost Highway* (1997), *Muholland Drive* (2001) e *Inland Empire* (2006).

lastro do objeto *a*, razão pela qual se aproxima, fenomenologicamente, à mania, afastando-se dela, no entanto, no ponto em que aqui o imaginário se amarra ao simbólico, seguindo os vaivéns de um relato mais ou menos mitológico, novelesco, com roteiro:

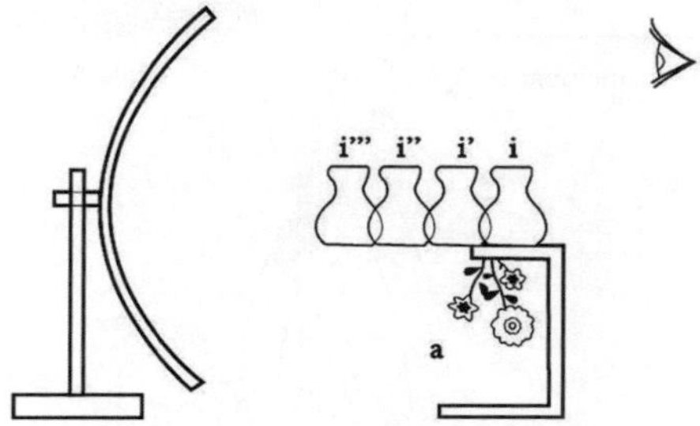

Figura 1 - O estádio do espelho na parafrenia. Vaivéns do imaginário desamarrado do real

Por outra parte, os retornos do real do objeto, assim desamarrado, serão experimentados pelo sujeito como fenômenos energéticos, de presenças mais ou menos ameaçadoras, sem imagem especular, que adquirem, então, a significação de espíritos, duendes, fantasmas etc. Eventualmente o sujeito mesmo ficará despejado de seu corpo imaginário, percebendo-se a partir de um ponto fora de si, sem imagem, como puro olhar.

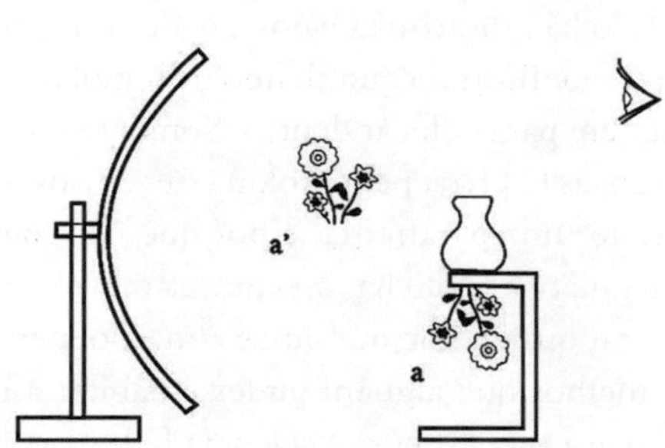

Figura 2 - O estádio do espelho na parafrenia. Presenças do objeto *a* desamarrado da imagem

A versatilidade da realidade dá conta, assim, de que ela se encontra constituída como uma continuidade moebiana entre imaginário e simbólico, uma pura fita de *Moebius*, sem articulação com aquela outra superfície –

orientada – que faz presente a dimensão real do objeto em sua cola com a banda moebiana na figura topológica do *cross-cap*, que dá conta do campo da realidade na neurose, tal como Lacan esquematiza no Esquema R.

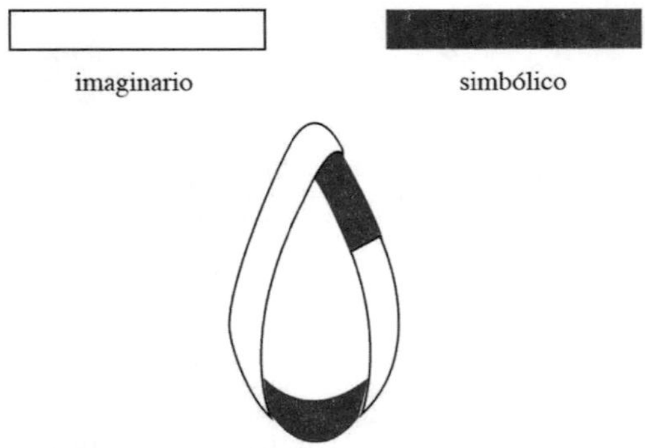

Figura 3 - Campo da realidade na parafrenia. Continuidade entre o simbólico e o imaginário

Um *para-ser*

Em ocasião da apresentação da Srta. B, Lacan fez o seguinte comentário:

> Não se faz a menor ideia do corpo que tem para enfiar nesse vestido. Não há ninguém que possa se deslizar para habitar o vestido. É um trapo. Ilustra o que chamo de semblante. É isso. Há vestido e ninguém para colocar dentro. Somente tem relações existentes com roupas [...] Kraepelin isolou esses curiosos quadros. Podemos chamá-lo uma parafrenia, e por que não lhe dar a qualificação de imaginativa? Não há uma pessoa que chegasse a se cristalizar. Seria tranquilizador que fosse uma doença mental típica [...]. Seria melhor que alguém pudesse habitar a roupa, o vestuário. É a doença mental por excelência [...]. Não é uma séria doença mental detectável, não é uma dessas formas que se encontram de novo. Vai ser parte desses loucos normais que constituem nosso ambiente. Tudo o que ela disse não tinha nenhum peso. Não há nenhuma articulação no que disse (Lacan, 1967).

Desse modo, Lacan isola como o real do sintoma parafrênico, precisamente, a ausência da relação com o real, questão que tentei abordar a partir da clínica nodal (Soria, 2008), caracterizando o nó próprio da psicose parafrênica a partir de um lapso situado entre os registros imaginário e simbólico:

Figura 4 - Lapso do nó parafrênico. Parafrenia desencadeada

Embora aponte que não é uma doença mental séria – já que em seu dizer falta a série, o que retorna ao mesmo lugar –, Lacan se permite ironizar ao considerá-la a doença mental por excelência, forçando semanticamente o adjetivo, indicando que se trata de uma doença do mental, da mentalidade. Poderíamos concluir, então, que, nesses casos, o sujeito é puro semblante, pura mentalidade que não se amarra com nada real, puro parecer ou *para-ser* – para utilizar um neologismo de Lacan que acentua com o prefixo "para-", que significa "à margem de", "próximo a", ou "contra", ao mesmo tempo que joga com o efeito de "parecer" próprio do semblante. Um vestido sem corpo que desliza à margem do pouco de ser ao que pode pretender acessar o ser falante, um ser de real.

Tradução: David Moreno Cardenas
Revisão: Márcia Rosa

Referências

BERRIOS, G. E. The Insanities of the Third Age: A Conceptual History of Paraphrenia. *The Journal of Nutrition, Health & Aging*, v. 7, n. 6, p. 394-399, 2003. Disponível em: <https://bit.ly/35O9rZs>. Acesso em: 13 jan. 2020.

CLAUDE H. Délire d'imagination et paraphrénie. *Concours Med*, n. 19, p. 151-156, 1936.

EY, H. *Estudios sobre los delirios*. Madrid: Editorial Triacastela; Fundación Archivos de Neurobiología, 1994. Capítulo cuarto: Las psicosis parafrénicas.

FREY B. *Conception de Kraepelin et conception française concernant les délires systématisés chroniques*. Étude *comparée*. Thèse. Strasbourg, 1923.

KRAEPELIN E. *La demencia precoz*. 2.ª parte. Parafrenias. Buenos Aires: Editorial Polemos; 1996. (Del original: *Lehrbuch der Psychiatrie*. Leipzig, 1909-1913).

LACAN, J. Autocomentario. *Uno por uno*, Barcelona, n. 93, 1995.

LACAN, J. Hommage fait à Marguerite Duras, du ravissement de Lol V. Stein. *In*: *Autres* écrits. Paris: Seuil, 2001.

LANTERI-LAURA, G. *Ensayo sobre los paradigmas de la psiquiatria moderna*. Madrid: Editorial Triacastela, 2000.

MAGNAN V. *Leçons cliniques sur maladies mentales*. Paris: Progress Medicales, 1893.

MAYER W. Paranoische und paraphrene Bilder. *In*: BUMKE, O, (Ed.). *Handbuch des Geisteskrankheiten*. Heideberg: Springer; 1932.

NODET, C. *Le groupe des psychoses hallucinatoires chroniques. Essai nosographique*. Thèse. Paris, 1937.

PEREYRA, C. *Parafrenias. Delirio crónico de ideas polimorfas* [1945]. Buenos Aires: Salerno, 1965.

SORIA DAFUNCHIO, N. *Confines de las psicosis*. Buenos Aires: Del Bucle, 2008.

SORIA, N. Parafrenia, para-ser. *Ancla: Revista de Psicoanálisis y Psicopatología*, n. 6, 2016. Disponível em: <https://bit.ly/37ZHJKH>. Acesso em: 13 jan. 2020.

Erotomania

Fabian Fajnwaks

De todas as psicoses, a erotomania é aquela que pareceria pôr em jogo, do modo mais radical, a relaçao do sujeito com o Outro, até o ponto em que se poderia dizer que ela permite abordar a estrutura dessa relação. Cabe perguntar-se por que a erotomania é, antes de tudo, uma psicose feminina e, principalmente, em que ela revela a relação do feminino à alteridade, o que levara Lacan a postular uma condição erotômana do desejo feminino.

Ali onde a erotomania aparece como uma paixão pelo Outro, embora seja preferencialmente o Outro que toma a iniciativa e envia signos de seu amor para o sujeito, a paixão pelo Um de gozo, separado do Outro, a relativizará. Essas posições parecem marcar os dois momentos fundamentais do ensino de Lacan, que vão desde o centramento da teoria no Outro, no começo de seu ensino, no qual a erotomania, juntamente à paranoia, pareceriam dar o paradigma dessa posição, até o último e ultimíssimo ensino de Lacan, centrado no gozo do Um, a partir da proposição "Há Um" de Lacan. Desse modo, o lugar do Outro no delírio paranoico ver-se-á reduzido, no último ensino de Lacan, a signo de amor.

O fenômeno clínico

Um personagem de um nível social mais elevado toma a iniciativa de se interessar pelo sujeito. Em seu delírio qualquer signo lhe faz constatar o amor desse personagem por ela: ele lhe insinua coisas que lhe permitem interpretar a comunhão amorosa na qual ela se encontra com ele. A certeza é o sentimento que a liga a ele: todo signo é interpretado em função da certeza de que o Outro a ama.

Gaëtan Gatien de Clérambault (2002, p. 56), o formidável psiquiatra que fez a descrição dessa síndrome e em quem Lacan reconheceu "seu único Mestre em psiquiatira", denomina a essa premissa de base do delírio "postulado fundamental". Trata-se de um amor que, na descrição do grande psiquiatra, pode mudar rapidamente para uma certeza de que o Outro a odeia, embora, parecendo odiá-la, na verdade a ama. Ódio ou amor, mas nunca indiferença: "a ideia é a de que toda a atenção desse personagem se concentra na pessoa do sujeito". A interpretação de fatos atuais ou passados efetua-se em função dessa premissa fundamental do delírio, interpretação que se traduz em "reações típicas" (perseguição, viagens para ser vista pelo amante) e em uma evolução precisa em três fases (estádio de otimismo inicial, estádio subsequente de despeito e de perseguição e, finalmente, um estado de rancor com um esboço de querelância) com um predomínio de sentimentos de orgulho sobre o erotismo.

De Clérambault tem o cuidado de diferenciar os delírios erotômanos dos delírios de interpretação e de reinvindicação de Sérieux y Capgras: mesmo que os sujeitos erotômanos procedam por interpretação e possam mostrar-se querelantes em suas reinvindicações amorosas, o traço que De Clérambault acrescenta a esses delírios já repertoriados pela Escola Francesa é a grande patogenia passional. O objetivo maior, único e consistente de fazer reconhecer esse amor impede o desenvolvimento de ideias de perseguição e grandeza.

No mesmo sentido, em sua fina descrição, o grande psiquiatra explica que toda ideia de grandeza e riqueza propriamente ditas encontram-se ausentes, que "o enfermo não se atribui nem uma origem ilustre, nem títulos futuros, nem direitos a uma herança. O delírio erotômano difere daquele dos megalômanos, nesse ponto" (De Clérambault, 2002, p. 59, tradução nossa). Todavia, o delírio erotômano não é "puro", associa-se a outros delírios, geralmente de perseguição, que já se encontravam presentes no quadro clínico.

O caso paradigmático é o de Aimée, sobre a qual Lacan escreve em sua *Tesis sobre la psicosis paranoica en su relacion con la personalidad*, que, já perseguida, ela vai desenvolver um delírio erotômano que toma como objeto o princípe de Gales, a quem ela vai dirigir seus manuscritos. A erotomania de Aimée não lhe impedirá a passagem ao ato que a levará ao encontro com Lacan no *Depôt*, a sala entre o Tribunal de Justiça e a *Conciergerie* em Paris, na qual se decidia, depois de uma perícia, se um sujeito criminoso seria julgado ou enviado ao manicômio. A eleição mesma do nome fictício de "Aimée" (Amada) traduz o traço erotômano.

O objeto da paixão erotomaníaca constitui uma figura "canônica do Outro" (Miller, 1981, p. 63) na medida em que não tem para ela nenhum lugar e é, antes de tudo, o sujeito que, em seu delírio, toma o lugar do objeto que lhe faltaria a esse Outro. Rei, presidente, padre, professor ou médico, ao objeto da paixão erotômana não falta nada, ele apresenta-se mais sob a forma de parceiro onisciente e, tanto quanto possível, assexuado.

Gramática da relação ao Outro

Em "Notas psicanalíticas sobre um relato autobiográfico de um caso de paranoia (*dementia paranoides*)", Freud (1911) descreve as proposições da gramática da paranoia incluindo a forma erotômana entre elas. Trata-se da inversão: "Eu não o amo – eu a amo – porque ele me ama" (p. 86), a forma heterossexual, exagerada e disforme que retorna desde o exterior, substitui a forma homossexual, postulado de base da paranoia para Freud. O fundamental aqui é a validação da premissa de ser amado com base na certeza do sujeito em seu delírio erotômano, mais do que aquela de amar que, de algum modo, vem desmentir, nesse caso, a necessidade de um laço homossexual do sujeito com base na paranoia, princípio que Freud coloca aqui. Essa relação do sujeito ao Outro vem certamente relativizar a hipótese freudiana do laço homossexual na base da paranoia, dando, de algum modo, a verdade da relação do sujeito paranoico ao Outro, que a erotomania, na descrição que Freud faz aqui, revela. Embora Freud postule uma posição homossexual de base na paranoia, que Lacan se ocupara em desmentir no decorrer de *O seminário, livro 3: As psicoses*, a gramática da relação ao Outro que Freud descreve nessas páginas do caso Schreber (p. 85-89) permite compreender as inversões na origem do delírio de perseguição, do delírio erotômano, de ciúmes e do delírio megalomaníaco.

Freud ([1911] 1969) dedica, no artigo mencionado, algumas linhas à função da projeção na paranoia: o que não pode ser simbolizado pelo sujeito é projetado em direção ao exterior e retorna ao sujeito como que lhe vindo do Outro (p. 94-95). Importa destacar ainda, na explicação de Freud, o que essa operação tem de psicológico, já que não permite integrar o retorno do elemento forcluído na psicose, ou seja, isso se passa assim se se segue a formalização de Lacan quanto à forclusão do Nome-do-Pai como a operação estruturante da patologia. E, de fato, a erotomania encontra um limite em sua explicação apenas pelo mecanismo freudiano da projeção: o sujeito não ama, inicialmente, aquele em quem encontrará posteriormente a certeza do amor. Fazem falta alguns passos a mais para entendermos por que o Outro toma a iniciativa de se interessar pelo sujeito e de lhe enviar signos de seu amor. Poder alojar-se no Outro sob essa forma invertida, que se apoia na certeza de seu amor e interpreta seus signos, é a maneira que o delírio encontra para colocar em jogo a relação de alienação fundamental que estrutura o sujeito.

Erotomania e paranoia

Em vista disso, poder-se-ia perguntar até que ponto a erotomania não é mais do que uma variante da relação alienante que permite construir o sujeito, com tudo o que essa relação tem de paranoidizante ao mesmo tempo. Se é a estutura mesma da relação do sujeito ao Outro o que essas duas psicoses, erotomania e paranoia, permitem pôr em evidência, se o fato de que o *Outro fala no sujeito*, segundo a premissa de Lacan de que *o inconsciente* é *o discurso do Outro*, não pode ser mais claro do que nessas duas psicoses, poder-se-ia perguntar se, enquanto tais, elas não revelam a estrutura mesma da relação do sujeito ao Outro.

A certeza e a interpretação constituem, ao mesmo tempo, dois mecanismos em jogo na paranoia: o que a erotomania pareceria agregar e, a partir daqui, a fenomenologia sindrômica muda com efeito, é a experiência do amor. A dimensão paranoica dessa relação ao Outro participa também do caráter feminino nessas psicoses: o conjunto da clínica e da teoria psicanalítica freudiana e lacaniana não faz mais do que confirmar a dependência íntima na qual as mulheres se encontram com o lugar do Outro. Esse é um fato que tem pouco a ver com a anatomia e mais com a premissa simbólica que põe em funcionamento a castração, que faz perceber uma falta ali onde no real não falta nada. Nas psicoses essa operação passa ao real sob pena de poder encontrar no Nome-do-Pai e no falo simbólico os significantes dessa falta que a castração articula. Ali onde esses significantes permitem regular a relaçao ao Outro, introduzindo uma pergunta a respeito de seu desejo, nas psicoses o Outro manifesta-se ao sujeito de maneira determinada, sem cortes nem veús, de modo que o sujeito tem a certeza das intenções desse Outro.

Esse ponto diferencia claramente a experiência psicótica da vivência feminina e de sua relação ao Outro. O caráter de certeza se evapora aqui, ficando as mulheres mais suspensas a algo que reduz o caráter equívoco do signo do desejo do Outro no amor. Do caráter equívoco do signo do amor do Outro, no qual as mulheres encontram em seus parceiros a certeza da presença do Outro, as psicoses e a feminilidade se diferenciam. Em ambas o Outro participa, mas o faz de modo diferente.

Uma psicose feminina

Gaëtan Gatien de Clérambault não se interessou apenas pela erotomania e pelo automatismo mental como fenômenos clínicos que colocam em evidência a relação do sujeito ao Outro. Em um livro magnífico sobre a *Paixão erótica dos tecidos na mulher*, ele (1908) relata casos de mulheres que tinham orgasmos no contato com a seda, elas a esfreagavam em seu corpo nos provadores das lojas de roupa. Um filme, *Le cri de la soie* (1996), *O grito da seda*, levou esse relato à tela. Como entender essa experiência erótica tão singular que quase poderia fazer pensar na existência de uma perversão propriamente feminina?

Apreciemos a sensibilidade particular desse psiquiatra a essa experiência do Outro gozo. De Clérambault, que seus biógrafos descrevem como um solteiro empedernido e misógino, partia sozinho para o Magreb durante os meses de verão, onde se informava sobre as técnicas do véu e onde encontrava, de tanto em tanto, alguma mulher com quem tinha alguma relação íntima.

À parte isso, havia as manequins que, na balbúrdia de sua casa em Malakoff,[1] vestia e desvestia para exercitar as diferentes técnicas do véu praticadas em diferentes regiões do Magreb e, isso, para o curso que dava sobre essas técnicas do véu na Escola de Belas Artes de Paris. Um interesse realmente lacaniano, pois se tratava nessas técnicas do véu precisamente de fazer sustentar o pedaço de tecido que cobria o corpo das mulheres somente com os nós que o tecido permitia fazer e sem nenhum artifício exterior, como broches, alfinetes ou outro tipo de sustentação. Um antecedente dos nós borromeanos que apaixonaram a Lacan nos anos 1970? Certamente, e o fato de que estes recubram o corpo das mulheres não é aqui sem importância. O interesse de De Clérambault por esses traços tão essencialmente femininos provavelmente não escapou a Lacan: a relação ao Outro na erotomania e no automatismo mental e a "paixão erótica pelos tecidos nas mulheres" que abria a uma experiência do Outro gozo.

De algum modo Lacan retoma, certamente por sua formação de psiquiatra, a tradição que atribuia à feminilidade alguma relação à desmedida e ao ilimitado, o que a formulação do gozo não-todo traduzirá nos anos 1970. Uma posição bem distinta daquela de Freud, que se manteve a distância das psicoses e que buscou mais fazer entrar a feminilidade na calçadeira fálica, na *"normâle"*, na norma-macho, como o formulará Lacan.

---

[1] Subúrbio de Paris.

O desejo freudiano de dar à psicanálise das neuroses todo seu fundamento o levou a deixar de lado o tratamento das psicoses. Não podemos evitar pensar no laço que une, e que Lacan, por sua parte, validará, a psicose com a feminilidade e que encontra, com a erotomania, seu ponto de fuga. Isso na medida em que reúne duas questões que Lacan não somente reintroduzirá na psicanálise, senão que permitirá, de maneira decidida e definitiva, sair do impasse nas quais a abordagem inicial de Freud as deixara.

O delírio como sistema lógico

Poder-se-ia abordar o delírio erotômano como um sistema lógico. O próprio De Clérambauld parece asssiná-lo ao denominar "postulado de base" à certeza de ser amada pelo Outro. Em seu valor de axioma fundamental, o postulado de base permite fundar a certeza do amor como a base sobre a qual estará construído o edifício do delírio. Essa certeza deve ser diferenciada da crença, na medida em que o sujeito erotômano parece, por momentos, não crer em nada nem em ninguém, nem sequer no Outro que pode querer desenganá-la, Outro de quem ela pode, eventualmente, denunciar a inconsistência. O Outro pode equivocar-se ou se contradizer, no entanto esse não será um ponto que permitirá ao sujeito colocar em questão a certeza do seu amor.

Podemos evocar aqui o conceito de certeza no gozo, em um princípio que nos vem dos filosófos. Na *República*, Platão a situa do lado da *doxa,* enquanto esta constitui uma ilusão de saber gerada pela opinião. Propõe distingui-la da verdade na medida em que a certeza se lhe assemelha, sem alcançar o grau de precisão de que gozam as ideias. A certeza não se superpõe às noções lógicas de verdade ou falsidade que apaixonaram a escolástica medieval. São principalmente as matemáticas ou a religião que permitem alcançá-la, e não um raciocínio que poderia declinar-se em silogismos. É Descartes quem, por sua tríplice formação de filósofo, matemático e físico, avançara a possibilidade de uma ciência universal baseada nas matemáticas, que se encontrariam baseadas em "certezas" deduzidas de leis gerais. A distinção entre corpo e alma levará Descartes à postulação da alma como "substância pensante", baseada em outra forma de certeza ainda, distinta da razão.

No entanto, é no mundo da física que se conheceram as maiores transformações epistemológicas que levaram a substituir o termo "certeza" por aquele de "probabilidade". Ao demônio de Laplace, capaz de conhecer em um breve instante a localização exata de todas as partículas do universo, Heisenberg lhe oporá, no início do século XX, o princípio da incerteza, que formula ser impossível conhecer exatamente a posição e a velocidade de uma partícula em um mesmo instante. Kurt Gödel formulará, alguns anos mais tarde, seu célebre teorema da incompletude, que indica que toda base axiomática, quando tende para a complexidade, vê aumentar o número de proposições denominadas *indecidíveis*, quer dizer, axiomas dos quais é impossivel verificar a verdade ou a falsidade, a menos que se introduzam novos axiomas. O ideal de certeza cartesiano ver-se-á, de um ponto de vista lógico, rebatido por esse princípio.

Wittgenstein, por sua parte, colocará em questão a possibilidade de fundar o procedimento lógico em uma certeza declinando jogos de linguagem, que cernem em aforismos essa impossibilidade. Assim, por exemplo, em seu ensaio *Sobre la certidumbre* ele dirá no aforismo nº 651:

> Não se pode opôr a certeza matemática à incerteza relativa das proposições empíricas. A proposição matemática foi obtida por uma série de ações que não se diferenciam em nada do resto das ações da vida e que se encontram tão sujeitas ao esquecimento, à inadvertência e à confusão (Wittgenstein, 1976).

Desse modo, verifica-se que a certeza que o sujeito erotômano encontra em seu delírio é absolutamente mais firme e consistente do que todo o sistema lógico! Este último encontrou, com o desenvolvimento da lógica do século XX a partir de Göedel, uma inconsistência fundamental, que a construção axiomática tenta paliar, mas que, em nenhum caso, alcança o grau de certeza que o sujeito erotômano apresenta. Nem a lógica nem a fisica contemporânea preservam esse grau de certeza. Tampouco é seguro que do lado da fé religiosa encontremos um vigor semelhante àquele alcançado pelo sujeito em seu "postulado de base". Nesse ponto, poderíamos dizer que o sujeito erotômano alcança o que nem a ciência moderna, em seus inícios, nem a lógica depois puderam manter: um conhecimento fundado na certeza que a razão teria podido alcançar.

Que o postulado de base entre em contradição com algumas premissas do Outro, que o sistema delirante tolere as contradições não faz mais do que fortalecer o postulado, que não somente continua imutável, mas também suporta proposições contraditórias, à maneira do teorema de Göedel, precisamente, sem necessitar, sem dúvida, apelar a novas proposições para dar mais consistência ao sistema. O que permite constatar que o mais importante para o sujeito é a certeza do amor do Outro, e isso mais além das proposições, muitas vezes contraditórias, que se deduzem dessa certeza.

A erotomania e o *scanner*

Se se compara a riqueza das descrições clínicas de De Clérambault, a fineza de suas observações, a atenção que tinha com relação ao enfermo em buscar fazê-lo confessar as ideias delirantes na base da erotomania, não se pode mais do que lamentar o empobrecimento sofrido pela clínica psiquiátrica desde sua época clássica até a atualidade, clínica que se tornou inteiramente neuropsiquiatria e, inclusive, neurologia.

Isso põe em evidência não somente a simplicidade do método das neurociências, que reduz um fenomeno tão complexo como a certeza do postulado fundamental a uma coloração do cérebro, se algo desse tipo é possível, mas também o fato de que a entrevista clínica ela própria já se encontra excluída do encontro entre o psiquiatra e seu paciente e que os protocolos baseados na imagem cerebral já não contemplam um encontro com a palavra do enfermo. Para que lhe falar se se trata apenas de encontrar no *scanner* o que não funciona corretamente para intervir a nível neurológico?

Podemos nos perguntar até que ponto a erotomania põe em questão os assim denominados avanços das neurociências, já que resulta dificil imaginar-se, mais além da coloração do cérebro no momento em que o sujeito recebe signos do amor do Outro, poder observar na ressonância magnética (IRM) a certeza do sujeito presente nesse fenomeno. A releitura de textos como o de De Clérambault não somente põe em evidência a fineza nas descrições que havia alcançado a psiquiatria no alvorescer do século XX, mas também realça ainda mais o extremo empobrecimento clínico ao qual a redução da psiquiatria à neurologia e à imagem cerebral levou. Quando se lê um autor que representa uma autoridade nas neurociências, tal como Eric Kandel, escrever que:

> a psiquiatria e a psicanálise não terão sido mais do que um parênteses que se desenvolveu para paliar a dificuldade que encontrou a neurologia no final do século XIX para poder observar o cérebro e as operações que ali têm lugar mas que, com a imagem cerebral possível graças à ressonância magnética (IRM) e ao *scanner*, pode-se renovar o desenvolvimento da neurologia, que havia se detido nos estudos de Ramon e Cajal em 1920 (Kandel, 2006, p. 373, tradução nossa).

De maneira mais geral vemos fracassar qualquer tentativa psicoterapêutica bem intencionada frente à certeza do delírio erotômano, o que implica, e talvez seja nesse ponto mesmo que possamos dizer que, talvez, nem a abordagem de De Clérambault dessa psicose nem sua leitura pela psicanálise são vãs, mas, pelo contrário, elas nos permitirão, se o domínio das neurociências continuar a se extender, sair do naufrágio que implicará ter abandonado a fineza e a pertinência das entrevistas clínicas tal como um psiquiatra como "o único mestre em psiquiatria" as praticava.

De que modo a erotomania permite interrogar a teorização de Jacques Lacan?

A erotomania, como já assinalamos, põe em jogo o mais medular da relação do sujeito ao Outro e, por essa razão, constitui, junto com a paranoia, a psicose que ilustra do melhor modo o primeiro período do ensino de Lacan. Podemos nos perguntar até que ponto a teorização da relação do sujeito ao Outro presente no esquema "L", que situa a relação com o Outro mais além da intersubjetividade imaginária, a-a', bem como no grafo do desejo, não se beneficia do encontro de Lacan com os sujeitos psicóticos durante sua intensa carreira em psiquiatria nos primeiros anos de sua formação, digamos até o ano 1953, no qual ele conclui seu movimento de entrada na psicanálise com seu ensino e com o "Discurso de Roma". Jacques-Alain Miller o assinalou há já alguns anos: o conjunto do ensino de Lacan encontra-se marcado, inspirado inclusive, por sua experiência com as psicoses e, de algum modo, não fez mais do que buscar aplicar as psicoses à psicanálise. Isso se verifica desde o primeiro até seu último ensino, marcado pelos nós borromeanos e pelo *sinthoma*, inspirado por sua leitura de James Joyce.

Quando Lacan se dirige a um grupo de psiquiatras no Hospital Sainte-Anne, em 1966, ele assinala que "a psiquiatria não fez nenhum descobrimento nos últimos 30 anos" e recorda que "ela fez sua entrada, como a medicina, em sua era farmacêutica". Nenhuma modificação do campo psiquiátrico, nenhum descobrimento! Se se busca no extremo mais fino, ali onde isso se torna completamente minúsculo, encontra-se este último retoque: "minha tese, a paranoia de autopunição. Acrescentei uma pequena coisinha à articulação Kraepelin-De Clérambault". Nesta era atual, acrescentou, "cura-se mas já não se sabe mais o que é que se cura" (Lacan, 1966).

Lacan ignorava então, e não poderia sabê-lo, quanto as diferentes versões do *Manual diagnóstico e estatístico de transtornos mentais* (DSM), produzido sob os auspícios da Associação Americana de Psiquiatria, iriam tornar-se o catálogo que permite configurar as diferentes psicopatologias a serem tratadas com medicamentos. O interessante é que, dirigindo-se aos psiquiatras, ele lhes falara do lugar do Outro em sua teorização: do lugar do Outro na constituição do desejo e como lugar do significante. Era como se Lacan estivesse recordando os princípios fundamentais de sua teorização e como se, por antecipação, já tivesse previsto o que a psiquiatria, orientada em direção à farmacologia e em seu retorno à neurologia e à causalidade orgânica, iria forcluir: a dimensão do Outro na constituição do sujeito. Aquilo que tanto a paranoia quanto a erotomania colocam em jogo, já que onde mais além de nelas o lugar do Outro parece com tanta importância?

Nesse ponto poderíamos assinalar o quanto a erotomania, bem como a psicose, inscreve-se na teorização dos primeiros anos de J. Lacan, que autorga um lugar hegemônico ao Outro. Em sua absoluta alienação ao Outro, o sujeito erotômano põe em evidência, de maneira extrema, a importância radical desse lugar fundamental de alteridade como determinação subjetiva. O que não será o caso em sua teorização ulterior, na medida em que seu ensino avança, já que o lugar do Outro se borra.

A partir dos anos 1970, na medida em que Lacan avança em sua teorização com relação ao gozo, já não serão a paranoia nem a erotomania que se proporão como modelo, senão que Lacan buscará outra maneira de ilustrar o anudamento entre Real, Simbólico e Imaginário que permite o *sinthoma*. A perspectiva borromeana que a clínica lacaniana tomará nesses anos, inspirada nas psicoses que não têm um desencadeamento tal como nas psicoses do estilo do presidente Schreber, psicoses extraordinárias, supõe a redução do lugar do Outro, o que o sintagma "Há Um", que Lacan toma emprestado a Parmênides, significa. "Há Um" supõe centrar o conjunto da clínica mesma ao redor do gozo, já que este, por definição, exclui o Outro, salvo no caso em que, como para o presidente Schreber, trata-se, no delírio do sujeito, de se tornar objeto de gozo do Outro. São soluções do tipo das que se encontram no caso de James Joyce as que permitem localizar como o sujeito encontra um modo de paliar a carência paterna através de uma atividade, de um *savoir-faire*. A descontinuidade entre neurose e psicose se borra aqui, Lacan coloca o acento e se pergunta a partir de que momento um sujeito se torna psicótico. A erotomania e a paranoia ficam localizadas, assim, no que Jacques-Alain Miller denominou como "as enfermidades do Outro", para distingui-las das "enfermidades da mentalidade" em seu texto, antes mencionado, "Ensino sobre a apresentação de pacientes".

Podemos dizer que De Clérambault se fez um especialista dessas "enfermidades do Outro", já que tanto a erotomania quanto o automatismo mental permitem cernir o que há de mais medular na relação do ser falante ao Outro. Podemos dizer que, na medida em que Lacan se interessa progressivamente pelo gozo e pelo circuito do Um desconectado do Outro, a erotomania e todas as patologias do Outro perdem, de algum modo, um certo brilho em seu ensino. São as soluções como aquela que Joyce põe em marcha, através de sua busca em se fazer reconhecer como escritor pelos universitários, as que interessarão a Lacan, ou ainda as soluções do tipo do que ele denominou pelo "nomear para". Na lição de 19 de março de 1974, "Os Nomes-do-Pai ou os desenganados erram" (Le non-dupes errent), Lacan propõe distinguir o "nomear para" e o "Nome-do-Pai":

> Há algo cuja incidência gostaria de designar, porque dá o viés de um momento que é aquele que nós vivemos na história. [...] Ao Nome-do-Pai se substitui uma função que não é outra senão aquela do nomear-para (*nommer-à*). Ser nomeado-para-alguma coisa, eis o que aponta em uma direção que vem efetivamente se substituir ao Nome-do-Pai. [...] Ser nomeado para alguma coisa, eis o que para nós, nesse ponto da história no qual nos encontramos, encontra-se preferido – quero dizer: este nomear-para não é o signo de uma degenerescência catastrófica? (LACAN, 1974, s.p.)

Ser nomeado para uma função pode perfeitamente substituir-se ao Nome-do-Pai, o que põe na função de nomeação todo o peso da suplência, mais do que no fato de que essa nomeação aloje o sujeito no Outro, por exemplo. O peso da operação recai na operação de nomeação como fazendo suplência ao Nome-do-Pai, o que a situa do lado do Um absolutamente só, descolado do Outro. Encontramos um exemplo desse "nomear-para" no caso do escritor Romain Gary. No seu romance autobiográfico *Promessa ao amanhecer,* ele relata a relação da sua mãe, jovem imigrante polonesa na França dos anos 1920, com ele. Desde pequeno essa mãe lhe repetia que ele iria se tornar embaixador da França e escritor: "Você será embaixador da França, meu filho". Esse mandato materno – "nomeado-para" a função ... de embaixador – funcionou para Romain Gary como um substituto do Nome-do-Pai. Trata-se de algo mais do que o desejo materno, trata-se de uma função que, como Lacan indica, permite nomear uma função para o sujeito ali onde o Nome-do-Pai não operou. O interessante é que Lacan associe essa função do "nomear-para" a um período histórico: o atual. E que indique, além disso, o "signo de uma degenerescência catastrófica", a que marca a queda do Nome-do-Pai no social, quer dizer, no Discurso, e sua substituição por essa função particular. O que, certamente, coloca as mães, enquanto Outros que permitem "nomear-para", em função de extrema potência. Aqui se trata não exatamente do amor do Outro, como na erotomania, mas de sua potência nomeante, ali onde esse significante privilegiado não se encontraria já no Outro, ou ter-se-ia tornado inoperante.

Erotomania ordinária

Lacan extende o alcance da erotomania à vida sexual e, especialmente, à sexualidade feminina, quando propõe "a forma erotômana do amor", à qual opõe a "forma fetichista", em seu escrito sobre a sexualidade feminina (Lacan, 1998, p. 742). Entende-se que a forma fetichista corresponde ao desejo masculino, enquanto a erotômana, ao desejo feminino. Desse modo Lacan acentua, com essa fórmula um tanto provocadora, a dimensão tão importante do Outro na sexualidade feminina, importância do signo de amor do Outro, ali onde o homem se satisfaz com as qualidades do objeto.

Há que se assinalar que nesse contexto Lacan não faz mais do que enfatizar a perspectiva introduzida por Freud, quando, em seus textos sobre o complexo de Édipo, ele destaca a importância do amor como compensação e como paliativo ao complexo de castração, ali onde a castração toma no homem a forma de uma ameaça. É a possibilidade da perda do amor, a que suscita na mulher a angústia de castração, fato que Freud indica, sem ir mais longe nesse desenvolvimento. Com essa formulação, Lacan colocará um marco divisório no caminho que o levará, alguns anos mais tarde, a dar à sexualidade feminina toda sua legitimidade com a introdução de um gozo específico, o "não-todo". Já que é nesse mesmo escrito que Lacan se perguntará "se a mediação fálica drena tudo o que pode manifestar-se de pulsional na mulher, e especialmente toda a corrente do instinto materno" (Lacan, 1998, p. 739), dando a entender, já em 1960, que o falo não absorve o conjunto da sexualidade na mulher, o que o leva a postular em 1972, em *O seminário, livro 20: Mais, ainda*, o gozo feminino.

A "forma erotômana do amor" traduz tanto o valor fálico que o amor pode tomar na mulher, no sentido que já assinalava Freud, como o que escapa à captura fálica da sexualidade, na medida em que situa no Outro, em um Outro completo, o signo do amor que se dirige ao sujeito e que se propõe, desse modo, como compensação, nas psicoses, como uma suplência à significação fálica que não se inscreveu para o sujeito, o que Lacan anotava em seu escrito sobre Schreber como phi zero (Φ_0).

Trata-se aqui do que acontece na psicose erotômana: algo que podemos, sem dúvida, diferenciar com a posição feminina, tal como *O seminário, livro 20* permite fazê-lo, na medida em que este articula melhor o significante do Outro barrado S(Ⱥ), quer dizer, indica um significante da impossibilidade de encontrar um significante final para designar esta posição. Se no delírio erotômano o sujeito se encontra relacionado com um Outro completo, na posição feminina articula-se melhor um Outro que não encontra um significante para o impossível a simbolizar.

Essa extensão do termo "erotomania" produzida por Lacan, atribuindo-lhe uma forma feminina de amor, despatologiza o termo, permitindo-lhe situar na vida amorosa e sexual cotidiana, comum, o que o termo francês *"ordinaire"* traduz. A condição de amor do parceiro para poder desejar, a envoltura amorosa, é um traço essencialmente feminino, o que não implica que haja mulheres que não necessitem desse recobrimento para poder desejar: de fato, existem mulheres que podem suportar a "degradação geral da vida erótica" e não necessitam recobrir o desejo com o amor. Certamente, há que se especificar aqui que amor e desejo permanecem em disjunção ainda ali onde o amor vem a recobrir o desejo: trata-se somente de uma envoltura.

No amor é o signo que conta, e, efetivamente, Lacan valorizará essa elevação do significante em signo, em seu *Seminário, livro 20: Mais, ainda*. Um significante é elevado à qualidade de signo desde o momento em que conta para um ser falante enquanto signo de amor e de reconhecimento do Outro. Desse modo, o que havia de certeza na experiência erotômana se reduz na experiência cotidiana do amor ao signo do amor do Outro. O signo conta aqui tanto mais quanto já não há a certeza, como no delírio, de que o Outro se interesse pelo sujeito. É o significante elevado à qualidade de signo que vem certificar o interesse do Outro pelo sujeito, interesse que se encontra reduzido simplesmente ao signo.

Ele é menos potente por essa razão? Certamente carece da força da certeza que encontramos nas psicoses erotômanas; sem dúvida o signo de amor é suficientemente consistente para produzir o mal-entendido amoroso. Por que falar aqui em mal-entendido? Porque o amor é uma língua que toma emprestado seus significantes ao Outro de cada um dos parceiros que participam na cena, e se bem o signo de amor ressoa com a língua do parceiro, que o capta, escuta-o enquanto tal e acolhe, assim, o significante que lhe vem do parceiro, este não pode senão ser estrangeiro à sua língua. Acreditando decodificá-lo, em realidade não faz mais do que produzir o mal-entendido que faz ressoar esse significante com aqueles de sua *alíngua*, e, de algum modo, o que passa por ser um signo torna-se o que nunca deixou de ser: um significante a mais da *alíngua* do Outro, cujo sentido é equívoco. Momento em que caem as máscaras: aquilo que se passava por ser um signo se revela em sua qualidade de significante.

Tradução: Márcia Rosa
Revisão: Carlos Luchina

Referências

DE CLERAMBAULT, G. *L'Erotomanie. Les empêcheurs de penser en rond.* Paris: Les Empêcheurs De Penser En Rond, 2002.

FREUD, S. Notas psicanalíticas sobre um relato autobiográfico de um caso de paranoia (*Dementia paranoides*) [1911]. *In*: *O caso Schreber, artigos sobre técnica e outros trabalhos (1911-1913).* Rio de Janeiro: Imago, 1969. p. 15-110. (Edição Standard Brasileira das Obras Psicológicas Completas de Sigmund Freud, XII).

GARY, R. *Promessa ao amanhecer.* Sao Paulo: Estação Liberdade, 2018.

KANDEL, E. *In Search of Memory. The Emergence of a New Science of Mind.* New York: Norton, 2006.

LACAN, J. Diretrizes para um Congresso sobre a sexualidade feminina. *In*: *Escritos.* Rio de Janeiro: Jorge Zahar, 1998. p. 734-745.

LACAN, J. *Le séminaire XX: Encore.* Texte établi par Jacques-Alain Miller. Paris: Editions du Seuil, 2016.

LACAN, J. Petit discours aux psychiatres de Ste. Anne. 1966. Disponível em: <https://bit.ly/35KOaja>. Acesso em: 5 ago. 2019.

MILLER, J.-A. Ensenãnzas de la presentación de enfermos. *Ornicar? Publicación Periódica del Champ Freudien*, España, p. 63, 1981.

TADEU, Tomaz (Org.). *O grito da seda – Entre drapeados e costureirinhas: a história de um alienista muito louco.* Belo Horizonte: Autêntica, 2012.

WITTGENSTEIN, L . *De La certitude.* Paris: Gallimard, 1976.

As psicoses melancólicas e a mania

Carlos Luchina

Sobre a melancolia: um pouco de história

Da teoria da bílis negra surgiu o termo "melancolia" – derivado do grego *melas* (negro) e *cholé* (bílis), que corresponde à transliteração latina *melaina-kole*. A bílis negra era considerada a causa dos estados de excitação com delírio, em oposição ao termo latino *pituita*, que designava as secreções provindas da hipófase, glândula considerada importantíssima e responsável pelos delírios calmos.

"Melancolia" é o termo mais antigo para a patologia dos humores tristes. Suas origens remontam à Grécia Antiga, alguns séculos antes de Cristo, e estão associadas a Hipócrates, considerado o pai da medicina. Para este, o termo "melancolia" não diz somente do humor triste, mas inclui qualquer tipo de delírio parcial que seja relativo a uma temática determinada.

Ainda na Grécia Antiga, poucos séculos antes de Cristo, a melancolia é a protagonista de um tratado de Aristóteles (384-322 a.C.), a *Problemata 30*. Nesse tratado há uma relação interessante entre a genialidade e a loucura referente à melancolia. Segundo Aristóteles, existiria um tipo de *melancolia natural* que, devido à ação da bílis negra, tornaria genial a quem a portasse. Assim, a melancolia é considerada como condição de genialidade, responsável por capacidades distintivas. Nesse tratado, muitos heróis míticos e filósofos foram considerados melancólicos. Assim, para o filósofo criação e melancolia estariam associadas: um homem triste seria também um homem profundo. Os melancólicos seriam homens excepcionais por natureza e não por doença, concepção que difere daquela de Hipócrates. Essas duas concepções opostas, a hipocrática e a aristotélica, marcaram o pensamento ocidental moderno sobre a melancolia, de modo que as reflexões sobre o tema estão ligadas a essas bases antigas.

Já na época medieval, para Dante, é no inferno que se encontram os homens tristes, submersos em uma água nauseabunda em que permanecem como que por inércia. A tristeza consistiria em se afundar nela mesma, em condescender com essa tendência de satisfação pela via do sofrimento. Data também dessa época a *acedía*, considerada um dos pecados capitais, nomeação dada a uma afecção dos clérigos que se deixavam levar por um estado de lassidão e de abandono em lugar de serem felizes com a tarefa divina a eles encomendada.

Para Espinosa, principal referência utilizada por Lacan para tratar o tema, os efeitos de lassidão subjetiva, quando se referem às paixões da tristeza, encontram sua causa adequada no abandono da tensão que as paixões e os afetos provocam. Essas mesmas paixões, que para o espírito humano são ideias confusas, encontram sua causa adequada em Deus ou na natureza, que são, para Espinosa, a mesmíssima coisa. Sua ética se estabelece como um projeto que visa determinar a lógica da afetividade. Ele supõe a natureza como uma rede de conexões causais cuja inteligibilidade pode e deve ser alcançada pelo pensamento. Não há, para Espinosa, afecção do corpo da qual não se possa formar um conceito claro e distinto, como não há tampouco domínio de ideias obscuras. O que existe são muitas ideias amputadas, desconectadas de sua causalidade própria. Espinosa entende que as paixões, embora sejam fonte de engano e de erro, constituem uma realidade irredutível da condição humana, e que não podem ser sacrificadas em nome da razão. Por causa disso, ele chega a desvalorizar a função da consciência na inteligibilidade da causa que nos determina, e isso leva Lacan a tomar Espinosa como referência para uma causalidade inconsciente.

No período da Renascença a melancolia era considerada um grande tormento, mas também uma grande oportunidade para os homens de estudo. Lutero, na Reforma, instala a melancolia entre os grandes homens, impossibilitando a expiação da culpa pelas ações. No Barroco, dominado pelo espírito melancólico herdado de quase dois milênios, predomina o ensimesmar-se, a autocontemplação e a autoculpabilidade.

Um dos grandes acontecimentos associados à melancolia em todas as épocas é o sofrimento amoroso. O amor melancólico apresenta a incidência do empuxo ao furor e à cólera dentro de um modo heroico de amar. Ele é a fonte fundamental de uma paixão miserável. Estabeleceu-se esse paralelo entre amor-paixão e melancolia, como doença de amor ou doença erótica. No século XVII, o amor é a causa de toda afeição ou perturbação d'alma. Aí, o sujeito entra no amor por uma via imaginária e enganadora, pela beleza, pela esperança e pela ilusão. Uma cegueira engaja a alma em um processo que a leva a sofrer uma série de sintomas: no começo o medo, depois a perda e, no final, a dor. Trata-se obviamente de um amor-paixão.

Não deixa de ser interessante ainda mencionar que nos começos da Idade Média surgiu a figura do amor cortês, que continua vigorando até hoje. Trata-se de um amor sublimado no qual a mulher figura como a musa de um amor impossível; tratado pela poesia provençal, esse modo de amor, que não deixa de ser melancólico e até mesmo masoquista, não é raro entre os sujeitos neuróticos obsessivos.

Contribuições da psiquiatria clássica para a melancolia

Para Pinel (1745-1826), nos começos da psiquiatria na França dos finais do século XVIII, a melancolia fazia parte dos quadros patológicos. Era descrita como uma doença cujas vítimas tinham fixação em um orgulho desmedido, podendo ser acometidas de abatimento, consternação e desespero. A melancolia designava o delírio limitado a um objeto ou a uma série de objetos, e, fora do núcleo delirante, as faculdades mentais permaneciam intactas, e o comportamento, coerente. O estado afetivo, assim como o tema do delírio, podia ser de natureza triste, alegre ou exaltada.

Já Esquirol (1772-1840), discípulo de Pinel, restringe o emprego do termo "melancolia" propondo a classe das monomanias, ou seja, de afecções que afetam o espírito de forma parcial. Cunhou o termo "lipomania" (*lypemanie*) para definir "uma doença cerebral com um delírio parcial crônico, entretido por uma paixão triste, debilitante, opressiva, e uma viciosa associação de ideias", denominando-a também como monomania triste (Teixeira, 2005). Para Esquirol, o que caracteriza os lipomaníacos é a recusa a falar, a se movimentar e a se alimentar; há aí uma vida intelectual marcada pelo caráter delirante de perda, medo e opressão; existem ideias de serem envenenados, desonrados, penitenciados ou perseguidos, encontrando-se, por vezes, desesperados, apavorados, terrificados, arrependidos; chegam mesmo a acreditar ter perdido tudo.

Guislain Joseph (1797-1860), psiquiatra belga, utilizou o termo "frenopatias", através do qual se referia a reações psicológicas a um estado de dor moral, a frenalgia. Com isso, a ideia de uma dor inicial viria antes das loucuras de tonalidade afetiva alegre. Guislain distinguiu as psicoses delirantes (mais tarde classificadas como paranoia) dos distúrbios afetivos do tipo maníaco e depressivo.

O médico alemão Wilhelm Griesinger (1817-1868) declarou que todas as doenças mentais seriam doenças do cérebro; então, uma falha nessa estrutura deveria ser encontrada para ser tratada e curada. Ele apresentou o conceito de causalidade, que ganha toda relevância na psicanálise, tanto para Freud, com sua formulação do inconsciente, quanto para Lacan, que acrescentará a categoria da causalidade ao próprio conceito de sujeito. Griesinger representou um papel importante na psiquiatria ao propor a teoria de uma psicose única, na qual a melancolia seria apenas o estágio inicial de uma doença que progrediria até outros estágios mais severos, podendo chegar até a insanidade total.

Griesinger caracteriza a melancolia fundamentalmente pela dor moral, que consiste em um sentimento vago de opressão, ansiedade e tristeza. Ideias isoladas a princípio que, com frequência, transformam-se em um verdadeiro delírio. Ele distingue a melancolia simples e a delirante; descreve também a melancolia com estupor, em doentes que pareciam dementes, mas que, posteriormente, mostravam-se com um pensamento ativo, delirante, sentindo-se constantemente ameaçados por uma desgraça. Destacava neles também o fato de não saberem dizer por que não tinham o menor ato de vontade, experimentando uma completa passividade e imobilidade, isto é, uma falta de ação.

Na França, a melancolia foi aproximada à mania, seja sob o nome de "loucura circular", cunhado por Jean-Pierre Falret (1794-1870), ou de "loucura de forma dupla", por Baillarger (1809-1890). Entre as duas fases, melancolia e mania, havia um período de pseudointermitência, uma vez que não se tratava de um retorno a um estado anterior. Jules Falret (1824-1902) continua as ideias do pai e define a exaltação maníaca como uma forma pura ou como constituindo uma fase da loucura circular. Inclui-se aí a hipocondria moral, que será retomada posteriormente por Jules Séglas (1856-1939) e Jules Cotard (1840-1889) como melancolia simples.

A hipocondria moral é uma entidade clínica em que, sobre um fundo de pessimismo e prostração, envolvia-se um estado em que o mundo externo parecia desbotado, alterado, sem atrativos; o sujeito sentia-se transformado, insensível e indiferente a tudo, incapaz de agir ou de querer, sem iniciativa, sem gosto e sem energia. Podia apresentar crises de terror e obsessões impulsivas próximas da vertigem (atração e horror ante o suicídio, o assassinato, atos incongruentes ou obscenos, cenestopatias e equivalentes ansiosos).

Em 1890, Magnan (1835-1916) isolou a loucura propriamente dita, ou seja, a psicose, como uma loucura intermitente que incluía a mania e a melancolia como elementos ou estados que poderiam aparecer em outras psicoses. Já aí, em 1890, ele diferencia a melancolia e o que denomina a depressão "com consciência", o que nos permite evocar a depressão neurótica ou reativa.

Na Alemanha, Emil Kraepelin (1856-1926), considerado o pai da psicobiologia, integrou a melancolia à insanidade maníaco-depressiva, dentro da seção das psicoses, fundindo-a, mais tarde, à psicose maníaco-depressiva. Kraepelin continuou adotando o termo "melancolia" e seus subtipos, utilizando-se do termo "depressão" para descrever afetos. Para ele, os ataques maníaco-depressivos seriam de três tipos: do humor, da ideação e da vontade. Na melancolia pura, haveria depressão do humor, lentificação ideativa e inibição psicomotora, já na mania haveria pura exaltação do humor, fuga de ideias e excitação psicomotora. Ele inova ao descrever estados mistos como estupor maníaco, a melancolia com fuga de ideias e a mania com inibição psicomotora.

Em 1894, Séglas descreve o quadro de melancolia simples ou hipocondria moral: dor moral, distúrbios cenestésicos e distúrbios intelectivos, estes últimos denominados como "parada psíquica". Os distúrbios físicos são dores vagas e generalizadas, fadiga intensa, zumbidos, palpitações, anorexia, constipação, insônia e sonolência. Além desses, abulia, falta de resolução, lentidão dos movimentos e da fala, negligência da higiene e clinofilia (o paciente permanece todo o dia no leito). Outros sintomas seriam a dificuldade de atenção, de agrupar as ideias, de seguir um raciocínio, lentidão em compreender ou responder as perguntas, lentidão que pode chegar até o mutismo. Ocorreria ainda uma dificuldade de evocar e de conservar as lembranças, prevalecendo uma tendência ao automatismo do pensamento. Para Séglas, a dor moral pode provocar um estado de anestesia, fazendo com que o indivíduo se isole cada vez mais do mundo exterior e se feche sobre si mesmo. Essa dor moral, além de amplificar os distúrbios físicos e aumentar o penar, comporta toda uma gama de paixões tristes que vão desde o abatimento e o tédio até a angústia, o terror e, até mesmo, o estupor.

Ao lado dos distúrbios formais de ideação, nos casos ditos de hipocondria moral, estão os distúrbios de conteúdo, ou seja, o delírio com ideia de ruína, de humildade, de incapacidade, de autoacusação, de culpa em relação à sociedade ou a Deus. Além dessas, ocorrem ideias de danação, de perseguição, temor de castigos, de suplícios do inferno e, por vezes, ideias de negação e de imortalidade. É importante destacar que o denominador comum é a dor moral. O delírio localiza uma falta moral no lugar de uma causa desconhecida. Há uma dor em existir; o simples fato de ser vivente se transforma em uma dor e, até mesmo, em um crime por estar vivo, cujo preço a pagar pode chegar a se materializar em um crime efetivamente perpetrado. Assim, o delírio da melancolia descreve sua natureza de penalidade e é a expressão, em ideias, de um estado de dor subjetiva profunda.

Para Cotard, a acentuação da dor, que marca a hipocondria moral, vai até a formação de ideias de culpa, de ruína e de negação sistematizada. No estágio final da doença, ao delírio hipocondríaco moral vem se acrescentar a hipocondria física, então, os indivíduos sentem e afirmam que não têm mais coração nem inteligência; terminam por não ter corpo.

Melancolia na psiquiatria atual: CID, DSM e psicofarmacologia

A entidade nosológica psicose maníaco-depressiva (PMD), termo cunhado por Kraepelin, desaparece das classificações predominantes em uma das vertentes da psiquiatria contemporânea, cujos parâmetros são dados pelo *Manual diagnóstico e estatístico de transtornos mentais* (DSM) e pelo Código Internacional de Doenças (CID), fazendo surgir em seu lugar "as modernas classes" de transtornos afetivos (CID-10) ou transtornos de humor (desde o DSM-III), também denominado transtorno afetivo bipolar (TAB). O termo "melancolia", por sua vez, torna-se uma subclasse dentro dos distúrbios de humor nomeados como depressão maior, constituindo uma subclasse: depressão maior com caraterísticas melancólicas. Cabe destacar que, desde seu início, a classificação DSM enfatiza as caraterísticas próprias de cada transtorno, sem diferenciá-los em categorias como neurose e psicose. A depressão e a mania podem se comportar em um espectro que vai da neurose à psicose, e o uso do termo "bipolar" torna-se dependente das alterações do humor. Passa a vigorar a noção de "transtorno", entendida em geral como algo associado ao funcionamento cerebral e, portanto, de etiologia cerebral.

Esses manuais de classificações e diagnósticos psiquiátricos mencionados, produzidos a partir de 1980, seriam supostamente ateóricos e primariam pela observação e pela descrição dos fenômenos. Os transtornos seriam, então, diagnosticados a partir dos sintomas manifestos, levando-se em conta sua duração, frequência e intensidade. À guisa de exemplo, mencionamos a primeira parte do capítulo dos transtornos tímicos, que estabelece que, nesses casos, produz-se uma alteração do humor. Ao seguirmos as definições descritivas do DSM, lemos:

1) O episódio depressivo maior (humor depressivo, anedonia, problemas de sono, anorexia e agitação ou enlentecimento psicomotor, inibição quotidiana e ideias de morte), cujos sintomas *não são melhor expressados pelo luto*. O episódio depressivo maior, sem episódio maníaco ou hipomaníaco, ou seja, enquanto episódio isolado ou recorrente, *que não pode ser melhor expressado pelo transtorno esquizofrênico* (os itálicos são meus). Pode-se observar aí, acreditamos, uma intenção de diferenciar uma categoria própria, ou seja, a depressão, fora do luto e da esquizofrenia.

2) Os episódios maníacos com ideias de grandeza, diminuição do sono, fuga de ideias, grande atividade e falta de crítica.

3) Os episódios ciclotímicos.

4) Os episódios hipomaníacos (tais como na mania, mas sem afetar a vida social ou profissional do indivíduo). Esses episódios são um subtipo do diagnóstico de transtorno afetivo bipolar (TAB).

Os sujeitos atualmente classificados com transtornos do humor bipolares são referidos à díade "depressão-mania", e não mais à díade "melancolia-mania". Assim, teremos, por exemplo, "transtorno bipolar I", depressão maior com episódio de mania, ou "transtorno bipolar II", depressão maior com episódio de hipomania. O grau de severidade do episódio depende do conteúdo das ideias delirantes ou das alucinações em relação aos temas depressivos de *desvalorização, de culpabilidade, de doença ou morte, de niilismo ou de punição merecida*. O episódio depressivo pode conter partes catatônicas ou características melancólicas (humor depressivo matinal, com diminuição do sono, culpabilidade delirante). Com essa descrição, o diagnóstico não se separa totalmente da antiga psicose maníaco-depressiva (PMD) de Kraepelin, no entanto, embora tenham elementos em comum, muda-se a tese da relação entre os diversos fatores psicológico, psicopatológico e social, de modo a que se chegue até a distinção entre endógeno e exógeno e que, finalmente, a base do transtorno seja considerada somática.

Nesse sentido, em 2014 e 2018 o grupo denominado Neurobiology of Mental Illness, compilado por Charney e Nestler, apresenta os ReDoC (critérios de pesquisa: de base neurobiológica), em que inclui o transtorno bipolar dentro dos transtornos psicóticos com base somática; mais precisamente, com uma origem comum com a esquizofrenia, por compartilharem alterações poligênicas comuns. Classifica-se, assim, o transtorno afetivo bipolar como uma psicose afetiva, juntamente à esquizofrenia; cria-se com isso um *spectrum* afetivo da psicose que passa pela esquizofrenia esquizoafetiva e vai até as psicoses afetivas: melancólica e maníaca.

Cabe ainda mencionar que nos finais do século XX houve uma intensa discussão no campo da psiquiatria clássica sobre o termo depressão, envolvendo suas diversas formas clínicas de apresentação, tais como a depressão neurótica ou reativa, a "depressão involutiva", a "depressão endógena ou endoreativa", estas últimas seguindo as orientações psicobiológico-reativas de Adolf Meyer (1866-1950), psiquiatra de origem suíça, que emigrou em 1892 para os Estados Unidos e que foi presidente da Associação Americana de Psiquiatria (APA).

Um dos problemas mais comuns que se colocavam era tentar discriminar entre uma "depressão endógena" e uma "depressão reativa": a primeira seria um subtipo com causas orgânicas, e a segunda, causada por situações existenciais. Considerou-se, então, que se tratava de um estado depressivo no caso de uma depressão reativa e de uma estrutura psicótica nos casos denominados como melancolia, aqui já considerando as formulações da psicanálise.

A ideia de uma interação entre gene e ambiente não era cogitada até o último quarto do século XX. A dificuldade de aceitar essa interação se relaciona com questões psicossociais, embora seja também reflexo do pensamento científico moderno sobre uma natureza dividida entre mente e corpo. Com isso em vista, pode-se dizer que pacientes deprimidos não gostavam de pensar que desmoronavam diante de dificuldades que outros conseguiam resolver. Portanto, ter depressão na segunda metade do século XX era motivo de vergonha, a ponto de ser escondido. Agora, se a depressão pudesse ser creditada a algo que acontecesse sem razão externa, sem a implicação do sujeito, e se ela fosse entendida como resultado de problemas no plano genético e químico, isso eximiria o sujeito de culpa e de responsabilidade, pois ele nada poderia fazer para impedir o surgimento de sua doença. Assim, houve e ainda há um interesse social em se dizer que a depressão é causada por processos químicos internos.

Com o avanço das neurociências e da psicofarmacologia após os anos 1950, a psiquiatria pôde, finalmente, transformar-se em uma ciência médica, aproximando-se da medicina somática. Pretendendo construir uma leitura do psiquismo de base inteiramente biológica, as neurociências forneceram ao campo psiquiátrico instrumentos teóricos e técnicos que passaram a orientar sua prática. Essa transformação deve ser compreendida como uma transformação epistemológica que produziu mudanças imediatas na terapêutica psiquiátrica. A mais importante delas é que a medicação psicofarmacológica passou a ser a principal modalidade de intervenção da psiquiatria, transformando-se em seu referencial fundamental.

Melancolia na psicopatologia freudo-lacaniana clássica

No "Rascunho G" (1895), Freud parte de quatro pontos para explicar a melancolia:

- Relação entre a melancolia e a "anestesia sexual", o que significa indiferença, falta de vontade para qualquer coisa e, especialmente, falta de vontade sexual. Abolição do desejo.
- Relação entre a melancolia e a neurastenia, implicando perda de vitalidade, cansaço e fraqueza.
- Relação entre a melancolia e a angústia, ou seja, esta não significa economia de angústia.
- Freud propõe ainda a existência de uma melancolia que pode ser transformada em mania, porém sem deixar de ser melancolia como tipo clínico.

Ao retomar a discussão da melancolia em seu ensaio de 1915, "Luto e melancolia" à Freud afirma ser o luto o afeto que corresponde, melancolia, isto é, o "lamento amargo de haver perdido algo, que tanto pode ser uma pessoa amada, uma abstração como a pátria ou a liberdade, um ideal, etc." Para ele, na melancolia não é fácil diferenciar claramente o que se perdeu, embora seja claro que ocorre aí uma extraordinária diminuição no sentimento do eu, e o mundo se torna pobre e vazio. O paciente se descreve como "indigno, estéril, moralmente desprezível", humilha-se perante os outros e pede perdão por ser uma pessoa indigna.

Chama a atenção de Freud que o melancólico não se comporte como alguém arrependido: "falta lhe a vergonha?", "perdeu o respeito por si mesmo?". Instigado por essas perguntas, Freud conclui que as acusações que o melancólico dirige a si mesmo são, na verdade, dirigidas ao objeto perdido, introjetado no seu eu por via identificatória. Portanto, na melancolia uma parte do eu toma a outra como objeto, julgando-a criticamente. A essa identificação do eu com o objeto Freud se refere ao dizer que, no caso da melancolia, "a sombra do objeto caiu sobre o eu".

De modo a comentar as formulações freudianas de "Luto e melancolia" a partir dos conceitos lacanianos, no que se segue vou me servir do livro *Manie, melancolie et facterurs blancs*, de G. Arce Ross, publicado em Paris, em 2009, no capítulo sobre a foraclusão própria à psicose-maníaco-depressiva, bem como ao livro *Psicose e laço social* de A. Quinet, publicado no Rio de Janeiro, em 2006, no capítulo sobre a melancolia.

Se equivalêssemos estruturalmente a articulação neuronal do aparelho psíquico à articulação significante, servindo-nos de sugestões feitas por Lacan ao ler o "Projeto para uma psicologia científica" (1895), a transmissão através de neurônios constituiria a cadeia de pensamentos inconsciente. Freud, que, como sabemos, era originalmente um neurologista, faz equivaler os neurônios a representações inconscientes, o que abre a possibilidade de uma leitura estrutural do aparelho psíquico como uma rede de significantes.

Na melancolia, apresenta-se uma dor psíquica, que é produzida pela dissolução das associações na cadeia dos pensamentos inconscientes. Para Freud, essa dissolução, essa quebra da cadeia de significantes é concomitante a uma hemorragia de libido. Tal empobrecimento se parece a uma "hemorragia interna". A dissolução das associações corresponde a um furo no psiquismo, pelo qual a libido se esvai; trata-se, portanto, de um processo hemorrágico. Daí o sujeito se tornar, como no delírio de ruína, completamente empobrecido, arruinado; tudo, todos os seus bens se esvaem nessa hemorragia, que é descrita como uma excitação escorrendo por um furo que funciona como um ralo. Trata-se de um fracasso do aparelho psíquico, quando ele deixa de ser eficiente para tratar grandes quantidades de energia, as quais, então, irrompem e, nesse caso específico, escorrem.

Ao formular uma segunda tópica do aparelho psíquico, concebendo-o estruturado não mais em termos de inconsciente, pré-consciente e consciente, mas de isso, superego e ego (ou, nos termos usados pela tradução Standard da Imago: id, superego e ego), Freud (1923) caracteriza a economia da dor com a exploração do que ocorre para além do par prazer-desprazer e com os conceitos de pulsão de morte e de masoquismo primordial. A dor corresponde à satisfação da pulsão de morte, desvelada tanto em uma situação como aquela da perversão masoquista quanto naquela do gozo do sintoma neurótico. Em "Inibição, sintoma e angústia", Freud (1926) articula a dor à entrada de uma grande soma de excitação, mas, além disso, dá a entender que é a perda que promove a chegada de uma intensa excitação dolorosa e que, a cada momento da vida, as perdas são susceptíveis de provocar dor.

Para Lacan, essa dor pode corresponder à emergência de um gozo inadequado para o sujeito, por estar referida a um excesso de gozo que rompe a barreira do simbólico, ultrapassando o limite do funcionamento do simbólico, mas, por outro lado, pode também estar associada à experiência de castração, na qual o sujeito é remetido a situações de perda que fazem parte da própria vida, a perdas que correspondem, por exemplo, à travessia do campo dos ideais.

No caso do neurótico, as perdas, ou melhor, a castração se inscreve como a falta de um significante que complete o Outro; no caso do psicótico, a falta de inscrição simbólica da castração se manifesta como um furo real correlativo à elisão do falo (Φ_0). Para Lacan, esse furo equivale ao furo da foraclusão do Nome-do-Pai (P_0), ou seja, ele nos indica que não houve uma mediação simbólica que permitisse ao sujeito por vir responder ao enigma do desejo da mãe ("afinal, o que será que ela quer?") conectando-o ao Pai, ou a algo que não fosse ele próprio. Nos casos em que esse processo, denominado metáfora paterna (processo oposto ao da foraclusão), ocorre, ao não se ver constrangido a obturar o Desejo da Mãe, e ao poder associar o enigma desse desejo ao Pai, o sujeito por vir funciona em falta (φ-), ao não tamponar o desejo da mãe com uma rolha que seria ele próprio, o desejo pode circular e ele se libera, constituindo-se como sujeito desejante.

A dor do luto é a dor constitutiva da castração que, em vez de aparecer como angústia, deixa o sujeito triste. Com a nostalgia do Ideal, saudade do Um que encobria a falta, o luto nos mostra que a falta dói e que a castração evoca para o sujeito a inadequação do gozo. A essa dor, Lacan, a partir do budismo, denominará dor de existir. Freud e Lacan se interessam pelo budismo, sobretudo a partir do estado de nirvana. Para o budismo, a dor de existir é primordial: "tudo é dor": o nascimento, o envelhecimento, a doença, a morte, a tristeza, os tormentos, a união com o que se detesta, a separação daquilo que se ama, a não obtenção do que se deseja. Nenhum ser escapa à dor, pois tudo o que existe compõe-se de elementos de duração limitada, e qualquer princípio pessoal é vazio. Para o budismo não existiria em-si, ou seja, algo que seja próprio a alguém. O que existe é a dor estritamente vinculada à ausência de um si-mesmo. Portanto, no budismo a dor está associada ao vazio de ser do sujeito, a dor é relativa à própria existência como vazio. As "raízes do mal" (assim nomeadas para o budismo) estão causadas pela ignorância e pelas paixões da cobiça, do ódio e do erro. Para se liberar é preciso atingir o nirvana, extinguindo-as totalmente.

Para a psicanálise, a via da saída da dor não é a abolição do desejo ou o retorno ao inanimado (pulsão de morte), mas a conjunção das paixões com o desejo de saber. Acertar as contas é realizar aquilo que se julgava ser impotente para resolver. A passagem da impotência, que corresponde à falência do desejo, ao impossível marca a saída do luto. Trata-se da passagem do "eu não dou conta" do sujeito enlutado, deprimido, ao "o que não tem remédio remediado está" da castração assumida pelo sujeito.

Porém, na melancolia, quando a vida é desapossada da sua fala, quando o furo é inabordável, pois pressupõe a foraclusão do Nome-do-Pai, instala-se o masoquismo primordial. Trata-se de um lugar fora do simbólico, para além do princípio do prazer, onde reina o silêncio da pulsão de morte e o gozo é impossível de ser suportado. A morte torna-se, então, o tema frequente da melancolia, submundo de trevas marcado pelo apagamento do desejo. No contexto do masoquismo primordial, a vida não tem fala, não quer sarar, só quer morrer, silenciar, calar-se. A saída que insiste frente à culpa e à dor leva às ideias de morte autoproduzida.

Fica claro que o sujeito vai ser sempre confrontado com perdas ao longo de sua vida, e aí aparecerá a dor da falta. Para dar conta dessa falta, o sujeito deve elaborá-la e fazer renascer o desejo. Mas, quando o sujeito cede de seu desejo, a falta se transforma em falta moral, e o que advém para ele é a culpa. Em primeiro lugar, o sujeito culpa a sociedade, em segundo lugar, culpa o Outro, que não dá o que ele quer. Na medida em que o Outro tomado como Ideal vacila e o sujeito se depara com a falta no Outro ou do Outro, ele não pode mais culpá-lo. Então, o sujeito acaba tomando para si a culpa da castração como inadequação do gozo. E o que era a falta, vinculada ao desejo, transforma-se em falta moral, levando o sujeito a se sentir triste e culpado.

O sentimento de culpa é o índice do supereu que vigia, critica e pune o sujeito. O resultado é a autodepreciação e a autoacusação. A queixa, experimentada como uma impotência, como um não dar conta, transforma-se em um prestar contas. E o sujeito está sempre aquém das contas que tem de prestar aos olhos do Ideal; o credor é o supereu. Desse modo, é justamente quando há perda do Ideal e o sujeito cede ao imperativo do supereu que a inadequação do gozo se desvela para esse sujeito. Surgem, então, as formas de tristeza correlativas à dor de existir, que se dá do luto à melancolia, e que são extravios do desejo.

O efeito de lassidão, de ausência de tensão necessária ao exercício lógico do pensamento é considerado por Lacan, alinhando-se com Espinosa, como uma falta ética em relação ao exercício de *bem-dizer*, ao exercício de um dizer que leva em conta e acredita na existência do inconsciente. Ao se recusar ao *bem-dizer*, o sujeito recua e se abandona em relação ao próprio desejo. A falta de vontade constante do sujeito depressivo corresponde, em certo sentido, ao que poderíamos denominar como *covardia moral*, como uma recusa ética de situar, através do pensamento, a estrutura simbólica que o determina no inconsciente. O tristonho, seja deprimido ou melancólico, é aquele que não se orienta no inconsciente, e cujo desejo se encontra extraviado, desorientado em relação ao desejo inconsciente. Ou seja, não tem um dizer sobre o desejo nem quer saber sobre ele. Eticamente falando, o sujeito triste é um frouxo; a tristeza é uma frouxidão do desejo. Embora, por outro lado, seja preciso lembrar que essa rejeição do inconsciente pode também ser dada pela impossibilidade estrutural de remanejamento da situação; tal é o caso na melancolia. O melancólico acrescenta à noção de falta moral e ao sentimento inconsciente de culpabilidade, mencionado por Freud, uma forma de gozo no desprazer, chegando até o delírio de indignidade, de pequenez, de ruína.

Em seu artigo, "Luto e melancolia", Freud (1915), caracteriza a melancolia como uma aflição profundamente dolorosa, em que há uma suspensão do interesse pelo mundo externo, uma perda da capacidade de amar, uma inibição de toda atividade e uma diminuição do sentimento de autoestima que se manifesta em autoinjúrias e que pode ir até uma espera delirante de punição. Tal como dito antes, a perda do melancólico é indefinida, ele sabe que perdeu alguma coisa, mas não sabe exatamente o quê. Esse é um índice de um furo estrutural, índice da presença da estrutura psicótica, determinada pela foraclusão (*Verwerfung*). O fracasso da operação da metáfora paterna faz com que a invasão de gozo se dirija a esse Outro que, pelo efeito da introjeção, será ele mesmo. Então, tal como vimos, o sujeito torna-se indigno, ruim e pequeno (em contraposição ao delírio de grandeza). O ser mesquinho, vil, egoísta se desvela sem qualquer vergonha e sem nada que tampone esse fato que retorna do real.

Na melancolia, diferentemente da paranoia, em que o ódio é dirigido externamente ao Outro, há um endereçamento contra esse Outro que, dada a impossibilidade de realização do processo de luto, será introduzido no eu através de um processo de identificação, tomando, portanto, as feições do próprio sujeito. Freud (1923) menciona existir na melancolia "uma pura cultura da pulsão de morte", o que nos permite supor que haja aí uma espécie de foraclusão do amor, restando um ódio puro que o sujeito voltará contra si próprio, denotando a presença mortífera do supereu. O sujeito está colocado como uma ferida aberta: ele próprio é esse vazio, torna-se a própria hemorragia da libido. Trata-se de uma identificação com o vazio deixado pelo Nome-do-Pai ausente.

Para Freud (1915), o processo de adoecimento começa através de uma dor de perda, nesse sentido o desencadeamento da melancolia é semelhante ao do luto. Se essa perda é da ordem de um Ideal, o que temos em jogo é um significante-mestre, S_1, que poderia estar sendo sustentado por alguém, ou mesmo por um significante idealizado, como a pátria, a liberdade, isto é, um S_1 que faria as vezes, que cumpriria a do Nome-do-Pai, processo ao qual denominamos suplência. Em outros termos, um significante-mestre pode funcionar de modo a suprir a falta simbólica da operação do Nome-do-Pai, quando ele, ou aquilo que o sustentava, é perdido, a melancolia é desencadeada, pois o sujeito se vê diante do "furo no psiquismo", furo ao qual nos referimos anteriormente.

No caso do sujeito enlutado, esse significante se encontrava no lugar do Ideal do Eu, lugar de onde o sujeito se via como amável. O Ideal do Eu, I(A), é o traço do Outro, ou seja, a insígnia do Outro que situa o eu-ideal, i(a), através do qual o sujeito se vê e à sua imagem como amada pelo Outro, imagem com a qual se identifica. Em vista disso, o Ideal do Eu opera por projeção simbólica, e o eu-ideal, como uma introjeção imaginária. Se o Ideal do Eu é abalado e sua sustentação é perdida, haverá um abalo no eu-ideal, uma perda narcísica. Isso pode ter um efeito de dissolução imaginaria e terá, como consequência, o desvelamento do estatuto real do objeto. Ocorre assim uma separação entre a imagem (i) e o objeto (a); este último, ao perder a sua vestimenta imaginária, leva o sujeito a se identificar ao objeto como resto.

O melancólico se acusa de ser responsável pela ruína, pelas perdas, pela miséria de seus familiares e, até mesmo, do mundo. No que tange a isso, a interpretação freudiana é a de que o lamento melancólico é sempre uma queixa contra alguém que sustentava ou fazia o papel do Ideal, como suplência do Nome-do-Pai, e que foi deslocado desse lugar. Isso, que às vezes é vivido como um abandono de quem cuida ou ama, gera uma sensação de desamparo fundamental para o sujeito, provoca desolação e desarvoramento.

Se, no melancólico, a estrutura do Outro é totalmente anulada e o processo permanece como uma estrutura de autoacusação ou de autoinjúria, a sua tendência será a de negar tudo que existe, a começar pelo próprio corpo, pelos próprios órgãos, podendo até mesmo chegar a dizer que o mundo não existe. Constata-se uma profunda dor de existir, mas ela não é experimentada como angústia de castração, que poderia dar sentido à perda, se a função fálica estivesse operando. Em vez disso, há um real não simbolizado, e o supereu trata sadicamente o sujeito.

O primário na melancolia é a perda do objeto situado no lugar do Ideal do Eu, o que tem como consequência, secundária, uma perda em seu eu. Assim, quando há um abalo no Ideal do Eu, há uma ferida narcísica, e a consistência imaginária do eu se esvai. No momento em que o sujeito se depara com a foraclusão do Nome-do-Pai, há uma perda das vestes narcísicas do objeto: a imagem cai e o sujeito se vê identificado com o objeto. O eu perde o seu revestimento narcísico e evidencia-se seu status de objeto como vazio, como furo no simbólico. O sujeito se torna oco, sem consistência. Em vista disso, diríamos que o melancólico atinge o objeto, cai como dejeto.

Freud assinala que na melancolia toda vertente de Eros desapareceu e só ficou o ódio, que o sujeito volta contra si mesmo, surgindo então a autotortura. Na medida em que ocorre aí uma foraclusão do Outro do amor, e que esse Outro que ama e cuida é perdido, sobra um supereu extremamente cruel e que odeia o sujeito. Freud explica o gozo da autotortura na melancolia: a pulsão que prende o melancólico à vida se desprende, e o gozo do masoquismo faz da melancolia a "pura cultura da pulsão da morte" (Freud, 1923), tal como antes mencionado.

Na medida em que a estrutura do Outro é eliminada, o sujeito se encontra em um processo "auto" (autocastigo, autotortura, autorreprovação etc.) contra si mesmo. No delírio melancólico ele estará na espera delirante de punição. No delírio retrospectivo, o melancólico encontrará algum crime que tenha cometido para justificar tudo aquilo e, ao aguardar a punição, ele reconstituirá um Outro do tribunal. Com seu delírio, o melancólico tenta reconstituir um Outro que vai puni-lo por um crime que ele teria cometido, e do qual se acusa dentro de uma total devastação. Nesse caso, trata-se de um Outro sem rosto, opaco, de um Outro que o sujeito desconhece. O delírio localiza uma falta moral no lugar da causa incógnita (x), detectada por Freud (1915) como uma "perda desconhecida". Essa falta moral justifica os distúrbios que acometem o sujeito.

Aprendemos com Freud, em seu texto "Luto e melancolia" (1915), que os processos de luto, quando conectados ao campo das neuroses, terminam, o que não deixa de representar um alívio, uma alegria para o sujeito, posto que lhe surge uma energia nova, liberada do trabalho do luto. Uma vez concluído o luto, o indivíduo sai da depressão e se reconecta à cadeia metonímica do desejo. Tal não é o que ocorre na melancolia, o que nos leva a considerar a existência para o melancólico de outras tentativas de saída, tal como aquela da solução maníaca.

A solução maníaca decorrente da impossibilidade de elaboração das perdas melancólicas é, evidentemente, diferente de um processamento do luto; o melancólico não processa simbolicamente a perda, não realiza o trabalho do luto, em vez disso, ele sai do luto entrando em mania. Por isso Lacan insistirá em que, no que concerne à melancolia e à mania, ou seja, ao que foi classicamente denominado psicose-maníaco-depressiva (PMD), temos apenas uma estrutura: a da melancolia, mesmo que o sujeito se situe ora no polo maníaco, ora no polo melancólico. Mesmo que o melancólico esteja estabilizado, com algo fazendo suplência da foraclusão do Nome-do-Pai, teríamos uma só estrutura.

Na mania o sujeito é invadido pelo deslizamento incessante de significantes, que aparece na forma de uma fuga de ideias. Ele passa do delírio de pequenez para o delírio de grandeza, no qual ele é a causa do bem de todos; ele surge então em sua prodigalidade. Ao entrar na solução maníaca, ele pode dilapidar os próprios bens, gastando em excesso. No maníaco, o furo do psiquismo melancólico está tamponado, e o indivíduo é aquele que tem. À diferença do melancólico, que é a ruína encarnada, o maníaco se encontra na posição da fortuna dos outros. Na mania há o preenchimento superficial do furo, da falta, e o sujeito entra em uma metonímia permanente, mas sem lastro; experimenta uma sensação de plenitude, de completude na relação com o outro. E isso a tal ponto que não há qualquer autocrítica que possa perturbar seu humor.

O sujeito fica apaixonado por si mesmo, portanto a mania é uma paixão por si mesmo. Se a melancolia mostra a constituição do eu como um objeto narcisicamente investido como imagem, mas também desvela o sentimento de culpa inconsciente na autoacusação, outro nome do masoquismo moral, para Freud a mania é uma defesa contra o supereu. Podemos dizer que há, do lado da mania, uma tentativa de se agarrar ao Imaginário, mas também podemos supor que o Ideal possa operar aí como um significante que supre a foraclusão do Nome-do-Pai. Nos intervalos lúcidos, momentos de estabilidade "assintomáticos", podemos pensar em uma recomposição do Imaginário, com um reinvestimento da imagem narcísica, que funcionaria como uma suplência imaginária.

A partir dessas considerações, fundamentadas nas leituras feitas por Freud e Lacan, podemos constatar que a melancolia é classificada como uma psicose, na qual o Outro, até mesmo por um processo de introjeção, está no eu mesmo do indivíduo, de tal modo que, para apagá-lo, o sujeito tenta se autoeliminar. Temos aí, de algum modo, o avesso da paranoia, na qual o Outro é o perseguidor.

Clínica diferencial da depressão

Nos meses de janeiro e fevereiro de 2006, uma revista argentina de psicanálise, *VIRTUALIA, Revista digital de La Escuela e la Orientación Lacaniana* (EOL), publicação bastante conceituada nos meios psicanalíticos lacanianos, trouxe no seu número 14 um dossiê no qual podemos acompanhar os modos como a melancolia, tema clássico da psicopatologia, ressurge, ou melhor, dilui-se, nos debates contemporâneos sobre a assim dita "depressão".

Para Pierre Skriabine, um dos autores responsáveis pelo dossiê, embora o termo "depressão" insista, em princípio a clínica psicanalítica refuta a entidade "depressão". Ela tem o que dizer a respeito, mas certamente não se engana quanto à tentativa vigente de se mascarar, sob esse rótulo, uma clínica sem sujeito. Eric Laurent, por sua vez, ao se aproximar da conjunção entre a época contemporânea e a depressão, o faz a partir da oposição entre a castração e a depressão, o que lhe permite situar a experiência contemporânea da morte do pai, do declínio do pai, como aquilo que retorna na experiência da falta, da perda. Para ele, a morte do pai é o que leva o sujeito a realizar a experiência do fim, experiência muito presente desde o século XX e que é imaginarizada com o termo "depressão". Frente a isso, ele propõe a experiência de uma análise como o que nos conduz a nos darmos conta, em um relâmpago, de que há outro modo de gozo que não aquele da tristeza, também dita depressão.

Posto isso, serviremos-nos de alguns comentários recortados aqui e ali desse dossiê sobre a depressão, deixando sugerida a leitura dos artigos aí inseridos.

Começamos por anotar que o termo "depressão" é usado atualmente para nomear o desfalecimento do sujeito, a sensação de vazio, a sensação da queda da tensão do desejo. Ironicamente, diríamos que o significante "depressão" é *criacionista*, pois parece ter engendrado uma quantidade imensa de sujeitos que se encontram tristes, desanimados, frustrados, enlutados, anoréxicos, apáticos, desiludidos, entediados, impotentes, angustiados etc. Em vista disso, o significante "depressão" parece indicar que o sujeito do inconsciente se esvaziou sob o peso de um gozo que o coloca fora do tempo, frente ao vazio que é ele mesmo. Faz-se propaganda impulsionando o consumo para atingir o sonho do bem-estar. A resposta social empurra para a coletivização e a homogeneização através da mídia, que oferece um leque muito diverso de *gadgets*, ou seja, de objetos produzidos pela ciência e pela técnica e que, aliados ao consumo capitalista, passam a comandar a vida dos sujeitos.

Trata-se, para a sociedade atual, de produzir um "modo de ser" que responde fazendo desaparecerem as particularidades. Tenta-se produzir sujeitos idênticos e transparentes para evitar angústias, mistérios, falhas, surpresas etc. O sujeito passa a ser um objeto a mais na cadeia de consumo, sem desejo e sem identidade. Em que pese isso, a sociedade atual tenta fabricar respostas que gerem um sentimento de poder, de fortaleza e de um domínio sem falhas. Em vez de se considerar a possibilidade de uma dificuldade neurótica, de um conflito pessoal, levanta-se antes de qualquer outra a hipótese de uma incapacidade ou insuficiência. O conflito entre "o que se é" e "o que se deveria ser" recoloca o tema da angustia e da culpa em relação ao que, então, não se é, mas que se deveria ser.

Por outro lado, constata-se a perda dos ideais da modernidade, o declínio do pai, o que não deixa de levar o sujeito a um sentimento de anonimato, de perda de referências. Frente a essas situações, a psiquiatria oferece os novos produtos *antidepressivos*, que prometem o retorno à produtividade que virá junto com o imperativo da saúde e do bom humor. Além deles, a sociedade oferece diversas alternativas para se alcançar a beleza, a perfeição, o destaque com diversas técnicas, sejam elas a malhação do corpo, as comidas e bebidas para toda e para cada oportunidade, cirurgias cosméticas, autoajuda, credos diversos etc.

Muitos autores dedicaram-se a compreender a depressão como o mal da contemporaneidade ou da pós-modernidade e passaram a correlacioná-la com a organização social, econômica e política predominante neste tempo. As relações interpessoais frágeis e superficiais, a valorização exacerbada da imagem; assim as formas de sofrimento psíquico predominantes na pós-modernidade estariam fortemente correlacionadas e refletiriam uma sociedade na qual reina a lógica do espetáculo e uma cultura do narcisismo. Frente ao panorama contemporâneo traçado pelos adeptos dessa "nova clínica", a psicopatologia lacaniana não inclui a depressão como uma nova entidade, registra, isso sim, os *estados depressivos* de sujeitos desorientados em relação a seu desejo ou atravessando a perda dos ideais. Para a psicanálise, a forma como se sustenta a função da castração, na qual se situa a relação ao objeto, ou a forma de se posicionar diante do Outro são questões de estrutura.

A depressão é uma noção polissêmica e suficientemente fluida, sem especificidade, de modo que pode ser entendida como uma tendência, uma forma de expressão geral, algo do senso comum. Já a melancolia é considerada uma estrutura precisa, patológica, psicótica e está dentro do campo da psicose maníaco-depressiva. Sendo assim, dentro do que é considerado como uma depressão pelo senso comum, pode se tratar de uma reação a um evento pontual, sem que isso implique que o sujeito tenha necessariamente uma estrutura psicótica. Nessa situação, pode ser um traço cultural em um momento de crise social, a fase depressiva de uma neurose ou, também, o começo no curso de uma psicose.

Para a clínica psicanalítica, a depressão não é considerada um sintoma ou uma estrutura; trata-se de um afeto, de algo que concerne ao campo do humor e que é efeito de uma tensão psíquica ou de uma falta moral. Trata-se de uma resposta afetiva, que se caracteriza pela tristeza e inibição, a estase e a diminuição sensível da atividade, na qual o sujeito recua frente a uma exigência ética, exigência de dizer ou, nos termos de Lacan, de bem-dizer.

Concluímos que, para a psicanálise, a depressão pode ser considerada como um *conceito transclínico* que atravessa as diversas estruturas e que pode ser encontrado com inúmeras apresentações, principalmente se se considera a dor psíquica. No dossiê sobre a depressão antes mencionado, em seu texto "A depressão, felicidade do sujeito?", Skriabine nos lembra que, com a psicopatologia lacaniana, a psicanálise nos orienta para uma articulação entre o afeto depressivo e o gozo, mais especificamente para os diversos modos através dos quais o gozo se apresenta nos estados depressivos, seja como luto, angústia, inibição, covardia moral, identificação melancólica ao objeto, desinvestimento libidinal, deflação narcísica, dor de existir etc., modalidades de apresentação que abrem uma clínica diferencial da depressão.

Enfim, uma clínica diferencial da depressão orienta-se conforme os diversos modos como cada sujeito se sustenta em função da castração, da sua relação ao objeto e ao Outro. Isso se apresenta em cada um dos estados depressivos dos quais o sujeito se queixa ao chegar para um tratamento e, também, nos afetos depressivos que podem surgir no decorrer do próprio tratamento.

Referências

ALMEIDA, C. P.; MOURA, J. M. (Org.). *A dor de existir suas formas clínicas: tristeza, depressão, melancolia.* Rio de Janeiro: Kalimeros, 2003.

DAFUNCHIO, N. S. *Duelo, mania e melancolia, en la practica clinica.* Buenos Aires: Bucle, 2017.

DOSSIER Depresión. *Virtualia. Revista Digital de La Escuela e la Orientación Lacaniana (EOL)*, n. 14, ene.-feb. 2006.

FERREIRA, M. F. *A dor moral na melancolia.* Belo Horizonte: Scriptum, 2014.

FREUD, S. Rascunho G: melancolia [1895]. *In*: *Publicações pré-psicanalíticas e esboços inéditos (1886-1889).* Rio de Janeiro: Imago, 1969. (Edição Standard Brasileira das Obras Psicológicas Completas de Sigmund Freud, I.)

FREUD, S. Contribuições para uma discussão acerca do suicídio [1910]. *In*: *Cinco lições de psicanálise, Leonardo da Vinci e outros trabalhos (1910).* Rio de Janeiro: Imago, 1969. (Edição Standard Brasileira das Obras Psicológicas Completas de Sigmund Freud, XI.)

FREUD, S. Luto e melancolia [1915]. *In*: *A história do movimento psicanalítico, artigos sobre a metapsicologia e outros trabalhos (1914-1916)*. Rio de Janeiro: Imago, 1969. (Edição Standard Brasileira das Obras Psicológicas Completas de Sigmund Freud, XIV.)

FREUD, S. O ego e o id [1923]. *In*: *O ego e o id, e outros trabalhos (1923-1925)*. Rio de Janeiro: Imago, 1969. (Edição Standard Brasileira das Obras Psicológicas Completas de Sigmund Freud, XIX.)

FREUD, S. 31a conferência: a dissecção da personalidade psíquica [1933 [1932]]. *In*: *Novas conferências introdutórias sobre psicanálise e outros trabalhos (1932-1936)*. Rio de Janeiro: Imago, 1969. (Edição Standard Brasileira das Obras Psicológicas Completas de Sigmund Freud, XXII.)

GODOY, C. Tristeza y depresión. *Virtualia: Revista Digital de La Escuela e la Orientación Lacaniana* (*EOL*), n. 14, p. 49-55, ene.-feb. 2006.

LACAN, J. Observação sobre o relatório de Daniel Lagache. *In*: *Escritos*. Rio de Janeiro: Jorge Zahar, 1998. p. 653-691.

LACAN, J. *O seminário, livro 10: A angústia*. Rio de Janeiro: Jorge Zahar, 2005.

LACAN, J. Televisão. *In*: *Outros escritos*. Rio de Janeiro: Jorge Zahar, 2003. p. 508-543.

LAURENT, E. Hacia un afecto nuevo. *Virtualia: Revista Digital de La Escuela e la Orientación Lacaniana* (*EOL*), n. 14, p. 33-35, ene.-feb. 2006.

MAZZUCA, R. Clinica psicoanalítica de la depresión y la melancolia. *Virtualia: Revista Digital de La Escuela e la Orientación Lacaniana* (*EOL*), n. 14, p. 56-66, ene.-feb. 2006.

MILLER, J.-A. *et al*. *Variaciones del humor*. Buenos Aires: Paidos, 2015.

QUINET, A. *Psicose e laço social*. Rio de Janeiro: JZE, 2009.

ROSS, G. A. *Manie, melancolie & facteurs blancs*. Paris: Beauchesne, 2009.

SKRIABINE, P. La depresión, felicidad del sujeto?. *Virtualia: Revista Digital de La Escuela e la Orientación Lacaniana* (*EOL*), n. 14, p. 28-32, ene.-feb. 2006.

SPURRIER, P. Adolescentes, depresión y modernidad. *Virtualia: Revista Digital de La Escuela e la Orientación Lacaniana* (*EOL*), n. 14, p. 36-38, ene.-feb. 2006.

TEIXEIRA, A. Depressão e lassidão do pensamento, reflexões sobre o spinoza de lacan. Psicologia Clínica, Rio de Janeiro, v. 20, n. 1, p. 20-41, 2008.

TEIXEIRA, M. A. R. Melancolia e depressão um resgate histórico conceitual. *Revista de Psicologia da UNESP*, v. 4, n. 1, p. 41, 2005.

VERAS, M. Freud y la psiquiatría de lós humores *Revista Digital de La Escuela e la Orientación Lacaniana* (*EOL*), n. 14, p. 44-48, ene.-feb. 2006.

ZAFIROPOULOS, M. *Tristesse dans la modernité*, Paris: Economica-Anthropos, 1996.

O autismo como estrutura clínica

Suzana Faleiro Barroso

Introdução

A concepção da estrutura autística ratifica uma trajetória decidida da pesquisa psicanalítica em busca de estar à altura da subjetividade de sua época, na qual se inscrevem a singularidade e a originalidade do mundo do autista. O autismo suscita enorme interesse na civilização atual. É um dos nomes de seu mal-estar. Os autistas são sempre solicitados a transmitir a originalidade de sua experiência. A casuística publicada e as autobiografias dos autistas demonstram o quanto as suas possibilidades de inserção dependem do acolhimento de suas invenções pelas famílias, pelas escolas, pela sociedade em geral e, particularmente, pelo discurso psicanalítico. A língua do Outro que daria acesso ao laço social é tão absolutamente traumática para o autista que ele se abriga na solidão. Ao se defender, acaba imerso no real, fora do discurso, fora das convenções, porém predisposto às invenções. O autista tem a maior afinidade com a invenção e a reinvenção do mundo.

O autismo como estrutura clínica é uma formulação que se estabeleceu a partir da pesquisa em várias frentes de trabalho em que o psicanalista vem sendo chamado a dizer sobre os autistas, seja no campo clínico, educacional ou das políticas para o autismo. A formalização da clínica propiciada desde os anos 1970 pela prática institucional de orientação lacaniana com crianças autistas e psicóticas, a exemplo de Antenne 110, o estudo dos testemunhos, relatos e publicações dos próprios autistas, o atendimento de autistas em consultórios, em clínicas universitárias, a produção de teses nas universidades constituiu matéria-prima da investigação lacaniana do autismo, que promoveu a noção da estrutura autística. Essa elaboração pode ser de interesse de vários campos de saber, pois implica uma orientação quanto à abordagem do autista em qualquer ambiente no qual se dê o encontro de um sujeito, cuja lógica, dinâmica e funcionamento demonstrem a singularidade da estrutura autística.

Várias são as repercussões da concepção dessa estrutura clínica, além de orientar o acolhimento e a inclusão do outro na vida do autista. A primeira é retirar definitivamente o autista de uma visão deficitária de seu modo de ser. A segunda é distinguir o autismo da psicose. A terceira é viabilizar a formalização de uma direção de tratamento psicanalítico do autista, seu alcance, seus efeitos terapêuticos e seus limites. Além disso, a elaboração da distinção da estrutura autística do autismo mantém viva a pesquisa psicanalítica sobre o *falasser* e o que se passa no seu encontro decisivo com a língua do Outro, condição que vale para todos que se inscrevem no discurso da civilização.

O "distúrbio autista de contato afetivo" e a invenção de uma narrativa clínica sobre o autismo

A história do autismo começa em outubro de 1938, quando os pais de Donald Triplett foram a Baltimore pedir ajuda a Leo Kanner, considerado então o melhor psiquiatra infantil dos Estados Unidos, após várias tentativas fracassadas de cura do filho. Tomados pela enigmática condição da criança, Beamon e Mary Triplett contribuíram com a pesquisa do psiquiatra estabelecendo com ele uma fecunda correspondência que contém observações detalhadas sobre o modo de ser do menino. Em resposta à mãe de Donald, numa carta datada de 28 de setembro de 1942, Kanner nomeou pela primeira vez o "distúrbio autista do contato afetivo", após uma pesquisa longitudinal do desenvolvimento da criança, considerada o caso número um do estudo que definiu o autismo como uma categoria clínica específica. Mais 10 casos estudados possibilitaram a Kanner publicar, em 1943, a tese sobre o "autismo infantil precoce" e estabelecer sua distinção da esquizofrenia infantil, que, até então, era a categoria diagnóstica na qual se inscreviam as manifestações do sofrimento mental da criança.

Fiel à epistemologia da clínica médica do século XX e imbuído da metodologia descritiva dos fenômenos que visava fazer a doença falar, Kanner foi o primeiro a produzir uma narrativa clínica sobre o autismo. Desse modo, ele conferiu um nome ao real do autismo, tendo recorrido ao termo "autismo", cunhado por Bleuler em 1911 para designar apenas um sintoma da esquizofrenia. Os critérios de Kanner para o diagnóstico de autismo ainda constituem referências importantes para a prática: 1) solidão em grau extremo na mais tenra infância; 2) comunicação prejudicada, a fala e a linguagem não são usadas para a comunicação, mutismo ou presença da linguagem ecolálica; 3) insistência obsessiva na manutenção de mesmice, com grande ansiedade frente a situações novas e não familiares, e com uma preocupação ritualística repetitiva; 4) fascinação pelos objetos, em contraste com desinteresse pelas pessoas. Contemporâneo do trabalho de Kanner, Hans Asperger, o pediatra austríaco, publicou em 1944 seu estudo com base em 200 casos, a saber, "Psicopatia autista na infância", descrevendo a síndrome que recebeu o seu nome. Enquanto Kanner destacou a solidão e a imutabilidade como características principais do autismo, Asperger enfatizou o problema da limitação das relações sociais persistente durante toda a existência, as tendências antissociais, o uso particular da linguagem e o desempenho superior da inteligência do autista em algumas áreas específicas.

A aceitação da tese de Kanner não foi unânime junto aos psicanalistas de crianças da primeira geração. Winnicott foi o primeiro a examinar as vantagens e desvantagens da definição do autismo enquanto uma categoria clínica distinta da psicose infantil. O psicanalista inglês se manifestou decididamente contrário ao diagnóstico de Kanner, por considerar o autismo como um impasse normal e transitório da relação mãe-criança, e não uma patologia. O debate pode ser acompanhado em três resenhas de livros sobre as psicoses escritas por Winnicott, a saber, a primeira sobre o livro de Leo Kanner, *Psiquiatria na infância* (1937); a segunda sobre o livro de William Goldfarb, *Esquizofrenia na infância* (1961); e a terceira sobre o livro de Bernard Rimland, *Autismo infantil* (1964). De outra parte, muitos pós-freudianos fizeram contribuições significativas para o autismo, tais como Bruno Bettelheim, Meltzer, Francis Tustin. A eles estão correlacionadas respectivamente as noções de "fortaleza vazia", "identificação adesiva" e "carapaça", que implicam a relação do autista com a angústia, com o espaço e com o corpo. Contudo, nenhum desses analistas pôde se beneficiar do ensino de Lacan para fazer a distinção do autismo do ponto de vista de sua estrutura, sua dinâmica e sua lógica.

Com relação à causalidade do autismo, Kanner oscilava entre diferentes posições, ora parecia atraído pelas teorias psicanalíticas pós-freudianas que problematizavam a relação mãe-criança como fator etiológico do autismo; ora, dominado pelo biologicismo, supunha no autista uma incapacidade inata de construir o contato afetivo habitual com as pessoas. O primeiro fator etiológico favoreceu seu diálogo com psicanalistas de crianças da corrente psicogenética, a exemplo de Margareth Mahler. Em seu livro *As psicoses infantis* (1979), ela definiu o autismo como uma patologia do vínculo mãe-bebê, resultante da fixação da criança numa fase de desenvolvimento de caráter simbiótico, apresentando o caso de Stanley como paradigmático de sua teoria. Em virtude da precocidade de sua aparição na infância, o autismo foi, de fato, o problema que mais despertou a atenção das correntes de inspiração psicogenética, nas quais se tornou uma patologia exemplar do tempo pré-verbal, explicada segundo a interação dos fatores constitucionais e ambientais.

A psiquiatria infantil, que, influenciada pela psicanálise, estudava os aspectos dinâmicos das patologias, foi se tornando uma disciplina eminentemente biológica, centrada na noção de corpo como organismo, o que se evidenciou nas sucessivas versões do *Manual diagnóstico e estatístico de transtornos mentais* (DSM). A noção de autismo de Kanner pluralizou-se, partiu-se em múltiplas hipóteses causais mediante os progressivos achados da ciência, que o classificaram como uma disfunção neurobiológica. Nas primeiras edições do DSM, o autismo se manteve associado à psicose, correlacionado ao paradigma psicossocial da psicose ainda presente nessa classificação. A terceira edição do DSM (DSM-III), em 1980, é um marco em termos do avanço do paradigma biologicista, por conferir ao autismo um lugar nos transtornos globais do desenvolvimento. Em seguida, no DSM-III-R, o autismo foi descrito como de caráter "invasivo", transtorno invasivo do desenvolvimento. O termo "global" ou "generalizado" pretendia abarcar o comprometimento da maior parte dos aspectos do desenvolvimento, ou seja, aspectos cognitivos, afetivos, sociais, de linguagem etc. Essa nomenclatura ampla, organizada segundo enfermidades neurológicas, deslocou-se para noção de espectro do autismo.

Conforme nos advertiu Éric Laurent, "desde a publicação do DSM-IV, em 1994, a quantidade de casos associados a essa categoria progride em ritmo epidêmico" (Laurent, 2014, p. 60). Esses pontos não serão desenvolvidos neste artigo, embora tenham tido grande repercussão para a visão do autismo na contemporaneidade. Um fato marcante é que o DSM-IV, juntamente com a classificação da OMS (CID-10), promoveu progressivamente o deslocamento do autismo do campo psicopatológico para o campo do neurodesenvolvimento. Isso repercutiu na migração da abordagem clínica do autismo, que teve início com Kanner, para uma abordagem predominantemente educacional.

Consequentemente se afirmaram tendências a tratar o autismo como assunto exclusivo das deficiências de aprendizagem, reduzindo-o ao problema de uma consciência cognitiva deficitária, desconhecendo sua lógica e sua dinâmica. Diante disso, a noção de autismo como uma estrutura clínica, elaborada a partir do que o próprio autista ensina sobre sua lógica e seu modo de ser, é um marco inaugural de outra leitura e de outra abordagem do sofrimento do autista.

A construção lacaniana da hipótese da estrutura autística

A abordagem do autismo como uma estrutura clínica não existiu desde sempre no campo freudiano. Ela é o resultado de longo período de investigação em diversas frentes de trabalho com o autista que foram se esboçando a partir do ensino de Lacan, a saber, na clínica, nas instituições, no campo da educação, nas políticas públicas etc. De fundamental importância para essa construção foi a abordagem estrutural e não psicogenética da linguagem, que proporcionou retirar o autismo, definitivamente, do campo da deficiência. Já em *O seminário, livro 1: Os escritos técnicos de Freud* (1953-1954), Lacan colocava em debate os impasses do sujeito imerso no real, cuja linguagem e construção do corpo se encontravam absolutamente perturbadas, o que podia ser demonstrado em dois casos, Dick, de Melanie Klein, e Robert, de Rosine Lefort. O imaginário corporal inconstituído de Dick e o ato de automutilação de Robert indicavam a condição do sujeito sem a ajuda de um discurso estabelecido para promover a separação do corpo e do gozo e a construção da imagem corporal.

No primeiro tempo do ensino lacaniano, a definição do inconsciente estruturado como linguagem priorizou uma clínica do sujeito que fala, comunica-se, produz sentido e significação e cujo gozo se encontra significantizado, portanto, civilizado nos circuitos pulsionais. Essa clínica assentada nas relações do sujeito com o Outro se mostrou sem qualquer afinidade com o autismo. Contudo, isso não impediu importantes pontuações de Lacan sobre o autista e a linguagem, a começar pelo comentário a propósito do caso Dick. Ele destacou a originalidade do uso da linguagem pelo menino, que não procurava se comunicar, deformava as palavras, emitia sons e comprazia-se nos sons sem significação, nos barulhos. "A linguagem não envolveu o seu sistema imaginário, cujo registro é excessivamente curto [...] Suas faculdades, não de comunicação, mas de expressão, estão limitadas a isso. Para ele, o real e o imaginário são equivalentes" (Lacan, [1953-1954] 1983, p. 102).

Somente a partir das equivalências oferecidas por Melanie Klein à criança, do tipo Dick pequeno trem, grande trem papai, é que ele se põe a brincar e, então, ao falar a palavra "estação", esboçou a junção da linguagem e do imaginário do sujeito. "O sistema pelo qual o sujeito vem se situar na linguagem é interrompido ao nível da palavra. Não são a mesma coisa, a linguagem e a palavra – essa criança é, até certo nível, mestre da linguagem, mas ela não fala. É um sujeito que está aí e que, literalmente, não responde" (p. 102). A recusa de uma relação fundamental do ser com a fala está, portanto, no princípio do autismo. Sobre Dick, Lacan acrescenta: "já tem uma certa apreensão dos vocábulos, mas desses vocábulos não fez a *Bejahung*, não os assume" (p. 86). Sem a assunção à *Bejahung* primordial não há também enganche da voz no significante-mestre, ela não é reconhecida como própria e o sujeito não assume a sua alienação. Por não haver representação da pulsão invocante, predomina a desconexão entre a linguagem e a vida emocional. Quando o simbólico não se liga ao imaginário, ao corpo; quando o gozo não pode ser tratado pela lógica da diferença significante, não há extração de gozo do corpo. Sem a extração do objeto, o simbólico e o imaginário se encontram colocados em continuidade com o real. O fora do sentido e o sem lei do real é que predominam.

A investigação lacaniana da estrutura do autismo encontrou na "Alocução sobre as psicoses na infância" (1967) mais uma pontuação decisiva, a saber, o autista está na linguagem, não é imune a ela, embora se encontre fora do discurso e do laço social. Ao comentar o caso de Martín der Sami Ali, o psicanalista interroga: "mas o que questiono é se, sim ou não, uma criança que tapa os ouvidos – dizem-nos: para quê? para alguma coisa que está sendo falada – já não está no pós-verbal, visto que se protege do verbo" (Lacan, [1967] 2003, p. 365). Esse gesto bem típico da criança autista demonstra o quanto a língua pode ter um caráter invasivo e devastador para o sujeito. Em sua alocução, Lacan destacou a parceria da linguagem e do gozo com incidência no corpo do ser falante e discutiu a posição da criança objeto condensador do gozo do Outro, contrariando qualquer ideia de uma relação harmônica entre mãe e filho tomados no campo da fala e da linguagem.

A criança autista, do mesmo modo que as outras crianças, recebe seu ser de sujeito na relação com o significante do Outro. Porém, nesse caso, o significante do Outro não lhe chega com sua face simbólica de modo a representá-la para outro significante; e sim com sua face real, devastadora. A face real do significante sozinho perturba as operações de alienação e de separação constitutivas do sujeito e tem impacto sem mediação sobre o corpo, despertando uma angústia avassaladora no eu.

Com Lacan, podemos então reler o que seria a dimensão precoce do autismo já detectada por Leo Kanner. É que sua especificidade se assenta sob o modo particular de entrada da criança na linguagem. Para se alojar no discurso, a criança deve submeter a *lalangue* à autoridade da língua do Outro. Um trauma ineliminável é decorrente do depósito dos detritos da "*lalangue* dita materna" (Lacan, [1972-1973] 1985, p. 188) sobre o corpo do *infans*, visto que a linguagem mantém uma reserva intraduzível de *lalangue* e inaugura o mal-entendido entre os seres falantes. No seu encontro com a linguagem, o corpo se constitui não somente como imagem, mas também como eco pulsional do dizer do Outro. A substância corporal coloca em relevância a capacidade do dizer de afetar o corpo, de imprimir marcas sobre o corpo e desalojar o gozo. No autismo, o analista depara-se com a mais radical defesa contra a incidência traumática da linguagem sobre o corpo, que perturba não somente sua imagem, mas também todo o desenvolvimento e montagem das pulsões.

A primeira formulação da hipótese do autismo como uma quarta estrutura foi feita de modo inédito por Rosine e Robert Lefort. O caso paradigmático de Marie Françoise, publicado no livro *O nascimento do Outro* (1984), inaugurou o debate quanto à inexistência do Outro para o autista. O Outro enquanto lugar do significante vem no lugar de um gozo prévio à linguagem e se constitui como efeito da operação de extração do objeto *a* do campo da realidade, que instala o sujeito no discurso. A condição para a constituição do lugar do Outro é a operação de mutação do real em significante, o que requer alguma extração do excedente de gozo. Sem a extração do objeto, o Outro não se constitui enquanto alteridade. Para os Lefort, o que sustenta a tese do autismo como uma quarta estrutura é a ideia de uma foraclusão mais abrangente, que implicaria todos os significantes, e não somente o significante do Nome-do-Pai. Nesse sentido, a foraclusão do autista não seria a mesma da psicose. À foraclusão do Nome-do-Pai acrescenta-se a forclusão do significante do Desejo da Mãe. Diferentemente do psicótico, que não cessa de preencher o Outro para se assegurar de sua existência, a única relação possível do autista com o Outro supõe uma subtração, um furo no real, que inauguraria o campo do Outro sob medida para cada autista. É com o termo "destruição" que Rosine Lefort se refere a essa operação de subtração exercida na dimensão do real. Sendo assim, o que se buscaria no tratamento, em primeiríssimo tempo, seria, justamente, que o autista viesse a fabricar um lugar num espaço até então desprovido de qualquer marca.

De fato, a abordagem do autismo como estrutura clínica se estabeleceu a partir da orientação do real, que implica a última etapa do ensino de Lacan. As formulações sobre a relação original do autista com a linguagem perpassam todo o ensino de Lacan. Sem a perspectiva estrutural da linguagem, a teoria do autismo estaria reduzida à noção de déficit do desenvolvimento. E não fosse a teoria da *lalangue*, a aplicação da psicanálise ao autismo estaria inviabilizada pela própria posição do autista de rejeição do Outro. Por não comportar a dimensão do sentido, a *lalangue* altera todo o panorama das relações do sujeito ao Outro e até mesmo a definição do Outro, o que constitui um aporte norteador do que se passa com o autista.

Ao elucidar a noção de *sinthome*, elaborando o estatuto singular do Um, Miller recuperou e valorizou bastante a tese dos Lefort sobre o autismo. "O Um de gozo não se apaga para o sujeito situado no campo coberto pelo espectro dos autismos" (Laurent, 2014, p. 103). Nesse tempo da orientação lacaniana encontramo-nos diante do avesso do próprio Lacan, visto que pressupõe o deslocamento da psicanálise do campo do Outro para o registro do Um. Ler o autismo com Lacan é seguir um caminho de mão dupla. De um lado, a clínica do autismo precisa do último ensino de Lacan. "O autismo, entendido como uma categoria clínica fundamental, pode certamente valer-se de Lacan, do Lacan desse sistema que se desfaz, e onde, às vezes, ele reduz o inconsciente ao fato de falar sozinho" (Miller, 2010, p. 121). De outro lado, a psicanálise precisa do autismo para explicar o funcionamento e a lógica do significante sozinho junto ao *falasser*, significante radicalmente separado de qualquer outro significante, que não remete a nenhum S_2, mas que produz um efeito de gozo por meio de sua repetição, marcando o corpo como corpo gozando de si mesmo, além do princípio do prazer.

Contudo, a inexistência do Outro não constitui o único fator da distinção do autismo, visto que a criança sem o Outro pode ser encontrada em uma série de patologias da demanda, por exemplo, nos casos de neuroses graves e de psicose. Considerando o Um e o Outro, isto é, a solidão e o campo das relações sociais, pode-se diferenciar a neurose da psicose e do autismo. "A neurose não é tanto um fenômeno do Um, mas o resultado do mergulho do Um na esfera do Outro" (Miller, 2010, p. 166). Por isso, ela se articula de modo privilegiado ao contexto das relações familiares, cuja estrutura recobre o Um de gozo. Ao contrário, "o automatismo mental, a psicose, é um mergulho do Outro no Um" (Miller, 2010, p. 166). Já o autismo coloca em jogo o problema do Um sem o Outro, isto é, do S_1 sem o S_2, dos detritos da *lalangue* materna que se depositam no corpo da criança, sem que esta possa subjetivá-los.

Encontramos no autismo as manifestações clínicas do uso do Um, a saber, o retraimento, a profunda solidão, a mesmice, a iteração, a vontade suprema de imutabilidade. Esse regime real do significante reduz ao máximo as chances de esse sujeito ter acesso à especularidade, às relações sociais e à constituição do corpo a partir do Outro. Antonio Di Ciaccia definiu a especificidade do trabalho do autista diferentemente do trabalho do psicótico: "a criança autista é alguém que trabalha para se defender do Um-sozinho" (Ciaccia, 2005, p. 36). Ao se defender do gozo, o autista engaja-se em uma dupla operação de autodefesa e de autoconstrução. Na operação de autodefesa o sujeito anula o Outro, visto que o significante nesse caso não serve de obstáculo ao excesso de gozo, ao contrário, é um meio de gozo. Na operação de autoconstrução o sujeito autista se serve dos signos para se instalar na existência.

Donald, o caso número um do estudo de Kanner, demonstrou na infância o trabalho de autoconstrução ao inventar um dispositivo de nomeação para tratar o problema da vida e da morte, que decorre da incidência da linguagem sobre o *falasser*. Numa fazenda onde viveu durante quatro anos, colecionava pássaros e joaninhas mortas. Ele os enterrava num "cemitério" e, repetidamente, inscrevia numa placa o nome do animal morto entre o nome e o sobrenome do fazendeiro. Nesse ato de nomeação, Donald buscava produzir um sujeito. Para que o significante possa se inscrever, é preciso que o objeto nomeado esteja ausente, o que lhe confere o estatuto de objeto perdido. O ato de Donald, demonstrativo de sua não imunidade à linguagem, não chega a produzir esse efeito, porque a presença do referente dos nomes não dá a eles o estatuto de significantes. Ambos tratam a negatividade da linguagem. Mas o signo não apaga o objeto que ele representa. Desse modo, segundo a lógica do signo, a nomeação promove uma conexão de uma palavra a uma imagem ou a um objeto, mas não promove a conexão à falta do objeto.

Especificidade clínica do autismo

Dois psicanalistas foram particularmente sensíveis à causa do autismo e contribuíram, decisivamente, para a definição do autismo como estrutura clínica: Éric Laurent e Jean Claude Maleval. Eles têm abordado a estrutura subjetiva autística, mostrando o que há de específico no nível do gozo e da linguagem e que determina o modo tão original de ser dos autistas. Tomando como ponto de partida o que os autistas nos ensinam, esses psicanalistas têm demonstrado a lógica e a dinâmica subjetiva no autismo. Trata-se de compreender como um sujeito sem o Outro, absolutamente singular no modo de ser, poderá inventar modos de conexão com o mundo, de fazer concessão no nível da defesa autística, desde que preserve os meios de controle de sua angústia. Encontramo-nos, portanto, diante de uma articulação teórica inédita, que orienta a abordagem psicanalítica do autismo, diferentemente da abordagem da psicose.

A experiência de Laurent nos anos 1970, durante seis anos trabalhando com crianças psicóticas e autistas num hospital-dia, foi formalizada numa série de conferências e artigos, mas, principalmente, no livro *A batalha do autismo* (2014). Laurent se deu conta da especificidade do retorno do gozo no autismo, a partir das perspectivas clínicas abertas por Miller em 1987, isto é, pensar o gozo não só como efeito da foraclusão do Nome-do-Pai, como também a partir da sistematização do problema do retorno do gozo rejeitado. No autismo, o gozo rejeitado não retorna nem no lugar do Outro como na paranoia nem no corpo como na esquizofrenia. Até o início dos anos 1990 ainda considerávamos a hipótese de que o autista seria um psicótico a trabalho, cujo desenvolvimento daria acesso a diferentes destinos do gozo, fosse o destino paranoico ou esquizofrênico. Verificamos que o gozo no autismo retorna sobre uma borda tranquilizadora com a finalidade de ser dominado, isto é, retorna numa zona fronteiriça, lugar onde contatos e trocas podem vir a ocorrer, estrategicamente.

Já o ponto de partida da pesquisa de Maleval foi o estudo dos testemunhos dos autistas e dos seus escritos. A escrita do autista transmite sua relação à língua, ao corpo e ao outro, sua maneira original de pensar, de apreender a língua, de interagir, de se defender da angústia. Maleval extraiu dos testemunhos dos autistas elementos norteadores de sua teoria do primado do signo e da retenção da voz no autismo. Dentre os livros de autistas que investigou, citamos o de Daniel Tammet, *Nascido num dia azul* (1979), de Temple Grandin, *Uma menina estranha* (1986) e o de Donna Williams, *Meu mundo misterioso* (1992). Além disso, o acesso ao relato sobre o desenvolvimento dos casos de Kanner, da infância até a vida adulta, inaugurou a pesquisa de Maleval sobre a evolução do autismo. Donald Triplett, por exemplo, construiu uma evolução importante ao superar o mutismo e alcançar uma inserção social. Sua competência com os números lhe proporcionou trabalho numa empresa bancária da família até se aposentar e residir numa pequena cidade norte-americana na qual era conhecido.

A formalização da casuística do autismo pelos psicanalistas de orientação lacaniana vem confirmando que a evolução do autista segue a lógica do autismo, e não uma evolução do autismo para a psicose, conforme foi suposto anteriormente. Maleval identificou pontos que justificam a concepção de que o autismo define outra estrutura distinta da psicose, a saber:

a vontade de imutabilidade, ausência do delírio e de alucinações, especificidade dos escritos autísticos, ausência de desencadeamento e, sobretudo, evolução do autismo para o autismo.

[...]

Os psicóticos em tratamento se orientam mais frequentemente para a construção de uma língua pessoal, para a instauração de um suporte ou de uma suplência, enquanto os autistas evoluem para a construção e o deslocamento de uma borda, até chegarem, no melhor dos casos, a fazer do interesse específico uma competência social. A constatação da permanência estrutural do autismo convoca a psicanálise a apreendê-lo de maneira diferenciada do campo das psicoses e mesmo das pré-psicoses (Maleval, 2015, p. 15 e 36).

Todos os pontos diferenciadores da estrutura psicótica e da autística, ou seja, o delírio, a alucinação, a evolução, a escrita, demonstram a especificidade de um sujeito que só conta com os signos e não com os significantes para se construir. Dessa maneira, encontramos autistas que, através da construção e da ampliação da borda defensiva, conseguiram a redução da angústia e passaram de uma condição muito incapacitante com relação à inserção social a uma posição menos mortificada e mais construtiva na existência.

De fato, a abordagem do autismo a partir de sua relação original à linguagem é eminentemente lacaniana. É o que fica patente também na "Conferência em Genebra sobre o sintoma" (1975), que trouxe elementos importantes para a distinção do autismo e da psicose: 1) a particularidade da alucinação; 2) o caráter bastante verboso; 3) a desinserção do autista com relação ao discurso do mestre. Constata-se rara frequência de testemunhos da alucinação verbal no autismo. Esse tema é cuidadosamente investigado no artigo "Os autistas 'ouvem muitas coisas', mas será que alucinam?" (2008), no qual Maleval argumentou a favor da não ocorrência das alucinações verbais propriamente ditas no autismo, e sim das alucinações sonoras e visuais. Dentre os seus argumentos se encontram a carência do S_1, a surdez ao sentido, a precariedade da enunciação, a referência ao duplo. "A alucinação verbal implica dois pressupostos: a inscrição do significante unário sobre a substância gozante e a capacidade do sujeito de portar o S_1 na função de significante mestre. É preciso que essa última se tenha operado para que o S_1 se faça ouvir sob a forma de comando do supereu feroz (Maleval, 2008, p. 167).

Sobre a relação original do autista à linguagem: o primado do signo e a retenção da voz

Por trás da grande diversidade do uso original da língua pelo autista Maleval encontrou uma constante, a saber, o desfuncionamento pulsional. A criança autista é exemplar no que diz respeito ao fracasso do significante-mestre para comandar o corpo e a montagem das pulsões. A montagem do circuito pulsional depende do furo do Outro, isto é, S($\not{A}$), que encarna a presença de um oco em que se aloja o objeto da pulsão a ser contornado. Por não passar pelo furo do Outro, visto que o Outro não existe enquanto tal, o circuito da pulsão tende a não se constituir no autismo. Se não ocorre o retorno em circuito, não se inscreve a fonte da pulsão, isto é, a zona erógena. As funções corporais, como alimentar-se, evacuar, ouvir e olhar, inscrever-se em uma posição sexuada, encontram-se fora da dialética da demanda e do desejo. O encontro traumático entre o ser vivo e a língua é tão insuportável para os autistas que eles não cedem a sua voz à articulação pulsional com o Outro. "Todos eles estão de acordo em considerar que tratam melhor as informações transmitidas por escrito e que podem adquirir a linguagem com certa tranquilidade, com a condição de que lhes seja transmitida por um objeto, isto é, desconectada da presença enunciativa do Outro" (Maleval, 2017, p. 229).

Essa recusa em ceder o gozo vocal obstaculariza a inscrição no campo do Outro e a cifração do gozo por meio do traço unário. A apropriação da linguagem não opera pelo enganche do significante à voz, mas pela assimilação de signos referidos a imagens. Ainda que o autista venha a fazer um uso da língua, a enunciação que ligaria a voz ao campo da linguagem é evitada por ele. A linguagem não se libidiniza e resta como objeto sonoro e estranho. Por recusar ceder o objeto de seu gozo vocal ao Outro e localizá-lo fora do corpo, o autista resiste à alienação de seu ser na linguagem. É o que lhe acarreta sua maior e mais constante restrição, isto é, a dificuldade de ser um sujeito enunciador. Tanto a verborragia quanto o mutismo constituem modos de proteção contra o horror da voz real. O engajamento da voz nas trocas com o Outro social dependerá sempre de uma invenção subjetiva capaz de destacá-la do corpo e inscrevê-la num circuito do gozo vocal consentido.

A construção da realidade no autismo se faz com o signo. A adesividade do signo ao referente o torna impróprio à expressão dos afetos, pois estes escapam aos referentes universais. O autista é levado a operar correlações rígidas termo a termo, a privilegiar a literalidade, a evitar as noções mais abstratas que lhe parecem de difícil assimilação. Para Laurent, no autismo o sujeito tenta reduzir a desordem de *lalangue* a uma linguagem cujas regras sejam fixas. As decisões subjetivas são comandadas pelo cálculo, e não pelas emoções. "As regras da linguagem assim apresentadas, disjuntas de toda relação com o corpo, com o imaginário são cortadas de todo afeto. [...] é o exercício do rigor psicótico, mas sem a contaminação imaginária da construção delirante" (Laurent, 2007, p. 113). O primado do signo explica o esforço do autista para conservar a imutabilidade de seu mundo. De modo bem diferente da criança do *fort-da* freudiano, a criança autista joga com o objeto, porém, sem destacá-lo de seu corpo, sem separar-se dele. Enquanto no *fort-da* o sujeito trabalha com o significante na conduta *on-off*, o autista trabalha com o signo. "Esse tratamento dado ao objeto não tenta temperar a dor da falta, mas, ao contrário, fazer advir a perda dominada do objeto"[1] (Perrin, 2009, p. 84).

A observação quanto ao modo de a criança autista entrar na linguagem, isto é, muitas vezes sem passar pelo balbucio, já é indicativo da retenção do gozo vocal. Diferentemente dos gritos ou do choro, sabe-se que o balbucio não visa à comunicação de uma mensagem, mas, sobretudo, expressa as emoções do bebê. O balbucio é pobre ou monótono na infância dos autistas "porque eles se extraem de toda enunciação" (Stevens, 2008, p. 23). A recusa a uma alienação plena na linguagem é acompanhada das estratégias de contorno desta como o recurso à língua verbosa ou funcional além da retenção da voz. Com a finalidade de inventar estratégias de tratamento do Outro, distinguem-se dois usos da língua no autismo: o gozo solitário do elemento sonoro típico da língua verbosa e a acumulação de fatos típica da língua funcional.

No autismo, é frequente um uso da linguagem da maneira a mais formal possível. Ou ainda, a aderência a uma linguagem técnica ou científica do tipo das cifras, que favorecem a exclusão do sujeito da enunciação. Muito excepcionalmente, pode ocorrer um rompimento da formalidade, das estratégias de proteção e de retenção do gozo vocal, mediante um acontecimento de uma enunciação ainda que bastante fugaz. Ao enunciar algo, ele suspende a recusa ao engajamento da voz na palavra. "A frase espontânea não é uma laboriosa construção intelectual, mas uma palavra que sai das tripas. Seu caráter imperativo testemunha o gozo vocal que ela mobiliza" (Maleval, 2011, p. 91). Esse tipo de frase comprova que o autista não é totalmente imune às ressonâncias da linguagem sobre o seu ser.

---

[1] No original: "*Dans l'autisme ce traitement à partir de l'objet tente, non pas de tempérer la douleur du manque, mais au contraire de faire advenir a perte maitrisée d'un objet*".

Cada autista inventa uma maneira singular de habitar a língua, isto é, um dispositivo próprio de se conectar ao Outro construído sob medida. Podemos constatar no livro escrito por Donna Williams, por exemplo, como essa autista se serviu dos duplos para falar, para mediar a comunicação, para lidar com suas emoções etc. "Como Carol falava com as pessoas, aprendi a me comunicar" (Williams, [1998] 2012, p. 56). A linguagem de signos lhe assegurava a imutabilidade do mundo.

> Eu elaborava, para meu próprio uso, toda uma linguagem original. Tudo o que eu fazia, desde o gesto de ter dois dedos colados juntos, até o de enrolar meus dedos dos pés, tinha um sentido preciso, visando, geralmente a me assegurar de que eu tinha o controle de minha pessoa e a impedir quem quer que fosse de atingir-me onde quer que eu estivesse (p. 65).

Visando escapar da ambiguidade característica do significante, o autista pode buscar a constância e a estabilidade da realidade através do recurso à escrita. É o que revela Naoki Higashida, aos 13 anos de idade, no livro *O que me faz pular*. Ele escreveu: "letras, símbolos e sinais são meus melhores aliados, pois nunca mudam. Continuam sempre os mesmos, fixados em minha memória" (Higashida, 2014, p. 89). Naoki já publicou diversos textos de ficção e não ficção e ganhou prêmios literários, mantendo um *blog* e dando palestras sobre o autismo. A relevância desse autor está em ser um autista severo que, apesar de ainda apresentar grandes dificuldades para se expressar verbalmente, faz da escrita um modo de tratamento da voz retida. Ele recorreu à comunicação facilitada, uma técnica usada por muitos autistas para escrever mediante o apoio de um facilitador funcionando como duplo que anima libidinalmente o autista.

Por mais que o autista suspenda sua solidão e avance no uso da língua e na comunicação, não deixa de sofrer algum constrangimento enquanto sujeito da enunciação. "Persiste, todavia, mesmo nos autistas de alto funcionamento, uma disfunção da pulsão invocante, a qual permite que se expressem, certamente, mas que dificulta que se façam ouvir" (Maleval, 2017, p. 29). O que a clínica com o autista nos ensina é que falar não é simplesmente um comportamento aprendido, como acreditam os cognitivistas. Esse ponto foi discutido no Seminário do Observatório sobre Políticas do Autismo em 27 de outubro de 2018, a partir da instigante pergunta "O autista aprende a falar?". Falar é o resultado da operação de extração do objeto voz. Cada sujeito autista vai ter de inventar um aparato que lhe possibilite, pela separação da letra e do significante, extrair a voz e poder fazer uso da fala para se comunicar.

A borda autística: aspectos dinâmicos, defensivos e inventivos do autismo

A noção de borda autística implica a singularidade da defesa autística contra a angústia que o encontro com o Outro não esvaziado de gozo lhe desperta. Autista ou não, o *falasser* é marcado pelo "*troumatisme*", trauma do real, que implica a dimensão real da linguagem enquanto parasita, que contamina o ser vivente e produz um furo no real. No autismo falta a delimitação de uma borda simbólica desse furo, o que promove o encapsulamento através de uma *neoborda*. A *neobarreira* corporal instala-se onde a imagem não vem socorrer o corpo e fazer-lhe contornos. Ela não é, portanto, a superfície corporal constituída através das relações de especularidade.

O autista não tem corpo, e sim essa espécie de cápsula que lhe serve de defesa das manifestações do Outro. Tal como a cápsula do astronauta, a borda lhe permite deslocar-se num universo e explorá-lo. O que está em jogo na construção dessa *neoborda* é a foraclusão do furo, mecanismo definido por Éric Laurent no livro *A batalha do autismo* (2014) para explicar a lógica do encapsulamento autístico. Quando o estatuto do Outro é simbólico, trata-se de um Outro portador de um furo que tem uma borda conferida ao corpo pela inscrição da castração, pela extração do objeto e pela imagem corporal. No artigo "A matriz do tratamento da criança lobo" (2007), Miller comentou o ato do menino de produzir um furo no real ao tentar cortar o próprio órgão, isto é, a entrada em função do menos que tenta se inscrever no real. A foraclusão do furo se diferencia da foraclusão do Nome-do-Pai. Enquanto esta última incide precisamente no significante, isto é, na dimensão do Outro simbólico, no autismo a foraclusão incide na dimensão do real. Topologicamente a foraclusão do furo quer dizer que o espaço autístico é sem furo, exceto aquele que pode vir a ser fabricado pelo autista de uma maneira sempre singular.

Quando a construção ou a manutenção da borda do autista é impedida, a foraclusão do furo se manifesta através de vários fenômenos de intolerância ao furo, através de crises de angústia e da violência. No seu livro *Meu mundo misterioso* (2012), Donna Williams descreveu a angústia desencadeada pela experiência subjetiva de imersão numa realidade sem borda e num espaço indiferenciado do corpo próprio. A falta de uma imagem que desenhasse uma borda para seu corpo a devastava de maneira mortífera aos 4 anos de idade. Esse buraco angustiante se distingue de uma falta dinâmica, que poderia ser recoberta pela imagem ou pelo discurso. Também no caso de Dick, Melanie Klein observou a angústia avassaladora do menino, que não suportava ficar em espaços fechados, o que a levou a ampliar o *setting* das sessões da criança.

A construção de uma borda permite circunscrever o gozo. O franqueamento da borda implica uma cessão de objeto, isto é, uma cessão do excedente de gozo capaz de deslocar o limite da borda autística. Para que essa operação não seja invasiva para o autista, é preciso um acontecimento de corpo considerado como extração de gozo, e não como um efeito de significação. "O sujeito consegue ceder qualquer coisa da carga de gozo que afeta seu corpo e sem que essa cessão de gozo lhe seja por demais insuportável" (Laurent, 2011, p. 63). O deslocamento da borda é correlato de uma inserção do sujeito no campo do Outro. Segundo Maleval, "a maior parte dos autistas que está em posição de relatar uma saída subjetivada do retraimento autístico, e não tão somente uma adaptação social superficial, testemunha um percurso que passa pela complexificação de sua borda, lugar de suas afinidades, produzida pelas mutações ou pelas derivações, indo por vezes até seu apagamento" (Maleval, 2015, p. 136). A borda autística é composta pelo objeto autístico, pelo duplo e pelas ilhas de competência ou interesses específicos.

O objeto autístico, tal como Laurent o definiu, implica o acomodamento dos restos, dos dejetos, deixados pelo encontro com o Outro da língua que vem perturbar o corpo, seja qual for o substrato biológico do funcionamento ou da disfunção de tal corpo. O objeto é essa cadeia heterogênea, feita de coisas descontínuas (letras, pedaços de corpo, objeto tirados do mundo...), organizada como um circuito, munida de uma topologia de borda e articulada ao corpo.

A relação do autista com os objetos foi descrita desde a tese de Kanner, na qual ele destacou a fascinação pelos objetos em contraste com o desinteresse pelas pessoas como um dos traços principais do autismo. A maioria dos autistas têm um objeto do qual, muitas vezes, não se separam. Ele pode ser parte do corpo do sujeito ou parte do mundo exterior, mas, de todo modo, constitui apêndices do corpo. Serve de apoio alienante, compensando o problema da falha da alienação ao discurso do Outro. Os objetos autísticos são objetos fora do corpo, mas que fazem borda com o corpo e implicam o retorno do gozo sobre essa borda. Eles têm a maior importância para o sujeito na promoção da montagem do corpo pulsional e na abertura à socialização. O corpo do sujeito mantém com ele uma relação de relocalização incessante, uma tentativa de se situar, seja apegando-se a ele, seja rechaçando-o (Laurent, 2007a, p. 30). O objeto autístico assume uma função decisiva para o sujeito, no tanto que ele viabiliza alguma regulação da economia de gozo a despeito da não inscrição da função fálica do gozo.

A conhecida frase de Joey, um dos casos de autismo narrados no livro *A fortaleza vazia* de Bruno Bettelheim (1987, p. 275) – "há pessoas vivas e há outras que precisam de lâmpadas" – traduz o que é a relação do autista com seus objetos. Joey se tornou dependente desses objetos, pois precisava das máquinas para comer, para evacuar, para dormir, enfim, para sobreviver, visto que suas necessidades biológicas não foram inscritas na lógica da demanda e do desejo do Outro. Joey somente pôde prescindir desses objetos por ocasião da adolescência, a partir da evolução de seus interesses específicos.

A complexificação da borda alcançada por Joey viabilizou a construção do saber fundado na relação com o objeto autístico. Ele inventou um objeto fora do corpo, a máquina de corrente alternada, que lhe proporcionou uma profissão. Joey, assim como Temple Grandin, com sua máquina do abraço, e outros autistas, demostrou a construção e a evolução da borda, com ganhos efetivos do ponto de vista da inserção social do autista.

Segundo o que nos transmite Maleval, a complexificação da borda autística depende da possível articulação do objeto autístico ao Outro de síntese e de sua participação numa ilha de competência. Tudo isso corrobora a manutenção da imutabilidade assegurada pela relação do sujeito com os signos. O Outro de síntese aberto ancora-se na língua do Outro reduzida a signos desligados do gozo, permitindo uma comunicação sem afetos e oferecendo perspectivas para a socialização. Com seu objeto sob controle, o autista capta o gozo, coloca em cena uma proteção do desejo do Outro e demonstra sua maneira de compor com a falta no Outro sem passar pela fantasia neurótica, pelo fetiche perverso ou o delírio psicótico.

A especificidade da defesa autística supõe uma alienação ao objeto-borda, para a construção de uma dinâmica subjetiva por intermédio do duplo. Através da clínica do caso Marie Françoise em *O nascimento do Outro* (1983), os Lefort articularam pela primeira vez a ideia de um duplo real do autista.

Diferentemente do que acontece na psicose, no autismo o duplo não angustia, não perturba o eu, não interpela o eu em sua identidade nem em sua alteridade; tampouco desconfigura a imagem especular que não existe. Dessa maneira, o duplo real amarra o imaginário e promove uma consistência real do eu. É o que se pode ver no caso Stanley, publicado por Margaret Mahler. Ele apresentava alternadamente um estado de excitação e agitação motora frenética como um brinquedo ao qual se deu corda e um estado inerte de completa indiferença. Nesse estado letárgico, quando tocava o braço da analista ou escutava a palavra "bebê" correlacionada à imagem de um livro, voltava ao comportamento excitado como uma máquina que se liga repentinamente. A animação libidinal de Stanley não provém da ligação ao corpo da linguagem, mas do duplo no qual se tornou sua analista.

"O escoramento num duplo para se animar é uma característica capital do sujeito autista" (MALEVAL, 2017, p. 72). Ele se serve do duplo para sair do seu isolamento em direção ao meio social, sem, no entanto, deixar sua posição autista, pois conectado ao duplo sente-se protegido das trocas com o Outro. É o lugar concedido ao adulto ou mesmo à outra criança que se encontra por perto, uma espécie de outro à mão. O autista pode amar seu duplo como a si mesmo, pois por meio deste ordena sua realidade, promove uma conexão libidinal ao corpo do outro, o que lhe confere um corpo. A lógica do duplo se ancora no significante sozinho, o significante no real.

O duplo constitui um ponto paradoxal do tratamento do gozo pelo autista. Se de um lado tem função estruturante, embora com toda a precariedade da dependência que implica, por outro lado, a perda do duplo quase sempre leva a um *laisser-tomber* o corpo. Sem o duplo, o gozo retorna no real do corpo do sujeito autista à maneira do que se passa com o esquizofrênico. O duplo, como uma imagem real, vem no lugar onde se presentificaria a falta no Outro e pode constituir uma via privilegiada para o vínculo com o outro. O duplo assume grande importância na estrutura autística, pois pode potencializar avanços e conquistas do autista do ponto de vista da comunicação, da educação e da socialização.

No artigo "Lacan e o autismo em nossa época", publicado na *Opção Lacaniana On-line* n. 23, Silvia Tendlarz discutiu a orientação de um tratamento possível do autismo a partir da psicanálise, conferindo à noção de borda um papel fundamental na direção da cura. Além de preservar eticamente o respeito à singularidade do autista, essa orientação tem afinidade com uma clínica do circuito pulsional, tal como propôs Éric Laurent. É um circuito desenhado pelo trabalho com a letra a partir do significante sozinho e sua metonímia e pode servir para a construção de bordas pulsionais. O circuito autista não se define a partir de uma aprendizagem, mas a partir do objeto privilegiado por cada um. O que está em jogo para a orientação psicanalítica é a construção de "uma cadeia singular que amalgame significantes, objetos, ações e jeitos de fazer – de modo a constituir um circuito que faça função de borda e de circuito pulsional" (LAURENT, 2014, p. 83).

Sílvia Tendlarz retomou em seu artigo um dos casos comentados por Éric Laurent na Conversação Clínica de Salvador, em 2012, o caso João, para demonstrar como que a partir do apoio sobre a borda foi possível a esse menino internalizar um tipo de perda e aceder assim à possibilidade de falar. A propósito desse caso, Laurent examinou a continuidade de consistência entre o imaginário, o simbólico e o real. O menino apresenta uma sequência em que primeiro caminha sobre os ombros da analista para alcançar um objeto, demonstrando um uso do seu corpo como uma extensão do seu próprio. No segundo tempo a interpretação do analista permite uma cessão e o deslocamento de objetos que leva do consultório para logo voltar a trazê-los. Esse movimento o leva a perder algo do corpo: no final de cada sessão as lágrimas caíam abundantemente pelas bochechas, produzindo assim uma extração corporal. A partir dessa perda, o menino, que havia deixado de falar, emitiu as primeiras palavras colapsadas, que são *paimãe*, que não têm um estatuto de significantes com uma consistência simbólica, mas que as põem em equivalência com os objetos. Entrecruzam-se assim perdas ao modo imaginário, colapsos ou cristalizações simbólicas e um campo real que devem ser diferenciados.

O que importa ressaltar é como que a borda, que implica o furo no real, é condição fundamental para a construção da defesa autística. É o que João pôde nos ensinar cinco anos após o início de seu tratamento, ao elaborar uma "teoria do buraco". "Toda criança precisa de um buraco", disse o menino, cujo trabalho nas sessões demonstrou essa teoria. A construção metonímica da realidade foi sustentada por seu consentimento ao signo que lhe foi oferecido pelos pais, "pegadas", que desenhava o caminho do coelho da Páscoa até os ovinhos escondidos. A partir do deslocamento dessas "pegadas", João efetuou uma aproximação calculada e sucessiva do buraco, trabalhando para circunscrever sua borda, cuja evolução lhe abriu o domínio de um saber específico sobre os animais.

A noção de borda autística, que articula os elementos do autismo como estrutura clínica, constitui, portanto, um divisor de águas entre a contribuição da psicanálise ao autismo e outros métodos que reduzem a singularidade e a originalidade do autista a meros comportamentos desajustados e deficitários com relação aos padrões estabelecidos pelo ambiente.

Referências

BARROSO, S. F. As pegadas de João: a constituição de uma borda e a conexão ao Outro. *In*: MACHADO, O. M. R.; DRUMMOND, C. (Orgs.). *O autismo hoje e seus mal-entendidos. Conversação clínica de Salvador*. Belo Horizonte: Scriptum; EBP, 2013.

BARROSO, S. F. *As psicoses na infância: o corpo sem a ajuda de um discurso estabelecido*. Belo Horizonte: Scriptum, 2014.

BETTELHEIM, B. *A fortaleza vazia*. São Paulo: Martins Fontes, 1987.

CIACCA, A. A prática entre vários. *In* ALTOÉ, S. (Org.). *Psicanálise, clínica e instituição*. Rio de Janeiro: Rios Ambiciosos, 2005. p. 34-54.

HIGASHIDA, N. *O que me faz pular.* Rio de Janeiro: Intrínseca, *2014.*

LACAN, J. Alocução sobre as psicoses da criança [1967]. *In*: *Escritos*. Rio de Janeiro: Jorge Zahar, 2003. p. 361-368.

LACAN, J. *A batalha do autismo*. Rio de Janeiro: Zahar, 2014.

LACAN, J. Les spectres de l'autisme. *La Cause Freudienne*, Paris, n. 78, p. 53-63, 2011.

LACAN, J. "La terceira". In: *Intervenciones y textos 2*, Buenos Aires, Manantial, 1974/1993. p. 73-108.

LACAN, J. *O seminário, livro 20: Mais ainda* [1972]. Rio de Janeiro: Jorge Zahar, 1973.

LACAN, J. *O seminário, livro 2: O eu na teoria de Freud e na técnica da psicanálise* [1954-1955]. Versão de Marie Christine Laznik Penot. Texto estabelecido por Jacques Alain Miller. Rio de Janeiro, Jorge Zahar, 1985.

LAURENT, E. Autisme et psychose: poursuite d'un dialogue avec Robert e Rosine Lefort. *La Cause Freudienne*, Paris, n. 66, p. 105-118, 2007.

MALEVAL, J. C. *O autista e a sua voz*. Tradução e notas de Paulo Sérgio de Souza Júnior. São Paulo: Bluncher, 2107.

MALEVAL, J. C. Os autistas "ouvem muitas coisas", mas será que alucinam? *Opção Lacaniana: Revista Brasileira Internacional de Psicanálise*, São Paulo, v. 52, p. 163-172, set. 2008.

MALEVAL, J. C. Por que a hipótese de uma estrutura autística? *Opção Lacaniana: Revista Brasileira Internacional de Psicanálise: Nova Série*, ano 6, n. 18, nov. 2015. Disponível em: <http://bit.ly/3abN8jt>. Acesso em: 15 ago. 2018.

MILLER, J.-A. La matrice du traitement de l´enfant au loup. *La Cause Freudienne*, Paris: Navarim, Seiul, n. 66, p. 141-151, 2007.

MILLER, J.-A. *Perspectivas do Seminário 23 de Lacan: o sinthoma*. Rio de Janeiro: Zahar, 2010.

STEVENS, A. Aux limites du lien social, les autismes. *Les Feuiliets du Courtil*, Leers-Nord, v. 29, p. 9-28, jan. 2008.

WILLIAMS, D. Meu *mundo misterioso*. Brasília: Thesaurus, 2012.

"Já não creio mais em minha psicótica": o lugar da psicose ordinária na nosologia lacaniana

Antônio Teixeira

É preciso que a pesquisa da verdade seja ela mesma verdadeira; a pesquisa verdadeira é a verdade despontada cujos membros dispersos se reúnem no resultado.

Marx *apud* Perec, 1965[1]

Ao tentar dimensionar, retroativamente, os efeitos gerados pela introdução, em 1997, do termo "psicose ordinária" no terreno de nossa conceitografia clínica, achei que deveria recorrer a um sismógrafo. Pois embora nossas teorizações pareçam se apoiar, via de regra, numa base consensual relativa ao modo de construção do objeto sobre o qual operamos, há momentos em que a própria consideração desse construto exige, paradoxalmente, que nos desfaçamos de nosso chão teórico. São momentos de instabilidade em que aspectos determinantes do objeto, antes refletido na construção da teoria, passam repentinamente a se fazer notar nas fendas e rachaduras de sua edificação. Elementos até então dotados de intensidade existencial mínima adquirem valor inesperado e progressivamente se impõem ao nosso pensamento, mas ao modo de um desencaixe. Não há como considerá-los sem nos desfazer dos moldes habituais de nossos conceitos.

Mas é um erro supor que esse objeto, agora desarmônico, estivesse presente de forma inerte no horizonte de nosso pensamento. O que se

[1] Observações a propósito da recente instrução prussiana sobre a censura.

revela, nas rachaduras da teoria, vai além de uma insuficiência contingente da doutrina ou de um erro textual passível de correção. Trata-se de algo que antes se produz entre o texto e o contexto, entre a doutrina e o campo de ação, entre o pensamento textual do objeto e a determinação contextual de sua colocação no interior de uma prática discursiva. Para medir o nível de reverberação gerado no campo doutrinal pela consideração do objeto dissonante, precisamos determinar o contexto crítico de sua ocorrência. Necessitamos localizar, minimamente, o elemento ou conjunto de elementos cuja consideração impôs uma subversão em nossa maneira de pensar a clínica da psicose, no momento de introdução do termo "psicose ordinária". O que se passava, então, por ocasião do surgimento desse termo, no campo de interseção da prática com a teoria? Sobre que tipo de situação o psicanalista passou a intervir?

Nossa hipótese inicial é que esse momento seria tributário de uma situação determinada, política e socialmente, pela participação crescente de profissionais marcados pela orientação psicanalítica nos serviços de atendimento em saúde mental. Essa presença do psicanalista nos serviços de atendimento estaria articulada, por sua vez, a uma mudança nas relações entre saber e poder no campo da psiquiatria clínica, em razão de uma importante alteração das políticas públicas de prestação de atendimento. Tal mudança se deve à substituição progressiva do modelo de atendimento hospitalocêntrico do sofrimento mental por uma política de transferência de atendimento psiquiátrico para os serviços abertos, com toda uma série de consequências que não poderíamos abordar em toda sua extensão.

Dessa série de consequências caberia, todavia, destacar aquelas que foram determinantes para a convocação da psicanálise nos serviços de atendimento mental, por motivos que dizem respeito aos modos de organização das relações entre saber e poder. Poderíamos, decerto, colocar no rol das causas dessa mudança os efeitos, aparentemente contingentes, de certa proletarização contemporânea do psicanalista, progressivamente obrigado a sair dos consultórios particulares e a frequentar os serviços de atendimento público, muitas vezes por mera questão de sobrevivência. Mas não cremos que essa determinação econômico-social, a despeito de toda sua relevância prática, seja o aspecto mais importante de nosso problema. Julgamos, na verdade, que a psicanálise se viu convocada a responder a novos problemas gerados pela reorganização das relações entre saber e poder no campo de atendimento ao sofrimento mental. Isso se deu à medida que, com a substituição do enfoque hospitalar do tratamento psiquiátrico pela predominância do seu cuidado em serviços abertos, passamos de uma experimentação controlada da abordagem do padecimento mental, cuja metodologia poderia seguir parâmetros codificados, a uma experiência de atendimento em que a orientação somente pode ser concebida no momento mesmo em que ela se apresenta. Trata-se de uma conjectura que merece exame, a se considerar, conforme apontamos em outro estudo, que o surgimento do pensamento científico moderno, do qual o saber psiquiátrico seria, de certo modo, um dos herdeiros contemporâneos, somente foi possível a partir da constituição de campos de experimentação controlada.[2]

Distintamente do saber pré-científico, constituído a partir de formulações imprecisas retiradas da observação espontânea dos fenômenos naturais, o saber científico moderno veio instaurar o laboratório como lugar propício à observação controlada dos fenômenos, mediante métodos de experimentação realizada em condições artificiais. Do laboratório científico são eliminadas as variáveis que não interessam ao estudo, assim como eventuais alterações de suas condições ambientais: a experimentação deve ser realizada, conforme se diz nos manuais de física, em condições ideais de temperatura e pressão (CITP). Sendo própria ao saber científico moderno a formulação de leis universais relativas ao campo de sua aplicação, tal procedimento requer a codificação de métodos tipificáveis necessários à prática da experimentação controlada. É, pois, no interior desse mesmo propósito que a ciência se alia à tecnologia, dela se servindo como instrumento de precisão, produção e verificação dos efeitos mensuráveis e codificáveis, como é o caso, por exemplo, dos estudos de relação entre a dose e o efeito terapêutico na avaliação da eficácia de um medicamento psiquiátrico.

Podemos, portanto, afirmar que o atendimento hospitalar do sofrimento mental de certo modo se apoia na ideia da experimentação controlada, segundo uma espécie de concepção laboratorial do tratamento psíquico. Do laboratório hospitalar são efetivamente eliminadas as variáveis não controláveis da vida do indivíduo, tais como a visita indesejável de um parente, o possível encontro com o traficante ou com a prostituta, a exposição a bebidas alcoólicas, a cenas de violência etc. Tal isolamento permite a aplicação de procedimentos codificáveis relativos aos horários da medicação, aos encontros com o terapeuta, à mensuração do tempo

[2] Cf., a esse respeito, a transcrição de minha conferência sobre "A prudência do psicanalista", em Santos (2012).

do sono, do volume da alimentação, do comportamento adaptado, e daí por diante. Mas quando passamos do meio hospitalar ao serviço aberto, as variáveis não controláveis aparecem na mesma medida em que perdem eficácia os procedimentos codificáveis. Por mais que se possam prever, aproximativamente, as situações com as quais o paciente terá de lidar, não há meios de se saber como ele irá reagir ao encontro com o contingente. E, quando se trata, por exemplo, de uma visita domiciliar, nesse momento o laboratório se desfaz por completo. Caberá ao terapeuta encontrar, na observação imediata da situação clínica, o recurso do qual ele dispõe para produzir uma intervenção eficaz.

A própria noção de método, herdada do discurso da ciência, parece perder aqui sua pertinência, porém ao risco de substituir o raciocínio dedutivo pela intuição espontânea. Tal problema nos interessa, pois acreditamos que elemento contextual cuja consideração produziu os fenômenos de desencaixe conceitual, acima evocados, na teoria clínica da psicose, diga respeito às questões metodológicas suscitadas por esse tipo de situação. Interessa-nos, sobretudo, entender como se pode acolher, nas instituições abertas, a solução singular imprevisível, não codificada nos saberes protocolares. Pois é preciso entender por que insistimos em falar de uma metodologia articulada ao ato clínico, quando o que conta, nessa experiência, parece exigir a demissão de toda metodologia. Senão, que sentido haveria em propor um método em relação ao elemento que não se deixa enquadrar nos protocolos científicos mais elementares?

Responderíamos dizendo que a despeito de nosso interesse pelo elemento não tipificável do caso único, da singularidade irreprodutível que se apresenta em cada solução subjetiva, nem por isso deixamos de procurar os elementos invariantes do caso singular, segundo um método que essa busca exige. Importa-nos indicar, para além da inclusão do sujeito nas classes determinadas pelos saberes diagnósticos, o elemento invariante relativo à sua posição de gozo, do qual Freud frequentemente extraía, como sabemos, a própria nomeação do caso clínico. Sintagmas tais como "o homem dos ratos", "o homem dos lobos", "a jovem homossexual", "a bela açougueira" nada mais são do que nomeações que indicam, nos modos singulares de encaminhamento pulsional, o elemento invariante que se repete na história de cada um.

Vale notar que se do ponto de vista da clínica dita estrutural o sujeito é formalmente concebível como efeito das leis simbólicas que o determinam, o ser falante, diversamente, não se deixa calcular no nível desse investimento pulsional em que localizamos o elemento invariante. Quando nos perguntamos por que um elemento significante, e não outro, recebe uma carga mais intensa de interesse libidinal, o determinismo da estrutura não mais nos responde. Somos remetidos à contingência de cada história particular, relativa à incidência menos formal do que eminentemente corporal do significante.[3] Nenhum saber prévio nos permite antecipar o efeito semântico do significante ao qual a libido vai se ligar. Trata-se de um aspecto que nos interessa particularmente, pois sua consideração clínica se reflete justamente nos efeitos de desencaixe teórico gerados pela introdução do termo "psicose ordinária" no campo de nossa prática.

Antes de examinar, porém, esse desencaixe, é preciso lembrar que, em determinado momento, a teoria clínica da psicanálise parecia de fato se encaixar no paradigma estrutural herdado pela linguística de Saussure e de Jakobson e pela antropologia de Lévi-Strauss. Mais do que se encaixar, a psicanálise de orientação lacaniana vinha majestosamente coroar a promessa estruturalista de transferir, para o campo das humanidades, o rigor que a ciência moderna, em sua fundação galileana, havia conseguido produzir, no campo da física. Ao incorporar a orientação epistemológica do estruturalismo, a psicanálise de orientação lacaniana se distinguiu das demais leituras freudianas em razão de um rigor conceitual contrário aos modos intuitivos de teorização. No momento em que a psicanálise parecia se perder numa pluralidade de discursos opinativos sobre diagnósticos e tipos clínicos, para minha geração, nascida no início dos anos 1960, foi uma surpresa encontrar, ao ler Lacan, uma teoria dotada de elementos que nos habilitava a distinguir neurose, perversão e psicose no enquadre de uma nosologia austera e precisa. Tínhamos ali um enfoque totalmente distinto das abordagens anteriores, nas quais as estruturas diagnósticas pareciam se borrar no asilo de ignorância representado pelos assim chamados casos-limites. Pela primeira vez podíamos nos referir a uma doutrina que nos fornecia enquadres conceituais articulados em algoritmos e fórmulas literais. A exigência de rigor epistemológico era, aliás, tão forte que chegava a pesar, naquele período, um certo vexame sobre o psicanalista que não fosse capaz de diagnosticar uma estrutura clínica.

Apesar, contudo, do grande valor epistêmico da perspectiva estruturalista, algo parecia desmentir a rigidez desses enquadres conceituais. Notava-se não somente que as falhas nas definições diagnósticas eram muito mais comuns do que se pensava, como também que isso não se devia meramente à incompetência técnica ou teórica deste ou daquele psicanalista.

[3] Leia-se, a respeito da contingência relativa ao fator libidinal: Miller (1998, p. 68).

A clínica nos mostra haver soluções psicóticas que funcionam tão bem ou melhor do que a clássica metáfora paterna, em situações nas quais é frequentemente difícil distingui-las. Mas existe, para além dessas questões contingentes, um fator contextual específico que se manifestaria, progressivamente, nas rachaduras do edifício estruturalista, impondo sua modificação. Esse fator diz respeito, em nosso entender, ao próprio modo de intervenção adotado pela psicanálise nas articulações entre a orientação teórica e a prática clínica, condizente com seu esforço de dimensionar a determinação política dessas relações.

A psicanálise, vale repetir, não é indiferente ao problema da hierarquia que habita as relações entre saber e poder, no que diz respeito à questão da autoridade clínica. Se a entrada do psicanalista nas instituições é contemporânea da substituição progressiva do modelo hospitalar pelo programa de atendimento em serviços abertos, é porque a psicanálise a seu modo responde, conforme dizíamos anteriormente, ao impasse metodológico gerado pela introdução de variáveis não codificadas no atendimento ao sofrimento mental. Sabemos, além do mais, que essa mudança na política de atendimento se viu acompanhada pela perda progressiva da autoridade médica, nos serviços abertos, seguida de um acréscimo, a olhos vistos, do poder dado ao gestor. Com o declínio da autoridade médica, abriu-se espaço a uma verdadeira disputa de poder travada pelas diversas especialidades terapêuticas na condução do tratamento. Nesse contexto, toda a questão da interdisciplinaridade incensada em nosso tempo pelos poderes administrativos vincula-se mais ao esforço de codificar a lista dos procedimentos institucionais dotados de algum resultado contábil, do que de reconhecer a coerência do paradigma teórico que os orienta. Mas o que particulariza a presença do psicanalista, nesse contexto de interdisciplinaridade institucional forçada, é que em vez de ser mais uma especialidade a entrar na disputa pelo poder entre os vários saberes, a psicanálise se propõe a desespecializar a autoridade clínica. Sua especialidade é a desespecialização: ela sustenta que a autoridade clínica realmente válida se define menos pelo saber de uma especialidade sobre determinada doença do que a partir do saber construído pelo próprio paciente, a respeito das soluções que ele mesmo encontrou.

Nesse sentido, podemos dizer que a presença do psicanalista na instituição aberta gerou uma transformação radical no próprio saber doutrinal da psicanálise, à medida que com isso se propôs reconstruir a teoria a partir da consideração clínica das soluções propostas pelo paciente. Tal transformação se atesta tanto na criação, por parte de Jacques-Alain Miller, do termo "psicose ordinária" como na grande reordenação conceitual da teoria que a introdução desse sintagma produziu.

Essa expressão, lançada ao público em 1998, surgiu ao fim de uma longa prática de conversação que teve início em 1996, com "O conciliábulo de Angers", continuou em 1997, com "A conversação de Arcachon", para findar em 1998, com "A convenção de Antibes". Trata-se de um movimento cujo começo foi um conciliábulo destinado à discussão dos efeitos de surpresa da psicose pela consideração do saber que o psicótico inventa. "Conciliábulo", como se sabe, é um termo usado para designar uma reunião de heréticos que se encontram secretamente para conspirar contra uma ordem estabelecida, que no caso seria justamente a teoria das psicoses organizada por Lacan a partir do paradigma estruturalista dos anos 1950. Nesse encontro, Jacques-Alain Miller propôs que os participantes trouxessem casos cujas manifestações não verificassem o saber teórico. Estava em questão subverter o paradigma estrutural pela discussão dos efeitos clínicos de surpresa que apontam, em sua atipicidade, para uma certa insuficiência dessa teoria, tornando necessário desestabilizar o saber psicanalítico para acolher o saber do paciente. Uma vez aberto esse campo herético, foi realizada uma segunda conversação sobre os casos inclassificáveis pela antiga teoria clínica, na qual se constatou, entre outras coisas, que tais casos eram muito mais frequentes do que se supunha. Foi somente ao fim desse percurso que se estabeleceu, ao longo de uma convenção, o novo termo destinado a estruturar outro tipo de orientação teórica.[4]

O termo "psicose ordinária" foi assim gestado no curso de uma longa prática de conversação clínica, com toda uma série de efeitos de surpresa que a distinguem de uma discussão acadêmica. Fica visível, na simplicidade dessa expressão, que se coerentemente traduzida poderia ser chamada de "psicose comum", os efeitos coloquiais de improviso e de inventividade que nela se abrigam. Trata-se de uma noção que não comporta uma definição rígida, como dirá seu próprio autor 13 anos mais tarde: ele dela se vale menos como conceito do que como palavra dotada de ressonância clínica, cuja aparição responde à necessidade de driblar justamente a rigidez conceitual de uma clínica binária que se dividia entre neurose e psicose.

Importante observar que a subversão produzida por esses três encontros sobre a abordagem da psicose comporta efeitos que em muito ultra-

[4] Eu retomo a descrição desse percurso realizada por E. Alvarenga, em conferência apresentada na Seção Biblioteca da EBP-MG.

passam uma reordenação da teoria. Tal subversão teve graves incidências para além do domínio epistêmico, chegando a atingir a própria organização política do campo psicanalítico, como se atesta na grande e traumática cisão ocorrida na Associação Mundial de Psicanálise ao longo daquele período. A linguagem utilizada para pensar a psicose não ficou imune a essa transformação, que incidiu sobre a estrutura discursiva de nossa clínica: tivemos de substituir progressivamente uma linguagem orientada por critérios conceituais formais herdados do estruturalismo por uma terminologia – e mesmo uma gramática – marcada pela prática da improvisação.

Se chamo a atenção para essa mudança, é porque pertenço, como dizia há pouco, a uma geração que adotou a orientação lacaniana por nela encontrar um rigor conceitual que a distinguia das demais leituras freudianas. Sentíamo-nos armados, não sem certa arrogância, de uma perspectiva clínica solidamente ancorada pelo conceito de metáfora paterna, cuja operação parecia retomar a elegância matemática de uma fórmula física. Falávamos de Φ ZERO, de NP ZERO, para abordar a fenomenologia da psicose, e dispúnhamos mesmo, para tratar dos efeitos de sua falência, da perspectiva topológica dos Esquemas R e I. Mas a orientação lacaniana de nossa práxis mudou, num curso marcado não somente por uma grave cisão política, como também por uma reformulação discursiva da teoria gerada pelo acolhimento da invenção psicótica. Ao introduzir, em nossa consideração clínica, o termo "psicose ordinária", vemo-nos às voltas com uma expressão totalmente distinta da exatidão dos conceitos aos quais estávamos habituados. Temos aqui uma noção de improviso, carente de delimitação semântica, cujo valor depende, no dizer de quem a formulou, mais de sua ressonância do que de seu enquadre conceitual. Trata-se, talvez, de uma expressão pertencente a um tempo em que a comunidade psicanalítica conseguiu finalmente começar a ler o Joyce de Lacan. Tempo no qual o conceito de metáfora paterna deixou de reinar como balisa central, em referência à qual se distribuíam as formas sintomais das distintas estruturas clínicas, para ser agora pensado como um caso particular de solução sintomal, destinado a manter coesas as dimensões do Real, do Simbólico e do Imaginário constitutivas de toda experiência psíquica.

O engenheiro cede, então, lugar ao *bricoleur*: no lugar dos conceitos arrimados em notações matemáticas precisas, temos de nos haver com noções ou gambiarras conceituais forjadas a partir de termos coloquiais e imprecisos. Servimo-nos cada vez menos de designações formais permanentes, tais como as notações de Φ ZERO, de metáfora do Nome-do-Pai ou de fenômenos elementares, para evocar cada vez mais os efeitos variáveis de enodamento, de contenção, ou mesmo de grampos subjetivos. A fronteira, antes nítida, entre psicose e neurose adquire agora contornos apagados e irregulares. A psicose perde sua evidência ontológica, resplandecente na discussão do caso do presidente Schreber, para ser pensada como algo sem nitidez. Ela deixa de ser o que é, manifestamente, para ser o que talvez seja quando já não mais sabemos muito bem o que é.

Quando passamos a duvidar da neurose, devemos agora suspeitar de uma psicose ordinária (Miller, 2010, p. 5 e seq.). Diante de uma neurose imprecisa, cabe considerar uma psicose velada, como no caso de fenômenos somáticos que parecem apontar para o diagnóstico de histeria, mas sem investimento narcísico eficaz do próprio corpo. Já que podemos referir o termo "psicose ordinária" a casos estabilizados de psicose, temos motivos para crer que outros arranjos distintos da metáfora paterna possam funcionar como formas de amarração ou de contenção. Por isso Jacques-Alain Miller nos convida a deixar de pensar o Nome-do-Pai como um nome próprio, para considerá-lo nos termos gramaticais de predicado ou de atributo operante.

Jacques-Alain Miller quer com isso dizer que o Nome-do-Pai opera não por sua designação nominal, mas pelo atributo que ele pode vir a ter de ordenar o mundo para determinado sujeito. Esse predicado operaria como um *make-believe* compensatório do Nome-do-Pai, capaz de manter estável um sujeito cuja psicose pode muito bem não se manifestar jamais. No lugar de conceitos e de notações exatas, uma vez mais nos vemos às voltas com termos improvisados do tipo *make-believe* (faz de conta) do Nome-do-Pai. E, logo em seguida nos deparamos com outra expressão recuperada de Lacan, ainda mais vaga do que a anterior, para pensar a insuficiência, de tonalidade variável, desses *make-believes* compensatórios. Devemos procurar, como índice sutil da psicose ordinária, uma desordem na junção íntima do sentimento de vida do sujeito.

Desordem na junção íntima do sentimento de vida do sujeito?! Que diabos será isso? É difícil precisar em primeira mão o que quer dizer tal expressão na clínica da psicose ordinária, sobretudo atendo-nos ao fato de que ela se aplica, no texto original de Lacan (1966, p. 558), não a uma psicose ordinária, como poderia ser o caso, por exemplo, do homem dos lobos, mas à psicose declarada do presidente Schreber. Lacan evoca essa desordem na junção mais íntima para pensar os efeitos de carência metafórica gerados pela ausência da significação fálica, diante da foraclusão do significante do Nome-do-Pai. Mas ao se valer dessa expressão para pensar a psicose ordinária, J.-A. Miller lhe dá um emprego diverso.

Ele antes se refere a signos mais sutis de uma disjunção manifesta por uma tripla externalidade subjetiva, a saber:

Uma externalidade social, relativa a uma impotência, por parte do sujeito em assumir uma função determinada socialmente, que por vezes se alterna pelo efeito contrário de uma identificação massiva, como se a dedicação intensiva ao trabalho operasse como um *make-believe* do NP.

Uma externalidade corporal vivida ao modo de um estranhamento do corpo que leva o sujeito a se valer de grampos artificiais, hoje banalizados na forma dos *piercings* e das tatuagens. Importante notar que, no dizer de Jacques-Alain Miller, o que distingue essa externalidade corporal dos fenômenos de histeria somente se deixa pensar em termos de tonalidade, de sorte que se na histeria essa falha se deixa localizar como menos fi (- ϕ), na psicose ela se infinitiza na superfície do corpo.

Finalmente, uma externalidade relativa ao Outro subjetivo, a qual se traduz seja como uma experiência de vacuidade, seja por uma identificação não dialetizável do sujeito ao objeto *a*, na forma do dejeto, exemplarmente verificável no caso do célebre escritor Jean Genet.

É possível notar, como traço comum aos três tipos de externalidade, que a psicose ordinária se deixa reconhecer no nível de uma falha da operação que manteria coesas as experiências de ter um corpo, uma identificação simbólica e uma função social determinada. O problema é que se definirmos o Nome-do-Pai, como propõe J.-A. Miller, na forma de um atributo ou predicado operante, ficamos sem meios para distinguir os modos de enlaçamento sintomal que se apresentam nas psicoses ordinárias, da amarração fálica vinculada à função paterna na neurose. Não se trata, em nosso entender, de uma pura questão de tonalidade, como se o Nome-do-Pai estivesse mais operante na região próxima ao centro de uma curva de Gauss. A despeito de toda linguagem coloquial do improviso que a consideração clínica do saber psicótico nos obriga a adotar, não podemos deixar de buscar uma dimensão lógica que nos permita identificar qualitativamente a presença ou não da função fálica, sem tomar como critério a pura tonalidade gradativa. Mas como pensar, então, esse critério lógico que diferencia qualitativamente as soluções da neurose e da psicose, sem cair na rigidez binária da clínica estrutural?

Lembremos, para retomar a discussão em seu nível mais elementar, que habitualmente distinguimos o enlaçamento sintomal psicótico daquele que se dá na neurose, pela constatação de que na neurose o sintoma se encontra articulado ao falo através do Nome-do-Pai. Um determinado atributo pode ser fálico não por sua propriedade intrínseca, mas tão somente em razão da possibilidade de representar algo ausente num dos lados da repartição organizada pela linguagem. Um objeto tal como um carro esportivo caro, por exemplo, é considerado fálico não pela sua presença, mas pela possibilidade de sua ausência na repartição social de sua aquisição. Será, portanto, dito fálico todo atributo cuja presença esteja simbolicamente articulada com sua ausência. Nesse mesmo sentido afirmamos que o gozo indexado ao falo pelo Nome-do-Pai tem como contrapartida os efeitos de sua subtração simbólica, articulando a satisfação pulsional à sua perda. Assim, o sintoma articulado ao falo aparece como suplência à insuficiência do pai real em vincular o gozo a sua subtração na experiência subjetiva. Mas a clínica das psicoses nos demonstra que existem outras maneiras de enlaçamento sintomal que permitem ao sujeito se defender da invasão pulsional, mesmo quando não dispõem de sua subtração articulada ao Nome-do-Pai. São casos em que o sintoma vem em suplência não ao pai real, como ocorre na solução neurótica, mas à foraclusão de sua operação simbólica, produzindo uma defesa estruturalmente distinta do recalque. A questão, portanto, é a de saber o que distingue a solução psicótica daquela atrelada ao Nome-do-Pai, ou seja, a solução psicótica em suplência ao Nome-do-Pai da solução neurótica que vem em suplência ao pai real.

Com o intuito de ter uma percepção mais concreta dessa distinção, tomaremos, a título de ilustração, um caso de solução sintomal neurótica, em que a satisfação pulsional se liga a sua subtração, ao qual oporemos um caso de solução psicótica para discutir a forma lógica que os diferencia.

O primeiro exemplo, extraído de um estudo clínico de Marcus André Vieira (2001, p. 195), é o caso do paciente João, descrito como um senhor triste de 40 anos, que diz sentir-se preso à mãe, e de modo geral às mulheres às quais sempre se submeteu. A questão, no entender de M. Vieira, não é tanto o que ele perdeu ou não teve, ele disso sempre soube e o enuncia, textualmente: faltou-lhe um pai que lhe transmitisse os instrumentos necessários para se defender. A novidade é que, num dado momento, João produz um sonho que diz mais do que ele pensa a propósito desse pai faltante. No sonho, ele se vê como um vira-lata, preso com outros cães, esperando por uma menina que viria libertá-los. Via claramente as grades que o impediam de fugir, mas via também a rua lá fora. A imagem do vira-lata preso o faz pensar em sua irmã, que cria quatro cães castrados no quarto vizinho ao seu, lembrando-lhe de como ele se sente encarcerado ao avistar, para além das grades, uma liberdade tão infinita quanto fora de seu alcance.

O espaço, porém, encerra algo a mais no sonho. A partir das associações, descobre-se que a casa do sonho situa-se numa rua em que brincava quando criança, cuja geografia era a de um espaço tanto aberto quanto fechado: de um lado, terminava num beco, no outro, numa avenida de tráfego intenso que impedia qualquer mobilidade. Mas esses espaços abertos-fechados exibem uma característica paradoxal a partir da entrada em cena do cão vira-lata. João se recorda de como os vira-latas passavam por entre as grades, na rua dos seus sonhos, e logo em seguida pensa no comportamento viralático de seu pai, que entrava e saía do apartamento onde viviam, sem dar explicações às mulheres da família. Em sua articulação fálica com o Nome-do-pai, a identificação sintomal com o cão preso pelas mulheres, que parecia significar castração e impedimento, revela-se, assim, em sua *père-version* vira-lata, como condição de fuga e de liberdade. O significante "cão" se liga tanto à ideia subtrativa de encarceramento e tristeza quanto ao sentido positivo inesperado do escape, dando acesso a um campo de gozo do qual João, até então, sentia-se alijado.

Tomemos, agora, a título de contraexemplo, a solução sintomal de uma psicose no caso do paciente Marcelo, objeto de estudo de uma dissertação de mestrado em teoria psicanalítica redigida por Ana Paula Santos (2012), de quem retomo aqui a descrição clínica. Portador de um quadro marcado por significativo rebaixamento de humor e pensamento suicida, Marcelo realizava acompanhamento psiquiátrico há dois anos, em uso regular de uma carga importante de medicação antidepressiva e neuroléptica. Nascido e criado no interior do estado, Marcelo apresentava-se como objeto da tirania do arranjo familiar, assim como dos agregados que se incluíam no grupo. Seu sofrimento era patente, exposto de forma sempre meticulosa e constante, invariavelmente marcado por situações de injustiça.

Primogênito de sete irmãos e filho de um pai com o mesmo nome, Marcelo informa que do casamento de seus pais nasceram quatro filhos, e o mais novo foi concebido através de uma das relações extraconjugais de sua mãe, que, segundo Marcelo, ocorriam constantemente. Embora o convívio de Marcelo com o pai, de mesmo nome, tenha sido breve, ele demonstra grande admiração e identificação com a figura paterna. Recorda-se tristemente da morte desse pai, vitimado por um ataque cardíaco quando estava sozinho e encontrado no dia seguinte pelo irmão.

Uma sequência numerosa de situações demonstra o quanto Marcelo se orientava por uma identificação a esse pai injustiçado. Trabalha como técnico de contabilidade, mas muda de emprego por várias vezes por se sentir vítima da atitude dos patrões, submetido a baixos salários e a carga extra de trabalho. Após casar-se e ter uma filha, constrói uma casa, porém, para sua surpresa, o casamento é desfeito por iniciativa da esposa, sem que entendesse o motivo. Passivo perante tal decisão, Marcelo se sente vítima de uma grande injustiça por não localizar as causas da separação. Vende, então, a casa, mas por valor muito abaixo do real, o que o deixa com uma sensação de ter sido mais uma vez injustiçado. Em seguida, vai morar com uma tia materna e começa a trabalhar em parceria com esta na produção de objetos artesanais. Em pouco tempo, descobre que estava sendo roubado pela tia e a própria o expulsa da casa. Retorna o mesmo sentimento de ter sido vítima de uma grande injustiça.

Não faltam, portanto, em sua história ocorrências de injustiça e vitimização cuja descrição cobriria várias páginas deste ensaio clínico. Em todas as situações se observa uma atitude passiva de sua parte, como se algo para ele funcionasse ao se deixar colocar naquela posição. É somente em 2001 que uma situação distinta poria a perder essa identificação permanente da vítima injustiçada, fazendo romper uma solução sintomal que, mal ou bem, manteve-o estabilizado durante 43 anos. Durante uma viagem para responder a uma proposta de emprego fora de sua cidade, Marcelo conta ter sido acusado por duas garotas de lhes ter dirigido gestos obscenos no ônibus. Chegando à cidade, teria sido abordado por policiais, que o conduziram a uma delegacia, onde permaneceu horas junto com outros presos. Relata que nesse momento "sofreu tudo que se pode imaginar" e, a partir de então, começou a apresentar fenômenos de alucinação auditiva e sentimentos persecutórios intensos.

Interessante notar como o pai "ausente" de João tem mais eficácia do que o pai "hiperpresente" de Marcelo na organização de uma solução sintomal. O que torna o pai vira-lata de João simbolicamente mais eficaz do que o santo pai idealizado de Marcelo é, por assim dizer, menos sua manifestação empírica do que a forma lógica da solução que seu nome sustenta. Essa forma lógica diz eminentemente respeito à coexistência de duas condições contraditórias na solução sintomal, atestando o valor da função fálica na própria presença do que foi subtraído. A saber, que na nomeação do significante "vira-lata" referido ao pai se articulam, na história de João, tanto a renúncia ao gozo do animal preso pelas mulheres quanto a liberdade insolente de gozo do cão sem dono que sai e volta quando bem quer.

Formalmente distinta é a solução encontrada por Marcelo em sua identificação idealizada com o pai injustiçado: trata-se, nesse segundo caso, de uma identificação sintomal que não suporta a contradição. Conforme vimos, Marcelo se estabilizou por 43 anos na posição de um sujeito que sofre o abuso do Outro, representado ora pelas figuras singulares da mãe que trai ou da esposa que engana, ora pelo coletivo dos irmãos que dele se aproveitam ou dos patrões que o exploram. Seja qual for o conteúdo particular de cada situação, a injustiça, da qual sempre se queixava, era o elemento invariante do sintoma capaz de enlaçá-lo ao discurso do Outro através da identificação ao sofrimento do pai. Diferentemente, no entanto, do enlaçamento sintomático de João ao pai vira-lata, no qual se conjugam a renúncia ao gozo e a permissão de gozar, a identificação de Marcelo ao pai sofredor não comporta vertentes contraditórias.

Desse fato se explica a eclosão de sua psicose no momento em que o Outro o coloca na posição não mais de vítima abusada, mas do abusador denunciado por comportamento sexual obsceno. "Abusador" é um predicado que não pode ser atribuído à classe dos sujeitos abusados. Por isso essa acusação, ocorrida durante a viagem de ônibus, desestabiliza completamente seu enlace sintomático ao Outro via identificação ao pai injustiçado, revelando a ausência de qualquer possibilidade de mediação dialética entre as duas classificações contrárias. A falência dessa solução demonstra, negativamente, a especificidade da articulação do sintoma neurótico à função fálica, evidenciando a diferença que separa essa função de todo tipo de lógica atributiva.

Por isso parece-nos equivocado conceber o Nome-do-pai como atributo ou predicado operante, visto que sua operação se encontra organicamente articulada com a função fálica. G. Morel tem razão ao insistir que existe uma diferença lógica a não se perder de vista, relativa à especificidade da função fálica, totalmente distinta de uma questão de tonalidade ou intensidade relativa ao funcionamento de um predicado operante. Pois a especificidade da função fálica é justamente o que a diferencia de toda lógica predicativa: a solução fálica comporta predicados contraditórios na exata medida em que não se deixa pensar nos termos de uma lógica atributiva. Não é possível pensar o falo no interior da lógica aristotélica de classe, estruturada gramaticalmente pela frase sujeito-cópula-predicado. Necessitamos separar o falo, como função, dos atributos predicativos de ser e ter o falo que herdamos da doutrina freudiana, pela simples constatação, a todos evidente, de que não se é fálico como se é louro ou negro. Por ser o significante que distribui as classes designadas por um predicado, o falo não fazer parte delas: ele é um distribuidor que não pertence ao conjunto dos agrupamentos que sua função permite distribuir.

Para elucidar esse ponto, G. Morel se vale de uma apresentação clínica na qual um significante, aparentemente fálico, ordena um sistema de classificação do mundo para o sujeito. Trata-se, dessa vez, do caso de uma senhora ficticiamente referida como Joseane, mas cujo nome real mantinha uma assonância com o nome de Jesus. Essa paciente descreve o início de sua crise a partir de um momento em que se vê compelida a repetir compulsivamente a frase "Joseane não é Jesus", como se tentasse esconjurar essa correspondência num episódio vivido como uma noite de certeza religiosa.

Descobrimos, ao ler esse relato clínico, que Joseane localiza no significante *mauvais* a separação entre a classe dos maus e a classe dos bons. A partir desse atributo, transmitido de geração em geração numa partilha dos sexos, ela ordenou uma classificação do mundo em que os maus – seu avô paterno, seu pai, todos os homens e sua irmã mais velha, que ela considerava como homem – se opunham aos bons – as mulheres, sua mãe e ela mesma (Morel, 1999, p. 11). Em determinado momento, quando ela adoece, a ideia de não estar bem se conjuga com o significante *mauvais*, ao qual se conecta a sensação de estar cheirando mal (*sentir mauvais*). A isso se segue a convicção de se transformar em menino, tornando-se, assim, também *mauvais*, acompanhada de uma busca delirante de sinais dessa transformação.

Interessante notar que sua psicose se desencadeia quando o nome de Jesus é introduzido. Ela precisa se haver com a representação desse indivíduo que é homem, mas ao mesmo tempo bom, fazendo emergir o significante fora de classe, desencadeado. Ao se deparar com um significante que não pode entrar nessa classificação, seu sistema ordenador fica perdido e não funciona mais, acarretando o desencadeamento da psicose. O nome "Jesus" revela, conforme se vê, a ausência de operação do significante fálico, cuja particularidade é ser dialetizável, ou seja, poder passar de um lado ao outro da repartição por não pertencer a uma lógica atributiva (Morel, 1999, p. 12). O que se inscreve, no caso de Joseane, é uma identificação atributiva que não permite a distribuição dialética das posições de gozo.

Não faltariam exemplos para demonstrar como a solução fálica assimila predicados contraditórios, demarcando-se, assim, da lógica atributiva que se apresenta nos casos de psicose ordinária. O sintoma da tosse de Dora, em que convergem tanto a identificação com a impotência do pai (ou sua subtração de gozo) quanto seu modo oral de gozo, é emblemático dessa solução. Podemos, então, sustentar, sem cair na rigidez de uma clínica binária, que existe uma forma lógica que nos habilita a diferenciar as soluções articuladas ao falo das produções sintomais que a psicose exibe. Transmitida ou não por um pai empírico, será dita fálica toda solução que encerrar uma contradição na articulação paradoxal do gozo com seu modo de subtração.

Referências

SANTOS, A. P. *A estabilização via sintoma: o invariante no singular da psicose*. Dissertação (Mestrado em Psicologia) – Faculdade de Ciências Humanas da Universidade Federal de Minas Gerais. 2012. Disponível em: <https://bit.ly/3fMsXf8>. Acesso em: 12 maio 2020.

LACAN, J. *Écrits*. Paris: Seuil, 1966.

MARX, K. Observações a propósito da recente instrução prussiana sobre a censura. *Apud* PEREC, G. *Les Choses*. Paris: Juliard, 1965.

MILLER, J.-A Efeito do retorno à psicose ordinária [2009]. *Opção Lacaniana: Revista Brasileira Internacional de Psicanálise: Nova Série*, ano 1, n. 3, 2010. Disponível em: <http://bit.ly/35U9Vx8>. Acesso em: 14 jan. 2020.

MILLER, J.-A. O osso de uma análise. *Agente: Revista da Escola Brasileira de Psicanálise–Seção Bahia*, Salvador, ano V, 1998.

MOREL, G. A função do sintoma. *Agente: Revista de Psicanálise da Escola Brasileira de Psicanálise–Seção Bahia*, Salvador, ano VI, n. 11, p. 4-27, 1999.

TEIXEIRA, A. A prudência do psicanalista. *In*: *De que real se trata na experiência psicanalítica*. Rio de Janeiro: Cia de Freud, 2012.

VIEIRA, M. A. *A* ética *da paixão*. Rio de Janeiro: Jorge Zahar, 2001.

Toxicomania e alcoolismo

Cleyton Andrade

Qual o problema do toxicômano com a droga? Qual o problema do alcoolista com o álcool? Se a toxicomania é um transtorno ou um distúrbio, é preciso fazer uma reflexão e um levantamento dos inúmeros problemas que compõem esse fenômeno que atinge um número tão grande de pessoas no mundo todo. Na contramão dessas primeiras questões, o filme *Trainspotting*, de 1996, do diretor Danny Boyle, inicia e termina com uma locução de seu protagonista, Mark Renton, no mínimo perturbadora:

> Escolha viver. Escolha um emprego. Escolha uma carreira, uma família. Escolha uma televisão enorme. Escolha lavadoras, carros, CD *players* e abridores de latas elétricos. Escolha saúde, colesterol baixo e plano dentário. Escolha uma hipoteca a juros fixos. Escolha sua primeira casa. Escolha seus amigos. Escolha roupas, esporte e malas combinando. Escolha um terno numa variedade de tecidos. Escolha fazer consertos em casa e pensar na vida no domingo de manhã. Escolha sentar-se no sofá e ficar vendo *game shows* chatos na TV comendo porcaria. Escolha apodrecer no final, beber num lar que envergonha os filhos egoístas que pôs no mundo para substituí-lo. Escolha o seu futuro. Escolha viver. Mas por que eu iria querer isso? Escolhi não viver. Escolhi outra coisa. E os motivos... não há motivos. Quem precisa de motivos quando tem heroína?

Qual o problema do toxicômano com a droga, se ele tem a droga?

Intoxicação: do modelo à categoria

O espaço plano do corpo é o cenário de um mero reencontro que anseia por uma legitimidade (Foucault, [1963] 1977). A exemplo da fisiopatologia cardiovascular em relação à clínica cardiológica, a psicopatologia distingue-se da clínica, embora adote um modelo possível como se fosse a própria essência de seu objeto de conhecimento (Bercherie, 1989). Para a psicopatologia o ataque maníaco é explicado, de um modo ou de outro, e a observação clínica, num dado momento do discurso psiquiátrico, esteve a serviço de um dogma que a antecede. O exame clínico procura os elementos distintivos entre a síndrome maníaca e as intoxicações exógenas (Bercherie, 1989), mas, antes mesmo dos achados clínicos, o que está em jogo é um modelo psicopatológico. Percorrer a história do saber psiquiátrico implica estar advertido da diferença existente entre a clínica psiquiátrica e as doutrinas psicopatológicas. Por algum tempo a clínica psiquiátrica ocupou lugar de destaque na história da psiquiatria, o que significou que o saber sobre o objeto não era uma antecipação do encontro com ele, mas algo a ser produzido dele. Não tardou para que o saber oriundo de um modelo resultasse no seu declínio. Se nenhum *a priori* é suficiente para a clínica, essa dança de posições será determinante na concepção da toxicomania para o saber psiquiátrico.

No sistema de classificação de Pinel a anatomia patológica tinha no máximo um papel secundário, apesar de a recente constituição da medicina como ciência depender, em grande medida, de um regime preciso de espacialização da doença no corpo (Foucault, [1963] 1977). O sistema de Pinel era desprovido de uma interrogação pelo elemento causal, posto que era considerado incognoscível. É somente após Bichat que o método anátomo-patológico poderá postular uma lesão local para dar um lugar explicativo para o quadro clínico. Uma racionalidade em torno da lesão como nome e substrato será decisiva no lugar do pensamento do tóxico no saber psiquiátrico.

A mente sendo uma expressão do funcionamento do cérebro traz à tona relações fundamentais entre o físico e o moral, fazendo da loucura o resultado de uma disfunção cerebral que tem causas morais, hereditariedade e causas físicas. Dentre estas últimas estão as cerebrais (pancadas, traumatismos), as simpáticas, que atingem o cérebro vindo de outras partes do corpo, as fisiológicas, além do hábito da embriaguez. Em Pinel a toxicomania é introduzida pela via do hábito da embriaguez como uma causa simpática e, portanto, física das disfunções das faculdades cerebrais. Antes de constituir uma entidade clínica e uma categoria, a toxicomania entra no saber psiquiátrico pela via das *causas*, das afecções que atingem o cérebro e são responsáveis pela loucura.

As causas morais, que são mais importantes e mais numerosas, interferem no organismo através de perturbações viscerais (paixões, alegria, cólera, medo, tristeza etc.) que desorganizavam o cérebro através das simpatias (Bercherie, 1989), incluindo a embriaguez. Vale notar que o que se descreve aqui não é uma hipótese do que causa a embriaguez. O que está em questão é o hábito da embriaguez, ele mesmo, como uma causa física simpática relacionada às causas morais da alienação mental. A embriaguez porta a curiosa plasticidade de ocupar um lugar tanto entre as causas físicas quanto entre as causas morais da loucura.

"Uma afecção viva, ou, para falar em termos mais gerais, um *estimulante qualquer* atua fortemente sobre o centro das forças epigástricas e produz ali uma comoção profunda [...] logo depois excita-se uma reação geral mais ou menos intensa" (Pinel *apud* Bercherie, 1989, p. 40). Antes de qualquer modelo explicativo da toxicomania, havia um regime de inteligibilidade da loucura que esperava pela legitimidade frente à loucura, de causas e tratamento morais, e a exigência de um postulado organicista. Nesse sentido, se não a toxicomania, ao menos o tóxico, a toxicidade ou a intoxicação parecem responder bem a esse modelo.

Ao mesmo tempo que a intoxicação e o uso abusivo de substâncias acenavam como uma resposta a um discurso de filiação científica, o mesmo uso de drogas foi se tornando cada vez mais objeto de um discurso moral, muito em função desse lugar impreciso e claudicante junto ao discurso médico. Étienne-Jean Georget fornece o que talvez seja a primeira descrição mais clara que evidencia o papel da intoxicação como um dos elementos lesionais do cérebro (Bercherie, 1989). No delírio agudo, uma de suas três grandes classes, os distúrbios simpáticos são oriundos de outro órgão, de um dano cerebral ou, enfim, sinal de uma intoxicação maior decorrente do uso de álcool, ópio etc.

O discurso psiquiátrico soube criar um espaço inteligível para as causas que preparam e desencadeiam a loucura, tirando-as da opacidade especulativa para colocá-las no centro de um modelo. Só não sabiam ainda definir e demonstrar seu substrato imediato, sua patogenia. Nesse espaço a ser ocupado, a intoxicação, antes de ser a categoria da toxicomania, ofereceu-se como um dos estandartes do ideal da patogenia.

Não demorou muito para que somatistas alemães e Moreau de Tours procurassem promover uma aproximação entre o delírio agudo das doenças somáticas e das intoxicações com o delírio crônico da loucura (Bercherie, 1989). Mais do que atentarmos para similitudes ou distanciamentos, o que pode ser destacado é que esse movimento tomou como referência algumas manifestações conhecidas e aparentemente objetivas. Nesse caso, o delírio das intoxicações passou a ser tomado como modelo para conhecer o que ainda se apresentava como opaco. A clareza da relação de um delírio com sua causa material, a intoxicação, é elevada à condição de modelo que redistribui luz para as demais obscuridades patogênicas dos delírios.

Há em Moreau de Tours uma forte tendência a fazer da droga uma via de exploração da patogenia mental, em virtude da ausência de critérios de verdade que deixam os fenômenos da loucura relegados a uma nebulosa metafísica (Santiago, 2017). Para ele, a droga é tanto um meio privilegiado de exploração e pesquisa, tal como a hipnose foi para Charcot, quanto uma verdade velada do fenômeno fundamental do delírio. Além de uma "tendência a conceber a droga como fonte de conhecimento da loucura; a própria toxicomania está prestes a ser isolada como entidade clínica autônoma" (Santiago, 2017, p. 82). A despeito do abalo sentido sobre as monomanias, Moreau de Tours ergue a intoxicação como modelo para clarear a patogenia do delírio e se vale da monomania para pensar tal relação. Esse acaba por se tornar um dos raros exemplos em que podemos verificar uma clara herança das monomanias, expresso na sua própria denominação: *toxicomania* (Santiago, 2017). Esta, de um modo ou de outro, encontra uma de suas bases numa discussão a respeito da mania aplicada ao problema dos atos impulsivos (Santiago, 2017).

Entre as entidades mórbidas de Morel, a segunda classe é exatamente a das loucuras por intoxicação, separadas das loucuras simpáticas. A sistematização da degenerescência hereditária parece ter preenchido suficientemente a expectativa de uma patogenia, a ponto de desalojar as intoxicações como afecções do cérebro, que foram deslocadas para as entidades mórbidas. Mais do que com Moreau de Tours, é com Morel que as intoxicações ganham destaque enquanto entidade nosológica distinta das loucuras simpáticas.

Embora a toxicomania já passasse a ser uma categoria, mesmo que com outros nomes, o modelo neurológico da doutrina das localizações não abandonou a ideia de uma etiologia *tóxica* para as doenças mentais. Ou seja, a categoria nosológica da toxicomania não elimina a inteligibilidade do modelo *tóxico*, mesmo que este deixe de ser também exógeno para ser somente endógeno. A toxicomania só pôde ser uma categoria quando o discurso psiquiátrico reuniu elementos suficientes para distinguir satisfatoriamente as duas abordagens do elemento tóxico: uma exógena, decorrente de uma observação empírica e enunciável pela linguagem, e outra enquanto integrante de um modelo de racionalidade etiológica das doenças mentais. Se havia uma potencialidade plástica do *tóxico* e da *intoxicação* para oscilarem entre o plano etiológico e o nosológico, a toxicomania, mais especificamente, repousará apenas no solo da nosologia.

A conduta como critério diagnóstico

Na publicação da quinta edição do *Manual de psiquiatria*, Henry Ey, Paul Bernard e Charles Brisset afirmam que nenhum outro tópico foi mais modificado nas suas redações, desde sua publicação, em 1960, do que o tópico a respeito da toxicomania. Esse é um modo de ilustrar as transformações sofridas tanto pelo fenômeno da toxicomania no mundo quanto no modo como os discursos o abordam. Para eles, a toxicomania passou a ser um fenômeno de massa nos Estados Unidos e na Europa, deixando de ser um problema histórico de povos e países distantes da realidade imediata da Europa. Tal fato transformou as condições do próprio problema da toxicomania. A psiquiatria teve de passar a contemplar mais detidamente as influências de fatores sociais sobre a patologia mental, bem como seus limites.

"A conduta toxicomaníaca constitui uma perversão que satisfaz completamente sua necessidade (busca do prazer, fuga do sofrimento) pela absorção habitual e imperiosa" (Ey; Bernard; Brisset, 1988, p. 395) da droga. O efeito da atenção voltada às influências sociais é acompanhado da inclusão de outra entidade psicopatológica: a perversão. Em vez de a toxicomania ser pensada a partir dela mesma, e das interações, inclusive discursivas, de sua relação com o Outro social, recorreu-se a outra nosografia para auxiliar a compreensão do fenômeno. É como se a conclusão se desse por deslocamento: o problema do toxicômano é sua conduta, e esta decorre do fato de ele ser perverso. Mesmo quando não afirma que é um perverso, é a semântica da perversão que serve de gramática para a inteligibilidade psiquiátrica do século XX, sobretudo aquela que ainda procura conservar um diálogo conceitual com a doutrina psicanalítica. Em suma, a perversão passa a assumir um protagonismo para essa tradição psiquiátrica, como um conceito que oferece coordenadas para o entendimento da toxicomania tomada como um fenômeno inscrito no campo social. Não ser considerada mais como uma patologia mental restrita à constituição individual, mas atravessada pelos processos de socialização, pagou o preço semântico de uma perversão.

Nessa direção ela é aproximada das perversões sexuais em função do entendimento de que se trata de uma regressão a um prazer parcial. Tratar-se-ia de uma conduta específica, do tipo perverso, que constituiria uma regressão instintivo-afetiva, sendo um verdadeiro e profundo desequilíbrio na integração das pulsões (Ey; Bernard; Brisset, 1988, p. 395). Inicialmente, a tradição inglesa da psicanálise, que depois foi seguida por outras, ganhou notoriedade muito em função de uma teoria dos objetos parciais que seriam integrados ou reintegrados em um subsequente desenvolvimento normal. A parcialidade dos objetos seria uma condição de sua precariedade. Ela representaria, então, um estágio anterior, incompleto, em relação ao seu pleno desenvolvimento. Daí a ideia de estar ligada ao infantilismo, que tenderia, em situações normais, a chegar ao amadurecimento. A leitura de Ey, Bernard e Brisset (1988) a respeito do prazer parcial e regressivo do toxicômano é representativo de um pensamento predominante nessa tradição psicanalítica. Esse modelo permite conceber a toxicomania inserida num funcionamento regressivo e consequentemente perverso, em função do que é chamado de desequilíbrio na integração das pulsões. Como se, de fato, houvesse uma integração pulsional. É importante insistir que uma concepção de toxicomania apoiada na imaturidade das relações de objeto, numa regressão à sua parcialidade e no desequilíbrio da integração das pulsões é partidária de uma racionalidade evolutiva, formadora de sínteses e harmoniosa na composição de uma sonhada unidade de um Eu saudável.

A perversão é o núcleo que estrutura o pensamento psiquiátrico não apenas de Henry Ey, Paul Bernard e Charles Brisset. Contudo, eles se deparam com a dificuldade dessa relação ao se referirem à própria população de toxicômanos, levando em conta que, como eles mesmos admitem, não se restringe a pequenos grupos. Trata-se de um fenômeno de massa. Seria difícil sustentar que todos os toxicômanos são perversos. Como saída, é estabelecida uma relação entre o uso da droga e tendências psicóticas (Ey; Bernard; Brisset, 1988, p. 401), além de se apontar para a importância das influências do grupo. Nesses casos, o grupo teria predominância em relação à substância. Neles se verificaria uma busca de amparo para uma angústia, uma tendência à transgressão como modo de destacar sua conduta, o que acabaria comprometendo as possibilidades terapêuticas e a adesão ao tratamento. Como consequência dessa concepção, é sugerido que o tratamento dos toxicômanos seja preferencialmente em grupo. Ou seja, a proposta de uma terapia grupal, nesse caso, sustenta-se na premissa de que o grupo teria maior influência do que a própria droga. E por fim, haveria aqueles que se tornariam verdadeiros perversos toxicômanos, "regredindo sem sentimento de culpa" (Ey; Bernard; Brisset, 1988, p. 402) e buscando satisfação imediata.

Em virtude da inclusão das grandes populações como uma variável de destaque e da preponderância do grupo, é agregada a perspectiva de um tratamento grupal com métodos coletivos numa clara correspondência com os comportamentos de intoxicação em grupo; ao mesmo tempo que se frisa a relevância do procedimento clássico da desintoxicação (Ey; Bernard; Brisset, 1988). Há uma confusão com o que se busca desintoxicar: o corpo, a droga ou o grupo? É mantida uma coerência interna entre grupo e substância, o que parece indicar, indiretamente, que a teorização acerca dos objetos parciais, satisfação parcial, regressão, perversão não incluem seus respectivos procedimentos clínicos, sendo, praticamente, apenas descritivos. Não há uma clínica que se extraia da avaliação diagnóstica de que se trata de objetos parciais, satisfações parciais, perversão etc. Apesar dessa avaliação diagnóstica, a abordagem do tratamento se concentra nas terapias em grupo, devido à influência dos grupos e na desintoxicação, por se tratar de uma substância psicoativa.

Eles prescrevem os princípios clássicos da desintoxicação: a) nunca deve ocorrer no domicílio, mas em internações prolongadas, com regras estritas de isolamento e controle, inclusive com revistas nos visitantes; b) a privação deve ser rápida, mesmo que assessorada pelo suporte médico e medicamentoso; c) a psicoterapia – procedimento que recebe diretamente os efeitos tanto da desintoxicação propriamente dita quanto das dificuldades comportamentais desses pacientes, que, por sua vez, podem dificultar a desintoxicação (Ey; Bernard; Brisset, 1988). Novamente a conduta dos toxicômanos assume a cena central do olhar que é direcionado a eles. São transgressores, e por isso dificultam o tratamento. O que reforça a íntima relação com os chamados *distúrbios de personalidade*. Ou seja, as dificuldades no manejo com os toxicômanos em vez de resultarem numa interrogação clínica sobre a posição do analista frente a esses casos, reforça o imaginário social em torno da perversão e dos distúrbios de personalidade. Nesse sentido, corre-se o risco de se tornarem mais julgamentos morais do que avaliações clínicas.

Os índices passam a ser a presença ou ausência de culpa e culpabilidade, bem como o sentimento de angústia. A presença destes, após a desintoxicação, seria indicativa de um bom prognóstico para a psicoterapia, que teria o objetivo de "equilibrar seus conflitos e escapar da recidiva" (Ey; Bernard; Brisset, 1988, p. 402). Por outro lado, a ausência deles, seria entendida como um prognóstico negativo, tornando a psicoterapia uma alternativa ineficaz, exigindo medidas extremas consideradas mais eficazes. Nesse caso, seriam indicadas longas internações. Um pensamento que até hoje contribui para a persistência da representação social da internação como sinônimo de tratamento eficaz e resolutivo para a toxicomania e alcoolismo.

Vale ressaltar que todos esses procedimentos estão incluídos como etapas do tratamento de desintoxicação, inclusive a psicoterapia, significando que o tratamento da toxicomania é entendido, em grande medida, como uma sobreposição, um desdobramento, ou mesmo equivalência com a noção de desintoxicação e privação. Tratar, nessa perspectiva, é internar, desintoxicar, privar da droga. Seria o sinônimo da ausência total da substância, a imagem de um corpo limpo.

Na psicanálise

Em grande parte, a psiquiatria se ocupou da noção empírica de intoxicação tentando descrever os efeitos de algo cujo conceito ela mesma não formulou. Isso dificultou sua apreensão enquanto dado clínico. Por exemplo, ao descrever as ações da substância tóxica sobre o organismo, a psiquiatria acabou dando um tratamento insuficiente e precário àquilo que Lacan chamará de gozo. Esse conceito permaneceu fora do discurso e da psicopatologia da psiquiatria. Isso anuncia o quanto, para pensar a toxicomania em Freud e Lacan, será necessária uma composição maior do que a junção da substância com o organismo. Esta deverá implicar também o corpo, o sujeito, a linguagem e efeitos de discurso. A toxicomania em Freud e em Lacan precisará ser pensada de modo distinto do empirismo classificatório dos efeitos tóxicos sobre um organismo.

De modo semelhante, precisará haver um deslocamento das questões acerca da patogenia e de uma semiologia da vontade e da psicomotricidade, uma vez que a noção de impulso perderá o foco para dar lugar à concepção de um fazer metódico do sujeito com a droga. Se a impulsividade tem seu lugar no espaço clínico de um caso, ela própria não responde ao que se encontra em jogo numa toxicomania. Ninguém se torna toxicômano em decorrência de atos impulsivos, mas sim de um fazer sistemático (Freda, 1993). A força da pulsão e sua exigência de apaziguamento, bem como uma solução de ruptura, não se sustentariam sobre as bases de uma impulsividade. Tal como a questão da patogenia ou da etiologia das doenças mentais, que esperava encontrar no tóxico sua verdade material e formal, a questão será recolocada por Lacan em termos de uma verdade como causa.

Freud é sensível ao trabalho operado pela linguagem sobre a droga, o que determina uma ruptura com a percepção de que a toxicomania decorre apenas dos efeitos tóxicos da substância sobre o organismo. Charles Baudelaire (1996) e Walter Benjamin (2013) oferecem exemplos do que se pode apreender dos efeitos de sentido que escapam à ciência, ao darem testemunhos de uma experiência resultante menos da ação do tóxico, e mais do trabalho da linguagem sobre o encontro de um sujeito com a droga.

> Mas o fato de esse existir à medida que o efeito do haxixe vai enfraquecendo, tornando mais evidente a vertente depressiva, poderia eventualmente significar que afinal o reforço da dose também tem influência no caráter depressivo.
> Dupla estrutura dessa depressão: por um lado, medo, por outro, uma indecisão quanto a uma questão prática a ela ligada. Dominei essa indecisão: consegui subitamente detectar um momento muito escondido de uma tentação compulsiva, tendo assim a possibilidade de me entregar um pouco a ela com a intenção de liquidá-la (Benjamin, 2013, p. 146).

É a droga no discurso e não o tóxico no organismo que estará em questão para a psicanálise. A questão se coloca em torno de um sujeito que tem uma relação problemática com a realidade e se vale da droga numa equação que leva em conta a economia psíquica.

Nos trabalhos de Freud a respeito da cocaína, não está em questão um empreendimento de uma linguagem a serviço do saber da química para fixar algoritmos que cifrem as substâncias (Santiago, 2017) e seus efeitos. A droga, e não o tóxico, sofre outro efeito da linguagem através de um dispositivo que introduz uma racionalidade energética. O protagonismo é da energia, não da cocaína. Ela serve como o elemento material da esperança de formalizar e medir a quantidade de energia acrescida ao corpo. Em consonância com o princípio da conservação de energia, a tarefa freudiana era a tentativa de medir o aumento de energia do organismo decorrente do uso da droga (Santiago, 2017). Nesse sentido, buscava apontar que a energia vinda da cocaína exprimiria a adição excedente da quantidade energética e do trabalho feito (Santiago, 2017). Contudo, esse sonho de quantificar os efeitos da droga é abalado pela variabilidade dos sintomas subjetivos para cada pessoa, indicando que a incomensurabilidade do bem-estar do sujeito é irredutível às coordenadas de uma mensuração energética. Se essa ambição é deixada de lado, o projeto de uma termodinâmica da satisfação é mantido (Santiago, 2017).

Se há um paradigma freudiano da droga, ele não está enunciado nem explicitado de modo integral precocemente. Se, por exemplo, em 1897, Freud ([1987] 1990) diz que a masturbação é o vício primário em relação aos demais vícios, é improvável que isso descreva e resuma, de fato, o pensamento de Freud acerca da droga. Apesar de toda a força que a ideia de uma satisfação solitária exerça sobre o entendimento da toxicomania, a adesão da toxicomania ao modelo da masturbação cobra um alto pedágio. Posteriormente haverá um deslocamento para o pensamento de uma solução como saída eficaz para o encontro insuportável com o Outro sexo. E nesse caso será possível o enunciado que relaciona o vício das drogas com a masturbação enquanto um modelo de desconexão com o outro.

Nesse sentido a discussão freudiana sobre a relação entre masturbação e a toxicomania não deve vir desconectada do debate realizado entre aquela e a neurastenia, e como esta remete a uma insatisfação e um rebaixamento da função sexual e do casamento. Mediante a constatação do aumento das doenças nervosas como efeito do recrudescimento das exigências de renúncia do processo de socialização, Freud se pergunta sobre a possibilidade do casamento poder se apresentar como uma resposta satisfatória ao tema da renúncia. Ao que ele logo aponta o caráter precário e insatisfatório do ponto de vista pulsional, para a saída pela via de o matrimônio. Frente à moral sexual cultural e suas renúncias, a resposta pelo casamento fracassa (Freud, [1908] 2015). Em face da renúncia, o casamento não é feliz e não tem como sê-lo.

Vale dizer que a fórmula dessa resposta se baseia numa promessa de satisfação sexual, que, no entanto, não consegue escapar às formas imperativas e contingentes da renúncia à satisfação. Por diferentes vias e motivos o modelo do casamento se apresenta sobre um fracasso, uma vez que a promessa de satisfação encontra na decepção psíquica e na privação física destinos incontornáveis. O casamento entre dois cônjuges não está inscrito no programa da felicidade nem faz parte dos desígnios divinos de qualquer divindade nupcial. O fracasso do casamento como resposta à equação da economia pulsional teria de, em alguns casos, recorrer à infidelidade conjugal (Freud, [1909] 2015); mais uma prova da sua incapacidade compensatória. Isso resulta no encontro de dois modelos: do casamento e da masturbação. Um que se apoia na via do laço social e outro na sua ruptura. Portanto o modelo da masturbação vale mais na gramática de uma ruptura com o laço social do que da vinculação com o sexual. Tanto que é em torno do modelo do matrimônio associado à felicidade impossível e da fidelidade que encontraremos uma das principais referências freudianas à droga.

No segundo dos três textos sobre a psicologia do amor, "Sobre a mais geral degradação da vida amorosa", na terceira seção, Freud ([1912] 2018) retoma alguns comentários sobre as relações entre a economia pulsional e o casamento. Tal como em "A moral sexual cultural", Freud ([1908] 2015) diz que não há virtudes compensatórias do casamento que restituam o que foi renunciado antes dele. Bem como a liberdade sexual desde o início, não oferece um desfecho melhor ou mais adequado. Não é a repressão a responsável pela insatisfação. Até mesmo o livre fluir dos prazeres sexuais não livra o sujeito de uma inadequação em relação tanto à satisfação quanto ao objeto. Isso porque o valor psíquico do erotismo decai em função da sua facilidade (Freud, [1912] 2018).

Para que se possa intensificar a libido e o desejo, é preciso erguer obstáculos. Onde as dificuldades da realidade não forem suficientes, o sujeito erguerá outros a fim de gozar do amor (Freud, [1912] 2018). De modo análogo, a importância de uma pulsão cresce na medida em que ela se frustra. Ou seja, a busca pela satisfação engendra sua própria insatisfação. Como se a busca por algo já fosse em si mesma o arauto de uma impossibilidade do próprio princípio da busca. A procura é o sinônimo do fracasso da própria empreitada.

Por um lado, há a equação de um aumento de valor em face da frustração e dos obstáculos, além do rebaixamento valorativo em virtude das facilidades. Por outro lado, encontramos uma situação oposta em que se revelaria um modo distinto de funcionamento econômico, em que a satisfação da pulsão não implicaria o decréscimo de seu valor psíquico. Trata-se da relação do bebedor com o vinho. O vinho, o álcool, a droga sempre proporcionam a mesma satisfação tóxica. Eles não cobram dos seus consumidores o trabalho psíquico que os laços sociais e o processo de socialização exigem.

Seguindo os poetas e a literatura, Freud indica e autoriza uma aproximação entre satisfação tóxica e satisfação erótica. A referência à poesia e aos poetas introduz um pensamento que inclui a satisfação erótica como suporte para pensar a satisfação tóxica. De qualquer modo, a expressão de Freud ([1912] 2018) não é satisfação autoerótica, e sim erótica, para relacionar com a satisfação tóxica. Se a satisfação erótica do amor romântico faz com que a dificuldade eleve os atributos valorativos desse modo de satisfação e de seu objeto correspondente, a facilidade de acesso do alcoolista ao álcool não diminui a satisfação que ali encontra. Ele não precisa se transformar num herói romântico ou épico vencendo obstáculos para usufruir da satisfação almejada. Muito pelo contrário, a facilidade e o hábito reforçam os vínculos entre o sujeito e o álcool. Mais do que a dependência de um indivíduo passivo, ela inscreve na cena um sujeito que escolhe uma via de tratamento de um impasse.

Ao menos duas conclusões se impõem de imediato. A primeira nos obriga a desarticular o uso da droga e do álcool feitos pelo toxicômano e pelo alcoolista do circuito do desejo. Pois é este que inclui os obstáculos como condição mesma de sua realização. Há aí uma cota de trabalho e padecimento. Nesse caso, a droga em nada se articula ao campo do desejo, não é uma expressão deste. A rigor, não ajudaria dizer que o toxicômano deseja a droga. A segunda é que a necessidade de erguer obstáculos para a realização do desejo é um componente do uso da fantasia, sendo assim, a um só tempo, temos uma indicação de que, para Freud, a relação do sujeito com a droga não se vale das artimanhas e operações da fantasia e, por extensão, das formações do inconsciente próprias ao sintoma.

Outra consequência é que não há nenhuma razão para imputarmos uma distinção clínica ou conceitual entre álcool e droga, apoiada na separação entre objetos lícitos ou ilícitos. Se, de um lado, a ilicitude da droga para o Outro social e para o Outro da lei não é irrelevante, posto que se encontra no discurso, de outro lado também não é em si mesma um traço distintivo que confira algum predicado *a priori* ao objeto. "Acaso sabemos, sobre o bebedor, de uma necessidade de ir a um país no qual o vinho seja mais caro ou em que a fruição do vinho seja proibida, para que sua satisfação decrescente possa ser auxiliada pela interpolação dessas dificuldades? De maneira alguma" (Freud, [1912] 2018, p. 149). A ilicitude ou não do objeto pode eventualmente ganhar relevância em algum caso clínico específico, em função de fatores coadjuvantes. No que diz respeito ao regime de satisfação pulsional e à medida de evitação do encontro com a castração, a ilicitude do objeto é absolutamente irrelevante em si mesma. Isso nos autoriza a tratar tanto o álcool quanto a droga, na psicanálise, como equivalentes. As diferenças se mostrarão ocasionalmente apenas no campo do discurso e no modo como ela se insere para um determinado sujeito. Portanto, mesmo que se usem as expressões "toxicomania e alcoolismo", é igualmente aceitável dizer apenas "toxicomania" e se referir também ao alcoolismo. Isso não elimina as diferenças clínicas entre ambos, mas visa acentuar diversos pontos de convergência para a ideia de se pensar a relação do sujeito com o objeto droga/álcool.

Essa relação do sujeito com a droga em Freud é marcada, constituída e sustentada a partir de uma referência à castração e, mais propriamente, é uma forma de evitar o encontro com ela. A castração impede o gozo do casamento feliz entre cônjuges. A relação do sujeito com a droga escapa a esse encontro faltoso e a seus efeitos, livrando-se também do trabalho do inconsciente. É a narrativa de uma tentativa de cura, e não o testemunho de um adoecimento. Para Freud, a castração faz obstáculo ao gozo. É isso que está em questão no aforismo do *casamento feliz*. Não há matrimônio feliz e harmonioso entre cônjuges, porque a castração, as formações de compromisso e a fantasia que constitui uma possível cena para o desejo impedem que isso ocorra. Em suma, a castração é o impedimento para o *casamento feliz*. Este só se torna possível diante de uma relação que busque escapar do encontro com a castração. Em virtude disso o casamento entre o sujeito e a droga se torna o paradigma do uso da droga pelo toxicômano como forma privilegiada de tratamento.

Para que tudo isso se eu tenho a droga?

À fórmula do *casamento feliz* terá de ser acrescida outra, que só será possível a partir de um avanço na teoria freudiana da cultura. Será preciso pensá-la em 1930, no texto *O mal-estar na cultura* (Freud, [1930] 2010). A reconfiguração do dualismo pulsional em Freud, a partir de 1920, entre pulsão de vida e pulsão de morte expressa a necessidade de encontrar novos rumos para a potência de desligamento em relação à energia livre que caracterizava a libido. As figuras de vida e morte na teoria das pulsões respondem a um esforço de formalizar uma diferença entre a energia ligada a representações, correspondente a uma busca de síntese e integração, e uma força disruptiva de um desligamento irredutível em relação às representações. A *morte* se torna a figura privilegiada do *desligamento*. Não apenas como fim biológico do organismo, mas, sobretudo, como uma *ruptura* irredutível da unidade do Eu e das ligações entre representações. Uma tentativa de formalizar uma operação de perda e desligamento de sentidos que não se deixa reabsorver na economia psíquica. Podemos acompanhar como a temática do *casamento* começa a se configurar mais como uma retórica peculiar para falar de *ruptura* do que propriamente de um elogio a formas de ligação. Em outras palavras, o casamento não é o elogio à unidade e à união; ele é a dimensão ética em jogo na ruptura. É menos a alienação como novo nome da dependência e mais uma separação vinda de uma radical independência dos modos de vida do Outro social. O toxicômano e o alcóolatra não são os dependentes fracos de vontade, são os obstinados que se recusam a abrir mão do remédio que encontraram.

Por outro lado, a teoria das pulsões, a partir de 1920, viabiliza um conceito diferente de natureza que terá efeitos na sua teoria da cultura. Natureza não como outro ordenamento diferente da cultura, mas enquanto um ponto de opacidade dos processos de reflexão e de ausência de inscrição simbólica no interior do processo civilizatório. O retorno à natureza próprio à pulsão de morte não seria um retorno a algo exterior ou anterior à cultura. Movimento em que, a propósito, Freud não acreditava. Para ele, estamos condenados a viver na cultura, e não há alternativas quanto a isso. O retorno à natureza, pensado a partir da pulsão de morte, pode ser semelhante a um ponto de negatividade na própria cultura, ressaltando que a experiência da pulsão de morte é antes de tudo uma experiência de discurso, como nos aponta Lacan ([1969-1970] 1992) na lição de abertura do seminário *O avesso da psicanálise*.

Não há felicidade e adequação ou adaptação do sujeito na sociedade, quando sua experiência é marcada por uma potência de *desligamento* aplicada sobre tentativas de manutenção de uma coerência imaginária do Eu, das relações igualmente imaginárias com os objetos e com a tentativa de fazer destes um representante que retire o desejo de seu esvaziamento empírico. Afinal, o mal-estar do desejo se deve à sua peculiar incapacidade de se satisfazer com objetos empíricos e por sua inadequação para ser extraído de uma relação ordinária de objeto.

É em um antagonismo irremediável entre exigências da pulsão e as satisfações da civilização que a principal formulação freudiana sobre a droga surge como um remédio. A vida, tal como ela é, é árdua demais para todo ser falante. Ela traz privações, frustrações, encontros com o real, sofrimentos e desafios insolúveis. Mais urgente que obter dela uma vida de prazeres, é preciso encontrar um modo de suportá-la. Para isso, será preciso encontrar ou forjar paliativos. O cenário não é de indivíduos donos de si, em que facilmente o toxicômano poderia encarnar a imagem antagonista do homem livre. Estamos todos no mesmo barco cujo leme não é item de fábrica. E é preciso fazer alguma coisa com isso.

Para Freud existem três recursos que visam tornar a vida suportável: "poderosas diversões, que nos permitem fazer pouco de nossa miséria, gratificações substitutivas, que a diminuem, e substâncias inebriantes, que nos tornam insensíveis a ela. Algo desse gênero é imprescindível" (Freud, [1930] 2010, p. 28). Esses recursos auxiliares com função de medidas paliativas não são complementares nem alternativas suplementares. Ocupam outro lugar e são dotados de outro valor. Para Freud, são algo da ordem do imprescindível, daquilo de que não se pode abrir mão, e em nada comparável com qualquer ideia de ganho por acréscimo.

Um desses recursos é promovido pela conversão em prazer; outro, por satisfações substitutivas, que também operam com a economia pulsional pela via do sintoma. Embora não convertam em experiências prazerosas, limitam e diminuem o mal-estar. Em suma, uma via pela conversão em prazer e outra via pelo sintoma. A saída pelas drogas não está incluída nas inúmeras possibilidades e plasticidade dessas duas vias. Ela recebe de Freud um estatuto diferenciado. A radicalidade freudiana nesse ponto é incrível – ele não elege inúmeras saídas e dentre elas a da intoxicação; ele destaca apenas três que dariam conta da multiplicidade de alternativas, e dá à droga o lugar privilegiado de ser uma das três saídas (Freud, [1930] 2010). Enquanto as duas primeiras são mostras da plasticidade de respostas que o ser falante tem à sua disposição, o terceiro recurso é bem específico e nada variável: o uso de substâncias inebriantes.

Essa referência deixada por Freud descredencia a relação do uso de drogas ao tema do prazer, e ao mesmo tempo o distingue das formações sintomáticas. Para Freud, a droga que oferece um recurso para o mal-estar não é redutível à experiência de prazer, como também não é um sintoma. Se o uso de substâncias pode, num dado momento, vincular-se ao prazer eventualmente proporcionado por ela, ou, noutro caso, ser uma satisfação substitutiva, em ambos ela não passaria de uma das opções na plasticidade dos dois primeiros recursos. Isso quer dizer que a droga pode até ser usada com o intuito de extrair prazer da vida, ou ser um sintoma como forma de satisfação substitutiva na história de um sujeito. Pode-se fazer um uso recreativo da droga ou se valer dela numa formação do inconsciente. Mas tanto num caso ou noutro, ela seria apenas uma das alternativas das duas primeiras saídas apontadas por ele. Outra coisa bem diferente é compreender o lugar que a droga pode ocupar para o sujeito, não como uma das possibilidades dos dois recursos paliativos, mas sim com o valor e a incidência de ser um recurso específico, exterior e independente dos demais. É aí que se impõe o pensamento da droga no contexto não do usuário, mas do toxicômano.

Uma coisa é o cultivo de seu jardim (Voltaire), a arte, a atividade científica, os diversos sintomas que extraem sua eficácia em face da realidade, graças à ação e ao papel da fantasia. Com ou sem a droga. O artista, o cientista, o político etc. podem fazer uso da droga sem que isso altere, de fato, o cultivo do jardim, da arte, da ciência ou da política. Outra coisa é a saída pela droga que influencia o corpo sem nenhuma necessidade da intermediação da fantasia nem do prazer do qual sabe muito bem prescindir. Essa característica de influenciar o corpo sem o uso da fantasia não é meramente uma alegoria freudiana. Ela extrai todo o seu valor da estrutura de suas formulações encontradas nesse texto.

O sofrimento nos ameaça também a partir de três fontes:

> do próprio corpo, que, fadado ao declínio e à dissolução, não pode sequer dispensar a dor e o medo, como sinais de advertência; o mundo externo, que pode se abater sobre nós com forças poderosíssimas, inexoráveis, destruidoras; e por fim, das relações com outros seres humanos. O sofrimento que se origina desta fonte nós experimentamos talvez mais dolorosamente que qualquer outro (Freud, [1930] 2010, p. 31).

São três fontes, o próprio corpo, o mundo externo e as relações com outras pessoas. A tarefa de evitar o desprazer ganha vulto nessa ética formulada por Freud. Para escapar da relação com os outros ou com o mundo externo e evitar o desprazer provocado por essas fontes, o isolamento deliberado e o distanciamento ou a adesão a uma comunidade que trabalhe em prol do bem de todos têm seu alcance e eficácia parciais ou precários. Todo sofrimento é, em última instância, uma sensação, e como tal só é sentido porque há um corpo, um organismo, que possibilita e é a condição para qualquer sensação. Podemos ter uma ideia do quão precária é a saída pelo isolamento ou pela alienação numa comunidade, posto que para qualquer dessas três fontes de sofrimento é necessário que haja um corpo que sinta.

Três fontes e um único suporte que reúne as sensações possíveis: o corpo, o organismo. Daí resulta o sucesso da droga. Ela é uma substância que atua na química do organismo, produzindo não apenas prazer, nem somente uma satisfação substitutiva, mas sim um efeito anestésico, de insensibilidade. A droga se apresenta como uma saída que atua não somente numa das fontes de sofrimento, que é o próprio corpo, mas sim na fonte que torna possível qualquer sensação de sofrimento. Eis sua eficácia.

O método mais cru, ou grosseiro, porém também o mais eficaz de interferir ao mesmo tempo em todas as fontes de sofrimento é a intoxicação. Esta atua nos tecidos, sem a menor necessidade da fantasia e do sintoma, para tornar o sujeito incapaz de acolher impulsos desprazerosos. É em função de seu lugar de destaque na economia pulsional que residem seu perigo e nocividade. O status de *solução* da droga como *saída eficaz* para o mal-estar finda por ocupar grande parte da energia que poderia ser usada para a melhoria da sorte humana (Freud, [1930] 2010). A droga como *solução* não está a serviço da pulsão de vida, mas sim a serviço da potência de *desligamento*. Vale observar que uma pulsão não atua isoladamente, estando, de um modo ou de outro, amalgamada uma a outra. Pulsão de vida e pulsão de morte atuam entrelaçadas. O que faz com que uma possa contribuir para a mudança de objetivo da outra, ou mesmo possibilitar sua satisfação. É somente a partir dessa peculiaridade de interação apontada por Freud, por exemplo, no texto "Por que a guerra?" (Freud, [1932] 2010), que torna possível compreender como a satisfação da pulsão de morte pode agir como uma forma de o sujeito se autopreservar. Mostrando que, por vezes, a vida só é possível através de uma acentuada dose de retrocesso. A droga escancara que o preço para se manter vivo pode ser pago sustentando desligamentos. Portanto, a droga em Freud é um exemplo de como a pulsão de vida só se satisfaz pela via oferecida pela pulsão de morte. E vice-versa.

Isso nos permite pensar que *solução*, aqui, não tem o peso de uma invenção ou construção resultante de um trabalho de elaboração ou redução. É exatamente o contrário. É o termo escolhido por Freud para indicar uma *saída* pela via do *desligamento*, pela fuga, pela evitação. A solução frente ao mal-estar não é um tratamento resultante do trabalho em torno do mal-estar, mas sim o efeito de uma fuga, um desligamento, ou, se preferirmos um termo lacaniano, uma *ruptura*. Em resumo, para Freud, a droga é a *solução* como *ruptura* mais eficaz para o mal-estar na civilização. Sua solução é o desligamento, daí advém o seu sucesso, o seu perigo e a sua nocividade. A droga é *Sorgenbrecher*, diz Freud ([1930] 2010), *um quebrador de preocupações* que permite a independência do mundo externo. Essa virtude disruptiva será elevada ao seu valor preciso na fórmula lacaniana da droga em 1975.

Toxicomania lacaniana

A trajetória de um pensamento lacaniano sobre a droga e a toxicomania é longo, iniciando-se já no final da década de 1930, desde "Os complexos familiares na formação do indivíduo" (Lacan, [1938] 2003), passando pelo "O lugar da psicanálise na medicina" (Lacan, [1966] 2001) na figura do *dealer*, indo até uma intervenção numa jornada de Cartéis em 1975 (Lacan, [1975] [s.d]). Nos anos 1930 é possível encontrar uma categoria clínica da toxicomania em Lacan, embora esta não se mantenha ao longo de sua obra. No texto "Os complexos familiares", de 1938, ele fala de complexo de desmame, terminologia que é estranha ao meio lacaniano e se tornará extinta de sua obra depois disso. Contudo, *desmame* é o nome daquilo que deixa no psiquismo a marca de uma *ruptura* (Lacan, [1938] 2003). Apesar do uso de vocábulos e noções que tenderão ao abandono, sem falar na relação entre toxicomania e objeto oral presentes na teorização psicanalítica da época, há uma inteligibilidade em torno de mal-estares primordiais convergentes a uma mesma causa (Lacan, [1938] 2003). Em todos eles, é possível encontrar uma adaptação insuficiente a essa ruptura. A compreensão daquilo que ele chama de recusa do desmame se traduz na imago da relação de amamentação que tal recusa procura restabelecer. Ou seja, há uma ruptura, o desmame, que se tenta recusar, através de uma restituição. É nesse solo reparador que a toxicomania oral repousa. Portanto, uma trajetória possível de extrair do texto de Lacan da década de 1930 à de 1970, em torno do tema, incide no mínimo em duas passagens: a) da categoria de toxicomania ([1938] 2003) ao conceito da droga ([1975] 2003); b) da ruptura a ser restaurada ([1938] 2003) à ruptura como operação realizada pela droga ([1975] 2003). A droga deixa de ser sutura para ser ruptura.

Podemos reiterar uma discussão iniciada em outro capítulo do primeiro volume do *Psicopatologia lacaniana* (Teixeira; Caldas, 2017): como passar de uma abordagem compreensiva da droga para uma abordagem estrutural do significante? Como pensar a droga no contexto da ordem simbólica e realizar um rebaixamento do valor dado ao sentido? Reduzir a inflação do imaginário social da droga requer a inclusão da estrutura como condição de formalização teórica não psicológica e não naturalista do sujeito. A interrogação a respeito da normalidade ou patologia do uso de drogas não pode incidir nem unicamente nos atributos químicos da droga nem numa identidade moralmente desviante daquele que a usa. Como a estrutura condiciona uma racionalidade que não se restringe a um conjunto de regras intercambiáveis, ela exige uma concepção vazia de normas preestabelecidas, posto que cada lugar na estrutura não porta um valor em si nem *a priori*, sendo a rigor, relacional. Ou seja, cada elemento só pode ser pensado em relação a outro elemento. Por isso as regras de conduta da maternidade não são suficientes para dizer a uma mulher como ser mãe. Nem a experiência da maternidade anterior a prepara para a relação com o próximo filho. Uma mãe nem é a mesma para dois filhos diferentes. É somente "*em relação a*" que esse lugar e função serão constituídos. De modo análogo deve-se pensar a toxicomania a partir da estrutura. Nem a química da droga nem uma qualidade atribuída ao indivíduo podem produzir enunciados constatativos acerca da toxicomania. É necessário escutar o *modo de relação* do sujeito com a droga.

O mesmo raciocínio vale para o corpo na toxicomania. O corpo é, sem dúvida, imprescindível para esse fenômeno, não havendo toxicômano sem corpo nem uso de drogas que prescinda deste. Então, o que significa pensá-lo não apenas como extensão empírica, redutível a um organismo sobre o qual a química da substância opera? Remeto-os ao capítulo sobre o *afeto* no primeiro volume do *Psicopatologia lacaniana*. "Foi mais forte que eu" ali não se referia à fala de um alcoolista, mas bem que poderia. "Não pude evitar a bebida... foi mais forte que eu", poderia dizer. A pulsão só atinge a percepção na condição de se vincular a uma representação, numa lógica independente do discurso consciente. E é isso que tornam inócuas as tentativas de tratamento da droga e do álcool pela via da tomada de consciência, da conscientização, do fortalecimento do eu, abordagens reflexivas etc.

A percepção de um gozo próprio como impróprio, resultando em reprovação ou vergonha, pode parecer para familiares e amigos um indício de conscientização ou implicação, gerando expectativas de melhora. Contudo, pode ser, na verdade, o efeito de uma recusa do sujeito de se reconhecer num modo de satisfação pulsional, ou de uma recusa ética de se posicionar na estrutura simbólica. Tanto que tal culpabilidade provavelmente não o impedirá de, em breve, lançar-se em mais uma dose.

Além disso, há uma satisfação possível no sofrimento. Como naquele caso em que o indivíduo se ausenta de casa por alguns dias usando crack e, quando retorna, após longas horas de sono, queixa-se de um sentimento de culpa e um sofrimento. A repetição desses episódios poderia ensinar àqueles ao seu redor que nada disso impede o retorno ao uso, quando se vê diante da *fissura*. Nesses casos, todo o esforço da família para impedi-lo costuma ser insuficiente. Como podemos notar, essa culpabilidade, tristeza, ou formas semelhantes de sofrimento podem fazer parte de um modo de satisfação no sofrimento, dificilmente se vinculando e se referindo ao uso da droga em si. Por isso, geralmente não resultam numa resposta ética por parte do sujeito. A consulta ao capítulo sobre o afeto no volume 1 do *Psicopatologia lacanian*a, pode ainda contribuir para o entendimento das relações muitas vezes íntimas que o discurso social estabelece entre a depressão, o alcoolismo e a toxicomania.

A divisão cartesiana entre corpo e alma com sua consequente atribuição de ideias obscuras relacionadas ao primeiro, como um corpo biológico cuja racionalidade é inteiramente permeável à química das substâncias, norteia o conceito de *dependência*. Daí viria a completa inaptidão do dependente químico para o pensamento racional e para a autonomia da vontade, posta a condição parasitária entre substância e organismo. Isso justificaria a busca por uma completa abstinência como forma de reparação da alma e do pensamento. Portanto, o tratamento pela desintoxicação se apoia sobre essa racionalidade científica assimilável pela divisão cartesiana. É também essa inteligibilidade que autoriza profissionais de saúde a adotarem escalas que ofereçam uma mínima previsibilidade do cálculo estatístico da desintoxicação. Quanto tempo seria suficiente para se afirmar a desintoxicação da química do corpo a ponto de salvaguardar a operação do pensamento, da razão? Por mais que os elementos químicos das substâncias psicoativas de fato alterem o sistema nervoso central, a consciência não deve ser o pivô do entendimento do problema das drogas e da toxicomania.

Toxicomania, ordem simbólica e a lógica do significante

A ordem simbólica e a lógica significante colocam em cena a primazia de uma rede de conexões, tal como já podia ser acompanhada desde o *Projeto para uma psicologia científica* de Freud ([1895] 1996). Por um lado, esse enquadramento oferece a oportunidade para operação necessária que recoloca a questão da relação do sujeito com a droga fora dos marcadores organicistas, morais e estatísticos, possibilitando outra ontologia pela via da estrutura. Por outro lado, depara-se com o impasse de que a própria lógica significante não é a resposta última e integral a uma inteligibilidade do fenômeno da toxicomania, principalmente diante do enunciado prematuro de que o uso de drogas ou até mesmo a toxicomania é um sintoma. Sintoma social, histórico, político, porque se inscreve no discurso, sem dúvida. Mas não como um sintoma interpretável clinicamente sob transferência, como produto do inconsciente transferencial. Esses referenciais são precários para aqueles casos mais graves que colecionam tentativas frustradas de tratamento. Assim como para aqueles que jamais procuram tratamento por conta própria nem qualquer auxílio em relação ao uso. Muito menos para outros tantos que nem ao menos chegam às instituições de tratamento, que por vezes nos lembram a imagem do *muçulmano* retratado por Primo Levi (1988) em *É isto um homem?*, e retomado por Agamben (2008) em *O que resta de Auschwitz*.

Entretanto, deve-se proceder com cautela ao aproximar o conceito de sintoma com uma relação associativa entre cadeias que se apresentam desconexas. O que pode se aplicar a alguns casos de uso de droga não é válido para a totalidade dos casos. Temos usos de droga ou álcool que se inscrevem no registro do sintoma freudiano, em que o afeto desconectado de uma representação original se vincula a outra representação substitutiva. Nesses casos, ideias desconexas poderiam recuperar sua malha associativa no discurso a ponto de se desfazerem enquanto sintomas. O caráter interpretável do sintoma decorre dessa virtude associativa da linguagem que remete um elemento ao outro na estrutura da cadeia, numa capacidade de suportar e sustentar uma transferência de um ponto a outro da conexão. Eis a aptidão metafórica do sintoma freudiano, em que uma representação está em substituição a outra recalcada. Isso permitiria dizer que um sujeito obsessivo ao usar a droga poderia tentar pagar a dívida do pai, ou de uma histérica que se embriaga na tentativa de se fazer um homem, ou de uma forma de efetivar uma recusa ao feminino, e por aí vai. Ou que a droga seria uma tentativa de fazer um furo no Outro, ou seria o substituto de um significante qualquer na história do sujeito. A princípio essas leituras são possíveis, muito embora não constituam a gramática predominante na clínica do alcoolismo e da toxicomania. A clínica psicanalítica lacaniana tem, ao longo de sua trajetória teórico-clínica, dado testemunhos consistentes que atestam que na toxicomania não se trata de um sintoma freudiano, interpretável pela lógica significante.

A condição de conceber a toxicomania sob a lógica do significante e da ordem simbólica significa que estas se apresentam como uma exigência de formalização teórico-clínica da toxicomania. Não significa dizer que a droga se reduza a um significante, nem que seu uso se restrinja a um sintoma como metáfora. Há sim um efeito da substância sobre o organismo, e é aí que reside, desde Freud, um dos pontos centrais. Ou seja, uma teoria psicanalítica da toxicomania não desconsidera a química no organismo, sem esta não há como se falar de alcoolismo nem de toxicomania. É por tocar o corpo sem remeter à verdade e à palavra que a toxicomania expõe toda a sua dificuldade.

Isso não implica que a fala do toxicômano e do alcoolista perca seu valor, tornando-se apenas objeto de outros discursos, sendo apenas falado pela segurança pública, políticas higienistas e discursos da moralidade. Mêncio, um filósofo chinês seguidor da doutrina de Confúcio, já fazia uma crítica à linguagem, um pouco ao estilo dos taoistas. Para Mêncio, apesar das fragilidades do discurso, é ainda através dele e a partir dele que podemos tocar aquilo que é essencial. O fato de os discursos serem semblantes não os desautoriza. A fala do toxicômano e seu enunciado não podem ser tomados ao pé da letra como se fossem chaves que remetem a outras representações e conexões substituídas. É preciso fazer uma espécie de conversão, não entre signos e sentidos, mas entre números e letras. Em outras palavras, trata-se de localizar sua lógica, sua posição, e não sua empiricidade. Um alcoolista que promete nunca mais beber, ou que diz que seu encontro com o álcool se deve a sucessivos "nãos" que recebeu na vida, ou pela infância difícil que teve, ou porque aprendeu a beber com o pai, não implica que foi exatamente esse o motivo do início de seu alcoolismo, mas, por outro lado, também não significa que isso seja irrelevante na direção do tratamento. É preciso escutá-lo não na perspectiva de um motivo empírico retratável cognitivamente nem como algo descartável e inócuo, mas sim enquanto uma causa em uma lógica só apreensível ao se levar em conta o discurso, o sujeito e o desejo.

Quando se pondera que um alcoolista que diz que nunca mais beberá não deve ser ouvido ao pé da letra, isso se deve à grande chance de a fala se seguir de uma recaída. Qualquer um que se coloque como mera testemunha desse relato reduzido a um comunicado empírico estará susceptível à decepção e a toda uma série de reações e julgamentos morais condenatórios direcionados ao emissor e à recaída. Seu alvo será a evidente inconsistência da promessa feita. Vale lembrar que se algumas vezes a promessa pode ter sido, de fato, mentirosa, não é essa sua condição necessária. A promessa de abstinência não é em si mesma nem verdadeira nem mentirosa, deve ser escutada em relação à posição do sujeito, ao seu lugar na narrativa e no discurso. Nenhuma chave geral é capaz de traduzi-la de imediato. Portanto, quando o Outro social, seja nas formas de instituições, seja de políticas públicas, apoia-se no princípio da abstinência, ele pode se perder facilmente num emaranhado jogo de semblantes e enunciados que em nada refletem a enunciação e a posição do sujeito. Afinal, a demanda de abstinência é facilmente respondida com a vacuidade de uma promessa.

Numa instituição para tratamento de toxicômanos e alcoolistas em que a entrada diária só é permitida sem a presença do uso ou porte de álcool e drogas, pode ser habitual o rompimento dessa regra. Contudo, a condução da equipe não pode ser a mesma independentemente da posição do paciente diante dessa fratura no pacto. Não é a mesma coisa negar insistentemente que usou e que esteja sob efeito da substância, ou afirmar que fez e faria novamente sem culpa, ou que fez uso e localizar o ponto em que essa ruptura se inseriu nesse momento da vida ou do tratamento. Com isso, ressalta-se que a recaída ou uma quebra de regras como essa não deve ser entendida sob os referenciais disciplinares, mas clínicos. Assim como a angústia é um sinal de um encontro insuportável, uma recaída pode ser um sinal clínico da emergência de algo *infamiliar*. Além disso, é a modulação da resposta do paciente que indicará sua posição, e isso altera completamente os modos de se pensar a própria recaída.

Pensar a toxicomania a partir do inconsciente estruturado como uma linguagem resulta em concebê-la também a partir de um campo que elimina qualidades tanto do sujeito quanto do objeto droga. O paradigma da estrutura oferece um enquadramento que imuniza contra narrativas de demonização da droga, rebaixamento moral do usuário, medicalização e patologização do doente-dependente, de acusações a indivíduos hedonistas, de julgamentos a respeito de drogas leves ou pesadas. A estrutura e a ordem simbólica podem explicitar como um usuário pode se livrar do crack e sucumbir ao uso do álcool, desfazendo assim o imaginário que classifica o primeiro como pesado e o segundo como leve e sociável. Assim como ajuda a compreender a dimensão inepta da crença de que se um jovem começa com uma droga leve, logo irá avançar até chegar a uma pesada. Como se uma fosse a porta de entrada necessária para a outra. Estrutura e linguagem funcionam como operadores de redução das qualidades sensíveis.

A escolha feita pelo sujeito por uma droga e não por outra é um fato mudo e inaudível diante do imaginário das qualidades, tanto de uma quanto de outra. Mas deve ser audível sob a lógica do campo da linguagem e do simbólico. Em outras palavras, a discussão sobre a droga e sobre a toxicomania deve transcorrer circunscrita em um sistema de relações. A droga e o sujeito em seu sistema de relações sociais, políticas, conceituais, estilísticas, cada um em um sistema de linguagem em que um se encontra em relação ao outro. Para além das características das substâncias entorpecentes que modificam o funcionamento do sistema nervoso central, entram em jogo as funções que a droga pode ter numa rede de linguagem que intervém na economia pulsional e na equação entre gozo e desejo.

De modo relativamente análogo, tal como um significante é pura diferença, a droga também o é, em certa medida. Isso não significa que tenhamos de reduzi-la a seu efeito significante, mas que não podemos desconsiderá-lo. Uma paciente fazia de sua trajetória com a droga um percurso claramente mortífero, não só com tentativas de autoextermínio com medicamentos, mas também com inúmeros episódios de quase morte por *overdose*. Ela carregava consigo uma marca herdada do discurso da mãe: esta carregou no útero um tumor do tamanho de uma laranja. Quando foi retirá-lo numa cirurgia, verificou que estava grávida da paciente em questão. A despeito de qualquer inconsistência empírica dessa narrativa, ela reconheceu a si mesma como um *tumor que deveria ser eliminado*. A droga lícita ou ilícita foi o objeto eleito para responder a tal desígnio mortífero. Outro paciente fazia usos abusivos de Melhoral Infantil. Outro, de Akineton, chamado por ele, apesar das inúmeras tentativas de correção por parte de alguns da equipe, de Akhenaton (divindade egípcia), caminho através do qual se reconectava com a divindade. Éric Laurent (1994) descreve um caso de um dependente de éter (*l'ether*) morador de uma área rural, envolvido com as questões das terras (*les terres*) da família. Mostrando como o gozo da substância éter (*l'ether*), para esse sujeito, inscreve-se de uma maneira inusual. Ela se inscreve na história mais como um desdobramento do retorno no real de um gozo extraído do Nome-do-Pai que girava em torno da herança das terras (*les terres*), do que da química da droga. Um claro exemplo de como não se pode desconsiderar o elemento significante da droga.

Antes de ser assimilada ao organismo, a droga faz parte da cultura, da sociedade, da linguagem, do Outro. E, enquanto significante, não se tem como eliminar sua condição performativa. Um sistema de linguagem composto de conexões de significantes em forma de cadeias, aquilo que chamamos de estrutura, não tem como eliminar possibilidades de tropeços, hiatos, eventuais *bugs*, que podemos chamar de *sujeito*. Na condição de que tal sujeito seja pensado em relação ao desejo, dividido por ele, e, enfim, marcado pela castração. Esse modelo de sujeito não representa uma experiência bem recebida por modos de subjetivação que não toleram o real da inexistência da relação sexual. Nesse sentido, se a droga ou o álcool se apresentarem como uma resposta a um tratamento medicamentoso impossível de suportar, ela terá mais eficácia e consistência no fenômeno da toxicomania do que o suposto potencial de toxicidade da droga em si.

O assentimento ao desfiladeiro dos significantes sob a forma da associação livre é também o assentimento a uma experiência susceptível da emergência de uma exterioridade à cadeia, embora seja efeito dela. Ou seja, topar se entregar livremente à fala sem rumo definido é também uma experiência de despossessão e, como tal, é particularmente difícil para aqueles que fazem da droga sua identidade e seu nome. Dizer que o significante representa o sujeito para outro significante é admitir que esse caminho inclui o acolhimento de seus tropeços, dos furos intervalares. Isso resulta em pelo menos duas constatações: por um lado é o que é evitado pelo toxicômano – ele procura obturar e precaver-se da produção desses hiatos, o que dificulta o tratamento. Se, ao se entregar a essa aventura, forem colocados em questão o desejo e a falta, ele procurará tratar disso cinicamente com a droga. Por outro lado, é exatamente essa a via do tratamento clínico em jogo na toxicomania. O tratamento não se apoia em princípios reflexivos de tomada de consciência, desintoxicação ou outras formas socialmente aceitas como cura. A cura já foi encontrada pelo toxicômano. Por isso não há, a rigor, um problema do toxicômano com a droga. Ela é, para ele, uma *solução*. Um tratamento para o desejo, para a falta. De certo modo, diria que o tratamento clínico da toxicomania implica um certo *adoecimento*, um padecimento dos efeitos e poderes da palavra. Um irônico convite a uma experiência de despossessão. É somente a partir de narrativas, a partir de experiências subjetivas de indeterminação que possam ser apropriadas pelo sujeito e, com isso, possam funcionar como verdades, que estariam abertas as vias da clínica psicanalítica da toxicomania. Ao analista cabe a aposta em torno da colocação em curso de um tratamento pela via do discurso. Um tratamento que, por se valer dos desfiladeiros equívocos do significante, poderá perturbar a solução de cura cínica encontrada pelo toxicômano. Nessa perspectiva não se acolhe numa experiência analítica o toxicômano que é o sujeito passivo que adoeceu com a droga, mas uma subjetividade que encontrou o remédio para se livrar dos efeitos colaterais próprios ao sujeito do desejo.

Esse convite conta com uma boa dose de cara de pau. É como se disséssemos para pessoas que sofrem de cólica menstrual ou enxaqueca que temos um ótimo tratamento para não tomarem mais o remédio que elimina suas dores. Se perguntarem, só a título de confirmação, se esse tratamento também as deixaria livres das dores, teríamos de responder que não. Ele trata apenas o uso do remédio. Mesmo que essas dores venham a ter um destino, esse intervalo até lá pode não ser suportável. Para essas pessoas, os seus remédios, a droga ou o álcool, são propriedades inegociáveis. E é preciso que o analista saiba disso.

Dizer é, de certo modo, fazer. O significante é ação, é performativo. Por isso Lacan chamou o pensamento sem qualidade de cadeia de significante. O significante, por ser disjunto do significado, é o pensamento sem qualidades, sem julgamento. O problema da toxicomania e do alcoolismo, sobretudo na psicopatologia clínica, deve ser encarado no contexto do universo do significante e, consequentemente, numa perspectiva da ética, e não da moral. Outro nome para o pensamento sem qualidade que Lacan extraiu de Marx: trabalho. O trabalho inconsciente de um pensamento que não pensa e não tem qualidade, não deixa de trabalhar. Esse saber que não pensa e ao mesmo tempo é não saber nem por isso é menos performativo e ativo. Existem aqueles em que se poderá constatar que esse trabalho do inconsciente inclui a droga, a exemplo de um saber que não pensa e não sabe sobre sua ação. Nesses casos, a droga poderia compor essa ação laboral do inconsciente na condição de um sintoma interpretável tal como concebemos habitualmente o sintoma freudiano. Contudo, existem também aqueles em que o uso da droga se faz numa sistematização e numa prática assídua em que o efeito da droga coloca em suspensão o trabalho do inconsciente. Nesse contexto a droga não viria corroborar o conceito de sintoma.

Aquela jovem que, por exemplo, faz uso de maconha e se deixa ser pega pelos pais, que encontram vestígios da droga na mochila ou no quarto, pode tentar fazer o pai existir saindo de sua posição passiva ao ter de se posicionar frente à conduta da filha. Ou aquele outro que extraiu a droga do modo de vida levado pelo pai, como uma forma de ser reconhecido e se identificar com ele. Tais narrativas associadas ao modo de uso podem ser indicativos de que se trata de um sintoma e, como tal, é interpretável. Por outro lado, e em direção praticamente oposta, há aqueles casos em que a droga não integra a sobredeterminação nem a formação de compromisso próprias ao sintoma – a isso se costuma chamar de toxicomania. Isso se dá quando a droga, em vez de integrar o trabalho do inconsciente no sintoma opera, uma suspensão desse trabalho. É como se, sob o efeito da droga, e durante sua ação, se produzisse a cessação dos efeitos do inconsciente sobre o sujeito, ou que este nem ao menos os testemunhasse. A cada nova dose, um novo efeito de corte, de ruptura com esse trabalho. E tendo em vista que este se dá em torno de um furo e de um impossível, é ele mesmo o arauto daquilo que tenta tratar. Ao darmos uma informação de onde se localiza a rua procurada por um transeunte, dizendo que é a primeira depois do muro branco, torna-se inviável ignorar tal muro, mesmo que não seja ele o destino buscado. O toxicômano não se droga por impulsividade, é um saber fazer metódico que reitera a cada nova dose o intuito de uma desconexão. É como se ele, com a droga, desabonasse o inconsciente.

Lacan encontra em Marx a concepção de um trabalhador incansável, ideal. O toxicômano é aquele que não suporta esse trabalhador e, por isso mesmo, encontrou uma técnica do corpo e uma prática da droga para inativar essa empreitada interminável. Esse inconsciente trabalhador não quer se expressar, uma vez que não é que *isso pense, nem que isso fale*. Torna-se mais evidente que *isso goza*. Mas o malogro em questão é de um gozo que é o arauto de sua própria insuficiência, testemunho e testemunha de um furo e uma falta.

O processo de socialização: eu sou toxicômano

Um paciente, ao relatar seu primeiro encontro com a droga, descreve uma cena em que ele, tímido e retraído, inibido com as meninas, submisso diante das figuras de autoridade, presencia um colega de sala de aula, que é ativo, confiante, seguro, irreverente e bem relacionado com as meninas (quantos predicados!), demonstrar sua insubmissão a um professor. O colega era tudo o que ele não era. Logo ele se interessou por esse algo que tornava o colega aquilo que era. O traço identificatório que encontrou foi a droga. O encontro com a droga se deu dentro de um processo de identificação. Todo o processo de socialização e de formação da individualidade se dá em função de identificações, e isso não significa que se trate de uma fraqueza de caráter ou baixa autoestima. Tipos ideais funcionam como modelos de conduta, de pensamento, de julgamento e de modos de desejar. Nesse sentido, a identificação a esses modelos passa por uma espécie de "internalização" destes. Vale lembrar que o sujeito se constitui no campo do Outro e que o Eu se forma a partir de uma referência a uma imagem que é apontada pelo Outro. Portanto, a alienação é de estrutura, uma vez que não há uma anterioridade do Eu em relação à imagem reconhecida pelo Outro. Do mesmo modo que não há como o sujeito ser efeito e representado pelo significante se este já não estivesse lá, no campo do Outro. Paulo Freire diria que para se ler um texto é preciso antes ler o mundo.

A droga e o álcool podem, por uma contingência, ser cooptados ou erguidos como traços identificatórios dessa alienação constitutiva. No filme *Cidade de Deus* (2002), Buscapé, ao testemunhar um corpo baleado na rua e fotógrafos a registrarem o momento, não captura nem o corpo, nem a morte violenta, nem o crime, seja ele qual for, nem os projéteis de arma de fogo. Ele é tomado pela *máquina de fotografia* e pelo ato de *fotografar*. A sua eleição passa ao largo de qualquer reflexão. Dali em diante, ele sabe que quer ser um fotógrafo. Em alguns espaços e territórios das grandes cidades em que o processo de socialização é restritivo nas ofertas de possibilidades efetivas de constituição de formas de vida, a gramática dos possíveis pode estar vinculada ao tráfico ou ao consumo. Ou mesmo em cidades menores, zona rural ou nos processos de despossessão como nas comunidades indígenas, a ausência de uma rede plural associada a uma constrição dessa gramática dos possíveis é uma variável importante para os casos de alcoolismo e toxicomania. O enunciado "eu sou toxicômano" pode ser a resposta do sujeito que foi capturado por um traço identificatório que o impeliu à escolha do objeto droga, como uma saída ou solução de inscrição.

A sociedade oferece uma série de alternativas e disponibiliza historicamente padrões gerais de conduta que podem ser refratários ao comportamento de uso abusivo de substâncias. Discursos morais podem erguer perfis ideais, modelos de família unida e feliz, imagem de indivíduos independentes, autônomos e emancipados. Contudo, isso não impede que a droga e uma série de outras coordenadas de conduta possam ser inscritas como modos de vida. E isso em si mesmo não é um problema. Como dito anteriormente, o uso de droga não determina a toxicomania, e não é a antítese da poesia, da música, da arte, da ciência nem da política. A droga é, lembremos, sem qualidades.

Antes da formação do Eu há um corpo fragmentado marcado pela libido. O Eu só será possível em função de uma operação de recusa à primazia desse polimorfismo libidinal do corpo. Em outras palavras, a socialização depende também de um assentimento e de uma identificação com a lei social, com a função paterna, que imprimirá uma restrição e delimitação nesse corpo libidinal. Essa forma de assentimento à lei social tem uma função estabilizadora e, por isso mesmo, podemos pensá-la como simbólica. Contudo, essa estabilização tem um preço. Será necessário abrir mão e superar o autoerotismo. Sendo assim, temos uma medida da relação possível entre toxicomania e autoerotismo. Menos como uma regressão tópica a estágios anteriores ou a uma suposta fixação primitiva. Talvez seja possível pensá-la em relação a uma recusa sistemática do toxicômano, via uso sistemático da droga, em assentir e se identificar com a lei social. Uma recusa a se identificar e a assentir com alguns dos marcadores sociais mais consensuais. O autoerotismo em jogo na toxicomania poderia ser entendido como uma posição de recusa radical à função estabilizadora do Outro social, uma posição cínica frente à possibilidade de identificação à lei social.

De outro modo, se estivermos diante de um sujeito em que essa identificação estabilizadora com a função paterna não ocorra efetivamente, estaremos frente a um caso de psicose. Isso poderá fazer com que o sujeito experimente essas figuras de autoridade, modelos eleitos por ele, como ameaçadoras e excessivamente intrusivas. Não é incomum que um paranoico possa encontrar no uso da droga ou do álcool um modo de se defender dessas experiências trágicas de invasão do Outro. No lugar de passagens ao ato ou mesmo de delírios de perseguição, alguns sujeitos paranoicos poderão proceder tal como toxicômanos.

A questão diagnóstica entre psicose e toxicomania sempre foi marcada por dificuldades sobretudo na tradição psiquiátrica, que se viu obrigada, por exemplo, a criar procedimentos distintivos entre psicoses tóxicas, psicoses induzidas por alguma substância e as psicoses funcionais desencadeadas pelo uso da droga ou álcool. As psicoses tóxicas seriam aquelas produzidas pelo uso de uma substância e, por isso, duram enquanto se está sob o efeito da droga, ou sob os sintomas da privação, como é o caso da síndrome de abstinência alcóolica. As psicoses induzidas decorrem de períodos agudos e intensos do uso da droga e podem durar dias ou semanas. Já em psicoses funcionais, o consumo da substância seria o responsável pelo desencadeamento de um quadro psicótico de maior duração. Segundo essa leitura, futuros episódios psicóticos podem ocorrer em decorrência da droga, mesmo que não haja nova exposição a ela. Ou seja, acreditam que sintomas psicóticos em usuários de drogas e toxicômanos podem ocorrer mesmo depois de meses após o quadro agudo. Os sintomas residuais deficitários da esquizofrenia seriam alguns desses exemplos clínicos extraídos desse tipo de vinculação proposta entre a droga e os quadros psicóticos.

O que insiste nisso é um impasse, no que diz respeito à correlação entre psicose e droga, a respeito de que sintomatologia ou quadro se deve atribuir a uma ou a outra. O problema é que a presença da toxicomania num paciente psicótico, seja no imaginário social, seja nas discussões técnicas, muito frequentemente leva à atribuição da sintomatologia psicótica à presença da substância. A causa ainda é moralmente a droga. Não é incomum na rede de saúde mental ocorrerem impasses diante de pacientes toxicômanos que sejam psicóticos. Onde eles serão atendidos? Em unidades para tratamento de toxicômanos ou para psicóticos? Involuntariamente uma equipe de saúde mental pode lidar de um modo com um paciente toxicômano que é psicótico, e de outro modo com aquele psicótico que não tem um histórico de uso de drogas. Não é inusual que a presença da toxicomania produza efeitos de discurso até mesmo entre a equipe técnica. Por vezes podemos encontrar resiliência com pacientes psicóticos não usuários, e intolerância com outros em que a droga está presente. Isso mostra como pode ser difícil desvincular o discurso da moralidade ao se lidar com a droga. Em alguns episódios violentos que ganham a mídia e são protagonizados por sintomatologias psicóticas, quando o indivíduo em questão também faz uso de drogas, é quase automática a conclusão de que todo o ocorrido se deveu à dependência ou ao abuso de substâncias psicoativas. O encontro dessas duas experiências tem um ônus claro para a toxicomania. É ela que se sobrepõe, pelo menos semanticamente. O que já não é tão claro se levarmos em conta a dimensão clínica.

Não é raro que a clínica nos apresente casos graves de toxicomania e alcoolismo que depois de algum tempo de interrupção do uso irão revelar sintomas psicóticos antes ausentes ou isolados, e até mesmo a ocorrência de surtos. Ao contrário da visão comum de que a droga enlouqueceria, nesses casos é a droga que funcionava como anteparo que evitava o surto. Por isso, antes de dar lugar a um furor de curar o sujeito de sua toxicomania, é preciso estar atento ao fato de que, em alguns casos, é a droga que cumpre a função estabilizadora para aqueles em que a Lei Paterna não opera essa estabilização.

A percepção e a adesão do sujeito em relação ao mundo que o cerca, seus valores, normas, leis e modos de conduta, não perfazem um sistema objetivo e neutro. Eles são determinados pela função simbólica que inscreve certo modo de interação do sujeito com o mundo e o meio que o circunda. O desejo pode ser entendido também como esse movimento de interação. Para Lacan, o desejo é algo bem distinto de um capítulo da semiologia da vontade. Deve-se conceber o desejo como um vetor que aponta não só para o Outro, mas essencialmente para o desejo do Outro. É esse o responsável pela inscrição das coordenadas que orientarão as relações entre o desejo e o social, ou do desejo no processo de socialização. Na releitura lacaniana do Édipo em Freud, a mãe é reduzida à condição de significante, e ainda mais propriamente àquilo que é essencial para a entrada do sujeito na socialização. Não basta o papel social da mãe, que pode ser conhecido por qualquer ser falante, é preciso algo que marque um interesse e um investimento diferentes dos demais. É isso que Lacan chamou de Desejo da Mãe. Com isso retornemos à ideia de que o Outro e o desejo do Outro são os ingressos para o mundo. Não se trata de um processo interno, isolado, espontâneo, individual. O desejo é sempre algo em relação ao desejo do Outro. Esse ponto já seria por si só suficiente para compreender a íntima relação entre desejo e mal-estar.

Como a alienação faz parte tanto do processo de socialização quanto da inscrição do desejo, desmentindo a perspectiva individualista e subjetivista do Eu, não cabe em psicanálise uma direção de cura pela via da readaptação. Isso porque esse caminho substituiria uma alienação de estrutura por outra. Não há um *si mesmo* a ser recuperado, restituído e readaptado. No tratamento da toxicomania é em vão que se busca uma identidade verdadeira supostamente recoberta pela droga, ou um Eu puro desprovido dos desvios promovidos pela substância. Enfim, é inócuo que se oriente uma cura na direção de um pronome pessoal desintoxicado, porque não há nenhuma desintoxicação que recupere a dissonância entre o Eu e o sujeito do desejo. É a aposta dos tratamentos que se baseiam nesse princípio. Creem que sem a interferência da droga, que faz do indivíduo vítima e objeto, seria possível fazer as bodas entre um Eu autônomo e indentitário e o sujeito do desejo, formando com isso o ideal de um sujeito consciente de si, de sua verdade e suas vontades, que sabe o que quer e quer o que é melhor. Entretanto, o que Lacan pôde herdar de Hegel, via Kojève, não é uma articulação entre desejo e positividade, e sim entre o primeiro e formas da negatividade. Não como uma falta historicizada e empiricamente expressa neste ou naquele objeto. A droga não é a recuperação substitutiva de um objeto perdido empiricamente, até porque seu consumo não satisfaz o consumidor. Caso contrário, seria o fim da própria toxicomania, afinal, esta só se caracteriza pelo uso sistemático da droga como uma técnica aplicada ao corpo. Não haveria toxicomania se a droga fosse o acesso a um gozo absoluto e definitivo, o que faria com que a próxima dose se tornasse dispensável.

A negatividade em jogo no desejo é expressa no anúncio da sua falta constitutiva. A falta de um porto seguro não é eventual, é o modo de ser do desejo e consequentemente do sujeito. Esse desejo que só pode ser entendido como falta-a-ser se caracteriza em função de uma indeterminação insuportável para o toxicômano. Este, em sua prática incansável e seu afinco na relação com a droga, tenta se livrar dessa falta-a-ser. Em certa cena do filme *Drugstore Cowboy* (1989), o casal de protagonistas se vê sozinho num quarto. Ela começa a encaminhar esse encontro para uma relação mais erotizada, enquanto ele a interrompe querendo roubar mais uma farmácia para tomar mais uma dose. A clínica fornece inúmeros exemplos nos quais o ato sexual é evitado ou precedido pelo uso da substância. Seu efeito, por mais que pareça ser o de potencializar o desempenho sexual via promoção de um desejo mais intenso e prazeroso, é na verdade uma ação que viabiliza um amortecedor mais eficaz. Ela intoxica a indeterminação da negatividade do desejo como falta-a-ser. A droga vem positivar a negatividade do desejo. O impasse é que um desejo assim positivado, ou seja, cujo objeto se tornasse localizável, manipulável, pode ser qualquer coisa... menos desejo. No mesmo filme, em outra cena, é possível recolher um relato que sintetiza um dado clínico fundamental nas palavras do protagonista: *todo mundo busca a felicidade, a diferença é que o toxicômano sabe a exata medida da felicidade, basta olhar no rótulo dos remédios*. O mal-estar do desejo como falta-a-ser é uma questão para todos. A diferença é que o toxicômano sabe a saída mais eficaz, a solução e a cura que é renovada com mais uma dose.

Sua saída é ousada: tratar a falta-a-ser por uma técnica do corpo. Por isso a droga lhe parece tão essencial e insubstituível. Não é o remédio para todos os males, mas é o remédio para o mal que o tornaria sujeito àqueles outros males. Não é "dos males o menor", e sim um desprezo e, por vezes, uma indiferença aos males, não importam quais. Não é que o toxicômano não sofra, ainda que admitamos que de fato não sofre como os familiares, os amigos, ou como quem presencia a sua escolha. A ele pouco importa o sofrimento, não conta nem com o sintoma, uma vez que tem o remédio para o mal-estar. Para tratar um desejo opaco, sem objeto, sem alvo, sem nome e errante, uma prática reiterada de um objeto nomeável, que se pode calcular a dose, mas que não obtura a falta. Só permite se desconectar dela.

Ao se fixar à droga, como um cínico, o toxicômano aponta para a falência da sociedade e de seus modos de socialização. Faz escárnio da dimensão trágica do desejo e do preço que se paga por isso. Vira as costas à autoridade do Pai e daquilo que ele poderia transmitir como herança. Portanto, não é o declínio da função paterna o cerne da inteligibilidade do fenômeno da toxicomania. Este não é o resultado de uma família fragmentada, desviante dos ideais normativos da família burguesa ou neoliberal. A questão do declínio da função paterna aparece muito cedo em Lacan (2003), por exemplo, em 1938. Contudo, esse declínio não testemunha a fraqueza de um pai que precisa recobrar suas forças prescritivas de autoridade. Não há uma ortopedia do pai e da família que teria efeitos preventivos ao uso de drogas. Essa autoridade paterna é tão inócua quanto a autoridade policial ou a internação compulsória é para a clínica das toxicomanias.

O declínio do pai não é efeito de uma normatividade claudicante a ser recuperada. É a estrutura de base que permite compreender que nenhum pai está à altura de encarnar o Nome-do-Pai. Para Freud, o Pai é o pai morto. Há, desde esse ponto, uma referência a uma impossibilidade de sobreposição. Um pai qualquer não tem como ser totalmente o Pai, pelo fato de este não ser outro senão o pai morto. Esse descompasso ou inadequação radical reaparece em Lacan quando aponta que o declínio da função paterna não é seu fracasso, mas o sucesso do Pai enquanto função simbólica. O Nome-do-Pai em nada tem a ver com a autoridade normativa do chefe de família, o patriarca forte. A socialização do desejo, sua inscrição nos espaços de troca e circulação sociais depende da opacidade permitida apenas pelo sucesso simbólico de um declínio operatório. Essa socialização concede anuência aos semblantes, a uma crença tola de que se pode identificar com o pai e com isso obter dele o modo de desejar e de gozar. Essa tolice é constitutiva e condição de possibilidade para o desejo (Safatle, 2017). O toxicômano, nesse sentido, não se equivoca ou não se deixa equivocar. Ele não se entrega a esse tipo de engodo, de tolice.

É certo que não há identidade entre toxicomania e psicose, mesmo que a primeira possa servir bem à segunda. Fora da psicose, ela não se refere a uma foraclusão do Nome-do-Pai. Mas a um saber-fazer-se não tolo e, com isso, estabelecer uma prática que rompe com o falo, anulando-o. Uma operação que torna equivalente a zero o elemento ordenador das significações.

Se a verdade do desejo for se inscrever como desejo da Lei, podemos concluir qual é o rumo tomado por essa técnica do corpo que visa mediar o mal-estar do desejo. Vale ressaltar que com a expressão "desejo da Lei" não se trata de colocar aí o centro da crítica feita seja por Foucault, Derrida e, posteriormente, Butler. Ela não se refere a nenhuma submissão do desejo a uma normatividade social prescritiva que o coloque como mero sucedâneo de regras e hierarquias sociais. Como dito anteriormente, essa lei não é um protótipo de formas de autoritarismos nas relações sociais de poder e dominação, mas sim uma inscrição do desejo sempre como algo em descompasso com os objetos e representações por ele relacionados. Longe de ser uma teoria falocêntrica, dizer que o desejo é orientado e regulado pelo falo não diz de uma distribuição simbólica hierarquizada e de dominação masculina. Se o fosse, o toxicômano deveria ser considerado a vanguarda dos movimentos feministas. A ruptura com o falo promovida pela droga não diz respeito à noção política e epistemológica do combate à heteronormatividade e aos discursos falocêntricos. A ruptura com o falo é a ruptura com essa vinculação do desejo com sua inadequação à normatividade e quaisquer formas de prescrição.

A droga é o que permite romper o casamento com o falo

A definição da droga dada por Lacan, e que se tornou a principal referência para pensar a toxicomania e sua clínica, está numa sessão de encerramento de uma jornada de cartéis em 1975, mesmo ano de *Joyce, o sintoma* (LACAN, [1975] 2003). Diferentemente de Freud, para Lacan a castração não barra o gozo. Na verdade, esses dois conceitos convergem em 1975. E afinal, diz ele, o que é a angústia senão aquilo que, no pequeno Hans, é localizado numa parte do seu corpo expondo-o à experiência de que está casado com seu pênis, seu *wiwimacher*, seu *faz-pipi*? Ele está casado com esse suporte que, prestando-se bem a aumentos e diminuições de tamanho, aparece como inadequado e perturbador para o pequeno garoto, mas é inteiramente adequado para se fazer de falo. Para Lacan, tal montagem não se dá sem a existência de um nó. Um nó que possui consistência sem ter sua constância garantida. Abre-se a possibilidade de pensar algo que embora seja consistente ainda assim pode ser objeto de uma ruptura.

Tudo que permite escapar a esse casamento da angústia localizada numa parte do corpo é bem-vindo. Disso se extrai todo o êxito da droga (LACAN, [1975] [s.d.]). Eficácia em Freud e êxito em Lacan são nomes e credenciais da droga como solução, e não como um problema. "Não há nenhuma outra definição da droga que não seja esta: o que permite romper o casamento com o pequeno-pipi" (Lacan, [1975] [s.d.], p. 117). Essa é com certeza a principal formulação de Lacan a respeito não da toxicomania, mas da droga. É o modo lacaniano de resumir o discurso e a posição de Renton em *Trainspotting* (1996).

A correlação entre Édipo e complexo de castração implica uma operação entre presença ou ausência do falo, cujos efeitos são sentidos pelo sujeito. Disso resulta que Freud deixa de falar da primazia do genital, para se referir à primazia do falo. Como pode ser observado no caso do pequeno Hans, que em sua teoria sexual está às voltas com a primazia do falo e seus efeitos. A percepção de uma diferença anatômica entre os sexos não impede a instauração de uma operação distributiva, pois o que está em questão é um modo em que o desejo se faça objeto de uma inscrição. A atribuição do falo à mãe, por exemplo, diz de um enredo de fantasia e desejo. Um falo imaginário como complemento daquilo que falta à mãe. Mas, ao mesmo tempo, é na medida em que falta que se torna possível sua inscrição como Falo simbólico, como significante em posição de exceção.

A questão incialmente colocada por Lacan ([1958] 1998) em "A significação do falo" é por que a inscrição do sexo pelo ser falante deve passar pela ameaça ou privação. O polimorfismo próprio ao falo o credencia ao lugar de uma significação, não específica *x ou y*, mas a *significação* ela mesma. A operacionalidade plástica e distributiva do falo permite que ele faça parte de uma experiência de discurso. É em virtude dessa plasticidade e de sua distribuição sucessiva que Lacan pode aproximá-lo do desejo em seu funcionamento metonímico. É desse encontro entre desejo metonímico e um objeto sempre em falta que se torna viável a articulação deles com o sexual. Por ser aquilo que permite o conjunto de significações, o falo passa a ser entendido também como um significante privilegiado (Lacan, [1958] 1998). Consequentemente, o Falo é o significante privilegiado do desejo e, por estar fora da cadeia, como exceção, rege a ordem significante e define o regime de significação. O falo não é um objeto que se tem ou não. É o nome daquilo que regula a significação que damos às coisas. Numa orquestra ele não toca nenhum instrumento. De costas para o público e de fora da orquestra, faz a sua regência.

Vale lembrar que, se o falo é o significante do desejo, como exceção e falta, ele é também índice de uma falta-a-ser e da barra que divide o sujeito. Portanto, é necessário compreender a aproximação do Falo com a noção de mal-estar do desejo e seus correlatos. A pergunta de Freud ([1930] 2010), em *O mal-estar na civilização*, sobre qual é o sentido da vida, bem como uma pergunta possível feita pelo sujeito de quem ele é, não podem ser respondidas devido a essa falta na dialética significante que torna impossível esgotar a significação do ser.

Será somente nos anos de 1970, mais claramente em *O seminário, livro 20*: *Mais, ainda*, que aparecerá em Lacan ([1972-1973] 1985) o conceito de gozo fálico, embora ele já pudesse ser pensado a partir de referências anteriores. "O gozo fálico é o obstáculo pelo qual o homem não chega, eu diria, a gozar do corpo da mulher, precisamente porque o de que ele goza é do gozo do órgão" (p. 15). O antagonismo entre prazer, desejo e significante funciona como moderador do gozo no corpo. São modos de temperar, localizar e limitar o excesso de gozo no corpo, tornando-o sexual. Em uma cena do filme *Cisne negro* (2010), dirigido por Darren Aronofsky, Nina, a protagonista, está num ato sexual com uma colega bailarina; é possível vermos sua perplexidade e estranhamento com o que se passa no seu corpo, que parece sofrer influências e modificações. A cena não retrata uma reação de prazer ou de desejo sexual, muito menos uma alusão a um orgasmo. Um estranhamento toma conta de Nina, decorrente de uma não moderação do gozo no corpo que permitiria extrair dali os efeitos de significação de um encontro sexual. O gozo fálico é um modo de Lacan formalizar uma cifragem linguageira do gozo no corpo que o modera, limita e localiza. A ausência de um gozo fálico possível, dada a foraclusão do Nome-do-Pai e a consequente não inscrição do significante do gozo (Φ), coloca Nina em face de uma experiência como essa, com seus desdobramentos dos retornos no real daquilo que foi foracluído do simbólico.

A lei da linguagem faz as núpcias do desejo com a primazia do Falo como significante para dar ao gozo sua significação fálica. Com isso, o sujeito, sob a inscrição da metáfora paterna, se vê casado a contragosto com o gozo fálico. É nesse sentido que se pode dizer que é um gozo parasitário. É um gozo que não tem como ser obtido sem uma abertura ao Outro, o que contribui para sua peculiar participação em um ideal de felicidade inalcançável.

É por isso que a analisabilidade do sintoma está estreitamente ligada ao fato de o gozo ser ou não da ordem do gozo fálico. Este, entendido como o gozo do *blá-blá-blá* (Lacan, [1972-1973] 1985) devido à sua cifra significante, é o que casa o sujeito com o mal-estar e ao mesmo tempo promove uma abertura para a analisabilidade. É pelo matrimônio com o gozo fálico que o ser falante opta pela fala, numa aposta de obtenção de um gozo mais apaziguador.

Para Lacan, a sexualidade é uma construção social. Porém, frente ao sexual não há sentido, norma ou qualquer prescrição que baste. O sexual é sempre opaco e impermeável às operações representacionais, por essa razão, é um espaço propício para experiências de despossessão. Ou seja, o sexual não é onde o Eu se reconhece e encontra formas identitárias. É onde ele se vê despossuído de sua propriedade – para nos valermos de uma expressão de Marx.

Uma das funções do falo é justamente a de permitir o enfrentamento do desejo em sua dinâmica social com sua opacidade diante do sexual. O falo não é uma positividade distributiva de regras, é um símbolo que organiza possibilidades de posições subjetivas. Por só poder ser pensado a partir do complexo de castração, ele:

> numa regulação do desenvolvimento que dá a esse primeiro papel sua "ratio", ou seja, a instalação, no sujeito, de uma posição inconsciente sem a qual ele não poderia identificar-se com o tipo ideal de seu sexo, nem tampouco responder, sem graves incidentes, às necessidades de seu parceiro na relação sexual, ou até mesmo acolher com justeza as da criança daí procriada (Lacan, [1958] 1998, p. 692).

A posição com relação ao sexo na toxicomania ou na inibição dele em homens alcoolistas, os desencontros e impasses entre casais, familiares, filhos, não dizem de princípios morais pervertidos ou insensibilidades. São efeitos clínicos desse apagamento proporcionado pelo uso da droga que "zerifica" o falo, mais do que da droga em si. Algumas drogas se mostram particularmente propícias a usos partilhados, comuns, e até mesmo podem ser facilitadoras de condutas sociais. Podemos dizer que sempre se deve beber vinho em boa companhia, ou que a presença da cerveja em diversas situações lúdicas e de relaxamento mostram que se pode beber para comemorar, festejar, esquecer, partilhar momentos. Tal como se pode fumar baseado numa roda, compartilhado, passado de mão em mão. Sem dúvida a droga e o álcool podem servir a formas de trocas sociais. Assim como seringas e cachimbos compartilhados foram e ainda são alvo de programas de saúde pública e de redução de danos devido a riscos de contaminação por HIV, sífilis, hepatite etc. Estes últimos turvam as conclusões de que existam drogas que em si sejam um pouco mais ou um pouco menos de natureza social.

À guisa de uma breve pausa...

Não é possível estabelecer um quadro classificatório de uma etiologia da toxicomania: hereditariedade, problemas familiares, depressão, precariedades, vulnerabilidade mesmo que social. Tal inviabilidade não decorre apenas da variabilidade. Ao se jogarem dados sobre a mesa, inspirados em Mallarmé, há um intervalo de tempo em que eles ainda estão suspensos, antes de cair. Qualquer número dentre aqueles disponíveis nos dados e quaisquer combinações possíveis desses números é ainda mera conjectura. Porém, uma vez caídos os dados sobre a mesa, tanto os números quanto a combinação não podem ser outros, senão estes. Não há um resultado prévio ao lançamento. Ele só se manifesta quando os dados param. A toxicomania não é o resultado de uma vulnerabilidade social, ou de uma família fragmentada, ou de uma ausência de diálogo. Estes não são fenômenos embrionários de um vício a se manifestar posteriormente. Os dados parados sobre a mesa incluem a contingência, são o resultado de um movimento de lançamento que antes de pararem sobre a mesa contêm a potência dos possíveis. Outra combinação seria verdadeira se não fosse esse o resultado. O jogador não pode pedir para mudar a aposta depois que a roleta já parou nem enquanto ela gira. Há um real em jogo na escolha da droga, na eleição da toxicomania. Não se pode excluir a contingência de qualquer modo de inteligibilidade clínica da escolha do sujeito pela droga. Até mesmo porque o próprio sujeito se confunde com o contingente. Klaus, personagem da série *The Umbrela Academy* (2019), confunde-se com sua resposta frente ao encontro insuportável com a morte e os mortos. Mantém-se drogado como uma forma de se livrar desses encontros. A contingência marca tanto algo do sujeito quanto de sua escolha, ambos como saídas para um impossível. Klaus desposa um matrimônio involuntário de se ver sempre com um encontro marcado com a morte e os mortos. Isso é tão central no seu modo de vida que o nomeia dentre os integrantes daquele seleto grupo. Ele é o que *fala com os mortos*. A droga foi o medicamento que ele elegeu para romper com aquele modo de gozo. Não importa a droga, qualquer uma que lhe garanta tal ruptura lhe cabe bem.

Entretanto, isso não apaga outras variáveis importantes. No início da década de 1970, a mesma década em que Lacan formula seu conceito de droga, o então presidente dos Estados Unidos, Richard Nixon, fez um pronunciamento dizendo que as drogas eram o *inimigo público número um*. Em função disso se cunhou a expressão "guerra às drogas", cuja iniciativa envolvia um conjunto de políticas de combate às drogas que incluíam armamentos e intervenção militar. Contudo, um de seus principais efeitos sociais e políticos foi a criminalização de jovens negros norte-americanos, que ocorreu simultaneamente a uma explosão de drogas psicotrópicas prescritas por médicos a homens brancos (Davis, 2009). A guerra às drogas foi muito mais uma política de segregação e criminalização racial do que uma política de drogas. No Brasil a intervenção repressiva ao uso de drogas ocorre nas regiões de vulnerabilidade social, e não nos condomínios de luxo. A Lei de Drogas (Lei nº 11.343, de agosto de 2006), aprovada no Brasil, teve um impacto direto no hiperencarceramento que levou nosso país a ser a terceira maior população carcerária do mundo. Na década de 2010, 28% dos crimes cometidos pelos detentos são por tráfico de drogas, um terço da população carcerária. De 2006 a 2014, em oito anos, o encarceramento aumentou em 200 mil pessoas, enquanto, nos 15 anos anteriores a essa lei, o aumento foi de apenas 27 mil. Sobretudo, incidiu sobre um perfil inequívoco de homens e mulheres jovens, negros e negras, pobres e em vulnerabilidade social. Uma clínica lacaniana da toxicomania não pode fechar os olhos e se recusar a escutar que o acesso às drogas, bem como os diferentes discursos a seu respeito, podem encapsular outros modos de políticas repressivas e segregacionistas.

A toxicomania e o alcoolismo aparecem como representações do imaginário social de um indivíduo que perdeu a consciência de si, que se desviou de si mesmo, alienado e desprovido de sua individualidade, autonomia, liberdade, a um só tempo ideais e alicerces de um tipo de razão predominante. O curioso é que tal independência sustenta a noção de dependência. É pela independência em relação ao pacto feito em torno da centralidade desses conceitos que ele é visto como dependente. Essa independência, traduzida como dependência, autoriza e legitima medidas coercitivas tais como as internações compulsórias. Mas é justamente essa condição da toxicomania e desse sujeito em questão, desalojados ambos de uma identidade empírica reflexiva, de um pensamento sem qualidades, que estabelece a mencionada afinidade com a clínica e a teoria psicanalítica. Aqui não há nenhuma contradição a ser superada. Portanto, o tratamento da toxicomania, assim como da psicose, ou do autismo, por exemplo, não são tarefas díspares daquilo a que se propõem tanto a teoria quanto a clínica psicanalítica lacaniana.

Há um sujeito, embora não haja consciência. Seja ele toxicômano ou não. Há um pensamento que é disjunto de toda qualidade, sob uso de substância ou não. Há um estado de intoxicação pela linguagem, pela libido, pelo gozo, mesmo sem o consumo da droga. Para esse estado não há tratamento de desintoxicação que mostre sua efetividade. Eis uma condição de parentesco e afinidade entre psicanálise e psicopatologia.

A razão neoliberal (Dardot; Laval, 2016) faz da autonomia, da identidade e da individualidade alguns dos valores essenciais para a figura do sujeito gestor e gerente de si mesmo. Esse empresário de si, naturalmente, é refratário às figuras do desconhecimento próprio e das formas de experiência trágica de indeterminação. Em decorrência disso, a imagem do toxicômano no imaginário social e sobretudo na razão neoliberal resta como uma incômoda mancha no espelho. Ele é a um só tempo produto da junção da ciência e do mercado, o consumidor ideal dotado da fidelidade ao objeto de consumo, e simplesmente o consumidor impermeável à diversidade das prateleiras virtuais ou não. Alguém que, paradoxalmente, em sua identidade garantida e apoiada no objeto, mostra-se como o extremo da autonomia, da individualidade e independência. Frente ao mercado, aos ideais coletivos e às figuras máximas da razão neoliberal, ele se mostra indiferente, e por isso mesmo autônomo e independente das normatividades desse regime da razão. O extremo de sua individualidade é a rejeição dos ideais compartilhados de autogestão. A representação que recebe do Outro como dependente, doente, sem individualidade e sem vontade própria é um dos modos de essa razão fazer sua partilha entre normal e patológico. Para a razão neoliberal, não bastam enunciados positivos acerca dos padrões de conduta nem a afirmação do indivíduo empresário e gestor de si mesmo. Ela se vale igualmente de um procedimento de controle e gestão daquilo que pode funcionar como marcador do oposto de seu padrão ouro. Nesse sentido, o incentivo a internações compulsórias a usuários de crack, políticas públicas de internação e intervenções disciplinares nas chamadas cracolândias representam menos um retrocesso na reforma psiquiátrica e luta antimanicomial, e mais um procedimento essencial para o regime da razão autogestora. A razão neoliberal afirma que o homem é empresário de si mesmo, sua identidade, sua autonomia, ela assevera isso, sobretudo, quando intervém disciplinarmente nas figuras que são o contraponto da identidade, da autonomia e da autogestão. A internação compulsória serve mais à razão neoliberal do que ao usuário de crack.

O discurso científico extrai qualquer forma e possibilidade de atribuição valorativa a um saber enigmático advindo dessa operação do uso das drogas. A extração de sentido produzida pela razão moderna em relação à loucura, para usarmos o termo de Foucault, condenando-a ao silêncio e ao erro, também impede que, em relação ao uso de drogas, seja pensado algo que se aproxime de uma experiência ou de que um discurso possa se produzir a partir daí. "Dependência química", por exemplo, é uma denominação que aponta para uma exclusão, ou foraclusão, de um saber, de um pensamento, de uma experiência, enfim, de um sujeito. Aponta, na verdade, para um assujeitamento, que não é em si um problema. Posto que um sujeito pode, por definição, ser assujeitado ao significante, às normas sociais, ao processo civilizatório. Toda teoria psíquica do poder, ou sobre o problema político do poder, deverá levar em consideração a relação estrutural do sujeito em relação às formas de assujeitamento e alienação. Portanto, o que está em jogo não é a crítica a uma concepção de subjetividade em que o sujeito se veja assujeitado, mas sim uma crítica à concepção de uma sujeição que se dá exclusivamente com marcadores químicos e que resultem na exclusão do conceito de sujeito.

A exemplo da completa extração da dimensão trágica do interior da experiência da loucura, a toxicomania pensada como dependência química é destituída de qualquer dimensão trágica. Freud não poderia ter construído uma chave de leitura para o processo de socialização e entrada na ordem simbólica que prescindisse da tragédia. Um dos valores fundamentais do Édipo em Freud não reside apenas na sua narrativa romantizada de uma dinâmica familiar. Esta é importante como um diagnóstico sobre o modo e a gramática da socialização do homem moderno. Não versa sobre os ideais de uma família que reproduz seu modo de vida e seus valores – que, na falta destes, teria como um dos efeitos colaterais, por exemplo, o adolescente que numa família com problemas procuraria a droga. Diz de algo que, mesmo sendo impossível de representar, ainda é transmitido pelos laços que compõem esse primeiro acesso ao processo de socialização. Um traço essencial transmitido pelo Édipo, em Freud, extrai seu valor da versão de Sófocles. Portanto, é menos o romance familiar que interessa destacar, e mais a impossibilidade de síntese entre o que se sabe e o que não se sabe, entre o pensamento e o não pensamento, entre *pathos* e saber. Em outras palavras, sua dimensão trágica.

A experiência trágica da impossibilidade de conceber um saber separado do *pathos*, higienizado, depurado, *desintoxicado, limpo*. Édipo não teve como escapar aos desígnios do herói trágico, que paga com o próprio corpo os efeitos dessa impossibilidade de síntese. Pensar uma toxicomania apartada de uma experiência trágica, como querem as leituras da *dependência química*, implica a exigência de entendê-la como um fenômeno sem sujeito. Uma das consequências disso pode ser o apoio irrestrito a políticas de internação compulsória, a tratamentos restritos ao conceito de abstinência, a políticas de segurança pública e a discursos totalitários.

O projeto da razão moderna de consolidação do silêncio da loucura como seu Outro paulatinamente vai encontrando na droga, sobretudo na segunda metade do século XX, e ainda mais após os anos 1960/1970, um dos seus caminhos mais promissores. Se a loucura foi transformada em doença mental, o uso de drogas também foi tomado como um objeto de conhecimento científico, objeto do discurso jurídico, problema de polícia, objeto de políticas coercitivas de Estado, problema de saúde, alvo de ações e práticas religiosas, entre outras. Como exemplo, a passagem da droga como assunto de segurança pública para um assunto de saúde no Brasil, embora fundamental, não é definitivo nem uma conquista consolidada, visto que com frequência sofre abalos ou ameaças.

Retomar a noção de experiência trágica para pensar a toxicomania também tem a vantagem de recolocar a questão: o uso de drogas é normal ou patológico? Uma resposta mais imediata e simples demarca que o uso da droga em si mesmo não é patológico. Há vários modos de uso da droga que estão, inclusive, inseridos em rituais e celebrações tanto sociais quanto religiosas. O que difere um usuário esporádico ou regular da droga de um toxicômano não pode ser medido meramente por marcadores estatísticos. É preciso recuperar o discurso desses sujeitos e, a partir dele, compor uma narrativa singular com seus próprios marcadores. Por outro lado, resgatar a ideia da experiência trágica desfaz o limite claro entre normal e patológico, tendo em vista que tal dimensão trágica não se refere ao Outro da saúde. Não é um nome diferente dado ao essencialismo ou à normatividade daquilo que concebemos como normal. Não é do Outro da minha regra identitária, nem de um outro diferente de mim mesmo. O patológico como nome do gozo diferente do meu. Acolher uma dimensão enigmática na toxicomania é acatar a condição de que o negativo não é a exterioridade da razão identitária, e sim de que toda experiência da razão contém em si mesma uma possível experiência de negatividade sem que seja externa de origem. É o Outro como alteridade que concerne ao próprio sujeito. Não de uma sociedade de indivíduos de bem de um lado e de drogados de outro, mas sim de sujeitos atravessados pelo discurso, pela linguagem e que, por isso, não são senhores de suas próprias casas. Despossuídos de sua propriedade, às voltas com um casamento involuntário com o mal-estar, são transeuntes ora em busca de sentido na vida, ora em busca de mais uma dose.

Referências

AGAMBEN, G. *O que resta de Auschwitz*: o arquivo e a testemunha (Homo Sacer III). Trad. Selvino J. Assmann. São Paulo: Boitempo, 2008.

BAUDELAIRE, C. *O poema do haxixe*. Rio de Janeiro: Newton Compton Brasil, 1996.

BENJAMIN, W. *Imagens do pensamento/Sobre o haxixe e outras drogas*. Belo Horizonte: Autêntica, 2013.

BERCHERIE, P. *Os fundamentos da clínica: história e estrutura do saber psiquiátrico*. Rio de Janeiro: Jorge Zahar, 1989.

CIDADE de Deus. Direção: Fernando Meirelles. Produção: Andrea Barata Ribeiro e Maurício Andrade Ramos. Brasil: Lumière Brasil e Miramax 2002. 1 DVD (130 min).

CISNE negro. Direção: Darren Aronofsky. Produção: Scott Franklin, Mike Medavoy, Arnold Messer, Brian Oliver. Estados Unidos: Fox Searchlight Pictures, 2010. 1 DVD (108 min).

DAVIS, A. *A democracia da abolição: para além do império, das prisões e da tortura*. Rio de Janeiro: Difel, 2009.

DARDOT, P.; LAVAL, C. *A nova razão do mundo: ensaio sobre a sociedade neoliberal*. São Paulo: Boitempo, 2016.

DRUGSTORE Cowboy. Direção: Gus Van Sant. Produção: Karen Murphy, Cary Brokaw, Nick Weschler. Estados Unidos: International Video Intertainment, Avenue Pictures 1989. 1 DVD (102 min).

EY, H.; BERNARD, P.; BRISSET, C. *Manual de psiquiatria*, 5. ed. Rio de Janeiro: Masson do Brasil; Atheneu, 1988.

FOUCAULT, M. *O nascimento da clínica* [1963]. Rio de Janeiro: Editora Forense-Universitária, 1977.

FREDA, H. *Coletânea de textos sobre toxicomania e alcoolismo*. Belo Horizonte: Circulação Interna do Centro Mineiro de Toxicomania, 1993.

FREUD, S. A moral sexual "cultural" e o nervosismo moderno [1908]. *In*: *O delírio e os sonhos na Gradiva, análise da fobia de um garoto de cinco anos e outros textos (1906-1909)*. São Paulo: Companhia das Letras, 2015. p. 359-389. (Obras Completas, 8).

FREUD, S. Análise da fobia de um garoto de cinco anos ("O pequeno Hans") [1909]. *In*: *O delírio e os sonhos na Gradiva, análise da fobia de um garoto de cinco anos e outros textos (1906-1909)*. São Paulo: Companhia das Letras, 2015. p. 123-284. (Obras completas, 8).

FREUD, S. Carta 79 [1987]. *In*: *Publicações pré-psicanalíticas e esboços inéditos (1886-1889)*. Rio de Janeiro: Imago, 1990. p. 374-376. (Edição Standard Brasileira das Obras Psicológicas Completas de Sigmund Freud, I).

FREUD, S. O mal-estar na civilização [1930]. *In*: *O mal-estar na civilização, novas conferências introdutórias à psicanálise e outros textos*. São Paulo: Companhia das Letras, 2010. p. 13-122. (Obras Completas, 18).

FREUD, S. Por que a guerra? [1932]. *In*: *O mal-estar na civilização, novas conferências introdutórias à psicanálise e outros textos*. São Paulo: Companhia das Letras, 2010. (Obras Completas, 18).

FREUD, S. Projeto para uma psicologia científica [1895]. *In*: *Publicações pré-psicanalíticas e esboços inéditos (1886-1889)*. Rio de Janeiro: Imago, 1996. p. 386-529. (Edição Standard Brasileira das Obras Psicológicas Completas de Sigmund Freud, I).

FREUD, S. Sobre a mais geral degradação da vida amorosa [1912]. *In*: *Amor, sexualidade, feminilidade*. Belo Horizonte: Autêntica, 2018.(Obras Incompletas de Sigmund Freud, 7).

LACAN, J. A significação do falo [1958]. *In*: *Escritos*. Rio de Janeiro: Jorge Zahar, 1998. p. 692-703.

LACAN, J. Jornada de estudo dos cartéis da Escola Freudiana: sessão de encerramento [1975]. *Documentos para uma Escola – Letra Freudiana*, Rio de Janeiro, ano I, n. 0, [s.d.]. Circulação interna.

LACAN, J. Joyce, o sintoma [1975]. *In*: *Outros escritos*. Rio de Janeiro: Jorge Zahar, 2003. p. 560-566.

LACAN, J. O lugar da psicanálise na medicina [1966]. *Opção Lacaniana: Revista Brasileira Internacional de Psicanálise*, São Paulo, n. 32, p. 8-14, 2001.

LACAN, J. Os complexos familiares na formação do indivíduo [1938]. *In*: *Outros escritos*. Rio de Janeiro: Jorge Zahar, 2003. p. 29-90.

LACAN, J. *O seminário, livro 17: O avesso da psicanálise* [1969-1970]. Rio de Janeiro: Jorge Zahar, 1992.

LACAN, J. *O seminário, livro 20: Mais, ainda* [1972-1973]. Rio de Janeiro: Jorge Zahar, 1985.

LAURENT, E. Tres observaciones sobre la toxicomania. *In*: *Sujeto, goce y modernidad II: fundamentos de la clínica*. Buenos Aires: Atuel – TyA, 1994.

LEVI, P. É isto um homem? Rio de Janeiro: Rocco, 1988.

SAFATLE, V. *Introdução a Jacques Lacan*. Belo Horizonte: Autêntica, 2017.

SANTIAGO, J. *A droga do toxicômano: uma parceria cínica na era da ciência*. 2. ed. rev. Belo Horizonte: Relicário, 2017.

TEIXEIRA, A.; CALDAS, H. (Org.). *Psicopatologia lacaniana. Volume 1: Semiologia*. Belo Horizonte: Autêntica, 2017.

THE UMBRELLA Academy. Desenvolvido por: Steve Blackman, Jeremy Slater. Produção: Kevin Lafferty, Sneha Koorse. Estados Unidos: Borderline Entertainment, Dark Horse Entertainment, Universal Cable Productions, 2019. (10 episódios).

TRAINSPOTTING. Direção: Danny Boyle. Produção: Andrew MacDonald. Inglaterra: Channel Four Films, Figment Films, The Noel Gay Motion, Picture Company, 1996. 1 DVD (93 min).

A solução perversa

Francisco Paes Barreto

As estruturas clínicas psicanalíticas (neurose, perversão, psicose) derivaram de categorias psiquiátricas correspondentes (neuroses, perversões, psicoses funcionais). Miller (1997, p. 125) comenta que "a clínica fundamental é psiquiátrica, inclusive para a psicanálise, uma herança dela, talvez pesada, da qual devamos nos desfazer".

Tomando como ponto de partida a perversão, é o caso de perguntar: de que maneira a estrutura clínica psicanalítica derivou da categoria clínica psiquiátrica? Por que se trata de herança pesada, da qual se deve desvencilhar?

As perversões na psiquiatria clássica

A psiquiatria clássica é o período que se estende de Pinel (1745-1826) a Clérambault (1872-1934), na escola francesa, e de Griesinger (1817-1868) a Kraepelin (1856-1925), na escola alemã, autor este com o qual a psiquiátrica clássica atingiu seu apogeu.

Na história das classificações psiquiátricas, o estudo da sexualidade foi empreendido apenas a partir da segunda metade do século XIX, no plano psicopatológico que incluía o conjunto das *perversões sexuais*.

Na escola francesa, Magnan, em 1885, faz uma primeira abordagem global das perversões sexuais, sendo sua concepção impregnada da noção de *degeneração* (teoria de Morel que admite degradação moral que se transmite por hereditariedade genética) (Porot, 1967, p. 473).

Pouco mais tarde, ainda na escola francesa, Ball vê, nas perversões, sexualidade que se encontra em contradição direta com a natureza e que vai contra o fim a que esta se propõe. E as classifica do seguinte modo: 1) perversões com relação ao objeto: homossexualismo, pedofilia, necrofilia, bestialidade; 2) perversões com relação aos meios: fetichismo, sadismo, masoquismo; 3) perversões cuja satisfação completa é inseparável dos atos preparatórios do coito normal: voyeurismo, exibicionismo etc. (Porot, 1967, p. 473).

A obra fundamental desse período, no entanto, é a de Krafft-Ebbing, da escola alemã, cujo título é *Psychopathia sexualis*. Sua primeira edição veio à luz em 1866 (Alonso Fernandez, 1968, p. 137). Para o autor, a maior parte das aberrações sexuais, tal como as psicopatias, são afecções constitucionais e hereditárias, que pertencem ao tronco das chamadas "degenerações". A homossexualidade, por exemplo, é congênita em todos os casos. A disposição natural é o fator determinante, e não a educação. Não existe uma homossexualidade adquirida.

Outro aspecto de suas concepções: uma disposição bissexual dá ao indivíduo centros cerebrais masculinos e femininos, assim como órgãos sexuais somáticos de ambos os sexos. Tais centros se desenvolvem até a época da puberdade, sob a influência da glândula sexual (Freud, 1972, p. 143). As tentativas de correlacionar o que ocorre no nível biológico com o que ocorre no nível psíquico, porém, trouxeram resultados sofríveis, e a ideia de um hermafroditismo anatômico correu de forma independente da ideia de um hermafroditismo psíquico.

Krafft-Ebbing estuda as perversões sexuais e particularmente o sadismo, o masoquismo e o fetichismo. No sadismo e masoquismo ressaltou a associação de prazer com humilhação ou sujeição, nas formas ativa e passiva, respectivamente. Outros autores preferiram destacar a associação de prazer com dor, à qual denominaram *algolagnia* (Freud, 1972, p. 159). Krafft-Ebbing é considerado um grande psiquiatra clássico, contemporâneo e muito citado por Freud.

Outro autor de importância fundamental nesse período foi o britânico Havelock Ellis, com destaque para seus estudos sobre homossexualismo e transgêneros. A simples escolha desses temas já traz para seus escritos uma marca de originalidade.

Uma de suas contribuições destaca a presença de um acontecimento infantil como determinante da direção da libido (Freud, 1972, p. 140), o que contrasta com as postulações rigidamente constitucional-hereditárias da época.

Havelock Ellis discordou também da tendência geral em sua época a considerar a inversão sexual como signo de degeneração ou degradação moral. Entre os homossexuais encontram-se, pelo contrário, pessoas com grande desenvolvimento intelectual e elevada cultura ética.

Havelock Ellis foi, ainda, introdutor dos termos "autoerotismo" e "narcisismo", incorporados e desenvolvidos pela psicanálise (Freud, 1972, p. 186).

Em síntese, no período clássico da psiquiatria uma definição geral das perversões inclui toda tendência a buscar a satisfação sexual fora da cópula fisiológica com um sujeito da mesma espécie e do sexo oposto. E a tendência preponderante considera a perversão como degeneração, ou seja, degradação moral e constitucional (Barreto, inédito).

Freud: as perversões

A psiquiatria clássica, portanto, concebe as perversões de forma totalmente descritiva e normativa. Freud, sem dúvida, parte da concepção psiquiátrica, mas ultrapassa a visão descritiva e a perspectiva normativa.

Uma primeira inflexão está relacionada com a descoberta da sexualidade infantil, e mais do que isso, com o reconhecimento, na criança, de disposição perversa polimorfa, na medida em que existe, nela, prevalência das pulsões parciais. Na idade adulta, tais tendências perversas estariam presentes nos prazeres preliminares do ato sexual. E as perversões sexuais seriam resultado de fixação ou regressão da libido.

Por outro lado, para Freud, a chamada sexualidade normal não é própria da natureza humana. O interesse exclusivo do homem pela mulher é problema que também precisa ser esclarecido. Além disso,

> A pesquisa psicanalítica se opõe com o máximo de decisão que se destaquem os homossexuais, colocando-os em um grupo à parte do resto da humanidade, como possuidores de características especiais. Estudando as excitações sexuais, além das que se manifestam abertamente, descobriu que todos os seres humanos são capazes de fazer uma escolha-de-objeto homossexual e que na realidade o fizeram no seu inconsciente (Freud, 1972, p. 146).

Conforme escreveu na sua famosa "Carta a uma mãe americana":

> A homossexualidade não é, certamente, nenhuma vantagem, mas não é nada de que se tenha de envergonhar, nenhum vício, nenhuma degradação, não pode ser classificada como doença; nós a consideramos como uma variação da função sexual (Jones, 1970, p. 738-739).

Nos *Três ensaios sobre a teoria da sexualidade*, um comentário sobre a origem da inversão sexual tem sido destacado:

> Em todos os casos que examinamos, expusemos o fato de que os futuros invertidos, nos primeiros anos de sua infância, atravessam uma fase de fixação muito intensa, mas muito curta, em uma mulher (geralmente sua mãe) e que, depois de ultrapassada esta fase, identificam-se com uma mulher e se consideram, *eles próprios,* seu objeto sexual. Isto é, partem de uma base narcísica e procuram um rapaz que se pareça com eles próprios e a quem *eles* possam amar como eram amados por sua mãe (Freud, 1972, p. 145, nota de rodapé).

Além da inversão sexual, Freud se deteve no sadismo e masoquismo e no fetichismo.

A ligação entre sadismo e masoquismo já havia sido percebida por Krafft-Ebbing. Freud fez do sadismo e do masoquismo duas vertentes da mesma perversão, uma na forma ativa e outra na forma passiva. A partir daí o par antitético ativo-passivo passou a caracterizar toda e qualquer pulsão. Sadismo e masoquismo tornaram-se, também, exemplos de fusão ou intrincação das pulsões.

No fetichismo, Freud chama a atenção para duas operações. A primeira é a clivagem (*Spaltung*) do eu, segundo a qual coexistem duas atitudes psíquicas contraditórias em relação à realidade, uma de afirmação e outra de negação de algum aspecto. A segunda é a recusa (*Verleugnung*), intimamente relacionada com a clivagem, mas que se traduz fundamentalmente como recusa da castração (Freud, 1974, p. 180).

No seu texto sobre "Fetichismo", propõe que o fetiche (por exemplo, atração sexual pelos pés ou peças íntimas de uma mulher) é um substituto para o pênis; não um pênis qualquer, mas um pênis específico e muito especial, que foi extremamente importante na primeira infância, mas posteriormente perdido: o pênis da mãe no qual o menininho outrora acreditou (Freud, 1974, p. 179).

Lacan: a perversão

Com Lacan é importante destacar, em primeiro lugar, a elevação da perversão ao estatuto de estrutura clínica. Freud já havia identificado o recalque (*Verdrängung*) como a operação estruturante fundamental da neurose. A leitura lacaniana associa a foraclusão (*Verwerfung*) à psicose, e a recusa ou desmentido (*Verleugnung*) à perversão, estabelecendo, assim, as três estruturas clínicas básicas.

A tríade neurose – perversão – psicose marca o primeiro ensino de Lacan, a partir de três diferentes estratégias de relação com a castração.

O psicótico não a inscreve; o neurótico faz sua inscrição mas a esquece; e o perverso registra a castração com dupla postura: por um lado a reconhece e por outro lado a nega.

Como a psicanálise concebe a castração? O tema chamou a atenção de Freud a partir das teorias sexuais infantis. As crianças, inicialmente, atribuem um pênis a todos os seres humanos; em certo momento, descobrem que as mulheres (e principalmente sua mãe) não possuem. Descoberta que é atribuída à castração e que é traumática, devido ao alto investimento narcísico do pênis e a sua importância na dialética subjetiva (é melhor então a designação *falo*, referindo-se pênis ao órgão anatômico). A menina, portanto, é tida como castrada, e o menino teme que o mesmo lhe aconteça.

As três estruturas clínicas, portanto, têm a ver com a castração e, consequentemente, com o falo. Freud já havia assinalado que o neurótico reage com angústia frente à castração do Outro; ele vacila entre aceitá-la e não a aceitar. Para Lacan, o psicótico simplesmente rejeita (foraclui) a castração. E para o perverso, na perspectiva lacaniana, a mulher tem e não tem pênis; a castração é simultaneamente registrada e desmentida (Barreto, 2016, p. 127). O fetiche comemora o desmentido, no âmbito dessa clivagem da posição subjetiva. O fetiche, como substituto do falo da mãe, é um véu que protege o perverso da angústia.

Concluindo esta parte: a posição perversa equivale à identificação do sujeito com o falo.

Quadro 1: Clínica lacaniana

Estruturas clínicas	Operações estruturantes	Grande outro
Neurose	Recalque (*Verdrängung*)	**A** ou **A/**?
Perversão	Desmentido (*Verleugnung*)	**A** e **A/**
Psicose	Foraclusão (*Verwerfung*)	**A**

Cabe considerar a perversão mais além da questão castração – falo – fetiche e desde a perspectiva do objeto *a*. Eis a diferença entre a estrutura da fantasia fundamental do perverso e do neurótico: o objeto *a*, no caso do perverso, está do seu lado, enquanto, no caso do neurótico, está no campo do Outro. Ou seja, em posição de objeto, o perverso se oferece lealmente à vontade de gozo do Outro (Furman, 2008, p. 103).

Em *O seminário, livro 10: A angústia*, Lacan (2005) define o perverso como o que causa a angústia do Outro. Isso se deve, fundamentalmente, à condição do perverso como um sujeito que se põe em posição de objeto de gozo, dividindo o Outro e despertando sua angústia. A posição perversa como identificação com o objeto implica dizer que o perverso não se divide, não se angustia (a angústia fica do lado do Outro), não enfrenta inibições. Por tal identificação com o objeto um perverso não chega a se *partenaire* de outro perverso. O *partenaire* do perverso é o neurótico.

Um exemplo clínico. Um sujeito procura um analista e lhe diz: "A partir de agora você tem uma missão; a missão que você tem é a de salvar-me a vida". E acrescenta: "Mas, quero que você saiba muito bem que encarno as forças do mal" (Sinatra, 2008, p. 65 ss.). Trata-se de fragmentos de análise de um perverso que ilustram bem tudo o que está sendo dito. Considere-se apenas este início. O sujeito coloca-se como objeto dos cuidados do analista, atribuindo-lhe uma missão. E que missão! Salvar-lhe a vida. O analista, em tese, é responsável pelo que lhe acontecer, e ele encarna as forças do mal! Eis o objeto dividindo o Outro e causando-lhe angústia. Situação muitíssimo comum. Quantas mães se exasperam por serem "responsáveis" pela vida de seus filhos que encarnam todos os desvarios possíveis?!

Em *O seminário, livro 16: De de um Outro ao outro*, Lacan (2008) desenvolve plenamente outro aspecto esboçado desde antes: a especificidade da posição perversa como fazer-se instrumento do gozo do Outro. Confrontando novamente com o neurótico, observa-se que este se situa no contexto da dúvida, regido pelo desejo como sendo uma pergunta (*Che Vuoi?*). Já o perverso se situa no contexto de uma certeza, ele não vacila, ele goza. Poderia ser dito, então, que o perverso é um sujeito suposto saber gozar, que põe em ato o que o neurótico vive em fantasia.

Para exemplificar, considere-se um travesti que se oferece, como objeto, em lugar público. Ele está ali, inteiramente decidido, sabe o que propõe, sabe o que faz. Um neurótico passa por ali e o vê. Acredita estar vendo uma bela mulher sedutora. O neurótico vacila. Vale a pena? São tantos riscos... O objeto divide e angustia o sujeito. Numa outra hipótese, o neurótico percebe que é um travesti. Nem por isso as coisas ficam mais fáceis. Pelo contrário: uma bela mulher... com pênis. Não há como não reviver a primeira lembrança. Para quem vacila quanto à aceitação da castração, a angústia se põe. O perverso sabe gozar, o neurótico angustia-se e deprime-se.

Muitos psicanalistas acreditam na seguinte fórmula: se um perverso está em análise, então, não é perverso. Fórmula que é uma caricatura, ou uma anedota. Existem perversos em análise. Assim como existem perversos que nunca procurarão uma análise. Assim como existem neuróticos, ou psicóticos, que nunca procurarão uma análise. No entanto, é preciso discernir entre perversão e traços de perversão, ou eleição perversa de objeto. Mesmo com toda essa cautela, a questão tende a se modificar, como será visto no próximo capítulo.

Para a psicanálise, por conseguinte, a perversão não é questão normativa, é questão de estrutura. Conforme propõe Miller (1997, p. 357), a homossexualidade, por exemplo, pode ser encontrada na perversão, na psicose ou na neurose. "Quando um perverso homossexual está em análise por anos e anos, é um neurótico com eleição perversa de objeto".

Lacan: a *père-version*

Em outra ocasião, Miller (2012, p. 402-403) comenta: "A perversão é um termo questionável que foi posto por terra pelo movimento *gay*. Esta categoria tende a ser abandonada". Com efeito, com a liberação dos costumes, o que é considerado perversão foi sendo minimizado. Na época contemporânea, existe uma única perversão: a pedofilia.

Outro ponto importante é que, no último Lacan, a formalização da experiência muda sensivelmente, inclusive no que se refere à perversão. Enquanto o primeiro ensino de Lacan apresenta uma tripartição das estruturas clínicas, o último ensino caminha claramente para uma bipartição, na qual o binarismo é dado por NP sim (neurose) ou NP não (psicose).

O que resta da perversão? Restam os traços perversos, que podem estar presentes nas duas estruturas clínicas. E resta a *père-version*.

Père-version é um neologismo lacaniano. "Pode-se dizer: em direção ao pai, uma volta ao pai, um chamado ao pai, o que lembra que a perversão em nenhum sentido é uma subversão" (Miller, 2008, p. 119).

Para situar minimamente de que se trata, é preciso um inventário sobre as versões do pai em psicanálise.

Antes de prosseguir, uma digressão. O que é gozo e desejo para a psicanálise?

Gozo é a satisfação da pulsão. É preciso colocar acento na palavra *satisfação*. E desejo? Tem a ver com interdição da pulsão, ou, sendo mais preciso, com *insatisfação*. O gozo é não dialético: ou a pulsão é satisfeita, ou não é; e ponto final. Já o desejo é dialético. Por quê? Porque satisfazer o desejo é matar o desejo. Um desejo totalmente satisfeito é... gozo. É preciso satisfazer o desejo, sim, mas, sem matar o desejo. Ou, mantendo insatisfação: eis a dialética. Não há desejo sem insatisfação. Ou, sendo mais rigoroso: desejo é insatisfação. Desejo é desejo de desejo. Desejo é antinômico a gozo. Cabe, assim, a pergunta: no final de análise, há desejo ou gozo?

As versões do pai. A primeira versão do pai em Freud (1977, p. 351) é o pai perverso, da primeira teoria da sedução, quando ele exclama que "em todos os casos, o pai tinha de ser apontado como pervertido".

O nascimento propriamente dito da psicanálise coincide com a renúncia a essa postulação, com a consideração da fantasia como realidade psíquica, passando a outra cena para o primeiro plano. Via que abre espaço para que o pai freudiano se torne o pai morto, o pai do Édipo, formulado por Lacan como Nome-do-Pai, que, metaforizando o Desejo da Mãe, dá lugar a um *a mais* de significação, ou seja, o significante fálico.

Mais tarde, Lacan pluraliza os Nomes-do-Pai, pluraliza as possibilidades de suplência. E coloca o pai como função lógica. Encontra-se, ainda, no universal da função, não se trata da existência daquele que ocupa eventualmente um lugar como pai vivo, o que inclui aí uma questão de corpo (Gayard, 2016, p. 240).

Chega-se, então, à última formalização de Lacan: a *pére-version*. É preciso considerar dois aspectos fundamentais.

O primeiro é que é do pai em sua singularidade que se trata, ou de suas versões, tomadas uma a uma.

O segundo aspecto é que não se trata de um pai gozador nem de um pai morto (significante), mas de ambas as coisas, ou de um enodamento entre gozo e linguagem.

No seminário *O sinthoma* Lacan (2007, p. 21) afirma que "Perversão quer dizer apenas versão em direção ao pai" (*perversion* é homofônica de *père-version*). E, depois, acrescenta: "O pai é um sintoma, ou um sinthoma". O parágrafo que inclui as citações aborda o enlaçamento tetrádico do nó borromeu. "Pode-se então propor que a perversão é um modo de versão do pai e como tal uma versão sintomática que faz quarto nó ou suplência?" (Furman, 2008, p. 106). Essa é uma maneira de enunciar a solução perversa.

O último movimento, por conseguinte, aponta para a encarnação do pai, para sua singularização. A última versão do pai, a pai-versão, define-o como aquele que faz de uma mulher o objeto *a* que causa o seu desejo. Funda o pai não a partir da mãe, mas de uma mulher.

A *pére-version* lacaniana é diferente da perversão freudiana. A perversão freudiana aponta a desordem intrínseca da sexualidade humana, enquanto que a *père-version* é uma resposta a essa desordem, sendo, assim, uma perversão normalizadora (Mazzuca, 2011, p. 294), na medida em que enlaça o gozo com o significante. É um casamento do gozo com o desejo – sob mediação do amor – que se chama *vontade de gozo* algo que alia satisfação com insatisfação. É um modo de ir além do pai, servindo-se dele.

Referências

ALONSO FERNANDEZ, F. *Fundamentos de la psiquiatria actual. Tomo II: Las aberraciones sexuales*. Madrid: Paz Montalvo, 1968.

BARRETO, F. P. O casamento da histérica com o obsessivo. *In*: *O bem-estar na civilização*. Curitiba: Editora CRV, 2016.

BARRETO, F. P. *Sexualidade na história das classificações*. Inédito.

FREUD, S. Cartas a Fliess. Carta 69 [1897]. *In*: *Publicações pré-psicanalíticas e esboços inéditos (1886-1889)*. Tradução de J. Salomão. Rio de Janeiro: Imago, 1977. (Edição Standard Brasileira das Obras Psicológicas Completas de Sigmund Freud, I.)

FREUD, S. Fetichismo [1927]. *In*: *O futuro de uma ilusão, O mal-estar na civilização e outros trabalhos (1927-1931)*. Rio de Janeiro: Imago, 1974. (Edição Standard Brasileira das Obras Psicológicas Completas de Sigmund Freud, XXI).

FREUD, S. *Três ensaios sobre a teoria da sexualidade* [1905]. *In: Um caso de histeria, Três ensaios sobre a sexualidade e outros trabalhos (1901-1905)*. Rio de Janeiro: Imago, 1972. (Edição Standard Brasileira das Obras Psicológicas Completas de Sigmund Freud, VII).

FURMAN, M. La perversión como estrutura, como rasgo y como suplência. *In*: MILLER, J.-A. *et al. Psiquiatría y psicoanálisis 2: perversos, psicopatas, antisociales, caracterópatas, canallas*. Buenos Aires: Grama, 2008.

GAYARD, S. Pai-versões. *In*: SCILICET. *O corpo falante*. Rio de Janeiro: Escola Brasileira de Psicanálise, 2016.

JONES, E. *Vida e obra de Sigmund Freud*. Rio de Janeiro: Zahar, 1970, v. 2.

LACAN, J. *O seminário, livro 10: A angústia* [1962-1963]. Rio de Janeiro: Jorge Zahar, 2005. cap. XII.

LACAN, J. *O seminário, livro 16: De um Outro ao outro* [1968-1969]. Rio de Janeiro: Jorge Zahar Editor, 2008. cap. XVI.

LACAN, J. *O seminário, livro 23: O sinthoma* [1975-1976]. Rio de Janeiro: Jorge Zahar, 2007.

MAZZUCA, R. Perversão. *In*: SCILICET. *A ordem simbólica no século XXI*. Belo Horizonte: Escola Brasileira de Psicanálise; Scriptum, 2011.

MILLER, J.-A. A patologia da ética. *In*: *Lacan elucidado*. Rio de Janeiro: Jorge Zahar, 1997.

MILLER, J.-A. Efeito do retorno à psicose ordinária. *In*: *A psicose ordinária*. Belo Horizonte: Escola Brasileira de Psicanálise; Scriptum, 2012.

MILLER, J.-A. Fundamentos de la perversión. *In*: MILLER, J.-A. *et al*. *Psiquiatría y psicoanálisis 2: perversos, psicopatas, antisociales, caracterópatas, canallas*. Buenos Aires: Grama, 2008.

MILLER, J.-A. *Lacan elucidado*. Rio de Janeiro: Jorge Zahar, 1997.

POROT, A. *Diccionario de psiquiatria*. Barcelona: Labor, 1967.

SINATRA, E. La misión perversa. *In*: MILLER, J.-A. *et al*. *Psiquiatría y psicoanálisis 2: perversos, psicopatas, antisociales, caracterópatas, canallas*. Buenos Aires: Grama, 2008.

Psicossíndromes orgânicas

Paulo Teixeira

Introdução

O estudo da psicopatologia nos leva sempre a indagar quanto à existência de nexos causais entre sintomas psíquicos e patologias que acometam direta ou indiretamente o sistema nervoso central. Embora essa indagação não se encontre entre as questões centrais abordadas pela psicanálise, isso não nos permite em absoluto afirmar que essa disciplina negue ou ignore uma possível causalidade orgânica de muitos fenômenos psicopatológicos. Pelo contrário, ao lançar o conceito de "série complementar" em sua *Conferência XXII*, Freud (1917) deixa claro que

> quanto à sua causação, os casos de doença neurótica enquadram-se numa série, dentro da qual os dois fatores – constituição sexual e experiência, ou, se preferirem, fixação da libido e frustração – estão representados de tal modo que, quando um dos fatores é mais forte, o outro o é menos. Em um dos limites da série estão os casos extremos dos quais os senhores poderiam dizer convictamente: essas pessoas, em consequência do singular desenvolvimento de sua libido, teriam adoecido de qualquer maneira, quaisquer que tivessem sido suas experiências e por mais que suas vidas tivessem sido protegidas.

Assim posto, há que se admitir que uma predisposição constitucional está presente mesmo em grande parte perturbações psiquiátricas. Tem-se como exemplo o transtorno obsessivo-compulsivo grave, em que um componente hereditário pode ser encontrado em muitos casos, principalmente naqueles de início mais precoce. Ademais, a associação de sintomas dessa natureza com lesões que acometem os núcleos da base do cérebro é bastante comum. Há muito se sabe que pacientes que padecem de Coreia de Sydenham, uma síndrome motora que ocorre como complicação tardia de infecções estreptocócicas, apresentam incidência elevada desses sintomas. Nesses casos, postula-se que uma reação autoimune dirigida contra o *striatum* seja a causa tanto dos sintomas motores como dos sintomas obsessivo-compulsivos (Stein; Lockner, 2017).

Há também situações em que uma predisposição herdada torna o indivíduo mais vulnerável a ativação inadequada de circuitos neurológicos por fatores externos. Alguns indivíduos parecem mais predispostos que outros a desenvolver dependência química. Drogas psicoativas como cocaína, opioides e nicotina atuam direta ou indiretamente sobre os circuitos dopaminérgicos mesolímbico e mesocortical, vias formadas por neurônios sediados na área tegmental ventral do mesencéfalo e que se conectam ao *nucleus acumbens*, ao *striatum* e ao córtex frontal do cérebro, onde liberam dopamina. Em situações normais, esses neurônios são ativados por comportamentos que levam a recompensa (como comida ou sexo) e cessam sua ativação após a saciedade. O uso dessas drogas provoca uma ativação mais intensa e prolongada dessas vias, levando ao reforço exagerado do comportamento de busca por seu uso. Embora qualquer pessoa possa se tornar dependente, indivíduos geneticamente predispostos tendem a apresentar um comportamento caracterizado por maior procura de novidade e menor evitação de risco, o que, após o contato inicial com essas drogas, favorece seu uso contínuo e possibilita, através da estimulação repetida desses circuitos, o surgimento do reforço disfuncional do comportamento de busca, culminando na dependência química (Kupfermann; Kandel; Iversen, 2000; Volkow; Koob; Mclellan, 2016).

Atualmente há também evidências do envolvimento de alterações genéticas na gênese da esquizofrenia, principalmente pela presença de diversos tipos de CNVs (*copy number variants*). CNVs são fontes importantes de variações genéticas entre indivíduos e se caracterizam por pequenas deleções e duplicações de segmentos do DNA. Todavia, na maior parte dos casos, a presença de CNVs associados a esquizofrenia não é suficiente para o surgimento da doença, sendo necessários também outros fatores ambientais (Owen; O'donovan; Craddock, 2011).

Alterações neuroquímicas também são detectáveis em grande parte dos casos de esquizofrenia. Há mais de meio século aventou-se a hipótese da existência de uma disfunção dopaminérgica subjacente à esquizofrenia.

A base inicial dessa hipótese deriva da observação de que drogas como a anfetamina elevam os níveis de dopamina e agravam sintomas psicóticos. Em um segundo momento, demonstrou-se também que os antipsicóticos, drogas consideradas eficazes no tratamento dos sintomas positivos dessa doença, têm ação antagonista em receptores de dopamina. Já nos últimos anos, diversos estudos de imagem retratando a função dopaminérgica não só confirmaram a existência dessa disfunção em muitos pacientes esquizofrênicos (principalmente no início da doença), como também demonstraram que ela possui um valor etiológico robusto

Por fim, em uma posição extrema, há que se considerar que existem condições clínicas em que os nexos vivenciais não devam ser considerados como fatores etiológicos dos fenômenos psicopatológicos. Em tais condições, denominadas aqui como "síndromes psico-orgânicas", a etiologia reside tão somente no insulto ao sistema nervoso central, seja por intoxicação exógena ou por disfunções de outros sistemas orgânicos que provoquem uma alteração patológica do funcionamento cerebral, seja por uma lesão direta do cérebro, de natureza vascular, tumoral, traumática ou degenerativa.

Apesar dessa breve digressão introdutória, não se tem aqui a pretensão de discorrer sobre as diversas hipóteses de causalidades hereditárias e orgânicas das neuroses ou das psicoses, pois isso iria muito além do escopo deste livro. Porém, o conhecimento rigoroso das síndromes psico-orgânicas é condição indispensável para que se tenha uma formação adequada em psicopatologia. Com esse objetivo, pretende-se, neste capítulo, em um primeiro momento, estudar os quadros psicopatológicos associados ao comprometimento agudo da função cerebral, denominados como síndromes confusionais ou *delirium*. Em um segundo momento, abordar também as síndromes associadas ao acometimento crônico e no mais das vezes progressivo do parênquima cerebral, denominadas de demência.

Estado confusional agudo e outras alterações do campo da consciência

O diagnóstico diferencial entre as síndromes psico-orgânicas e as psicoses funcionais de base esquizofrênica, maníaca ou melancólica é de fundamental importância. Nesse sentido, o primeiro passo é verificar se os achados psicopatológicos ocorrem em um paciente com consciência preservada ou não, pois, a partir daí, diferentes inferências serão aplicadas a quadros clínicos semelhantes apenas na superfície. Um discurso desorganizado que ocorre em um paciente com consciência clara encaminha o diagnóstico para a esquizofrenia ou para um episódio maníaco; quando a mesma ausência de nexo lógico ocorre em paciente com consciência obnubilada, o diagnóstico mais provável é de um transtorno mental orgânico secundário ao acometimento direto ou indireto da função cerebral.

O enfoque psicanalítico da semiologia da consciência já foi devidamente elucidado por Machado, Caldas e Teixeira (2017) no primeiro volume da *Psicopatologia lacaniana*. Todavia, para uma melhor compreensão dos quadros orgânicos aqui descritos, faz-se necessário recordar aqui alguns conceitos da psicopatologia fenomenológica, no dizem respeito ao campo da consciência e à atenção. A *claridade do campo da consciência* pode ser comparada à intensidade do foco de luz que se dirige aos objetos da consciência. A *amplitude do campo da consciência* diz respeito à sua extensão, ou seja, à possibilidade da consciência de abarcar um número maior ou menor de objetos. O centro do campo da consciência denomina-se *foco*, que é a área de mais claridade vivencial, por se encontrar iluminada pela atenção. Quanto mais distante o objeto estiver do foco, menor será sua claridade vivencial (Alonso-Fernández, 1976; Dalgalarrondo, 2008).

A avaliação do campo de consciência sempre será feita indiretamente, a partir da constatação do funcionamento adequado (ou não) das demais funções psíquicas. No estado de *consciência clara* (ou lúcida), as capacidades de atenção ou de concentração, de fixar novos fatos e de rememorar o vivido e o aprendido, as faculdades de percepção e de compreensão, a capacidade de reflexão sobre questões objetivas e subjetivas e as orientações auto e alopsíquica funcionam adequadamente (Alonso-Fernández, 1976).

As alterações que ocorrem na claridade do campo da consciência são mais conhecidas como *alterações do nível de consciência* e, em ordem crescente de gravidade, são denominadas de obnubilação da consciência (ou turvação da consciência), torpor (ou sopor) e coma. Dá-se o nome de *obnubilação* ao rebaixamento leve ou moderado da consciência. *Torpor* (ou sopor) é termo usado para se nomear um estado mais grave de turvação da consciência. Neste, o paciente permanece a maior parte do tempo dormindo e só consegue ser acordado por estímulos intensos (muitas vezes, somente por estímulos dolorosos). Cessado o estímulo, o paciente tende a dormir novamente. Por fim, *coma* é a denominação dada ao estado em que a consciência encontra-se totalmente ausente; esse termo deve ser evitado para as suspensões breves do estado de consciência, como as que acontecem durante os acessos epilépticos ou nas síncopes (Cabaleiro-Goas, 1965; Alonso-Fernández, 1976).

Se, como foi dito no capítulo sobre a semiologia da consciência no volume anterior de *Psicopatologia lacaniana*, o campo da consciência pudesse ser comparado ao campo de luz de uma lanterna que iluminasse os objetos do mundo (e, no caso da consciência, também os objetos do mundo interno), a redução da claridade da consciência assemelhar-se-ia à redução da intensidade da luz da lanterna. Seguindo a mesma analogia, a alteração da amplitude do campo da consciência corresponderia ao estreitamento do facho luminoso. Contudo, esta comparação, é insuficiente, pois não só a amplitude do facho estaria reduzida, mas também sua capacidade de se deslocar pelos objetos disponíveis à consciência. O estreitamento transitório do campo da consciência (que se restringe a um círculo de ideias, representações ou sentimentos) é denominado de *estado crepuscular*. Este tem, em geral, início e término abruptos e nele se observa a conservação de uma atividade psicomotora coordenada que permite a ocorrência dos atos automáticos (Dalgalarrondo, 2008). Após a retomada da consciência normal, quase sempre advém uma amnésia lacunar total ou parcial para os fatos ocorridos. Salienta-se que, embora no estado crepuscular o que chama a atenção é a diminuição do repertório acessível à consciência, algum grau de rebaixamento da consciência também está presente.

Os estados crepusculares são classicamente associados às crises psicomotoras da epilepsia, embora sejam mais comumente vistos em pacientes sob a ação de drogas hipnóticas de alta potência (p. ex: midazolam ou zolpidem). Traumatismos cranianos também podem ser causas de estados crepusculares. Quadros semelhantes podem, todavia, não ter uma etiologia orgânica, como ocorrem em pacientes sob choques emocionais intensos, como perdas afetivas significativas ou grandes catástrofes. Ademais a maioria dos autores admite também a existência de outros quadros de origem psicogênica, como quadros dissociativos histéricos e episódios de transe (Cabaleiro-Goas, 1965; Alonso-Fernández, 1976).

Nos livros de semiologia, a psicopatologia da consciência resume-se às alterações da claridade e da amplitude do campo da consciência – o que geralmente interessa mais ao médico neurologista ou ao intensivista – raramente abordando as alterações da ordenação dos conteúdos da consciência. A *ordenação dos conteúdos da consciência* refere-se à capacidade da consciência de concatenar seus conteúdos entre si, tanto em sua seção transversal (sincronia) como em seu perfil longitudinal (diacronia) (Alonso-Fernández, 1976). A ordenação sincrônica dos conteúdos da consciência permite ao ser humano escapar de uma vivência fragmentada e caótica e criar a cena consciente unificada. A ordenação diacrônica faz com que ele se reconheça e reconheça os objetos vividos, criando a ideia do Eu e se libertando de uma vivência que, de outra forma, estaria aprisionada no momento presente.

Profissionais de saúde mental não raramente se deparam com pacientes extremamente excitados cujo discurso parece não ter ordenamento, pacientes em quadros psicóticos agudos que olham para o mundo como se nada entendessem ou pacientes gravemente deprimidos que parecem não compreender o que lhes é perguntado. Para Alonso-Fernández (1976), nas formas maníacas e depressivas de psicoses afetivas, a partir de certa intensidade não existe uma consciência lúcida ou normal, a despeito de raramente haver uma consciência obnubilada. Essa desorganização do campo da consciência é mais evidente em pacientes acometidos de episódios maníacos graves, fenômeno que esse psiquiatra designou como "consciência saltarina" (consciência dançante). Nesta há uma incessante mudança do foco da consciência, que atinge o curso do pensamento, a afetividade, o comportamento e a temporalidade. Em sentido inverso, a ordenação da consciência do depressivo pode estar comprometida pela incapacidade de escapar do objeto penoso que ocupa seu foco (consciência velada). Por fim, Henry Ey (1967) inclui também, entre as possíveis alterações da ordenação da consciência, o estado delirante-alucinatório que caracteriza alguns quadros intensos de psicose aguda.

A *atenção* vem a ser uma espécie de raio luminoso constitutivo da consciência, dirigindo o foco da consciência a objetos específicos. Na *atenção voluntária* a direção é assumida pelo sujeito. Na *atenção espontânea* o processo de atenção é movimentado passivamente pelos conteúdos da consciência. De outra forma, considerando a amplitude do campo de sua projeção, pode-se falar também em *atenção concentrada*, se dirigida a poucos objetos, e *atenção dispersa*, se esta reparte-se em um campo mais amplo. A capacidade de manter o foco da atenção sobre determinado objeto de consciência é denominada *tenacidade*. A capacidade de mudar o foco de atenção de um objeto para outro é denominada *vigilância* (Alonso-Fernández, 1976; Dalgalarrondo, 2008).

No que diz respeito a sua psicopatologia, a diminuição da atenção voluntária é chamada de *hipotenacidade,* e a diminuição da atenção espontânea é chamada de *hipovigilância.* A diminuição global da atenção (hipovigilância e hipotenacidade) é também chamada de *hipoprosexia* (ou, em casos muito graves, aprosexia). Hipoprosexia está sempre presente em pacientes com obnubilação da consciência.

Delirium é nome que atualmente se dá ao cortejo sintomático secundário ao comprometimento difuso da função cortical (com consequente rebaixamento do nível de consciência) em pacientes não comatosos, independentemente de quais sejam suas causas. A denominação clássica "estado confusional agudo" deve ser evitada, não só por seu uso leigo se prestar a equívocos, mas também porque alguns quadros ditos confusionais podem ocorrer em uma consciência clara e não ser secundários a lesões agudas do cérebro ou a seu comprometimento tóxico, metabólico ou infeccioso.

O *delirium* divide-se em duas categorias: *delirium hipoativo*, em que predominam a sonolência, a inibição e a lentificação motora; e *delirium hiperativo*, no qual predominam a insônia, a inquietação, hiperatividade autonômica e a atividade alucinatória (Marchetti; Carvalho, 2011). O *delirium* pode durar de horas a semanas e nele a claridade da consciência tende a oscilar durante o dia, com agravamento ao anoitecer. É frequente que o paciente durma mais tranquilamente durante o dia e se inquiete durante a noite. Além disso, o paciente em delirium hiperativo tende a não cooperar com a equipe de saúde e comumente tenta retirar equipos de soro, eletrodos de monitorização, etc.

O diagnóstico de *delirium* se faz evidente na maioria dos casos, principalmente em se tratando de sua forma hipoativa; todavia não são raros os casos em que o diagnóstico diferencial com outros transtornos mentais se faz necessário. Para isso, o ponto fundamental no exame do estado mental é a avaliação da atenção. Pacientes em *delirium* apresentam sempre uma redução geral da atenção, seja da atenção espontânea (hipovigilância), seja da atenção voluntária (hipotenacidade). A avaliação da atenção a beira do leito pode ser feita de forma simples: para a atenção espontânea, observa-se se o paciente reage visualmente a entrada e saída de pessoas ou a ruídos novos; para a atenção voluntária, pode-se solicitar que diga os meses do ano na sequência invertida ou que repita imediatamente uma sequência de sete números. Solicitar ao paciente que desenhe um relógio com todos os números e a seguir coloque os ponteiros marcando determinado horário é também uma forma simples de se avaliar a atenção voluntária.

A orientação temporal quase sempre se encontra comprometida em um paciente em delirium. O paciente tende a se equivocar quanto à data ou mesmo quanto ao período do dia (p. ex: diz que é manhã quando já está anoitecendo). Há também desorientação quanto ao tempo vivido, que pode ser avaliada simplesmente perguntando-se ao paciente hospitalizado o número de dias que se encontra internado. A desorientação espacial também é comum, mas pode não ocorrer em casos mais leves. Falsos reconhecimentos podem surgir em formas mais evidentes de *delirium*; tais pacientes podem confundir um membro da equipe de saúde com um parente ou outra pessoa de seu convívio.

Alterações patológicas da sensopercepção podem ocorrer, principalmente em se tratando de *delirium* hiperativo. O *onirismo* (ou estado onírico) é uma apresentação peculiar de alguns quadros de obnubilação da consciência caracterizada por vivências semelhantes às do sonho, com predomínio de ilusões e de alucinações visuais. O paciente nesse estado tende a reagir emocionalmente a essas vivências, muitas vezes com angústia e terror. As ilusões e alucinações ocorrem principalmente ao anoitecer, o que pode deixar o paciente mais angustiado e agitado nesse horário. Estímulos visuais presentes no ambiente podem ser distorcidos pela mente perturbada do paciente e ser vistos como imagens bizarras ou aterrorizantes. Diferentemente do que ocorre nas psicoses funcionais (onde predominam alucinações auditivo-verbais), o padrão alucinatório do *delirium* é predominantemente visual. A presença de onirismo levanta a suspeita de intoxicação iatrogênica (p. ex.: por drogas anticolinérgicas), abstinência de álcool ou de uma etiologia infecciosa.

A capacidade de aprendizagem e a memória estão invariavelmente comprometidas no *delirium*. O paciente apresentará um déficit na memória de fixação, que se caracterizará como uma amnésia anterógrada de intensidade variável a partir do momento em que a função cortical encontra-se comprometida. A recuperação do paciente será acompanhada pela normalização de sua capacidade de fixação de novos fatos na memória; contudo, persistirão falhas de memória relativas ao período em que sua consciência esteve rebaixada (amnésia lacunar).

O diagnóstico diferencial entre *delirium* e transtornos psicóticos funcionais apresenta graus variáveis de dificuldade, principalmente com os quadros psicóticos que apresentem intensa desorganização dos conteúdos da consciência (surtos psicóticos agudos, episódios maníacos muito graves ou formas estuporosas de depressão). Pacientes com diagnósticos já firmados de psicose ou com rica história psiquiátrica prévia devem, inclusive, ser examinados com mais rigor, pois o erro comum de, nesses, não se suspeitar de obnubilação da consciência é uma das principais razões para não se fazer um diagnóstico correto de *delirium*.

Em geral, um exame mais minucioso dirime a dúvida diagnóstica. A anamnese pode revelar pródromos infecciosos, sinais focais ou outros sintomas sugestivos de doenças clínicas. No exame do estado mental, a avaliação da atenção é fundamental, pois a presença de vigilância adequada ou aumentada (avaliada pela percepção e reação do paciente aos estímulos do ambiente) quase sempre afasta o diagnóstico de *delirium*. Na avaliação da sensopercepção, a presença alucinações predominantemente visuais ou reconhecimento errôneo de pessoas dirigem o diagnóstico para o rebaixamento de consciência; por outro lado, alucinações predominantemente auditivas sugerem o diagnóstico de psicose funcional. Por fim, rapidez nas respostas às perguntas do examinador ou um comportamento agitado, porém aparentemente dirigido a um fim e responsivo aos estímulos do ambiente ou às ordens da equipe médica, também indicam um transtorno psiquiátrico primário. Alguns casos, no entanto, exigem observação prolongada e avaliação clínica, neurológica e laboratorial extensa. Nesses a eletroencefalografia também pode ser útil, pois a lentificação evidente das ondas cerebrais é bastante sugestiva de quadros orgânicos (Figueiredo; Teixeira; Teixeira, 2015).

Por fim, uma situação rara e peculiar pode levar erroneamente ao diagnóstico de *delirium* em pacientes comatosos. Se uma lesão cerebral danifica permanentemente alto número de neurônios corticais de forma a não restarem neurônios suficientes para manter um estado consciente, o paciente, após uma ou duas semanas, passará para um estado caracterizado por um ritmo sono-vigília sem consciência denominado *estado vegetativo persistente*. Tais pacientes podem parecer despertos, chegando, inclusive, a se alimentar, chorar ou fixar objetos externos. Suas ações, contudo, não apresentam conteúdo cognitivo e guardam pouca relação com eventos do meio ambiente (Saper, 2000).

O tratamento do *delirium*, como é de se esperar, deve ser dirigido à doença de base que esteja causando o comprometimento da função cerebral. Em se suspeitando dessa condição, deve-se proceder a uma avaliação médica rigorosa, onde se incluem exames laboratoriais complementares, exames de imagem e exame do líquor cefalorraquidiano. O paciente no mais das vezes deve permanecer internado com suas funções vitais monitoradas, haja vista que a presença de *delirium* é fator importante de risco de mortalidade. A equipe de saúde mental deve atuar de forma complementar, no sentido de auxiliar no diagnóstico diferencial e de participar das medidas que garantam a tranquilidade e a segurança do paciente.

As demências

Demências são síndromes caracterizadas pela deterioração na maioria das vezes progressiva das habilidades intelectuais. Sua etiologia reside no comprometimento definitivo da função cortical, em geral secundário a doenças degenerativas ou vasculares do cérebro.

O diagnóstico de demência exige que haja deterioração da memória e de outras funções corticais superiores. No que tange à memória, nas fases iniciais da demência o que se percebe é o comprometimento da memória de fixação, levando a incapacidade cada vez mais grave e evidente de fixação de fatos novos ocorridos no dia a dia (amnésia anterógrada). A memória de evocação, contudo, permanece razoavelmente preservada no início da doença e o paciente pode ser capaz de se recordar com facilidade de fatos ocorridos antes do início do processo demencial, dando uma falsa impressão de preservação da função mnêmica. Com o avançar do processo degenerativo do córtex cerebral, as memórias antigas também vão sendo perdidas de acordo com a "Lei de Ribot", que determina que memórias mais recentes se percam mais rapidamente que memórias mais antigas (amnésia anterorretrógrada). Nas fases mais avançadas, o paciente apresenta apenas fragmentos de memória, o mais das vezes relacionados a sua infância ou juventude.

Além da memória, outras funções corticais superiores devem também estar acometidas. Dessas destacam-se a afasia de nomeação (incapacidade de se lembrar de nomes de alguns objetos simples) – que surge mais precocemente na demência do mal de Alzheimer – e os déficits de organização e planejamento, que podem não estar aparentes nas fases iniciais, mas que são detectáveis em uma avaliação neuropsicológica mais rigorosa. Em quadros moderados a graves, os sintomas afásicos se agravam e se percebem também apraxias (incapacidade de realizar tarefas simples de forma adequada) e alterações marcantes do comportamento e do afeto. Estas últimas são extremamente frequentes e acabam muitas vezes por provocar conflitos entre pacientes demenciados e seus familiares ou cuidadores. O paciente torna-se irritável, paranoide ou mesmo hostil fisicamente, oscila entre estados emocionais variados (labilidade afetiva) e não mais consegue conter suas emoções (incontinência afetiva).

Testes de rastreio, como o miniexame do estado mental, podem ser utilizados para a detecção precoce de quadros demenciais. Caso detectem casos suspeitos, devem ser complementados por testes que avaliam diferentes componentes do funcionamento cognitivo. Para essa finalidade, podem ser empregados testes de memória (evocação tardia de listas de palavras ou de figuras, por exemplo), de fluência verbal (número de animais em um minuto) e o desenho do relógio (Caramelli; Barbosa, 2002).

O estudo da psicopatologia dos quadros demenciais exige que se conheça a variação de sua sintomatologia de acordo com seu diagnóstico etiológico. Essa variação se faz evidente nas fases iniciais da demência, embora careça de importância clínica em suas fases mais avançadas. A doença de Alzheimer é a principal causa de demência. Sua prevalência atinge valores superiores a 40% em indivíduos com mais de 75 anos. Embora seja um mal que acomete idosos, casos de forte base genética podem ocorrer mesmo antes dos 50 anos (Weiner, 2014). Macroscopicamente, a doença se caracteriza por um processo degenerativo que acomete inicialmente o hipocampo, com comprometimento posterior de outras áreas corticais do cérebro. O exame do tecido cerebral revela uma abundância de placas neuríticas extracelulares com um núcleo de substância amiloide rodeadas por uma neurite distrófica e fusos intracelulares constituídos de proteína tau fosforilada (Weiner, 2014).

Pacientes com doença de Alzheimer apresentarão inicialmente um comprometimento mais evidente da orientação espacial e da memória para fatos recentes. A personalidade tende a permanecer preservada nas fases iniciais, com respostas afetivas habituais nos contatos sociais. A percepção do déficit de memória é variável e o paciente pode "esquecer que está esquecendo". Quando indagado sobre fatos recentes, ele muitas vezes dá respostas vagas ou preenche as lacunas de memória com fatos corriqueiros, sem perceber seu equívoco (confabulação). Com o agravamento da demência, o paciente passa a reagir como se estivesse em situações que viveu no passado (p. ex.: o médico aposentado vivendo em uma casa de repouso trata o visitante como se fosse um paciente e indaga sobre o motivo da consulta). Por fim, a doença caminha para os estágios finais, com comprometimento progressivo da linguagem, do afeto e dos esquemas comportamentais.

Demência vascular é o nome dado ao conjunto dos quadros demenciais causados por doença cerebrovascular e corresponde a cerca de 10% dos casos de demência. Além desses, a associação entre demência vascular e doença de Alzheimer ocorre em mais 15% dos casos de demência. Essa denominação é mais comumente utilizada quando associada aos efeitos de lesões tromboembólicas (demência por múltiplos infartos), mas inclui também os estados lacunares e as lesões únicas em locais estratégicos, a demência por acidentes vasculares cerebrais hemorrágicos, a demência associada a lesões extensas da substância branca (doença de Binswanger) e a angiopatia amiloide (Caramelli; Barbosa, 2002).

O elemento diagnóstico principal é o estabelecimento de relação causal entre o comprometimento cerebrovascular e o quadro demencial. Entretanto isso muitas vezes não é tarefa fácil, sobretudo pela já referida associação com Doença de Alzheimer. Fatores que sugerem o diagnóstico de Demência Vascular são: história de acidente vascular cerebral prévio, presença de sintomas neurológicos focais (como hemiparesia, ataxia, hemianopsia, afasia e heminegligência), curso flutuante com piora em degraus e início abrupto (Caramelli, Barbosa, 2002).

A Demência com Corpos de Lewi corresponde à terceira causa mais frequente de demência (Caramelli, Barbosa, 2002). Corpos de Lewi são inclusões arredondadas no citoplasma dos neurônios, compostas principalmente por α-sinucleína (Weiner, 2014). Em sua fase inicial, ela se caracteriza pela flutuação da intensidade dos déficits cognitivos (em questão de minutos ou horas) e não apresenta um comprometimento tão evidente da memória. O paciente acometido também pode apresentar alucinações visuais vívidas e bem detalhadas e sintomas parkinsonianos do tipo rígido-acinético (Caramelli, Barbosa, 2002).

A Demência com Corpos de Lewi pode ser confundida com psicoses de início tardio, em especial com depressões psicóticas. É importante que se suspeite desse diagnóstico em indivíduos idosos com comprometimento cognitivo, inibição psicomotora importante e alucinações visuais, pois o uso de medicação antipsicótica agrava em muito os sintomas. O diagnóstico diferencial com Demência de Alzheimer também pode ser difícil, mas a preservação relativa da memória nas fases iniciais quase sempre afasta este diagnóstico.

O quarto tipo de demência mais frequente, a Demência Frontotemporal, compreende diversas causas, sendo a Doença de Pick a mais conhecida. Os exames de neuroimagem estrutural costumam revelar atrofia dos lobos frontais e da porção anterior dos lobos temporais. A Tomografia por Emissão de Positron (PET scan) é particularmente útil, principalmente nas fases iniciais da doença onde a atrofia não é ainda evidente, evidenciando uma baixa atividade metabólica dessas áreas desproporcional ao grau de atrofia.

Em sua fase inicial, a Demência Frontotemporal constitui quase sempre um desafio diagnóstico, pois a apatia ou as alterações de comportamento podem preceder o declínio cognitivo. A memória e as habilidades visuoespaciais encontram-se relativamente preservadas no início do quadro e exames padronizados de rastreio de demência podem se apresentar dentro da faixa da normalidade. Seu quadro clínico característico se manifesta com alterações precoces de personalidade e de comportamento de início insidioso e progressivo, além de alterações de linguagem (redução da fluência verbal, estereotipias e ecolalia). As alterações de comportamento podem se apresentar como isolamento social, apatia, perda de crítica, desinibição, impulsividade, irritabilidade, inflexibilidade mental, sinais de hiperoralidade e descuido da higiene (Caramelli; Barbosa, 2002).

Muitos dos sintomas presentes em estados demenciais também são encontrados em uma consciência obnubilada. O tempo de instalação dos sintomas é o aspecto crucial para o diagnóstico diferencial. No rebaixamento de consciência, os sintomas instalam-se em horas ou dias, enquanto que, na demência, a instalação dos sintomas é insidiosa e ocorre em meses ou anos. De forma auxiliar, a constatação de uma disfunção cognitiva importante associada a uma fisionomia tranquila, a um contato afetivo adequado e a uma aparente rapidez nas respostas (apesar do conteúdo errôneo ou incerto) encaminha o diagnóstico para demência, em vez de *delirium*. Todavia, é comum encontrar pacientes sabidamente demenciados com piora cognitiva súbita. O diagnóstico mais provável nesses casos é de *delirium* superposto ao estado demencial, o que torna mandatória uma avaliação médica minuciosa em busca de sua etiologia.

A síndrome de Korsakoff é outro diagnóstico diferencial importante de demência. Essa síndrome quase sempre corresponde à sequela neurocognitiva deixada pela síndrome de Wernicke, um quadro neurológico grave causado pela depleção das reservas de vitamina B1 (tiamina) do organismo. Nos dias atuais, a maioria dos casos dessa síndrome ocorre em razão de uma deficiência nutricional grave secundária ao alcoolismo; todavia pode ocorrer também em razão da deficiência nutricional decorrente de outras patologias, como câncer, hiperêmese gravídica, cirurgia bariátrica e síndrome de imunodeficiência adquirida (Izenberg-Grseda; Kutner; Nicolson, 2012).

A síndrome de Korsakoff caracteriza-se por uma amnésia anterógrada de grau variável, ou seja, pelo prejuízo na formação de novas memórias. Em razão desta, o paciente apresenta também desorientação, principalmente temporal, e confabulação, que é o preenchimento inconsciente das lacunas de memória com fatos imaginados, em geral fatos corriqueiros de seu cotidiano. O diagnóstico diferencial com os quadros demenciais se faz pela constatação da preservação das demais funções cognitivas e por não haver deterioração progressiva, caso a deficiência de tiamina tenha sido tratada. Cabe ressaltar que a presença de confabulação, um traço marcante dessa síndrome, também pode ocorrer nas fases iniciais da demência de Alzheimer.

Infelizmente não existe tratamento satisfatório para a quase totalidade dos quadros de demência. Os familiares do paciente devem ser esclarecidos a respeito do diagnóstico e de sua evolução progressiva. Intervenções comportamentais e no ambiente são importantes para oferecer o maior conforto possível ao paciente e a seus cuidadores. Terapias de estimulação ou de reabilitação cognitiva são de pouca utilidade. O tratamento medicamentoso de sintomas tais como depressão, agitação ou psicose em pacientes demenciados deve ser feito de forma judiciosa, haja vista que o uso de antipsicóticos está associado ao aumenta da mortalidade nesses casos. Embora tenham alguma utilidade nas fases iniciais da demência de Alzheimer, demência vascular e demência com corpos de Lewyi, as drogas antidemenciantes, como os inibidores da acetilcolinesterase, apenas retardam um pouco a evolução dessas patologias.

Conclusão

Este capítulo pretendeu dar àqueles que se iniciam no estudo da psicopatologia os conhecimentos básicos dos sinais e sintomas dos quadros psicopatológicos resultantes do insulto direto ou indireto do cérebro, sejam esses agudos – denominados de *delirium* – sejam crônicos e progressivos – denominados de demência. É de fundamental importância para todos aqueles que prestam assistência em saúde mental saber diagnosticá-los. Esse diagnóstico permite que se institua o tratamento adequado para cada caso, o que é fundamental em se tratando de pacientes com *delirium*, pois pode ser a possibilidade de se devolver a esses a completa integridade psíquica ou, até mesmo, de se evitar a morte. Já o diagnóstico correto das síndromes demenciais, principalmente em suas fases iniciais, evita que se desperdicem esforços com tratamentos inúteis e permite que se adote uma abordagem mais humana, voltada para o conforto do paciente e para o suporte a seus familiares e cuidadores.

Referências

ALONSO-FERNÁNDEZ, F. *Fundamentos de la psiquiatría actual*. 3. ed. Madrid: Paz Montalvo; 1976. v. 1.

CABALEIRO-GOAS, M. *Temas psiquiátricos: algunas questiones psicopatológicas generales*. Madrid: Paz Montalvo, 1965. 1258 p.

CARAMELLI, P.; BARBOSA, M. T. Como diagnosticar as quatro causas mais frequentes de demência? *Revista Brasileira de Psiquiatria*, v. 24, supl. 1, p. 7-10, 2002.

DALGALARRONDO, P. *Psicopatologia e semiologia dos transtornos mentais*. 2. ed. Porto Alegre: Artmed; 2008. 440 p.

EY, H. *La conciencia*. Madrid: Editorial Gredos, 1967. 334 p.

FIGUEIREDO, G. R.; TEIXEIRA, V. B.; TEIXEIRA P. J. R. A avaliação psiquiátrica nas urgências e emergências. *In*: ROCHA, F. L.; COELHO O. F. L.; HARA, C. (Orgs.). *Atendimento às urgências e emergências psiquiátricas no pronto-socorro: uma abordagem para o clínico*. São Paulo: Atheneu, 2015. p. 3-14.

HOWES, O. D.; KAPUR, S. A Neurobiological Hypothesis for the Classification of Schizophrenia: Type A (Hyperdopaminergic) and type B (Normodopaminergic). *British Journal of Psychiatry*, v. 205, p 1-3, 2014.

IANUCCI, R. A.; WEISS R. D. Stimulant-related Disorders. *In*: SADOCK B. J.; SADOCK V. A.; RUIZ, P. (Ed.). *Kaplan & Sadock's Comprehensive Textbook of Psychiatry*. 10th ed. Philadelphia: Wolters-Kluver, 2017.

IZENBERG-GRSEDA, E.; KUTNER, H. E.; NICOLSON, S. E. Wernicke-Korsakoff Syndrome: Under-recognized and Under-treated. *Psychosomatics*, v. 53, n. 6, p. 507-516, 2012.

KUPFERMANN, I.; KANDEL E. R.; IVERSEN, S. Motivacional and Addictive States. *In*: KANDEL, E. R.; SCHWARTZ, J. H.; JESSELL, T. M. (Ed.). *Principles of Neural Science*. 4th ed. New York: McGraw-Hill, 2000. p. 889-909.

MACHADO, O.; CALDAS, H.; TEIXEIRA, A. Semiologia da consciência e das funções do eu. *In*: TEIXEIRA, A.; CALDAS, H. (Org.). *Psicopatologia lacaniana. Volume 1: Semiologia*. Belo Horizonte: Autêntica, 2017. p. 73-92.

MARCHETTI, R. L.; CARVALHO, V. B. Consciência e atenção. *In*: MIGUEL, E. C.; GENTIL, V.; GATTAZ, W. F. (Org.). *Clínica psiquiátrica*. Barueri: Manole, 2011. p. 451-468.

NATIONAL COLLABORATING CENTRE FOR MENTAL HEALTH. *Alcohol-use Disorders: Diagnosis, Assessment and Management of Harmful Drinking and Alcohol Dependence*. London: The British Psychological Society & The Royal College of Psychiatrists, 2011.

OWEN M. J.; O'DONOVAN, A. T.; CRADDOCK, N.; Neurodevelopmental Hypothesis of Schizophrenia. *British Journal of Psychiatry*, v. 198, p. 173-175, 2011.

SAPER, C. B. Brain Stem, Modulation of Sensation, Movement, and Consciousness. *In*: KANDEL, E. R.; SCHWARTZ, J. H.; JESSELL, T. M. (Ed.). *Principles of Neural Science*. 4th ed. New York: McGraw-Hill, 2000. p. 889-909.

STEIN, D. J.; LOCKNER, C. Obsessive-compulsive and Related Disorders. *In*: SADOCK B. J.; SADOCK V. A.; RUIZ, P. (Ed.). *Kaplan & Sadock's Comprehensive Textbook of Psychiatry*. 10th ed. Philadelphia: Wolters-Kluver, 2017.

VOLKOW, N. D.; KOOB, G. F.; MCLELLAN, T. Neurobiologic Advances from the Brain Disease Model of Addiction. *New England Journal of Medicine*, v. 374, p 363-371, 2016.

WEINER, M. F. Neurocognitive Disorders. *In*: HALES, R. E.; YUDOFSKY, S. C.; ROBERTS, L. W. (Ed.). *Textbook of Psychiatry*. 6th ed. Washington: American Psychiatric Publishing, 2014. p. 815-850.

A transmissão do espírito científico e o ensino da nosologia na universidade

Tania Coelho dos Santos

A hipótese do inconsciente e a ciência dos sintomas

O nascimento da psicanálise no século XIX introduz no campo do conhecimento científico as razões da subjetividade humana. O inconsciente é uma hipótese fundamental, desenvolvida por Freud, para explicar as motivações profundas dos sintomas psiquiátricos que, até então, tinham sido abordados de modo essencialmente descritivo e puramente classificatório. O espírito científico caracteriza-se pelo gosto investigativo, pelo esforço de buscar as causas invisíveis à percepção e a lógica que determina a emergência dos fenômenos. A ciência moderna baseia-se no primado da razão sobre a observação.

A semiologia, de acordo com Dalgalarrondo (2008), é a ciência dos signos. A semiologia psiquiátrica é o estudo e a descrição dos sinais e sintomas dos transtornos mentais. A nosologia compreende a descrição e a classificação das doenças em síndromes ordenadas a partir de sua lógica estrutural. David Brewster (1832, p. 780) define a *nosologia* (do grego antigo νόσος, translit. *nósos*): "doença" + -λογία *-logia*, "estudo", de "logos", "discurso", "tratado", "razão") como a ciência que trata da classificação das doenças. O primeiro autor que tentou classificar as doenças de uma forma científica foi Sauvages. Dessa forma, o que era uma massa caótica e desorganizada de doenças passou a ter uma forma bem sintética. De acordo com Tobias George Smollett (1782, p. 361), Sauvages – seguindo instruções de Syndenham – foi quem primeiro inventou o sistema de classes, ordens, gêneros e espécies, que foi mais tarde adotado por Lineu.

O sistema de Sauvages foi publicado em 1759, nos *Amaenitates Academiae*, 10 anos depois de o autor tê-lo apresentado na universidade.

Embora a psiquiatria não dispusesse de uma hipótese explicativa dessa lógica, reconhecia, entretanto, que um quadro clínico obedecia a uma ordem interna. No campo da psiquiatria o estabelecimento dessas síndromes submeteu-se a uma longa e paciente organização de dados baseados na observação do comportamento e na consideração pelas narrativas do pacientes. Já se sabia que os comportamentos patológicos não eram desorganizados e dispersos. Freud prolonga a tradição psiquiátrica, ao mesmo tempo que a reinaugura, introduzindo a hipótese do inconsciente e a teoria das pulsões como princípios explicativos. Freud acrescenta à elucidação dos fenômenos psiquiátricos um maior rigor científico graças à elucidação paciente de suas causas.

Na segunda metade do século XX, emergiram narrativas filosóficas pós-modernas (Lyotard, 1979) que buscavam relativizar e desconstruir o valor da ciência como o principal paradigma no campo do saber na civilização ocidental. Teixeira (2008a) destaca que o tipo clínico é um semblante, isto é, um paradigma. Ressalta também (2008b) que se trata de um sintoma da configuração sofística do pensamento contemporâneo e consiste na astúcia de tratar um problema como se ele fosse a própria solução. Pois, se deixamos de acreditar que a ciência é um referente extraideológico, todos os conceitos ditos científicos são apenas ficções. Essa atitude relativista e desconstrucionista vai conduzir alguns setores da ciência a um recuo em relação ao valor do método científico. Em lugar de seu laborioso exercício, vão adotar uma abordagem mais simplificadora e mais pragmática do saber. A atitude relativista procura evitar discussões científicas mais profundas acerca das causas e contenta-se com um saber apenas descritivo e não explicativo. Aqueles que adotam essa atitude acreditam que o saber deve servir a propósitos mais objetivos, tais como a democratização do acesso à saúde, à educação, ao mercado de trabalho e de consumo. Em lugar do interesse pela subjetividade de cada um e pela lógica do sintoma, cresce e difunde-se um novo gosto pseudo-científico, baseado em evidências estatísticas, que reduz o sujeito singular a um "homem médio". Esse homem não tem particularidades, isto é, pode ser reduzido aos traços que compartilha com outros homens (Miller, 2005-2006).

As relações entre a psicanálise e a psiquiatria, por essa razão, foram muito abaladas. Cresceu a importância da psiquiatria baseada em evidências estatísticas, metodologia apropriada à abordagem epidemiológica da saúde mental. A indústria farmacológica e o tratamento cognitivo-comportamental são as novas respostas terapêuticas que acompanham o desinteresse pela causa e pelo saber inconsciente. A lógica do sintoma e a particularidade do seu sentido para um sujeito tendem a desaparecer do campo do conhecimento. A longa tradição semiológica e nosológica da psiquiatria vem cedendo seus espaço para um saber fragmentário e disperso, destituído de sua lógica interna.

Os novos sistemas classificatórios – como o *Manual diagnóstico e estatístico de transtornos mentais* (DSM), por exemplo, servem-se de uma lógica descritiva que fragmenta e pulveriza os sinais e sintomas, conduzindo à desconfiguração epistemológica das síndromes. Quando em lugar de um conjunto de sinais e sintomas ordenados temos um elenco de fenômenos isolados, não sabemos mais qual é a diferença entre alguém que está ansioso às vésperas de um exame, angustiado pela perda de um ente querido ou em pânico sem motivo algum. Destituídos de sua lógica interna e reduzidos a fenômenos esparsos carentes de estrutura, os nomes nos psicodiagnósticos tornam-se simples etiquetas. Hoje, um sujeito triste não se distingue mais de um sujeito deprimido ou, pior ainda, de um psicótico melancólico. Considerando que essas duas dimensões do conhecimento científico, semiologia e nosologia, procedem da antiga tradição psiquiátrica, como ensiná-las quando essa tradição parece revogada?

É preciso compreender como foi que o espírito científico declinou na contemporaneidade. As expectativas políticas ultraigualitárias da discursividade pós-moderna (Santos, 2017) não podem conviver com distinções qualitativas, pois essas distinções implicam necessariamente um julgamento de valor. Como abordar a diferença entre neurose psicose sem ofender a sensibilidade daqueles que em nome do discurso politicamente correto não aceitam mais a diferença entre saúde mental e psicopatologia?

A clínica clássica é estrutural e descontinuista (Santos, 2004). Baseia-se em diferenças qualitativas e permite distinguir essas duas estruturas com base na diferença entre a lógica interna do sintoma neurótico e a do delírio psicótico. Criticada pelos discursos desconstrutivistas, essa clínica tradicional vem cedendo seu lugar à clínica baseada em diferenças meramente quantitativas, que rejeita diferenças opositivas e defende uma visão continuista. Essa nova clínica continuista acredita ser livre dos preconceitos que a classificação qualitativa, sindrômica, comparativa promove e estabiliza. Progressista, a clínica continuista foge às classificações estáveis. Estas últimas são suspeitas de induzir o praticante a atribuir uma "causa" ou um "sentido" à desregulação psíquica. Os fenômenos psíquicos, quando nos são apresentados de forma fragmentada e pulverizada, não podem mais ser interpretados. Não se acredita mais neles, pois não há mais razão, sujeito, sentido nem porquê. Na clínica continuista estamos diante de um universo diverso. A nova "ciência" é livre de conceitos, pois estes últimos são percebidos como preconceitos. É simplesmente acéfala, recusa-se a efetuar comparações entre os casos clínicos e promove, em lugar desse método, o novo paradigma da diversidade dos seres humanos.

O uso do procedimento classificatório no campo da psicanálise, de acordo com Milner (1983), implica tomar o tipo clínico como uma classe paradoxal. A histeria, a neurose obsessiva e a psicose designam a posição subjetiva relativamente à diferença sexual e à função paterna. Para Freud, o que caracterizava a histeria era a fantasia de sedução pelo pai. Para Lacan, essa fantasia não passa de uma manobra da histérica para denunciar que o pai não é todo-poderoso. Ela evidencia que ele é dividido entre o saber consciente e a verdade inconsciente que o habita. Um obsessivo, prisioneiro de sua dúvida e das ideias que o parasitam e paralisam, defende-se da hostilidade inconsciente contra um pai que ele considera abusivo e autoritário. E quem é o psicótico? É alguém que rejeitou radicalmente se fazer representar como sujeito para outros sujeitos, por meio do significante do Nome-do-Pai: seja para denunciá-lo como um impostor (como faz a histérica), seja para sonhar que vai destituí-lo (como faz o obsessivo). Em sua solidão, o psicótico não participa do mito coletivo que nos reúne em torno da crença na função do pai, tanto de nos proteger quanto de nos punir.

Sobre o estatuto da ciência e a avaliação do pesquisador

De acordo com o Conselho Nacional de Pesquisa (CNPq), há dois tipos de pesquisador em formação científica. No nível II temos os mestrandos, e no nível I temos os doutorandos. Uma vez "doutores", estes últimos podem vir a ser considerados por seus pares como pesquisadores "mais produtivos" que a média e novamente serão classificados em dois níveis. Os "produtivos" são classificados como nível II. Os "muito produtivos" são classificados como nível I. Como essa avaliação é feita pelos próprios pares, não é muito fácil estabelecer uma correlação entre a quantidade da produção dita científica e a qualidade dessa produção.

A distinção entre quantidade e qualidade tende a se reduzir ao critério que o sistema permite avaliar com certeza: a adequação da produção científica aos parâmetros estabelecidos pelo sistema nacional de avaliação das pós-graduações. Por exemplo: um pesquisador considerado "muito produtivo" é definido assim com base na qualidade das revistas científicas nas quais ele publicou seus artigos. Uma revista científica bem avaliada com Qualis A1, por sua vez, merece essa qualificação porque se submete a parâmetros que nada têm a ver com a qualidade dos artigos nela publicados. Ela deve contar com pareceristas *ad hoc*, deve evitar a excessiva endogamia, deve ter uma missão, deve contar com um corpo editorial de pesquisadores-doutores, deve atender a requisitos de natureza burocrática, tais como: número de páginas por artigo, número de artigos por cada número, número de fascículos em cada ano, regularidade, assiduidade e pontualidade (Teixeira, 2011). Como bem resumiu um conhecido professor da Universidade Stendhal em Grenoble III, Pierre Jourde (2009, p. 28).

> Para resumir quanto mais você publica nas boas revistas (A), mais se é um bom pesquisador. Se você publica um artigo numa revistinha de Varsóvia, pouco citada (C), nada bem. Se você publica numa revista americana de larga difusão (A), você é nitidamente inteligente e é excelente para a sua carreira. Acrescentemos o "fator de impacto", que mede a relação entre o número de artigos que citam um pesquisador e o número de artigos que o pesquisador publicou, sem contar o fator H, o fator G, e outros trequinhos excitantes que o universitário doravante se divertirá em sair caçando para medir sua própria importância. Isso vai ocupá-lo. Eis a "bibliometria".

Por que o sistema tende a avaliar as quantidades e não as qualidades? Por uma razão bastante explicável. O campo da ciência não é impermeável às ficções ideológicas. Muito pelo contrário, nas ciências humanas em particular, o gosto pelas ficções ideológicas e utopias políticas tende a relativizar o vigor da prova científica em favor da "convicção ideológica". Posicionar-se de modo politicamente correto, estar do lado certo da história vale muito mais do que argumentos fundados na razão ou nas evidências empíricas de natureza científica. Mais uma vez, a atitude relativista ou desconstrucionista funda-se na crença de que "não há fatos, somente versões". Acredita que todo conhecimento é um ponto de vista que se baseia na defesa de um interesse. Todo o campo do conhecimento não é mais do que um jogo de poder. Pretendem que não existe diferença entre ciência e ideologia. Por essa razão, o estado atual da civilização e da cultura dificulta, ou até impede avaliações objetivas com base no método rigorosamente científico.

Passo a relatar uma experiência que me ensinou bastante sobre esse assunto. Acredito que muitos dos leitores deste artigo vão identificar-se com a minha jovem aluna. A monografia que ela desenvolvia era uma singela revisão dos principais artigos freudianos que versam sobre o tema da sexuação. Com a devida disciplina acadêmica, a candidata a psicóloga procurou responder à seguinte questão: como nos tornamos homens ou mulheres? Questão que subsume outra mais embaraçosa: por que alguns indivíduos se tornam homossexuais, transexuais ou travestis? A pergunta que ela me formulou é essencialmente científica, e eu a desdobraria da seguinte maneira: devo considerar que uma orientação sexual equivale a qualquer outra? A relação entre o sexo anatômico e a identificação ao gênero é completamente arbitrária? A pergunta dessa moça toca no coração da psicopatologia clássica. O complexo de castração e o complexo de Édipo descrevem a constituição da sexualidade masculina e feminina em torno de dois operadores essenciais: a primazia do falo e da metáfora paterna.

Para transmitir a semiologia e a nosologia freudiana, foi preciso conduzi-la através da leitura dos casos clínicos freudianos, para que ela pudesse apreender a relação entre o feminino e a histeria, entendendo que a hipótese do inconsciente foi uma consequência da descoberta da "fantasia de sedução" como causa da neurose. A psicanálise nasceu juntamente com a descoberta de que o traumatismo da sedução sexual não estava necessariamente relacionado a um acontecimento de fato. A força do desejo inconsciente é suficiente para produzir uma "fantasia de sedução" e todo o traumatismo que resulta do encontro com a sexualidade. Foi preciso apresentá-la às relações entre o caráter anal, a disposição à neurose obsessiva e as vicissitudes da sexuação masculina. Um percurso através dos artigos que se dedicam à questão da homossexualidade de Leonardo da Vinci, de Schreber e da jovem homossexual lhe permitiu verificar a infinita complexidade que cerca os destinos dos complexos de castração e de Édipo na neurose, na psicose e na perversão. A resistência que ela manifesta ao conhecimento psicanalítico repousa justamente na sua nosologia. Ela não é politicamente correta. Ela dá margem a distinções indesejáveis nos dias de hoje entre as saídas que os indivíduos encontram para a diferença sexual. A hipótese do inconsciente abrandou a distinção entre o normal e o patológico, mas não a suprimiu. A nosologia freudiana permitiu abordar a fronteira entre o normal e o patológico por meio de um dispositivo clínico. Ele nos permite conhecê-la melhor para que nossas intervenções junto aos indivíduos que encontram saídas psicopatológicas não se reduzam a adaptá-los a modelos de normalidade.

Referências

DALGALARRONDO, P. *Psicopatologia e semiologia dos transtornos mentais.* Porto Alegre: Artmed, 2008.

BREWSTER, D. *The Edinburgh Encyclopaedia.* v. 12: *Medicine, Part IV. Nosology.* 1832, p. 780. Disponível em: <http://bit.ly/2QVz2LQ>. Acesso em: 14 jan. 2020.

JOURDE, P. As facetas da "bibliometria": como se tornar o pesquisador do mês. *Estudos Lacanianos*, Belo Horizonte, v. 2, n. 3, jan.-jul. 2009.

LYOTARD, J. F. *La condition postmoderne.* Paris: Les Éditons de Minuit, 1979.

MILLER, J.-A. A era do homem sem qualidades. *Revista aSEPHallus de Orientação Lacaniana*, ano 1, n. 1, nov.-abr. 2006.

MILNER, J. C. *Les noms indistincts.* Paris: Seuil, 1983. p. 116-123.

SANTOS, T. C. O que não tem remédio, remediado está? *Revista Latinoamericana de Psicopatologia Fundamental*, v. 7, n. 1, p. 63-75, mar. 2004.

SANTOS, T. C. Sobre o estatuto da lei e do Estado de Direito na Psicanálise. *In*: SANTOS, T. C.; MALCHER, F. (Orgs.). *Psicanálise no século XXI: ideologias políticas, subjetitividade, laços sociais e intervenções psicanalíticas.* Curitiba: Editora CRV, 2017.

TEIXEIRA, A. A bibliofilia contra a bibliometria. *Tempo Psicanalítico*, Rio de Janeiro, v. 43, n. 2, dez. 2011.

TEIXEIRA, A. Do tipo clínico como semblante. *In*: SANTOS, T. C. (Org.). *Inovações no ensino e na pesquisa em psicanálise aplicada.* Rio de Janeiro: 7 Letras, 2008.

TEIXEIRA, A. O mal-estar no pensamento e o triunfo contemporâneo da sofística. *Estudos Lacanianos*, Belo Horizonte, ano 1, n. 1, jan.-jun. 2008.

SMOLLETT, T. G. *The Critical Review, or, Annals of Literature*, v. 54, 1782. Dr. Cullen's Nosologiae Methodicae.

Os autores e as autoras

Adriano Aguiar

Psiquiatra e psicanalista. Professor do Internato em Saúde Mental e Medicina da Faculdade de Medicina da Universidade Federal do Rio de Janeiro (UFRJ) e supervisor da Residência em Psiquiatria do Instituto de Psiquiatria da mesma universidade. Mestre em Psicologia pela Universidade Federal Fluminense (UFF) e doutor em Saúde Coletiva pela UERJ. Membro da Escola Brasileira de Psicanálise e da Associação Mundial de Psicanálise. Autor do livro *A psiquiatria no divã* (2016).

Andréa Máris Campos Guerra

Graduada em Direito pela Universidade Federal de Juiz de Fora (UFJF, 1994) e em Psicologia pelo Centro de Ensino Superior de Juiz de Fora (1995). Mestre em Psicologia Social pela Universidade Federal de Minas Gerais (UFMG, 2000) e doutora em Teoria Psicanalítica pela Universidade Federal do Rio de Janeiro (UFRJ), com período de estudos aprofundados na Université de Rennes II (2007) e pós-doutorado em andamento da Université Paris 8 (2018). Professora adjunta do Departamento e do Programa de Pós-Graduação em Psicologia da UFMG. Ênfase da produção acadêmica e profissional junto aos temas psicanálise e política; adolescência e infração; clínica psicanalítica.

Antônio Teixeira

Psicanalista e professor na UFMG, onde leciona no Departamento de Psicologia. É mestre em Filosofia Contemporânea pela UFMG e doutor em Psicanálise pela Universidade Paris 8. É autor de *O topos ético da psicanálise* (1999) e *A soberania do inútil* (2007), entre outras publicações. Membro da Escola Brasileira de Psicanálise e da Associação Mundial de Psicanálise, é também conselheiro da Sociedade Internacional de Psicanálise e Filosofia.

Carla Almeida Capanema

Psicanalista, pós-doutoranda do Programa de Pós-Graduação em Psicologia da Universidade Federal de Minas Gerais (Bolsista CAPES), com estágio no setor de psiquiatria infantojuvenil de Aubervilliers (França). Mestre e doutora em Psicologia pela Universidade Federal de Minas Gerais, na área de concentração Investigações Clínicas em Psicanálise, com estágio na Universidade Paris 8 (França). Professora de cursos de especialização e extensão. Pesquisadora no laboratório Labtrans/UFMG e do grupo de pesquisa Outrarte (UNICAMP). Autora do livro *Enlaces e desenlaces na adolescência* (2018).

Carlos Luchina

Psicanalista. Médico psiquiatra (UBA), Mestre em Psicofarmacologia (IUCB-Favaloro/Buenos Aires), professor no curso de Extensão Psicanálise e Psicofarmacologia: como engolir ou cuspir a pílula? (UFMG). Participante e pesquisador do Laboratório LABTRANS/UFMG.

Cleyton Andrade

Psicanalista, professor do Programa de Pós-Graduação do Instituto de Psicologia da Universidade Federal de Alagoas (UFAL). Membro da Escola Brasileira de Psicanálise, da Associação Mundial de Psicanálise e da Sociedade Internacional de Psicanálise e Filosofia. Doutor em Estudos Psicanalíticos pela UFMG. Autor do livro *Lacan chinês: poesia, ideograma e caligrafia chinesa de uma psicanálise* (2016), 1° lugar no Prêmio Jabuti 2016 na categoria Psicologia, Psicanálise e Comportamento.

Elisa Alvarenga

Médica psiquiatra, analista membro da Escola Brasileira de Psicanálise. Doutora em Psicanálise pela Universidade de Paris 8. Mestre em Filosofia pela Universidade Federal de Minas Gerais (UFMG), preceptora da Residência de Psiquiatria do Instituto Raul Soares de 1993 a 2012.

Fabian Fajnwaks

Analista da Escola (A.E. 2016-2019) e Analista Membro da Escola (AME), filiado à École de la Cause Freudienne (Paris) e da Associação Mundial de Psicanálise (AMP). Doutor em Psicologia (Université de Rennes 2), maître de conference na Université Paris 8 – Vincennes Saint-Dennis. Conferencista em vários países, como China, Canadá, Espanha, Portugal, Argentina e Brasil. Autor de artigos e capítulos de livros em publicações especializadas em vários países. Editor da *Revue de Psychanalyse La Cause Freudienne* (LCF) desde seu exemplar n.° 101 (2019).

Francisco Paes Barreto

Psicanalista e psiquiatra. Analista membro da Escola (AME) da Escola Brasileira de Psicanálise e da Associação Mundial de Psicanálise. Autor de *Reforma psiquiátrica e movimento lacaniano* (1999), *Ensaios de psicanálise e saúde mental* (2015), *O bem-estar na civilização* (2010). Medalha de Honra da UFMG, pela relevância da atuação profissional e social.

Gilson Iannini

Psicanalista, professor do Departamento de Psicologia da UFMG, Doutor em Filosofia (USP) e mestre em Psicanálise (Universidade Paris 8). Editor da coleção Obras Incompletas de Sigmund Freud, da Autêntica. Autor de *Estilo e verdade em Jacques Lacan* (2012).

Márcia Rosa

Psicanalista, membro da Escola Brasileira de Psicanálise (EBP) e da Associação Mundial de Psicanálise (AMP). Pós-Doutora em Psicanálise (Université Paris 8); Doutora em Literatura Comparada (UFMG). Psicóloga. Professora na Pós-Graduação em Psicologia (UFMG). Autora dos livros: *Fernando Pessoa e Jacques Lacan: constelação, letra e livro* (2011); *Por onde andarão as histéricas de outrora? Um estudo lacaniano sobre as histerias* (2019).

Marcus André Vieira

Psicanalista da Escola Brasileira de Psicanálise. Psiquiatra, doutor em Psicanálise (Université Paris 8) e professor adjunto de Departamento de Psicologia da Pontifícia Universidade Católica do Rio de Janeiro (PUC-Rio). Autor, entre outros, de *Mães* (Subversos, 2015) e *A paixão* (Zahar, 2012).

Nieves Soria

Psicanalista, membro da Escuela de la Orientación Lacaniana (EOL) e da Associação Mundial de Psicanálise (AMP). Professora adjunta interina da Cátedra II de Psicopatologia da Universidade de Buenos Aires (UBA). Docente nos mestrados em Psicanálise da Universidade de Buenos Aires e da Universidade San Martín. Autora de numerosos artigos e livros.

Paulo José Ribeiro Teixeira

Psiquiatra, supervisor do Programa de Psiquiatria da Residência Médica do Instituto de Previdência dos Servidores do Estado de Minas Gerais (IPSEMG – Belo Horizonte). Graduado em Medicina pela UFMG, especialista em Psiquiatria com residência no Hospital das Clínicas da UFMG e em Psiquiatria pela Associação Brasileira de Psiquiatria. Mestre em Ciências da Saúde pelo IPSEMG.

Saulo Carvalho

Graduado em Medicina pela UFMG, com residência em Psiquiatria e Psicoterapia pelo Instituto Raul Soares. Mestre em Psicologia (Estudos Psicanalíticos) pela UFMG. Professor Assistente do Internato em Saúde Mental da Pontifícia Universidade Católica de Minas Gerais (PUC Minas).

Sérgio de Campos

Membro da Escola Brasileira de Psicanálise e da Associação Mundial de Psicanálise. Analista da Escola (2009-2012). Especialista em Filosofia, mestre em Teoria Psicanalítica e doutor em Ciência da Saúde pela UFMG. Preceptor e coordenador da Residência de Psiquiatria do Instituto Raul Soares (FHEMIG) entre 2006 e 2019.

Suzana Faleiro Barroso

Psicanalista e psicóloga. Membro da Escola Brasileira de Psicanálise e da Associação Mundial de Psicanálise. Doutora em Teoria Psicanalítica (UFRJ), professora do curso de Psicologia da PUC Minas e coordenadora do Curso de Especialização Abordagem Psicanalítica do Autismo e Conexões, do IEC PUC Minas.

Tania Coelho dos Santos

Pós-doutora no Departamento de Psicanálise da Université Paris 8. Professora Associada Nível IV do Programa de Pós-Graduação em Teoria Psicanalítica da UFRJ. Pesquisadora do CNPq nível 1 C. Presidente do Instituto Sephora de Ensino e Pesquisa de Orientação Lacaniana (ISEPOL). Psicanalista membro da École de La Cause Freudienne, da Escola Brasileira de Psicanálise e da Associação Mundial de Psicanálise. Membro da Associação Universitária de Pesquisa em Psicopatologia Fundamental. Editora de *Revista aSEPHallus de Orientação Lacaniana.*

Este livro foi composto com tipografia Bembo Std e impresso
em papel Off-White 80 g/m² na Formato Artes Gráficas.